# Ingredientes Essenciais

A. SAL KASHER ou SAL FINO
B. PIMENTAS SECAS
C. FOLHAS de LOURO
D. SHOYU
E. ESPECIARIAS
F. OLEAGINOSAS e FRUTAS SECAS
G. CHOCOLATE e CACAU
H. MACARRÃO
I. AZEITE EXTRAVIRGEM e ÓLEO NEUTRO
J. TOMATE em LATA
K. CEBOLA
L. ERVAS FRESCAS
M. GRÃOS SECOS
N. AZEITONA e ALCAPARRA
O. ATUM E ANCHOVA
P. ALHO
Q. LIMÃO e LIMÃO-SICILIANO
R. VINHO TINTO, VINHO BRANCO, VINAGRE BALSÂMICO e VINAGRE de ARROZ
S. PIMENTA-DO-REINO
T. SAL em FLOCOS
U. MANTEIGA
V. PARMESÃO
W. OVOS

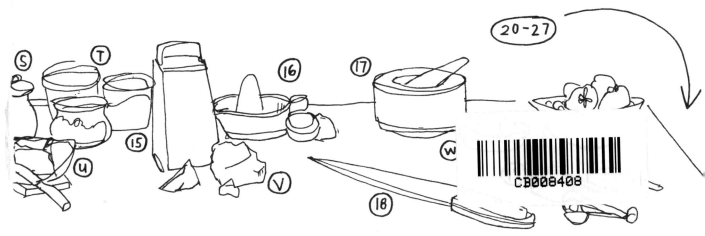

# SALGORDURA ÁCIDOCALOR

OS ELEMENTOS da BOA COZINHA

## SAMIN NOSRAT

# SAL GORDURA
# ÁCIDO CALOR

OS ELEMENTOS da BOA COZINHA

## por SAMIN NOSRAT

com ILUSTRAÇÕES de WENDY MACNAUGHTON
TRADUÇÃO de NINA HORTA e PREFÁCIO de MICHAEL POLLAN

COMPANHIA DE MESA

Copyright © 2017 by Samin Nosrat
Copyright das ilustrações © 2017 by Wendy MacNaughton

Companhia de Mesa é um selo da Editora Schwarcz S.A.

*Grafia atualizada segundo o Acordo Ortográfico da Língua Portuguesa de 1990, que entrou em vigor no Brasil em 2009.*

TÍTULO ORIGINAL Salt, Fat, Acid, Heat: Mastering the Elements of Good Cooking
CAPA E PROJETO GRÁFICO Alvaro Villanueva
ILUSTRAÇÕES DE CAPA E MIOLO Wendy MacNaughton
GUARDAS E LETTERING DA CAPA E DAS PP. 23, 38, 89, 120, 144-5, 157, 172, 177, 208-13, 216, 222, 238-40, 247, 267, 278, 283, 289, 305 E FOLDERS Ale Kalko
COMPOSIÇÃO, FONTES E TRATAMENTO DE IMAGEM Américo Freiria
CONSULTORIA E PESQUISA Joyce Galvão
PREPARAÇÃO Lígia Azevedo
ÍNDICE REMISSIVO Probo Poletti
REVISÃO Angela das Neves e Ana Maria Barbosa

Dados Internacionais de Catalogação na Publicação (CIP)
(Câmara Brasileira do Livro, SP, Brasil)

Nosrat, Samin
    Sal, gordura, ácido, calor : os elementos da boa cozinha / Samin Nosrat ; ilustrações Wendy MacNaughton ; prefácio Michael Pollan ; tradução Nina Horta. — 1ªed. — São Paulo : Companhia de Mesa, 2019.

    Título original : Salt, Fat, Acid, Heat : Mastering the Elements of Good Cooking.
    ISBN 978-85-92754-14-3

    1. Culinária  2. Culinária (Receitas)  3. Gastronomia
I. MacNaughton, Wendy.  II. Pollan, Michael.  III. Título.

| 19-27584 | CDD-641.5 |
|---|---|

Índice para catálogo sistemático:
1. Receitas : Culinária : Economia doméstica  641.5

Iolanda Rodrigues Biode – Bibliotecária – CRB-8/10014

*6ª reimpressão*

Todos os direitos desta edição reservados à
EDITORA SCHWARCZ S.A.
Rua Bandeira Paulista, 702, cj. 32
04532-002 — São Paulo — SP
Telefone: (11) 3707-3500
www.companhiadasletras.com.br
instagram.com/companhiademesa

*Para Alice Waters, que me deu a cozinha,*
*e para Maman, que me deu o mundo.*

Qualquer um que goste de comer pode aprender a cozinhar bem.

*Jane Grigson*

# SUMÁRIO

Prefácio . . . . . . . . . . . . . . . . . . . . . . 1

Introdução . . . . . . . . . . . . . . . . . . . 5

Como usar este livro . . . . . . . . . . . . . 12

**PARTE I**
**Os quatro elementos da boa cozinha**

SAL . . . . . . . . . . . . . . . . . . . . . . 16

GORDURA . . . . . . . . . . . . . . . . 56

ÁCIDO . . . . . . . . . . . . . . . . . . . 100

CALOR . . . . . . . . . . . . . . . . . . . 130

O que cozinhar . . . . . . . . . . . . . . . . 191

**PARTE II**
**Receitas e conselhos**

O básico da cozinha . . . . . . . . . . . . . . . . . . . 204

Receitas . . . . . . . . . . . . . . . . . . . . 214

    Saladas . . . . . . . . . . . . . . . . 215

    Molhos . . . . . . . . . . . . . . . . 238

    Vegetais . . . . . . . . . . . . . . . . 254

    Caldos e sopas . . . . . . . . . . . . . . 270

    Grãos e macarrão . . . . . . . . . . . . . 280

    Ovos . . . . . . . . . . . . . . . . . 303

    Peixes . . . . . . . . . . . . . . . . . 310

    Treze maneiras de se olhar um frango . . . . . . . . 316

    Carnes . . . . . . . . . . . . . . . . . 344

    Molhos . . . . . . . . . . . . . . . . 358

    Biscoitos e tortas . . . . . . . . . . . . . 385

    Doces . . . . . . . . . . . . . . . . . 402

Aulas de culinária . . . . . . . . . . . . . . . . 428

Sugestões de cardápio . . . . . . . . . . . . . . 432

Dicas de leitura . . . . . . . . . . . . . . . . 436

Agradecimentos . . . . . . . . . . . . . . . . 437

Referências bibliográficas . . . . . . . . . . . . . 441

Índice remissivo . . . . . . . . . . . . . . . . 445

Notas . . . . . . . . . . . . . . . . . . . 461

Sobre a autora e a ilustradora . . . . . . . . . . . . 469

# PREFÁCIO

onforme escrevo estas palavras, já sinto que este livro é indispensável, mesmo que ainda não tenha sido publicado.

Deve parecer exagero, mas juro que não consigo me lembrar da última vez que li um volume sobre cozinha tão útil ou singular. Desconfio que é porque ele nos faz sentir em uma boa escola de cozinha, de uniforme, perto do cepo de açougueiro, assistindo a uma aula com uma chef inteligente, falante, por vezes muito engraçada, que ensina a salvar a maionese que desandou. (Junte umas gotas de água e bata "com a urgência de um banhista fugindo de um tubarão".) Então ela nos passa a vasilha com a maionese já salva e aveludada para provarmos uma colherinha. *Ah, entendido!*, pensamos ao sentir aquele gosto na ponta da língua.

Em *Sal, gordura, ácido, calor*, Samin Nosrat consegue nos levar muito além dos outros livros de culinária. Talvez porque ofereça mais que receitas, um gênero literário que, apesar de útil, sofre de severas limitações. Uma fórmula bem escrita e testada pode ensinar a fazer um prato, mas não a cozinhar de fato. Sinceramente, infantiliza o leitor. Manda fazer *exatamente* como descrito, sem deixar espaço para perguntas. Um livro de receitas exige cega fidelidade, sem nada fazer para conquistá-la.

Não é verdade que aprendemos e entendemos muito mais, sem decorar nem esquecer, quando nos ensinam os princípios que estão por trás do assunto em questão? Armados de razões, não precisamos mais nos segurar a uma receita como a uma boia salva-vidas: podemos improvisar.

Mesmo contendo receitas ótimas, este livro está mais preocupado com princípios. Samin Nosrat pegou o assunto extenso e quase amedrontador que chamamos de culinária e corajosamente o reduziu a quatro elementos essenciais — ou cinco, se contarmos com o princípio nuclear de "provar" a comida o tempo todo. Samin promete que dominando esses princípios você será capaz de fazer qualquer comida de qualquer tradição, desde o molho de uma salada vinda sabe-se lá de onde a um assado ou um crepe. Salgue a comida na hora e na medida certa; escolha a melhor gordura para realçar o sabor dos alimentos;

equilibre e dê mais vida aos ingredientes com ácido; use o tipo e a quantidade de calor certos e pelo tempo necessário — faça tudo isso e sua comida vai ser vibrante e bonita, com ou sem receita. É uma bela promessa, mas seguindo o caminho de Samin, ou seja, lendo este livro, você vai entender a mensagem dela. Não importa se não sabe cozinhar ou se tem décadas de experiência no fogão: sua comida vai chegar a outro nível de sabor.

Além de ser uma chef talentosa, com anos de experiência em algumas das melhores cozinhas da região de San Francisco, Samin é uma professora nata, rigorosa, inspiradora e eloquente. Sei disso em primeira mão porque fiz aula de culinária com ela quando estava pesquisando para meu livro *Cozinhar: Uma história natural de transformação*.

Nos conhecemos uma década antes, depois que Samin me escreveu perguntando se poderia assistir como ouvinte às minhas aulas de jornalismo culinário em Berkeley. Aceitá-la foi uma das melhores decisões que já tomei, não só como professor, mas como alguém que adora comida. Samin não apenas não se deixou intimidar pelos jornalistas da turma quanto à escrita, já demonstrando a voz confiante e a prosa objetiva que agora compõem este livro, como deixava todo mundo no chinelo quando o assunto era o lanche.

Como era uma aula relacionada a culinária, cada semana uma pessoa levava um lanche com história, que revelasse um pouco sobre seu passado, um projeto ou uma paixão. Tivemos baguetes salvas do lixo, cogumelos e ervas pouco convencionais, e alimentos étnicos dos mais variados, mas confesso que, em geral, em pouca quantidade. Samin nos presenteava com uma refeição inteira, como uma suntuosa lasanha de espinafre, e levava todo o necessário para nos servir: cumbucas, guardanapos, toalhas, talheres de prata e outros itens que jamais haviam adentrado os limites de minha sala de aula. Enquanto comíamos a melhor lasanha que já havíamos provado, Samin nos contava como aprendera a fazer macarrão em Florença, misturando os ovos e a farinha à mão, quando era aprendiz de Benedetta Vitali, uma das professoras que mais a influenciou. Ficamos todos fãs de suas histórias e de sua comida.

Anos depois, quando resolvi levar a cozinha a sério, não tinha dúvida de quem escolheria para me ensinar. Samin aceitou na hora. Uma vez por mês durante mais de um ano, ela ia à minha casa, geralmente numa tarde de domingo, e juntos fazíamos uma refeição com três pratos, cada um deles elaborado em torno de um tema diferente. Samin adentrava a cozinha com sacolas de supermercado, avental e facas anunciando o tema da aula, que quase sempre combinava com os princípios que desenvolveu neste livro.

"Hoje vamos aprender emulsões" (o que ela descrevia como uma paz temporária entre gordura e água). Se fosse uma aula sobre carnes, ela passava lá em casa ou telefonava um dia antes para saber se a carne ou o frango já tinham sido salgados, pois eu deveria fazê-lo com 24 horas de antecedência, usando cinco vezes mais sal do que um cardiologista recomendaria.

Começamos com aulas particulares, Samin cortando e eu picando enquanto batíamos papo em volta da mesa, mas logo minha mulher, Judith, e nosso filho, Isaac, foram sugados pelos cheiros e pelas risadas que vinham da cozinha. Era uma vergonha não dividir as comidas deliciosas que preparávamos, de modo que resolvemos convidar amigos, e com o tempo eles começaram a chegar cada vez mais cedo, alguns de tardezinha para assar a torta ou para rodar a manivela da máquina de macarrão que Isaac alimentava com a massa amarelo-ouro.

Há algo de contagiante nas aulas de Samin, na sua mistura de paixão, humor e paciência, e especialmente na sua habilidade de dividir em passos a operação culinária mais complexa. Tudo faz sentido, pois ela nunca se esquece de explicar os princípios subjacentes. O sal entra em cena tão cedo para que tenha tempo de se embrenhar pelo músculo da carne, dissolvendo as proteínas num gel que retém os líquidos, de modo que ela fique mais macia e o sabor seja construído de dentro para fora. Há uma historinha por trás de cada passo do processo; eventualmente tudo o que você aprende constitui um sexto sentido, entrando para sua memória culinária.

Samin entende das técnicas que ensina, e apesar de ser muito lógica e uma boa cientista na cozinha acabamos percebendo que acredita que a boa comida depende de cheirar e provar — ou melhor, educar os sentidos e depois confiar neles. "Prove, prove, prove e prove de novo", ela me dizia, mesmo quando eu estava fazendo algo tão bobo como refogar uma cebola. Mas havia uma evolução complicada se desenvolvendo na panela à medida que a cebola passava de ácida e crocante, clara e doce, a levemente defumada e caramelizada, amargando

um pouquinho ao dourar. Samin me mostrou uma meia dúzia de sabores diferentes que podiam ser arrancados daquele ingrediente simples e humilde. E tudo dependia de como eu manejava o quarto princípio que nos havia ensinado — o calor — e desenvolvia meus sentidos, pois cada estágio da evolução da cebola trazia um aroma diferente e fácil de aprender. E qual receita pode transmitir tudo isso? Como Samin gosta de dizer, citando outra professora: "A receita não faz comida boa. Quem faz comida boa somos nós".

O que mais gosto neste livro é de como Samin achou um caminho (com o auxílio precioso das ilustrações inspiradas e informativas de Wendy MacNaughton) para expressar nele toda a sua inteligência e paixão pela cozinha. O resultado é um volume que instrui e diverte, coisa nada fácil em qualquer estilo. Aposto que *Sal, gordura, ácido, calor* logo encontrará um lugar na sua prateleira de livros de cozinha, junto com outros dos quais você não abre mão. Certamente você vai arrumar um espaço entre eles para este aqui.

*Michael Pollan*

# INTRODUÇÃO

Todo mundo pode fazer comida boa.

Independentemente de você jamais ter fritado um ovo ou ser um chef dos bons, só existem quatro fatores básicos que determinarão se sua comida será saborosa: o sal, que acentua o sabor; a gordura, que amplifica o gosto e permite texturas interessantes; o ácido, que ilumina e equilibra o todo; e o calor, que determina a textura do alimento. Sal, gordura, ácido e calor serão seus guias, seus quatro pontos cardeais, e este livro mostra como usá-los para achar com facilidade seu caminho em qualquer cozinha.

Você já se sentiu perdido sem uma receita? Ou com inveja de alguém que consegue tirar uma refeição do nada (ou de uma geladeira vazia)? *Sal, gordura, ácido, calor* vai te guiar quanto aos ingredientes, como escolhê-los, como cozinhá-los e por que os ajustes finais garantem o sabor da comida. Esses quatro elementos permitem que *todos* os grandes cozinheiros — de chefs premiados a avós marroquinas e mestres da gastronomia molecular — façam comidas deliciosas. Comprometa-se a dominá-los e você também será um bom cozinheiro.

Ao descobrir os segredos de sal, gordura, ácido e calor, você vai se pegar improvisando mais e mais na cozinha. Livre das receitas e das listas precisas de compras, você vai se sentir à vontade para comprar o que há de melhor na feira ou no açougue, confiando na sua capacidade de transformar ingredientes em refeições equilibradas. Estará mais capacitado a acreditar no seu próprio paladar, a mudar receitas e a cozinhar com o que tem em mãos. Este livro vai transformar seu jeito de pensar sobre o tema e ajudá-lo a se encontrar em qualquer cozinha, com quaisquer ingredientes, em qualquer refeição do dia. Você vai começar a usar receitas, inclusive as deste livro, como os chefs profissionais: dentro de um contexto, como inspiração, abrindo caminhos, sem a obrigação de seguir tudo à risca.

Prometo. Você pode se tornar não somente um bom, mas um excelente cozinheiro. Eu sei. Aconteceu comigo.

Passei toda a minha vida à procura de sabor.

Na infância, só ficava na cozinha quando Maman encarregava meus irmãos e a mim de debulhar vagens ou colher ervas frescas para o jantar persa tradicional que servia toda noite. Meus pais mudaram de Teerã para San Diego às vésperas da Revolução Iraniana, em 1979, pouco antes do meu nascimento. Cresci falando pársi, celebrando o Noruz (Ano-Novo iraniano) e frequentando uma escola persa. E o que havia de mais encantador na nossa cultura e o que mais nos unia era a comida. Raras eram as noites em que nossos tios e avós não se juntavam a nós à mesa repleta de travessas cheias de ervas, arroz com açafrão e panelas com ensopados cheirosos. Eu era sempre aquela que roubava os pedaços mais escuros e crocantes do *tahdig,* a crosta dourada que se formava no fundo de toda panela de arroz persa que Maman fazia.

É claro que eu gostava de comer, mas jamais imaginei que me tornaria uma chef. Eu me formei no ensino médio com ambições literárias e fui estudar literatura inglesa na Universidade de Berkeley. Lembro que alguém mencionou um restaurante famoso na cidade no meu primeiro ano, mas a ideia de ir comer lá jamais me passou pela cabeça. Em San Diego, eu só comia nos lugares que vendiam kebab, aonde eu ia com minha família toda semana, na pizzaria e nas barraquinhas que vendiam taco de peixe perto da praia. Não havia restaurantes famosos lá.

Foi então que me apaixonei por Johnny, um poeta de bochechas coradas e olhos brilhantes nativo de San Francisco que me apresentou às delícias culinárias locais. Ele me levou ao seu mexicano preferido, no bairro Mission, onde me ensinou a pedir o burrito perfeito. Tomamos sorvete de coco e de manga na sorveteria Mitchell's. Subíamos escondidos as escadas da Coit Tower tarde da noite para comer pizza da Golden Boy enquanto olhávamos para a cidade piscando lá embaixo. Johnny sempre quisera ir ao Chez Panisse, mas nunca tivera oportunidade. Acontece que o restaurante de que tinham me falado era uma instituição americana. Passamos sete meses economizando e conseguimos reservar uma mesa.

Quando o dia finalmente chegou, fomos ao banco e trocamos a caixa de sapatos cheia de notas de um dólar por duas de cem e duas de vinte, vestimos nossas melhores roupas e fomos para o restaurante no fusca conversível dele.

A comida estava espetacular, claro. Jantamos *frisées aux lardons,* linguado e galinha-d'angola com cogumelos cantarelo. Eu jamais havia provado aquilo.

A sobremesa foi suflê de chocolate. A garçonete me mostrou como abrir o topo com a colher e despejar a calda de framboesa lá dentro. Então ficou me olhando dar a primeira mordida. Deslumbrada, disse a ela que parecia uma nuvem de chocolate quentinho e que a única coisa que eu achava que podia melhorar a experiência era um copo de leite gelado.

O que eu não sabia, porque não tinha a menor experiência com comida sofisticada, era que para muitos gourmands a ideia de tomar leite em qualquer horário que não o café da manhã era no mínimo infantil e até repulsiva.

Mas eu era ingênua — apesar de ainda achar que não há nada de melhor do que um copo de leite frio com brownie quente, a qualquer hora do dia ou da noite —, e minha ingenuidade a enterneceu. A garçonete voltou alguns minutos depois com um copo de leite frio e duas taças de vinho de sobremesa, o acompanhamento *refinado* para nosso suflê.

E assim começou minha educação culinária profissional.

Logo depois escrevi uma carta para Alice Waters, a lendária dona e chef do Chez Panisse, detalhando nosso jantar dos sonhos. Inspirada, pedi para trabalhar limpando as mesas. Eu nunca havia pensado em trabalhar num restaurante, mas queria fazer parte da magia que havia experimentado naquela noite, mesmo que fosse só um pouquinho.

Quando levei a carta e meu currículo ao restaurante, fui conduzida ao escritório e apresentada à gerente. Nós nos reconhecemos imediatamente: ela era a suposta garçonete que havia levado o copo de leite e o vinho de sobremesa. Depois de ler minha carta, decidiu me contratar e perguntou se eu poderia voltar no dia seguinte para começar meu treinamento.

Como combinado, cheguei e fui levada através da cozinha ao salão térreo. Minha tarefa era passar o aspirador. A beleza da cozinha, cheia de cestas de figos maduros e com paredes abrilhantadas pelo cobre me seduziu. Me apaixonei imediatamente pelos cozinheiros de uniforme limpíssimo trabalhando para lá e para cá, cheios de graça e eficiência.

Algumas semanas depois, eu já estava implorando que me deixassem trabalhar na cozinha.

Depois que convenci os chefs de que meu interesse pela culinária era mais do que um capricho, eles cederam e abandonei a limpeza. Eu cozinhava o dia inteiro, e à noite pegava no sono lendo volumes de cozinha, sonhando com o molho bolonhês de Marcella Hazan e o cuscuz feito à mão de Paula Wolfert.

Como o cardápio do Chez Panisse muda diariamente, cada turno de pessoal começa com uma reunião. Os cozinheiros se sentam com um dos chefs, que explica em detalhes sua visão de cada prato enquanto todos debulham vagem ou descascam alho. O chef pode comentar sua inspiração para o prato — uma viagem à costa da Espanha ou um texto que leu na *New Yorker* anos antes. Pode inclusive entrar em coisas específicas, como uma erva especial a ser usada ou a maneira exata de cortar a cenoura, fazendo até mesmo um desenho do prato finalizado antes de determinar a função de cada cozinheiro.

Sentar nas reuniões era algo inspirador e aterrorizante ao mesmo tempo. A revista *Gourmet* tinha acabado de eleger o Chez Panisse o melhor restaurante do país, de modo que eu estava cercada por alguns dos melhores cozinheiros do mundo. Só escutá-los falar em comida já era muito educativo. *Daube* provençal, *tagine* marroquino, *calçots* com *Romesco, cassoulet toulousain, abbachio alla romana, maiale al latte* — os nomes dos pratos já seriam o bastante para deixar minha cabeça rodando. E os cozinheiros raramente consultavam livros. Como podiam saber cozinhar absolutamente tudo o que um chef pudesse imaginar?

Eu achava que jamais alcançaria o nível deles, que nunca seria capaz de reconhecer todos os temperos nos potes sem etiqueta. Mal conseguia distinguir entre o cominho e as sementes de erva-doce, de modo que a ideia de um dia apreciar as nuances entre a *bouillabaisse* provençal e o *cacciuco* toscano (duas preparações mediterrâneas muito semelhantes de ensopados de frutos do mar) me parecia impossível.

Eu perguntava tudo para todos, o dia inteiro. Lia, cozinhava, provava e escrevia sobre comida, sempre me esforçando para aprender mais. Visitava fazendas e feiras, e aprendia a me virar entre os produtos. Devagar, os chefs foram me dando mais responsabilidades, desde fritar anchovas brilhantes e minúsculas para o primeiro prato até moldar pequenos raviólis perfeitos para o segundo e a cortar a carne para o terceiro. Isso me sustentava em meio aos muitos erros — alguns pequenos, como ir pegar coentro e voltar com salsinha por não saber a diferença; alguns grandes, como queimar o molho da carne da primeira-dama.

Ao progredir, comecei a perceber as nuances que tornam a comida boa em ótima. Comecei a discernir os componentes individuais de um prato e a identificar que a água em que o macarrão ia ser cozido precisava de mais sal, e não o molho, ou que mais vinagre era necessário em um molho de ervas para equilibrar um doce e rico ensopado de cordeiro. Comecei a notar alguns padrões básicos no antes impenetrável labirinto de cardápios sazonais. Peças de carne duras deviam ser salgadas na noite anterior, enquanto filés de peixe eram temperados na hora. O óleo precisava estar quente para fritar, senão a comida acabaria gordurosa, e a manteiga para a massa da torta tinha que permanecer fria para formar uma crosta crocante e folhada. Uma espremida de limão ou borrifada de vinagre melhorava qualquer salada, sopa ou carne de panela. Alguns cortes de carne eram sempre grelhados, enquanto outros eram assados.

Sal, gordura, ácido e calor eram os quatro elementos que guiavam decisões básicas feitas em relação a cada prato, acontecesse o que acontecesse. O restante era uma combinação de detalhes culturais, sazonais ou térmicos que podíamos consultar com especialistas, em livros de cozinha, textos e mapas. Era uma revelação.

A ideia de fazer comida boa sempre tinha me parecido um mistério insondável, mas agora eu consultava uma pequena lista na minha mente toda vez que punha os pés na cozinha: sal, gordura, ácido e calor. Mencionei a teoria para um dos chefs. Ele sorriu para mim como se dissesse: "Dã. Todo mundo sabe disso".

Mas nem *todo* mundo sabia. Eu nunca havia escutado ou lido a respeito, e nenhum chef havia me explicado a ideia. Uma vez o conceito aprendido e confirmado por um profissional, me pareceu inconcebível que ninguém o tivesse passado para pessoas interessadas em aprender a cozinhar. Resolvi então que escreveria um livro contando minha revelação a outros cozinheiros amadores.

Peguei um caderno e comecei. Isso foi há dezessete anos. Eu tinha vinte anos e só estava cozinhando havia um. Logo percebi que ainda tinha muita coisa a aprender na cozinha e sobre como escrever antes que pudesse ensinar alguém. Deixei a ideia de lado. Enquanto continuava lendo, escrevendo e cozinhando, filtrava tudo o que aprendia através do meu novo entendimento sobre sal, gordura, ácido e calor, num sistema conciso e claro.

Como um erudito à procura de fontes primárias e com um desejo de experimentar versões autênticas dos pratos que eu tanto amava no Chez Panisse, me mudei para a Itália. Em Florença, fui aluna da inovadora chef toscana Benedetta Vitali, proprietária do restaurante Zibibbo. Foi um desafio trabalhar numa cozinha desconhecida, mal entendendo a língua e com a temperatura sendo aferida em Celsius e as medidas no sistema métrico. Mas meu conhecimento das noções de sal, gordura, ácido e calor rapidamente me deixaram segura. Eu podia não entender muitos detalhes, mas o modo como Benedetta me ensinava a dourar carne para o ragu, aquecer o azeite para saltear, salgar a água do macarrão e usar sumo de limão para realçar sabores ecoava o que eu havia aprendido na Califórnia.

INTRODUÇÃO · 9

Eu passava meus dias de folga nas montanhas de Chianti com Dario Cecchini, um açougueiro de oitava geração com grande personalidade e um coração ainda maior. Ele me tomou sob suas asas e me ensinou tudo sobre cortes de carne e sobre as raízes da comida toscana, sempre com o mesmo vigor. Dario me levou para passear por toda a região para encontrar fazendeiros, padeiros e produtores de vinho e de queijo. Com eles, aprendi como a geografia, as estações e a história estruturaram a filosofia da cozinha toscana no curso de séculos. Quando tratados com cuidado, ingredientes frescos, mesmo que modestos, podem entregar os melhores sabores.

Minha procura me fez dar a volta ao mundo. Incentivada pela curiosidade, provei os picles da mais velha loja da China, observei as diferenças regionais dos pratos de lentilha do Paquistão, percebi como uma história política complicada diluiu os sabores da cozinha cubana ao restringir o acesso aos ingredientes e comparei variedades de milho nas tortilhas mexicanas. Quando não podia viajar, lia muito, entrevistava imigrantes e provava sua comida. Não importavam as circunstâncias ou os lugares visitados — eu confiava nos pontos da minha bússola, que me colocavam na estrada da boa comida: sal, gordura, ácido e calor.

Voltei a Berkeley e fui trabalhar com Christopher Lee, que fora meu mentor no Chez Panisse e havia aberto seu próprio restaurante italiano, Eccolo. Rapidamente me tornei sua *chef de cuisine*. Tomei como responsabilidade desenvolver uma maravilhosa familiaridade com o comportamento de um ingrediente ou uma comida e depois seguir o caminho de migalhas de João e Maria no bosque da ciência culinária para compreender os motivos. Em vez de simplesmente mandar os cozinheiros sob minha supervisão "provarem de tudo", eu poderia lhes ensinar como tomar melhores decisões. Uma década depois de ter descoberto a teoria envolvendo sal, gordura, ácido e calor, eu havia compilado informação suficiente para começar a ensinar o sistema aos meus jovens cozinheiros.

Vendo como as aulas haviam sido úteis para meus alunos profissionais, usei-as como uma rubrica quando meu professor de jornalismo culinário, Michael Pollan, me contratou para ensiná-lo a cozinhar enquanto escrevia *Cozinhar*, seu livro sobre a história da comida. Ele logo percebeu minha obsessão pelos quatro elementos da boa cozinha e me encorajou a formalizar o conceito para ensiná-lo a outros. Segui seu conselho. Ensinei o sistema em escolas de cozinha, centros da terceira idade ou comunitários e escolas de ensino médio. Tanto fazia se o que cozinhávamos juntos se inspirava nas tradições do México, da Itália, da França, da Pérsia, da Índia ou do Japão — sem exceção, vi meus alunos ganharem confiança, darem prioridade ao sabor e aprenderem a tomar decisões mais sábias, melhorando a qualidade do que cozinhavam.

Quinze anos depois de ter a ideia deste livro, comecei a escrevê-lo de fato. Havia mergulhado nas lições de sal, gordura, ácido e calor e gastara anos ensinando os outros, reduzindo os elementos de boa cozinha à sua essência. Agora, você pode aprender a navegar nas águas de sal, gordura, ácido e calor com a certeza de que qualquer coisa que cozinhar terá um gosto bom. Continue lendo que vou lhe ensinar a fazer isso.

# COMO USAR ESTE LIVRO

Como você pode ver, este não é um livro de culinária típico.

Recomendo que o leia inteiro, do começo ao fim. Preste atenção nas técnicas, na ciência, nas histórias, mas não se preocupe em decorar nada. Volte atrás para revisitar conceitos que considerar mais importantes. Os novatos na cozinha aprenderão rapidamente o básico — cada elemento está organizado em relação a seu saber e sua ciência, guiando você através dos porquês e dos comos da boa cozinha. Cozinheiros mais experientes encontrarão joias enterradas por todo o livro e verão velhos truques com novos olhos.

Em cada capítulo, sugeri um tanto de experiências culinárias, com receitas que ilustrarão alguns dos conceitos mais importantes para lhe dar a oportunidade de pôr a teoria em prática.

No final do livro, compilei um índice de receitas para ilustrar quão longe a compreensão de sal, gordura, ácido e calor pode levar você. Com o tempo, será capaz de cozinhar diariamente *sem* receitas. Mas, enquanto estiver aprendendo a cozinhar intuitivamente, receitas podem ser necessárias e reconfortantes, como as rodinhas extras da bicicleta.

Para chamar a atenção dos modelos que guiam a boa cozinha, organizei a seção de receitas por tipo de prato, e não pela sequência no cardápio. Com o auxílio da brilhante e divertidíssima ilustradora Wendy MacNaughton, criei uma variedade de gráficos visuais para ajudar a transmitir conceitos quando as palavras não bastavam. A escolha por usar desenhos e não fotos neste livro foi deliberada. Queríamos deixar de lado a ideia de que só há uma versão perfeita de cada prato. A ideia é encorajar a improvisação e o julgamento do que é comida bonita com os próprios olhos.

Se ficar muito difícil começar a trabalhar com as receitas imediatamente depois de ler o livro, dê uma olhada nas **Aulas de culinária** que conduzirão você às receitas mais adequadas para dominar técnicas específicas. Se não se sentir seguro para juntar os pratos em um cardápio, use os **Sugestões de cardápio** como guia.

Finalmente, divirta-se! Não se esqueça de aproveitar os pequenos e grandes prazeres de cozinhar e comer com as pessoas que ama!

# PARTE I
## OS QUATRO ELEMENTOS da BOA COZINHA

# SAL

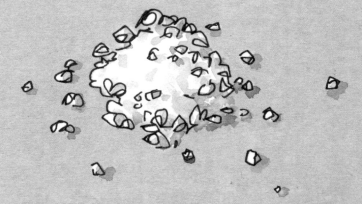

**Q**uando pequena, eu achava que o sal deveria ficar num saleiro na mesa e só. Nunca pus sal na comida ou vi Maman fazê-lo. Quando minha tia Ziba, que gostava de sal, colocava um pouco no seu prato de arroz com açafrão, meus irmãos e eu começávamos a rir baixinho. Achávamos a coisa mais estranha e engraçada da face da terra. "Por que isso?"

Eu associava sal com a praia, onde passei uma infância marcada por ele. As horas sem fim no Pacífico, engolindo água sempre que alguma onda me enganava. Ao entardecer, meu amigo e eu sempre éramos vítimas dos esguichos ao cutucar as anêmonas. Meus irmãos corriam atrás de mim na areia com algas gigantes, e me faziam cócegas e me provocavam sempre que conseguiam me pegar.

Maman mantinha nossas roupas de banho no porta-malas da perua Volvo azul, porque sempre queríamos ir à praia. Ela tinha prática com o guarda-sol e arrumava tudo enquanto nos mandava para o mar.

Ficávamos na água até quase morrer de fome, olhando para a praia em busca do guarda-sol coral e branco já bem desbotado, indicando onde estava Maman. Íamos direto para ela enquanto enxugávamos os olhos.

Maman sempre sabia o que queríamos quando emergíamos da água: pepino com queijo feta no pão sírio. Comíamos os sanduíches com uva ou melancia para matar a sede.

Aquele lanchinho, comido enquanto a água salgada pingava dos meus cachos e crostas de sal se formavam na minha pele, era uma delícia. É claro que os prazeres da praia se juntavam à mágica da experiência, mas só muitos anos depois, trabalhando no Chez Panisse, entendi por que os sanduíches eram tão perfeitos do ponto de vista culinário.

Enquanto eu limpava mesas naquele primeiro ano no restaurante, o mais perto que chegava da comida era nas degustações, quando os cozinheiros levavam os pratos para ser criticados antes de servidos. Com o cardápio mudando diariamente, eram necessárias muitas provas para garantir que a ideia da comida havia sido entendida. Tudo tinha que ser perfeito. Os cozinheiros mexiam no prato até ficarem satisfeitos, então o entregavam para o pessoal da copa experimentar. No quintal dos fundos, uma dúzia de nós passava os pratos de mão em mão até que todos tivessem provado de tudo. Foi assim que experimentei pela primeira vez codorna frita, salmão em folha de figo e panacota de *buttermilk* com morango selvagem. Geralmente os sabores poderosos ficavam comigo durante todo o dia de trabalho.

Depois que desenvolvi aspirações culinárias, Chris Lee, o chef que me tomara sob suas asas, sugeriu que eu prestasse menos atenção no que estava acontecendo no quintal

SAL · **17**

durante as degustações e mais no que acontecia na cozinha. A linguagem que os chefs usavam e como sabiam quando alguma coisa estava certa eram as verdadeiras pistas de como se tornar um cozinheiro melhor. Na maioria das vezes, a solução para um prato estava no ajuste de sal. A resposta podia envolver cristais de sal, um pouco de queijo ralado, anchovas, azeitonas, alcaparras. Comecei a perceber que não havia melhor guia na cozinha do que uma degustação atenta e que nada é mais importante para a reflexão do que o sal.

No ano seguinte, quando ainda era uma novata na cozinha de testes, fui encarregada de fazer a polenta. Eu só tinha experimentado polenta uma vez na vida, comprada pré-cozida, e não era meu prato preferido, porque não tinha gosto. Acontece que eu havia me comprometido a experimentar de tudo no restaurante, e quando provei polenta não pude acreditar que algo tão cremoso e complexo pudesse ter o mesmo nome daquela comida de astronauta que eu havia experimentado. A polenta era feita com uma variedade de milho nativo moída artesanalmente. Cada colherada revelava um sabor doce e terroso. Eu nem conseguia esperar a hora de fazê-la com minhas próprias mãos.

Depois que o chef Cal Peternell me explicou cada passo, comecei a cozinhar a polenta. Consumida pelo medo de queimar e estragar aquela mistura úmida e mole — um erro que tinha visto os outros cometerem —, mexi e mexi como louca.

Passada uma hora e meia, acrescentei a manteiga e o parmesão, como Cal me ensinara. Levei uma colherada do mingau cremoso para ele provar. Cal é um doce gigante louro com um humor seco. Olhei para ele, esperançosa, dividida entre o respeito e o terror. "Precisa de mais sal", Cal disse. Obedientemente, voltei ao caldeirão e coloquei um pouco de sal, como se estivesse polvilhando ouro em pó. Achei que tinha ficado bom, então voltei para Cal com uma colherada da polenta corrigida.

De novo, só uma provada bastou para ele saber que faltava sal. Para economizar trabalho e tempo, imagino, Cal me levou até a panela e acrescentou não um, mas três enormes punhados de sal kasher.

A perfeccionista que eu era ficou horrorizada. Eu tinha me esforçado tanto naquela polenta e errara exponencialmente. Por três punhados enormes de sal kasher.

Experimentamos juntos. Uma transformação indescritível havia ocorrido. O milho estava mais doce e a manteiga, mais rica. Os sabores pareciam mais aparentes e fortes. Eu estava certa de que Cal havia estragado a panela de polenta com todo aquele sal. Mas tinha ficado muito mais gostoso.

Foi como se eu tivesse sido atingida por um raio. Nunca havia me ocorrido que sal era mais do que um ajudante da pimenta-do-reino. Depois de testemunhar seu poder de mudança, eu queria obter aquela melhora toda vez que cozinhasse. Pensei em todas as comidas que provara desde a infância — e especialmente naquele sanduíche de pepino com queijo feta na praia. Na mesma hora entendi por que era tão bom. Tinha sal na proporção exata.

# O QUE É O SAL?

O segredo atrás daquele sabor pode ser explicado por meio de química básica. O sal é um mineral: cloreto de sódio. Está entre as muitas dezenas de nutrientes essenciais sem os quais não sobreviveríamos. O corpo humano não pode estocar muito sal, de modo que precisamos ingeri-lo regularmente para sermos capazes de levar adiante processos biológicos básicos — como manter uma pressão sanguínea adequada e a distribuição de água pelo corpo, levando e trazendo nutrientes às células para a transmissão nervosa e o movimento muscular. Somos programados para desejar sal, garantindo o suficiente dele no corpo. A sorte é que, como consequência, o sal faz que tudo tenha um gosto melhor, de modo que não é sacrifício nenhum colocá-lo no que comemos. Na verdade, ao aprofundar os sabores, o sal aumenta o prazer que experimentamos ao comer.

Todo sal vem do oceano, seja o Atlântico, seja um corpo de água há muito esquecido, como o pré-histórico e gigantesco Minchin, na Bolívia, maior leito de sal do mundo. O sal marinho é aquele que é deixado para trás quando a água do mar evapora, enquanto o sal de rocha é extraído de lagos e mares antigos, alguns dos quais hoje estão muito abaixo da terra.

A principal função do sal é ampliar o sabor. Apesar de afetar a textura e modificar outros sabores, quase toda decisão que você tomar sobre o sal envolve realçar e aprofundar o sabor.

O que isso significa? Que devemos usar mais sal? Não. Quer dizer que devemos usar *melhor* o sal. Adicioná-lo na quantidade, na hora e na forma certas. Uma quantidade menor de sal adicionada durante o cozimento do alimento fará mais para aumentar o sabor do que uma quantidade maior posta na mesa. A não ser que seu médico tenha aconselhado você a diminuir o consumo de sal, pode relaxar em relação à comida feita em casa. Quando meus alunos se assustam com os punhados de sal que jogo na água da panela para cozinhar legumes, explico que a maior parte acabará descartada com a água do cozimento. Aquilo que você cozinha em casa é mais nutritivo e tem menos sódio do que comida processada ou de restaurante.

# SAL E SABOR

James Beard, pai da culinária americana moderna, certa vez perguntou: "O que seria de nós sem sal?". Sei a resposta: estaríamos à deriva num mar de monotonia. Se for guardar um único conselho deste livro, que seja este: *O sal tem um impacto maior sobre o sabor do que qualquer outro ingrediente.* Aprenda a usá-lo e vai fazer boa comida.

A relação do sal com o sabor é multidimensional: ele tem seu gosto particular e realça o de outros ingredientes. Adequadamente usado, minimiza o amargor, equilibra a doçura e faz sobressair os aromas, elevando a experiência de comer. Imaginem provar um brownie de café polvilhado com flocos de sal marinho. Além da deliciosa experiência dos flocos delicados estalando na língua, o sal minimiza o amargor do café, reforça o sabor do chocolate e fornece um bem-vindo contraste com a doçura do açúcar.

## O sabor do sal

O sal deve ser limpo e livre de sabores desagradáveis. Comece a prová-lo sozinho. Ponha o dedo dentro do saleiro e deixe que uns poucos grãos dissolvam na língua. Qual é o gosto? Espero que seja de mar no verão.

## Tipos de sal

Todos os chefs têm suas preferências e oferecerão argumentos longos e apaixonados sobre a superioridade de um sal em relação a outro. Honestamente, o que importa é que você esteja familiarizado com o sal que usa. É grosso ou fino? Quanto tempo leva para dissolver numa panela de água fervente? Quanto é o bastante para temperar bem um frango assado? Se usá-lo na massa de biscoito vai desaparecer ou resultará em uma agradável textura crocante?

Todos os cristais de sal são produzidos pela evaporação da água, e o tempo da evaporação determina o formato dos cristais. Para extrair os sais de rocha, inundam-se os depósitos e evapora-se rapidamente a água da salmoura resultante. O sal marinho refinado é produzido pela evaporação rápida da água do mar. Quando formados como resultado de evaporação rápida num recipiente fechado, os cristais ficam pequenos e densos. É o sal granulado. O sal produzido devagar através de métodos solares na superfície de um recipiente aberto cristalizará em flocos leves e ocos. Se a água atinge o oco do floco antes que seja retirado da superfície, ele afundará na salmoura, se transformando num cristal grande e denso. Esse é o sal não refinado, ou minimamente processado.

Os formatos e tamanhos variados fazem uma grande diferença na cozinha. O sal fino se compacta em maior quantidade na colher e pode ficar duas a três vezes mais salgado do que uma colher de um sal mais grosso. É por isso que faz sentido medir o sal pelo peso, e não pelo volume. Melhor ainda é aprender a salgar pelo gosto.

## Sal de mesa

O sal de mesa comum ou granulado é o que se encontra nos saleiros de todos os lugares. Polvilhe um pouco na palma da mão e perceberá grãos de formato cúbico — o resultado da cristalização numa câmara fechada a vácuo. O sal de mesa é pequeno, denso e muito salgado. Geralmente tem iodo adicionado.

Eu não recomendo usar sal com iodo, pois tem um gosto levemente metálico. Em 1924, quando a deficiência de iodo era um problema comum de saúde, algumas marcas começaram a colocá-lo no sal como prevenção contra o bócio, dando grandes passos em prol da saúde pública. Hoje, obtemos quantidade suficiente de iodo através de fontes naturais. Contanto que nossa dieta seja variada e rica em iodo, incluindo frutos do mar e laticínios, não há necessidade de comida com gosto metálico.

O sal de mesa muitas vezes tem agentes que impedem a formação de torrões ou um tipo de açúcar chamado dextrose para estabilizar o iodo. Apesar de não serem aditivos prejudiciais, não há motivo para sua presença na comida. A única coisa que você deve adicionar para salgá-la é o sal! Essa é uma das poucas vezes que insisto em uma regra neste livro. Se você só tem sal de cozinha em casa, compre sal kasher ou marinho já!

# Diferentes estruturas do sal

FLOR de SAL

SAL MARINHO

SAL MALDON

SAL CINZA

KASHER

SAL de MESA

## Sal kasher

É usado no processo tradicional judaico de espalhar sal sobre a carne do animal abatido para remover o sangue. Como o sal kasher não contém aditivos, seu gosto é muito puro. Há dois métodos de produzi-lo: pela cristalização num recipiente aberto de salmoura, formando flocos leves e ocos, ou pela transformação de cristais cúbicos de sal evaporado a vácuo em flocos finos e densos. A diferença nos modos de produção resulta em dois sais completamente diferentes. Enquanto o primeiro adere às comidas e se esmigalha com facilidade, o segundo é muito mais denso e quase duas vezes mais salgado. Quando seguir receitas que pedem sal kasher, use o tipo especificado, pois os dois sais não são correspondentes. Para este livro, testei as receitas com o sal kasher cristalizado.

Essa variedade se dissolve duas vezes mais depressa do que um sal mais denso e granulado, o que a torna ideal para comidas feitas rapidamente. Quanto mais depressa o sal se dissolve, menor a possibilidade de salgar demais um prato pensando que a comida precisa de mais sal quando na verdade ele só precisa de mais tempo para dissolver. Por causa da área de superfície maior, também adere mais à comida.

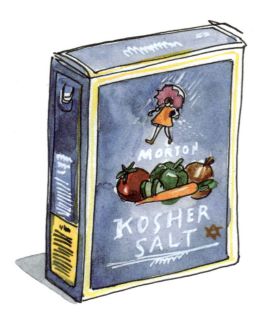

Sal kasher é fantástico para a comida do dia a dia. Prefiro a variedade cristalizada, pois já a usei em quantidade maior do que devia por distração enquanto conversava ou tomava uma taça de vinho, e felizmente a comida saiu sem problemas.

## Sal marinho

É o que sobra quando a água do mar evapora. Sais marinhos naturais como flor de sal, sal cinza e Maldon são o resultado menos refinado de uma evaporação monitorada e gradual que pode levar até cinco anos. A flor de sal, que tem forma de flocos delicados e aromáticos, é colhida da superfície de leitos de sal marinho na França ocidental. Quando o sal cai abaixo da superfície da água, atrai vários sais minerais, incluindo cloreto de magnésio e sulfato de cálcio. Quando a flor de sal branca e pura assume uma cor acinzentada se transforma em sal cinza. Os cristais de sal Maldon se formam de maneira muito semelhante à flor de sal e assumem um formato piramidal oco. Muitas vezes o Maldon é chamado de sal em flocos.

Como os sais naturais são colhidos usando métodos de trabalho intensivos e rendem menos, tendem a ser mais caros do que os sais refinados. Ao comprar, você está pagando pela textura agradável, então deve usar esses sais de modo que se sobressaiam. É um desperdício salgar água ou fazer molho de tomate com Maldon. Em vez disso, salpique esses sais sobre alface, molhos caramelados e biscoitos antes de irem para o forno, a fim de obter uma textura crocante.

O sal marinho granulado refinado que você encontra em qualquer supermercado é um pouco diferente: foi produzido pela fervura rápida da água do mar no vácuo. Os cristais finos ou médios desse tipo são ideais para a cozinha do dia a dia. Use esse tipo para salgar alimentos de dentro para fora, na água para cozinhar legumes ou macarrão, em carnes que vão ser assadas ou ensopadas com legumes e em massas.

Tenha sempre à mão dois tipos de sal: um barato para todo dia e um especial com textura agradável, como o Maldon ou a flor de sal, para polvilhar sobre a comida no último instante. Independente dos sais que usar, é melhor conhecê-los, saber quanto salgam, que gosto e textura têm e como mudam o sabor da comida.

# O efeito do sal no sabor

Para entender como o sal age sobre o sabor, precisamos entender primeiro o significado de "sabor". Nossas papilas gustativas percebem cinco **gostos**: o salgado, o azedo, o amargo, o doce e o umami. No entanto, o **aroma** é mais poderoso, e nosso nariz sente todos os milhares de compostos químicos. As palavras usadas na descrição são as mesmas do mundo dos vinhos. Adjetivos como "terroso", "floral" e "frutado" se referem a compostos aromáticos.

O **sabor** está na intersecção de paladar, aroma e elementos sensoriais, incluindo textura, som, aparência e temperatura. Como o aroma é um elemento crucial do paladar, quanto mais aromas percebermos, mais vibrante será nossa experiência ao comer. Por isso, temos menos prazer ao comer quando estamos com o nariz entupido ou resfriados.

É interessante que o sal tem a ver tanto com o gosto quanto com o sabor. Nossas papilas podem discernir se o sal está presente ou não e até a quantidade dele num alimento! O sal também libera muitas substâncias aromáticas das comidas, fazendo com que apareçam com mais força à medida que comemos. O melhor modo de experimentar isso é provar uma sopa sem sal. Realize essa experiência da próxima vez que fizer **Caldo de frango**. Sem sal, ele parece insípido, mas, à medida que adiciona sal, você detecta aromas antes escondidos. Continue salgando e provando e começará a sentir o sal, assim como sabores mais complexos e surpreendentes: o salgado do frango, a riqueza da gordura, o gosto terroso do salsão e do tomilho. Continue a juntar sal e vá provando até chegar no ápice. Assim é que se aprende a salgar "o quanto basta"! Quando essa expressão aparece numa receita, junte o tanto necessário até ficar do jeito que você quer.

A experiência de "ampliar" os sabores é uma das razões pelas quais os cozinheiros profissionais gostam de temperar tomates fatiados alguns minutos antes de servi-los, de modo que o sabor vai se intensificando a cada mordida enquanto o sal ajuda a soltar as moléculas de sabor que estão presas dentro das proteínas do tomate.

O sal também reduz nossa percepção de amargor com o efeito secundário de enfatizar outros sabores presentes. Ele enfatiza a doçura e reduz o amargor em comidas que misturam ambos, como sorvete de café ou caramelo queimado.

Apesar de em geral buscarmos o açúcar para equilibrar sabores num molho ou numa sopa, o sal mascara o amargor mais efetivamente. Veja por conta própria com um pouco de água tônica, Campari ou sumo de grapefruit, por exemplo. Experimente sem nada e depois com uma pitada de sal. Você vai se surpreender com quanto o amargor diminui.

## Salgando

O sal é o tempero que mais estimula e modifica o sabor. Se a comida não estiver adequadamente salgada, não vai haver técnica de culinária ou acompanhamento que a ajude. Sem sal, os sabores desagradáveis aparecem mais e os agradáveis, menos. Em geral, a ausência de sal na comida é profundamente desagradável, mas sua presença exagerada tampouco é bem-vinda; o sal precisa estar no ponto certo.

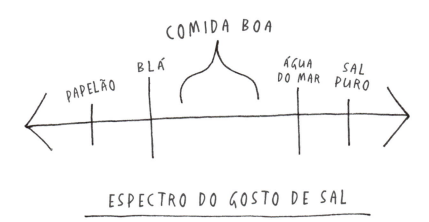

Salgar a comida não é algo que se faz uma vez e depois se esquece: preste sempre muita atenção no gosto de um prato *enquanto está sendo feito*, considerando o gosto que deseja que ele tenha quando servido. A chef Judy Rodgers, do lendário Zuni Café, sempre dizia a seus cozinheiros que certo prato precisava de "mais sete grãos de sal". Algumas vezes sete grãos são suficientes para transformar o satisfatório em sublime. Outras vezes, a polenta pode pedir um punhado de sal. O único jeito é provar e acertar.

Provar e acertar — vezes e mais vezes — e observar a transformação no processo de cozimento deixa a comida mais saborosa. Acertar o sal em todos os níveis — no pedaço, no ingrediente, no prato, na refeição. **Isso é salgar a comida de dentro para fora.**

No espectro global do uso do sal, há uma amplitude maior do que determinado ponto perfeito. Algumas culturas usam menos sal, outras usam mais. Os toscanos não adicionam sal ao pão, mas compensam isso com os punhados que acrescentam a tudo. Os franceses salgam as baguetes e o *pain au levain* com perfeição, em compensação salgam todo o resto com um pouco mais de cautela.

No Japão, não se tempera o arroz, pois serve de base para peixes, carnes, curries (karês) e picles saborosos. Na Índia, *biryani* é um saboroso prato de arroz com legumes, carne, especiarias e ovo que sempre leva sal. Não há uma regra universal para o uso do sal — a não ser que deve ser muito bem considerado a cada passo no processo de cozimento. Por isso falamos em "temperar a gosto".

Quando a comida é insossa, a culpa costuma ser da falta de sal. Se você não tiver certeza, pegue uma colher ou uma pitada de sal e salpique sobre um pouco de comida. Prove de novo. Se resolveu, vá em frente e salgue toda a porção. Seu paladar vai melhorar com esse tipo de culinária reflexiva e cuidadosa. Cozinhar é pensar. O ouvido de um músico de jazz vai se tornando mais sensível e refinado com o uso, assim como mais criativo em termos de improvisação.

# COMO O SAL TRABALHA

Cozinhar é parte arte, parte química. Entender como o sal funciona vai permitir melhores decisões sobre *como* e *quando* usá-lo para melhorar a textura e salgar a comida de dentro para fora. Alguns ingredientes e métodos de cozimento pedem que se dê um tempo para que o sal penetre na comida e se distribua dentro dela. Em outros casos, a chave é criar um meio suficientemente salgado para permitir que a quantidade de sal necessária seja absorvida à medida que o alimento cozinha.

A distribuição do sal pela comida pode ser explicada por **osmose** e **difusão**, dois processos químicos movidos pela tendência da natureza de buscar equilíbrio ou a concentração balanceada de solúveis, tais como minerais e açúcares, de cada lado de uma membrana semipermeável. Na comida, a água atravessa uma parede de células do lado menos salgado para o mais salgado, movimento que é chamado de **osmose**.

**Difusão**, por outro lado, é o processo muitas vezes mais vagaroso do sal se movendo de uma

**OSMOSE**
PASSAGEM DA ÁGUA PELA MEMBRANA CELULAR

= MEMBRANA SEMIPERMEÁVEL

**DIFUSÃO**
O MOVIMENTO DO SAL ATRAVÉS DA MEMBRANA CELULAR ATÉ QUE ESTEJA DISTRIBUÍDO UNIFORMEMENTE

parte mais salgada para outra menos salgada até que esteja igualmente distribuído por toda a comida. Polvilhe sal na superfície de um pedaço de frango e volte vinte minutos depois. Os grânulos não estarão mais visíveis: já terão começado a se dissolver, e o sal estará penetrando o alimento num esforço para criar um equilíbrio químico. Podemos experimentar a consequência dessa difusão — espalhando sal na superfície da carne, ele se distribui com o tempo, e vai chegar a hora em que a carne estará temperada por inteiro, e não salgada na superfície e insossa por dentro.

A água ficará visível na superfície do frango, resultado da osmose. Enquanto o sal penetra, ela sai com o mesmo objetivo: alcançar um equilíbrio químico em toda a carne.

O sal se distribui igualmente, salgando a carne por dentro e afetando a textura de diferentes comidas de modos variados.

## Como o sal modifica...
### A carne

Quando cheguei ao Chez Panisse, a cozinha já funcionava como uma máquina azeitada havia décadas. O sucesso se devia em muito aos cozinheiros que planejavam os pratos um ou mais dias antes. Diariamente, sem falta, cortávamos e salgávamos a carne para o dia seguinte. Como a tarefa era um exemplo clássico de eficiência na cozinha, não me ocorria que salgar a carne de antemão tivesse alguma coisa a ver com sabor. Eu ainda não entendia que o sal fazia um trabalho importante durante a noite, ainda que silencioso.

Como a difusão é um processo demorado, **salgar antes** implica bastante tempo para que o sal se difunda através da carne. Um pouquinho de sal aplicado bem antes fará uma diferença muito maior do que uma grande quantidade acrescentada na hora de servir. Em outras palavras, o *tempo*, e não a *quantidade*, é a variável crucial.

Como o sal também dá início à osmose e visivelmente absorve a água de qualquer ingrediente que toca, muita gente acha que ele seca e endurece a comida. Mas, com o tempo, o sal dissolverá os filamentos de proteína transformando-os em gel e deixando-os absorverem e reterem a água melhor à medida que cozinham. Água é umidade, e sua presença indica uma carne mais macia e suculenta.

Pense num filamento de proteína como uma espiral solta com moléculas de água presas na superfície externa. Quando uma proteína não salgada é aquecida, ela **desnatura**: a espiral se enrosca, espremendo as moléculas de água da matriz da proteína e deixando a carne seca e dura se for cozida demais. Ao desfazer a estrutura proteica, o sal impede a espiral de **coagular** densamente, de formar grumos e de empelotar ao aquecer, de modo que mais moléculas de água permanecem ligadas. A carne continua mais úmida e você tem uma margem maior de erro para chegar ao ponto.

O segredo da **salmoura**, método pelo qual a carne é submersa num banho de água com sal, açúcar e especiarias, é esse mesmo processo químico. O sal nessa mistura dissolve um tanto das proteínas, e o açúcar e as especiarias oferecem muitas moléculas aromáticas a serem absorvidas pela carne. Por essa razão, a salmoura é uma grande estratégia para carnes magras e aves, que tendem a ser menos saborosas. Faça **Peito de peru na salmoura com especiarias** e veja como uma noite num banho salgado e condimentado ajuda a transformar a carne de peru quase sempre seca e sem gosto em algo bem gostoso.

Não me lembro da primeira vez que experimentei — conscientemente pelo menos — carne temperada de antemão. Mas agora, com tanto tempo de aprendizado, ficou fácil perceber quando a carne que como não foi temperada antes. Assei milhares de frangos — salgados antes ou não — ao longo dos anos e, embora a ciência ainda precise confirmar minhas suspeitas, falo por experiência quando afirmo que a carne que foi salgada antes fica mais saborosa e mais macia. A melhor maneira de provar as maravilhas da carne pré-salgada é com um experimento: da próxima vez que for assar um frango, corte a ave ao meio ou peça ao açougueiro para fazê-lo. Salgue metade um dia antes. Salgue a outra metade na hora de levar ao forno. O efeito ficará aparente bem antes que você dê a primeira mordida. A carne do frango salgado antes vai soltar dos ossos quando você começar a cortar, enquanto a outra metade, apesar de úmida, não vai se comparar em matéria de maciez.

Ao salgar a carne para cozinhar, lembre que qualquer hora é melhor do que nenhuma, e mais é melhor que menos. Planeje salgar a carne um dia antes de cozinhar quando for possível. Se não for, faça-o pela manhã, ou mesmo à tarde. No mínimo, deve ser a primeira coisa a fazer ao começar a preparar o jantar. Gosto de fazer isso logo que chego em casa do mercado, para nem precisar mais pensar no assunto.

Quanto maior, mais grossa e mais cheia de nervos for a peça, mais rápido você deve salgá-la. Rabo, ossobuco e costelas podem ser salgados um dia ou dois antes. Um frango pode ser salgado um dia antes, enquanto um peru, dois ou mesmo três dias antes. Quanto mais fria a carne e seu entorno, mais ela demorará a sofrer o efeito do sal, de modo que quando o tempo for limitado é melhor deixá-la sobre a superfície de trabalho depois de salgar (mas não mais que duas horas) em vez de guardá-la na geladeira.

Salgar antes melhora muito o gosto e a textura da carne, mas também há perigo em fazer isso muito adiantado. Por milhares de anos, o sal foi usado para preservar a carne. Em grandes quantidades, por extensos períodos, ele desidrata e cura a carne. Se os planos para o jantar mudarem no último minuto, frango ou costela aguentam bem uns dois dias para ir ao forno ou à panela. Mas espere muito mais que isso e vão secar completamente, parecendo couro e perdendo o frescor. Se você salgou uma carne e depois se deu conta de que não vai usá-la pelos próximos dias, congele-a. Em boas condições, ela aguenta por uns dois meses. Quando for usar, descongele e continue de onde parou.

## Peixes e frutos do mar

Diferente das carnes, as proteínas delicadas da maioria dos peixes e frutos do mar se degradam se forem salgados muito antes do uso, e eles acabam duros, secos ou elásticos. Uma salmoura rápida — de quinze minutos — é o bastante para incrementar o sabor e manter a umidade num peixe estruturado. Filés de peixe de 2,5 cm ou peixes mais carnudos, como atum e peixe-espada, podem ser salgados meia hora antes. Salgue frutos do mar na hora de cozinhá-los para conservar a textura.

## Gordura

O sal precisa de água para dissolver, o que não ocorre em gordura pura. Por sorte, a maioria das gorduras que usamos na cozinha contém pelo menos um pouco de água — as pequenas quantidades de água na manteiga, o sumo de limão na maionese e o vinagre do vinagrete permitem que o sal se dissolva devagar. Salgue essas gorduras bem antes e com cuidado, esperando o sal dissolver e provando antes de adicionar mais. Ou dissolva o sal em água, vinagre ou sumo de limão antes de juntá-lo à gordura para uma distribuição igual e imediata. A carne magra tem um pouco mais de água (e de proteína) e, portanto, maior capacidade de absorver o sal do que carnes mais gordas ou com uma capa de gordura, como lombo de porco ou costela, que não absorvem a gordura por igual. Isso é belamente ilustrado numa fatia de presunto: o músculo (a parte rosada) tem mais água, e assim pode absorver o sal rapidamente ao curar. A gordura (a parte branca pura) tem um teor de água muito mais baixo, e logo não absorve sal na mesma rapidez nem tão bem. Prove as duas partes separadas e vai achar a parte magra, o músculo, desagradavelmente salgado e a gordura insossa. Mas experimente os dois juntos, e a sinergia da gordura e do sal se revela. Não deixe que esse desequilíbrio de absorção afete o modo como salga a carne gorda. Apenas experimente a parte gorda e a magra juntas antes de adicionar mais sal.

## Ovos

Ovos absorvem sal com muita facilidade. Ao fazê-lo, suas proteínas se agregam numa temperatura mais baixa, que diminui o tempo de cozimento. Quanto mais rapidamente as proteínas endurecem, menos chance terão de expelir a água que contêm. Quanto mais água os ovos retiverem ao cozinhar, mais úmida e macia será sua textura final. Junte uma pitada de sal àqueles que serão transformados em ovos mexidos, omeletes, cremes ou fritadas. Salgue a água levemente para fazer ovo poché. Salgue os ovos cozidos e os fritos só na hora de servir.

## Vegetais, frutas e cogumelos

A maioria das células dos vegetais e frutas contém um carboidrato indigerível chamado **pectina**. Ela é atenuada através da maturação ou da aplicação de calor, e assim a fruta ou o vegetal ficam mais macios e mais gostosos. O sal ajuda a enfraquecer a pectina.

Quando em dúvida, salgue os vegetais antes de cozinhá-los. Para assar, use azeite também. Salgue fartamente a água antes de cozinhar os vegetais. Adicione sal quando for refogar. Salgue legumes que possuem células grandes e aquosas — tomate, abobrinha e berinjela, por exemplo — antes de grelhar ou assar para permitir que o sal faça melhor sua tarefa. A osmose também vai fazer com que percam um pouco de água, de modo que é bom secá-los antes de cozinhar. Como o sal continuará a chupar a água dos vegetais e das frutas e talvez os deixe borrachudos, cuidado para não salgá-los cedo demais. Geralmente quinze minutos antes de cozinhar é o bastante.

Cogumelos não contêm pectina e são formados de 80% de água, que começa a se soltar quando os salgamos, então espere para fazer isso quando começarem a dourar na frigideira.

## Leguminosas e grãos

Se há um jeito de fazer as pessoas se afastarem das leguminosas é servi-las malcozidas e sem gosto. O sal enfraquece as pectinas contidas nas paredes celulares das leguminosas e as modifica do mesmo modo que modifica os vegetais: amaciando-as. Para salgar leguminosas de dentro para fora, adicione sal quando for colocá-las de molho ou quando for cozinhá-las, se o fizer diretamente.

Leguminosas e grãos são sementes secas — partes da planta que asseguram sua sobrevivência de uma estação à outra. Desenvolveram um exterior duro para se proteger, portanto pedem um cozimento lento na água, para absorvê-la e amaciar. A razão mais comum para leguminosas e grãos ficarem duros é o pouco cozimento. A solução para o problema é continuar o cozimento em fogo baixo! (Outras variáveis que podem levar a isso são grãos velhos ou mal guardados, cozimento em água mineral e as condições ácidas.) Como um longo tempo de cozimento dá ao sal a oportunidade de se espalhar homogeneamente, a água para ferver grãos como arroz, farro ou quinoa pode ser menos salgada do que a água usada para cozinhar vegetais. Em preparos onde toda a água de cozimento será absorvida, assim como o sal, tenha mais cuidado para não usar demais.

## Massas

O primeiro trabalho pago que tive na cozinha do Chez Panisse era numa seção que chamávamos de Massa/Alface. Passei cerca de um ano lavando alface e fazendo todo tipo de massa imaginável. Começava a massa de pizza muito cedo, pela manhã, juntando fermento, água e farinha dentro da gigantesca vasilha da batedeira. Cuidava dela o dia inteiro. Depois que a água e a farinha acordavam o fermento, eu juntava mais farinha e sal. Após sovar e deixar crescer, eu finalizava a massa com um pouco de azeite. Um dia, quando chegou a hora de juntar a farinha e o sal, vi que estávamos sem sal na cozinha. Não tinha tempo para ir ao estoque, então pensei em acrescentar o sal no final, junto com o azeite. Enquanto eu sovava a massa, notei que chegou ao ponto muito mais depressa do que o normal, mas não me preocupei muito. Quando voltei um par de horas depois para acabar o serviço, aconteceu uma coisa incrível. Liguei a máquina para misturar a massa, como sempre fiz. Depois juntei o sal. Ao se dissolver na massa, percebi que a máquina batia com dificuldade. O sal tornara a massa mais dura — uma diferença incrível! Eu não tinha ideia da causa do fenômeno e fiquei com medo de estar fazendo algo muito errado.

Não era nada de mais. A massa endureceu imediatamente porque o sal ajuda a reforçar o **glúten**, a proteína que a torna elástica. Depois que deixei a massa descansar, o glúten relaxou, e as pizzas daquela noite saíram do forno tão deliciosas como sempre.

O sal pode demorar um pouco para dissolver em comidas com pouca água, de modo que é bom adicioná-lo logo à massa do pão. Não adicione sal ao fazer macarrão, apenas na água do cozimento. Acrescente logo no começo ao lámen e ao udon para reforçar o glúten — o que resultará na textura elástica desejada. Junte o sal depois a tempurás, bolos, panquecas e outras massas delicadas para manter a maciez, e não se esqueça de bater muito bem, de modo que o sal esteja igualmente distribuído antes do cozimento.

## Como cozinhar em água com sal

A água de cozimento adequadamente salgada ajuda a comida a reter seus nutrientes. Imagine que você está cozinhando vagem numa panela cheia de água. Se a água não estiver salgada, ou tiver sal insuficiente, a concentração do sal — um mineral — estará mais baixa do que a concentração inata mineral da vagem. Para tentar equilibrar o ambiente interno e o ambiente externo — a água de cozimento —, a vagem vai soltar seus minerais e açúcares naturais. Isso resulta em vagens com menos sabor, pálidas e menos nutritivas.

Por outro lado, se a água estiver devidamente salgada — e portanto mais rica em minerais do que a vagem —, o oposto vai acontecer. Na tentativa de alcançar equilíbrio, a vagem vai absorver sal da água ao cozinhar, salgando de dentro para fora. Também vai ficar com uma cor mais viva, porque o equilíbrio do sal impedirá que o magnésio escape de suas moléculas de clorofila. O sal também enfraquecerá a pectina e amaciará as paredes das células, permitindo que a vagem cozinhe com mais rapidez. E a vagem ainda perderá menos nutrientes ao ficar menos tempo na panela.

Não sei dizer a quantidade de sal certa para a água de cozimento por algumas razões. Não sei o tamanho de sua panela, quanta água acrescenta, quanta comida vai cozinhar ou o tipo de sal que usa. Todas essas variáveis vão determinar a quantidade de sal, e mesmo elas podem mudar cada vez que se cozinha. Por isso, salgue a água de cozimento até que esteja com gosto de água do mar. Ou, mais precisamente, como sua lembrança da água do mar. Com 3,5% de salinidade, a água do mar é muito, muito mais salgada do que a água que qualquer um usaria para cozinhar. Você pode se negar a usar uma quantidade tão grande assim de sal, mas lembre que a maior parte dele acaba sendo descartada com a água. O objetivo é criar um meio salgado o bastante para que o sal se difunda por dentro do ingrediente durante o tempo que passa na água.

Não importa se você adiciona o sal antes ou depois de colocar a panela de água no fogo, mas ele vai se dissolver e se espalhar mais depressa em água quente. Basta se certificar de que dará ao sal a oportunidade de se dissolver e provar a água para se ver se está mesmo bem salgada antes de acrescentar a ela qualquer alimento. Se mantiver um caldeirão fervendo por tempo demais, a água que não evaporar ficará salgada demais para cozinhar. A solução aqui é fácil: prove a água e veja se está no ponto certo. Se não estiver, coloque um pouco de água ou sal para equilibrar.

Cozinhar em água com sal é um dos modos mais fáceis de salgar de dentro para fora. Experimente batatas assadas que foram salgadas antes de entrar no forno e sentirá

POUCO SAL  SAL NO PONTO CERTO

o gosto do sal na superfície, mas não no interior. Mas experimente cozinhar as batatas em fogo baixo e água com sal por um tempinho antes de assar e ficará chocado com a diferença — o sal terá atingido o centro da batata, fazendo seu poderoso trabalho de salgar de dentro para fora.

Salgue a água em que for cozinhar macarrão, batatas, leguminosas e grãos, o mais cedo possível, para permitir que o sal se dissolva e se espalhe homogeneamente. Salgue a água em que for cozinhar os vegetais corretamente e não terá que acrescentar sal antes de servir. Saladas feitas com vegetais cozidos — aspargos, couve-flor, vagens ou o que for — ficam deliciosas quando eles são salgados enquanto cozinham. O sal salpicado por cima na hora de servir não fará tanta diferença no gosto numa salada dessas, e mais na textura, deixando-a mais crocante.

Salgue carnes com antecedência, mas salgue os líquidos de cozimento de ensopados, braseados e carnes escalfadas sem exagero — lembre que você vai consumir todo o sal que tiver usado. Algum sal da carne vai escapar para o caldo dela, mas antes terá cumprido sua importante tarefa de amaciar a carne. Antecipe a troca de sabores que acontecerá entre a carne temperada e seu líquido de cozimento, provando o líquido e a carne e acertando o sal antes de servir.

Continue lendo para entender as nuances de **branquear**, **escaldar**, **brasear**, **cozinhar em fervura branda** e **escalfar** no capítulo Calor.

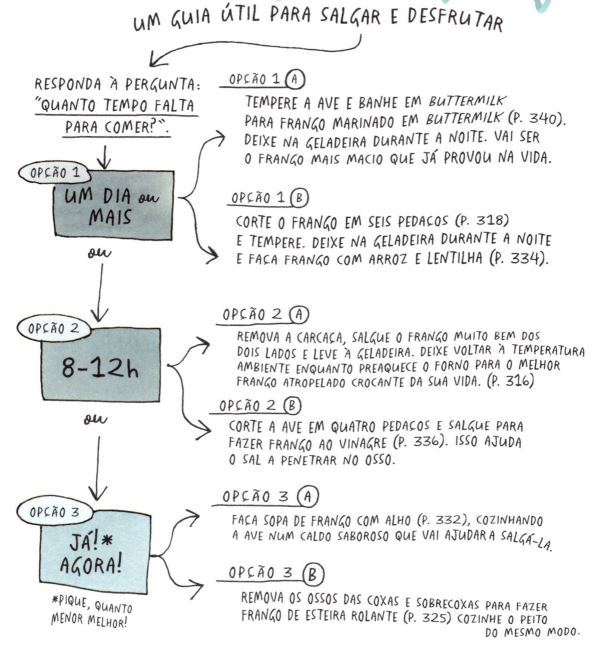

# CÁLCULO DE DIFUSÃO

As três ferramentas mais importantes para estimular a difusão do sal são tempo, temperatura e água. Antes de começar a cozinhar — ao escolher um ingrediente ou um método de cozimento — faça a pergunta: "Como salgar de dentro para fora?". Daí em diante, use essas variáveis para imaginar quanto tempo antes e o quanto salgar a água de cozimento.

## Tempo

O sal se difunde vagarosamente. Se está cozinhando algo grande ou grosso e quer que ele penetre, tempere o ingrediente o mais cedo possível para dar tempo ao sal de chegar ao centro.

## Temperatura

O calor estimula a difusão do sal, que sempre se difunde mais rapidamente à temperatura ambiente do que na geladeira. Faça disso uma vantagem caso se esqueça de salgar o frango de antemão. Tire-o da geladeira ao chegar em casa, salgue e deixe descansar enquanto preaquece o forno.

## Água

A água estimula a difusão do sal. Procure métodos que usem líquidos para ajudá-lo a penetrar em ingredientes grossos, secos ou duros, principalmente se não teve tempo de salgá-los antes.

# O CALENDÁRIO DO SAL

## UM LEMBRETE SIMPÁTICO DE QUANDO SALGAR SUA COMIDA

**3 ANOS ANTES**

PRESUNTO CRU E CARNE-SECA E RAÇÕES *para o* APOCALIPSE

**3 SEMANAS ANTES**

PEITO BOVINO CURADO

BACALHAU SALGADO

**5-7 DIAS ANTES**

UM NOVILHO INTEIRO

**3 DIAS ANTES**

UM PORCO INTEIRO

UM CORDEIRO OU BODE *para uma* CERIMÔNIA TÍPICA

**2 DIAS ANTES**

PERU, GANSO e QUALQUER AVE GRANDE *para as* FESTAS, COSTELAS, PERNIL DE CORDEIRO

**1 DIA ANTES**

FRANGO!

BIFES GROSSOS, CODORNA, PATO, FEIJÃO (NO MOLHO)

## HOJE

**HORAS ANTES DE COZINHAR**

QUALQUER COISA QUE DEVERIA SALGAR MAIS CEDO E ESQUECEU, PORQUE QUALQUER HORA É MELHOR QUE NENHUMA!

**15-20 MINUTOS ANTES DE COZINHAR**

BERINJELA E ABOBRINHA (DEPOIS SEQUE), REPOLHO PARA SALADA, ATUM GROSSO, FILÉ DE PEIXE-ESPADA

**NA HORA DE COZINHAR**

PEIXE E FRUTOS DO MAR DELICADOS, VEGETAIS PARA ASSAR E GRELHAR, ÁGUA DE COZIMENTO, OVOS MEXIDOS

**ENQUANTO COZINHA**

COGUMELOS, VEGETAIS NA FRIGIDEIRA, MOLHOS COZIDOS LENTAMENTE

**ALGUNS MINUTOS ANTES DE SERVIR**

TOMATES PARA SALADA

**NA HORA DE SERVIR**

SALADA

SIRVA

COMA

NÃO DEVE HAVER NECESSIDADE DE SALGAR ENQUANTO ESTIVER COMENDO, MAS, SE HOUVER, TUDO BEM!

# COMO USAR O SAL

A escritora inglesa Elizabeth David escreveu: "Nem me preocupo em ter uma colher para o sal. Não vejo problema ou erro em pegar o sal com os dedos". Concordo. Livre-se do saleiro, ponha o sal numa vasilha e comece a usar a mão para salgar a comida. Precisa haver espaço para colocar os cinco dedos na vasilha e pegar uma boa porção. Isso é importante, e uma regra da boa cozinha da qual pouco se fala de tão rotineira que é para o cozinheiro profissional, que ao trabalhar num ambiente desconhecido instintivamente procure vasilhas para usar como saleiro. No aperto, já usei até casca de coco para colocar o sal. Uma vez dei aulas na Escola Nacional de Culinária, em Cuba, e a cozinha gerenciada pelo Estado era tão básica que acabei serrando garrafas de plástico ao meio para colocar o sal e outros ingredientes. Deu certo.

## Medindo o sal

Abandonar medidas precisas de sal requer fé e coragem. Quando aprendia a cozinhar, sempre me perguntava como podia saber se havia usado a quantidade certa. Como evitar salgar demais? Era perturbador. E o único jeito de saber quanto sal usar era ir salgando aos pouquinhos e provando. Tinha que me aproximar do meu sal. Conhecê-lo. Com o tempo, aprendi que um caldeirão de água para cozinhar macarrão exigia três punhados. Descobri que, quando temperava um frango para assar no espeto, deveria parecer que uma nevada leve havia caído sobre a superfície de trabalho. Isso só aconteceu com a repetição e a prática. Descobri também algumas exceções: certas receitas de massa, salmouras e linguiças nas quais todos os ingredientes são pesados com precisão não há necessidade de ajustes. Mas eu ainda salgo todo o resto a gosto.

Da próxima vez que você estiver salgando um lombo de porco para assar, preste atenção no sal que vai usar, e quando der a primeira mordida, guarde na memória como o sal estava sobre a superfície da carne. Se não estiver no ponto certo, aumente ou diminua a quantidade de sal da próxima vez. Você já tem a melhor ferramenta para avaliar quanto sal usar: a língua! As condições de uma cozinha raramente (na verdade, nunca) são idênticas. Não usamos sempre a mesma panela, o mesmo volume de água, o mesmo tamanho de frango, a mesma quantidade de cenoura — as medidas podem enganar. O mais seguro é usar a língua e provar toda hora durante o cozimento. Com o tempo, você vai aprender a usar seus sentidos para calcular a quantidade de sal. O tato, a visão e o senso comum podem ser tão importantes quanto o paladar. Marcella Hazan, autora falecida de *Fundamentos da cozinha italiana*, um livro indispensável, sabia se um prato estava salgado só pelo cheiro!

Minhas proporções para medir sal são simples: 1% de sal medido por peso para carnes, leguminosas e grãos, e 2% de salinidade para água de cozimento de vegetais e macarrão. Para ver como esses números se traduzem em relação ao volume para vários sais, olhe o gráfico da próxima página. Se a quantidade de sal que eu uso apavorar você, faça uma experiência: encha duas panelas de água e salgue uma como faria normalmente. Salgue a outra com a medida de 2% e preste atenção no efeito. Cozinhe metade dos brócolis, vagens, aspargos ou do macarrão em cada panela e compare o sabor. Espero que seja o suficiente para que confie em mim.

Pense nessas primeiras proporções como o começo de tudo. Logo — talvez depois de uma ou duas panelas de água para cozinhar macarrão — você vai ser capaz de julgar quanto sal é o bastante, levando em conta o modo como os grãos caem de sua mão e quão perto do mar você se sente ao provar.

# GUIA PARA SALGAR BEM*

| TIPO de SAL | PESO por COLHER DE SOPA em GRAMAS | QUANTIDADE por ½ KG de CARNE SEM OSSO | QUANTIDADE por ½ KG de CARNE COM OSSO (OU SEJA, FRANGO ASSADO) | QUANTIDADE por ½ KG de VEGETAIS e GRÃOS | QUANTIDADE por 1 L de ÁGUA de COZIMENTO | QUANTIDADE por XÍCARA de FARINHA para MASSAS |
|---|---|---|---|---|---|---|
| REGRA GERAL | — | 1,25% por PESO | 1,5% por PESO | 1% por PESO | 2% de SALINIDADE | 2,5% por PESO |

### QUE SE TRADUZ EM:

| TIPO de SAL | PESO | ½ KG CARNE SEM OSSO | ½ KG CARNE COM OSSO | ½ KG VEGETAIS e GRÃOS | 1 L ÁGUA | XÍCARA FARINHA |
|---|---|---|---|---|---|---|
| SAL MARINHO FINO | 14,6 | 1 ¼ c.c.** | 1 ½ c.c. | 1 c.c. | 1 c.s. + 1 c.c. | 1 c.c. rasa |
| MALDON | 8,4 | 2 ¼ c.c. | 2 ¾ c.c. | 1 ¾ c.c. | 2 c.s. + 1 c.c. | 1 ½ c.c. |
| SAL CINZA | 13 | 1 ⅓ c.c. | 1 ⅓ c.c. | 1 ¼ c.c. | 1 c.s. + ½ c.c | 1 c.c. |
| SAL DE MESA | 18,6 | ¾ c.c. | 1 ¼ c.c. | 1 c.c. rasa | 1 c.s. | ¾ c.c. |
| SAL KASHER DENSO | 14,75 | 1 ¼ c.c. | 1 ½ c.c. | 1 c.c. | 1 c.c. + 1 c.s. | 1 c.c. rasa |
| SAL KASHER CRISTALIZADO | 9,75 | 2 c.c. | 2 ½ c.c. | 1 ½ c.c. | 2 c.s. | 1 ¼ c.c. |

* LEMBRE-SE: SEU PALADAR É O ÁRBITRO DEFINITIVO. AS SUGESTÕES ACIMA SÃO APENAS UM PONTO DE PARTIDA.

** c.c. = COLHER DE CHÁ; c.s. = COLHER DE SOPA.

## Como salgar

Ao aprender quanto sal é preciso para salgar qualquer coisa, você pode começar a acreditar que não existe "sal demais". Foi o que me aconteceu. Lembro quando uma chef que eu admirava muito entrou na sala de corte de carnes do restaurante. Eu estava encarregada de temperar o lombo de porco do jantar do dia seguinte. Fazia pouco tempo que eu aprendera o poder do sal e resolvera que, para salgar homogeneamente os lombos, rolaria cada um numa grande vasilha de sal para garantir que toda a superfície ficasse adequadamente coberta. A chef levantou as sobrancelhas assim que chegou e me avisou que o sal que eu estava usando curaria os lombos por três anos!

*Punhado*

Salgados daquele jeito, ficaria impossível comer os lombos no jantar do dia seguinte. Passei vinte minutos lavando as carnes. Depois, a chef me mostrou o movimento de mão apropriado para salgar grandes superfícies.

Eu não entendia as nuances do ato de salgar até que comecei a prestar atenção nas várias maneiras que os cozinheiros usavam o sal em diferentes situações. Havia a maneira de salgar a água de cozimento dos vegetais ou macarrão, sem medo de ser feliz,

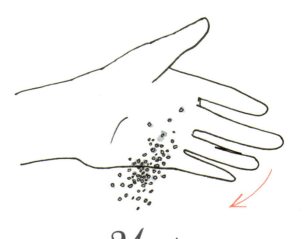

*Meneio*

adicionando punhados de cada vez, esperando a dissolução, passando o dedo de leve sobre a água fervente para provar com muita atenção e muitas vezes salgando mais.

Havia a maneira de colocar sal nas bandejas de vegetais, nas filas de coxas de pato e cortes maiores de carne, e fôrmas de focaccia prontas para ir ao forno. Isso era feito pondo o sal na palma da mão e deixando que "chovesse" com um meneio. Essa era a maneira certa de distribuir o sal, a farinha ou qualquer outro grânulo de um modo eficiente e adequado em uma grande superfície, em vez das pitadas medrosas que eu usava.

Pratique o movimento com a mão e o pulso na sua cozinha sobre uma folha de papel-manteiga ou uma assadeira. Acostume-se com o jeito como o sal cai das mãos, experimente a emoção ilícita de usar tanto de um ingrediente que aprendemos a temer.

Primeiro seque as mãos de modo que o sal não grude. Pegue um punhado de sal e mantenha a calma. Movimentos de mão sem jeito ou robóticos não servem. Repare na queda do sal. Se cair desordenadamente, quer dizer que você está salgando desordenadamente. Devolva o sal à vasilha e tente outra vez. Quanto mais se aprende o movimento do pulso, melhor o sal vai cair.

Isso não quer dizer que você nunca mais vai usar uma pitada de sal. Imagine-se usando a quantidade equivalente a um vidrinho de esmalte de unha para consertar um arranhão no paralama de um carro. Pode não ser a solução ideal para consertar um grande erro, mas, se for usado com precisão e atenção, funciona. Use uma pitada quando quiser ter certeza de que cada parte vai ter o sal suficiente, como no abacate sobre uma torrada, meio ovo cozido duro ou caramelos pequenos. Mas tente atacar um frango ou uma assadeira com abóbora com pitadas, e seu pulso vai desistir muito antes da hora.

## Sal e pimenta-do-reino

É verdade que onde há pimenta-do-reino deve haver sal, mas o contrário é falso. Lembre: o sal é um mineral e um nutriente essencial. Ao ser salgada, a comida sofre um bom número de reações químicas que modificam a textura e o sabor de dentro para fora.

A pimenta, por outro lado, é uma especiaria, e o uso adequado de uma é guiado por geografia e tradição. Reflita se a pimenta vai bem num prato antes de usá-la. Nem todo mundo usa tanto quanto os franceses e italianos. No Marrocos, deixa-se cominho ao lado do saleiro comum. Na Turquia, há sempre uma variedade de pimenta moída. Nos países do Oriente Médio, incluindo o Líbano e a Síria, prefere-se uma mistura de tomilho seco, orégano e sementes de gergelim conhecida como *zaatar*. Na Tailândia, põe-se açúcar ao lado da pasta de pimenta, enquanto em Laos disponibilizam-se aos convidados pimentas frescas e limões. Não faz sentido polvilhar pimenta-do-reino em tudo, assim como não faz sentido usar cominho e *zaatar* em tudo. (Para aprender mais sobre especiarias usadas no mundo, veja **O mundo do sabor** na p. 194)

Se for usar pimenta-do-reino, recomendo a Tellicherry, que é a melhor. Produzida na Índia, ela amadurece por mais tempo do que outras variedades, e por isso desenvolve mais sabor. Moa os grãos na hora sobre a salada, uma torrada com burrata e azeite, tomates maduros fatiados, no **Macarrão Cacio e Pepe** ou sobre tiras de carne. Junte alguns grãos a uma salmoura, um assado, um molho, uma sopa, um caldo ou uma panela de feijão na hora de levar ao fogo ou ao forno. Ao colocar especiarias inteiras em líquidos, inicia-se um processo de troca de sabores, pois elas absorvem o líquido e soltam um pouco de seus compostos aromáticos voláteis, dando um gosto leve a ele, enquanto uma pitada no fim do cozimento não tem efeito algum.

Especiarias, tal como café, sempre têm um gosto melhor quando moídas na hora. O sabor está retido dentro dos grãos na forma de óleos aromáticos que são liberados

e NUNCA

depois de moer e na hora de aquecer. Com o passar do tempo, especiarias em pó perdem sabor. Compre especiarias inteiras sempre que puder e triture-as num pilão ou moedor específico quando for usar, sentindo e experimentando a força fragrante dos óleos aromáticos. Você nem vai acreditar na diferença que isso faz.

## Sal e açúcar

Não se esqueça de tudo o que sabe sobre o sal quando começar a fazer sobremesas. Aprendemos a pensar em sal e açúcar como contrastes, e não trabalhando de mãos dadas, como se a comida fosse ou doce ou salgada. Mas lembre que o efeito principal do sal na comida é realçar seu sabor, e mesmo os doces se beneficiam dessa propriedade. Do mesmo modo que um pouco de doçura pode ampliar sabores de um prato salgado — como com cebolas caramelizadas, vinagre balsâmico ou um molho de maçã sobre costeletas de porco —, o sal também aperfeiçoa sobremesas. Para perceber a importância disso, divida uma leva de massa de biscoitos e não ponha sal numa delas. Experimente ambas. O sal terá feito sua tarefa de realçar o cheiro e o gosto, e você não acreditará nas notas de nozes, caramelo e manteiga que vai perceber nos biscoitos.

Os ingredientes fundamentais dos doces são os mais insípidos da cozinha. Assim como você não deixaria farinha, manteiga, ovos ou creme de leite sem sal num prato salgado, não deve deixar de salgá-los numa sobremesa. Geralmente uma ou duas pitadas de sal são o bastante para aguçar sabores nas massas de tortas, biscoitos e bolos, nos recheios de torta e nos cremes.

Pensar em como você quer sua sobremesa ajuda a escolher o sal que deve usar. Por exemplo, use sal fino, que se dissolve igualmente, na massa de biscoito, depois polvilhe por cima um sal mais flocado, como o Maldon, para uma textura crocante agradável.

OS DOIS HÃO DE SE ENCONTRAR

# SALADA CAESAR

ou, UM EXERCÍCIO na ARTE de ACRESCENTAR SAL

**1.** COMECE por PREPARAR TODOS OS SEUS INGREDIENTES SALGADOS.

PARMESÃO (RALE)

ANCHOVAS (AMASSE)

ALHO (AMASSE com UMA PITADA de SAL)

SAL (SEPARE)

MOLHO INGLÊS (ABRA)

**2.** FAÇA UMA MAIONESE DENSA E SEM SAL

(VEJA COMO FAZER MAIONESE UM POUCO MAIS ADIANTE NO LIVRO)

**3.** JUNTE OS INGREDIENTES SALGADOS, UM POUCO por VEZ. DEPOIS ACRESCENTE o LIMÃO e o VINAGRE.

INCLINE A VASILHA SOBRE UM PANO DE PRATO ÚMIDO

ENTÃO **PROVE**

Agora PARE. Precisa de sal, certo? E o que mais? Anchovas? Parmesão? Acrescente um pouco.

# PROVE OUTRA VEZ.

Talvez seja preciso um pouco mais de molho inglês.

# PROVE OUTRA VEZ.

Repita até que esteja ao seu gosto, acertando o sal conforme necessário.

Quando sentir que está bom, experimente com uma folha de alface.

Perfeito.

Misture com alface e croûtons caseiros. Polvilhe com parmesão e pimenta-do-reino a gosto.

Coma.

# Sal em camadas

Além do sal em cristais, que juntamos diretamente à comida, existem muitas outras maneiras de salgar, com alcaparras, bacon, pasta de missô e queijo. Quando juntamos mais de um tipo de sal a um prato, temos **camadas de sal**. É um jeito incrível de construir sabor.

Quando estiver construindo sabor com sal, pense no prato como um todo e considere as várias formas de sal que quer juntar antes de começar. Caso se esqueça da adição de um sal importante, crucial, o prato pode ficar salgado demais quando prepará-lo. Pense na construção do sabor com o sal da próxima vez que fizer **Molho Caesar**, que leva vários ingredientes salgados — anchovas, parmesão, molho inglês e sal. O alho, que gosto de amassar com um pouco de sal num pilão até formar urna pasta lisa, é a quinta fonte de sal. Para fazer um molho delicioso, dependemos da quantidade certa de cada um desses ingredientes — e de outros não salgados. Não adicione cristais de sal até que esteja certo de que juntou a quantidade correta dos outros ingredientes salgados.

Primeiro faça uma maionese densa, sem sal, juntando óleo às gemas pouco a pouco (encontre instruções específicas para fazer maionese nas pp. 86-7). Depois coloque pequenas quantidades de anchovas amassadas, alho, queijo ralado e molho inglês, então vinagre e limão. Prove. Vai faltar sal. Mas será que não precisa de mais anchovas, queijo, alho ou molho inglês? Se for o caso, acrescente sal na forma de qualquer um deles. Faça-o gradualmente, parando para provar e equilibrar com algum ácido, se necessário. Talvez você tenha que provar muitas vezes e corrigir até acertar. Como em qualquer prato com diferentes formas de sal, junte os cristais de sal só no final, quando achar que os outros elementos estão balanceados. E para ter certeza que acertou, prove com uma folha de alface ou duas e garanta que a mistura chegou ao ponto que você procura.

Mesmo ao seguir uma receita, se você perceber que falta sal, pare e pense em qual ingrediente está o sabor que você procura.

# FONTES DE SAL

1. FILÉS PEQUENOS DE PEIXE EM CONSERVA (ANCHOVA, SARDINHA ETC.) 2. ALCAPARRAS EM CONSERVA OU SALMOURA 3. VEGETAIS FERMENTADOS (PICLES, CHUCRUTE E KIMCHI). 4. MOLHO DE OSTRA OU PEIXE 5. SHOYU E PASTA DE MISSÔ 6. QUEIJO 7. A MAIORIA DOS CONDIMENTOS, COMO MOSTARDA, KETCHUP E MOLHO PICANTE 8. CARNES CURADAS, COMO PRESUNTO CRU, PANCETTA, BACON ETC. 9. NORI, KOMBU E OUTRAS ALGAS 10. AZEITONAS 11. MANTEIGA COM SAL (ÓBVIO)

# O equilíbrio do sal

Por mais cuidadosos que sejamos ao cozinhar, há ocasiões em que só vamos perceber que a comida está insossa ao sentar à mesa para comer. Algumas comidas perdoam mais facilmente que outras. É fácil acertar uma salada na mesa com uma pitada de sal. Rale um pouco de parmesão na sopa para reavivá-la. Outras comidas não reagem tão bem: não há o que resolva um molho salgado ou queijo ou carne que conserte um macarrão sem gosto — a língua sempre vai saber que a água do cozimento não chegava nem perto da água do mar. Carnes assadas no forno e na panela não perdoam a falta de sal.

Depois de testemunhar uma série desses desastres no Chez Panisse, fiquei obcecada em impedir que acontecessem. Uma vez o cozinheiro se esqueceu de pôr sal na massa da pizza, um acidente que não notamos até a hora da degustação, quando a única coisa que se podia fazer era retirá-la do cardápio. Outra vez, assei coxas de frango que estavam marcadas erroneamente como "com sal", um erro que passou despercebido até que provei, ao saírem do forno. Como polvilhar sal sobre a comida não ajuda em nada a disfarçar que ela está sem sal por dentro, a única coisa que podíamos fazer era desfiar a carne, temperar e transformá-la num ragu a ser servido sobre o macarrão. Mas o desastre que mais me impressionou foi quando um cozinheiro veterano só percebeu que havia posto pouco sal na lasanha quando já estava cortada em cem pedaços para o jantar. Como salgar por cima uma comida sem sal por dentro não adianta nada, eu, que era estagiária, fui escolhida para levantar cada uma das doze camadas de cem pedaços e espalhar grãos de sal. Depois dessa tragédia, jamais esqueci de salgar uma.

É inevitável: um dia você vai salgar demais. Acontece nas melhores famílias. Você se converteu, aprendeu o poder do sal e zás, distraiu-se. Talvez comece a usar tanto sal quanto fiz com o lombo de porco e tudo fique incomível por algum tempo. Talvez não tenha prestado atenção. Não tem problema. De vez em quando erramos. Eu mesma ainda erro.

Há um bocado de truques para corrigir o excesso de sal. Servir alguma coisa muito salgada junto a outra sem sal definitivamente não é um deles. Nada sem sal vai cancelar seu oposto.

## Diluir

Você pode adicionar ingredientes sem sal e aumentar o volume total do prato. Uma quantidade maior de qualquer coisa sem sal vai equilibrar o gosto, e coisas naturalmente insossas, ricas e pesadas ajudam bastante nessas ocasiões, pois uma pequena quantidade delas pode ajudar a equilibrar uma boa quantidade de comida. Junte arroz sem sal ou batatas a uma sopa salgada demais ou azeite a uma maionese salgada demais. Enquanto a água da sopa fervente, do caldo ou do molho evapora, o mesmo não ocorre com o sal, e o que sobrar na panela estará salgadíssimo. Aqui a solução é fácil. Junte mais água ou caldo. Se salgar em excesso um prato com muitos ingredientes misturados, junte mais do ingrediente principal, prove e ajuste até reatingir o equilíbrio.

### Dividir

Se você já finalizou o prato e diluir vai produzir mais comida do que precisa, divida a quantidade salgada demais e corrija só a metade. Dependendo do que é, você poderá levar à geladeira ou ao freezer e acertar o restante no dia em que for consumir. Mas talvez tenha que enfrentar a dura realidade de jogar tudo fora, o que é melhor do que usar trinta dólares de um ótimo azeite para corrigir uma leva de maionese salgada e depois só usar um quarto dela!

### Equilibrar

Algumas vezes, comida que parece salgada na verdade não tem excesso de sal, só precisa ser equilibrada com algum ácido ou gordura. Pegue uma colherada e junte gotas de limão ou vinagre, um pouquinho de azeite ou um pouco de cada. Se ficar com um gosto melhor, repita com o prato inteiro.

### Selecionar

Comidas cozidas em líquido, como leguminosas ou ensopados, podem ser salvas se o líquido do cozimento for jogado fora. Se o feijão estiver salgado demais, descarte a água. Faça um virado ou sopa juntando caldo sem sal e vegetais. Se a carne de panela estiver um pouquinho salgada, sirva-a sem o líquido e tente equilibrá-la com algum condimento rico e ácido, como creme de leite fresco. Sirva ao lado de tubérculos ou legumes como acompanhamento para despistar.

### Transformar

Desfie um pedaço de carne salgado demais para transformá-lo num novo prato (onde será somente um ingrediente entre muitos), fazendo ensopado, chili, sopa, picadinho ou recheio de ravióli. Adicione sal a um peixe branco cru e flocado que está salgado demais, como se fosse bacalhau.

## Admitir a derrota

De vez em quando, a melhor coisa a fazer é admitir a derrota e recomeçar. Ou encomendar uma pizza. É só um jantar. Amanhã tem outro.

Nunca se desespere. Encare erros de excesso ou falta de sal como oportunidades de aprendizado. Pouco depois da minha epifania relacionada à polenta, me deram a tarefa de fazer creme de milho, prato vegetariano do cardápio. Foi a primeira vez que confiaram a mim um prato do começo ao fim. Eu mal podia acreditar que alguém pagaria por algo feito por mim! Era emocionante e aterrador ao mesmo tempo. Fiz como haviam me ensinado: cozinhei as cebolas até ficarem macias, juntei o milho debulhado, mergulhei os sabugos no creme de leite para dar um gostinho, acrescentei ovos, misturei tudo e pus em banho-maria até estar quase cozido. Fiquei emocionada ao ver como o creme ficara sedoso. Ao fim da noite, o chef apareceu e provou uma colherada. Ao notar a esperança nos meus olhos, ele generosamente me disse que eu havia feito um bom trabalho e depois, com cuidado, sugeriu que da próxima vez eu usasse um pouco mais de sal. Mesmo que tenha me advertido do modo mais gentil possível, fiquei sem chão e morta de vergonha. Tinha seguido as instruções da receita com tanto cuidado que me esquecera da regra mais importante da cozinha, a qual eu erroneamente achava que já havia introjetado: provar a cada passo. Não provara nem uma vez a cebola, o milho ou o creme. Nem uma vez.

Depois dessa experiência, o provar se tornou reflexivo de um jeito completamente diferente. Dentro de alguns meses, eu estava produzindo com consistência a comida mais deliciosa que já havia feito, e tudo por causa de um único truque: salgar.

Desenvolva um sexto sentido em relação ao sal experimentando tudo o que você cozinha, do começo ao fim. Adote o mantra "mexa, prove, acerte". Que o sal seja a primeira coisa que você prova e a última que corrige antes de servir um prato. Quando o provar constante se tornar instintivo, você pode começar a improvisar.

# Improvisar com o sal

A cozinha não é tão diferente do jazz. Os melhores músicos de jazz parecem improvisar sem esforço, ou tornando os clássicos mais elaborados ou menos. Louis Amstrong podia pegar uma melodia complicada e destilá-la até chegar a uma única nota no seu saxofone, enquanto Ella Fitzgerald pegava uma música absolutamente simples e a engrandecia com sua voz extraordinária. Mas, para improvisar perfeitamente, eles tinham que aprender a linguagem básica da música — as notas — e desenvolver uma relação íntima com os clássicos. Acontece o mesmo com a cozinha. Um grande chef pode fazer com que um improviso pareça simples, mas essa habilidade depende de um forte conhecimento do fundamental.

Sal, gordura, ácido e calor são os tijolos básicos da fundação. Use-os pra desenvolver um repertório de pratos básicos que possam ser feitos a qualquer hora, em qualquer lugar. Eventualmente, como Louis e Ella, você será capaz de simplificar ou adornar o que cozinha num piscar de olhos. Comece incorporando tudo o que aprendeu sobre sal, desde uma simples fritada a um assado festivo.

As três decisões básicas sobre sal são: quando, quanto e como. Faça a si próprio essas perguntas todas as vezes que começar a cozinhar. As respostas formarão um caminho, um mapa para a improvisação. Em breve, você vai se surpreender. Pode ser quando estiver frente à geladeira quase vazia, convencido de que não tem nada para fazer um bom prato até descobrir um pedaço de parmesão. Vinte minutos depois, estará sentado comendo o melhor **Macarrão Cacio e Pepe** que já provou. Ou pode ser depois de uma visita não planejada à feira. Você volta para casa com compras em excesso, que coloca sobre a pia da cozinha... então tira da geladeira o frango que deixou marinando na noite anterior e preaquece o forno sem nem piscar. Abre uma garrafa de vinho para os amigos, fatia pepinos e rabanetes e acrescenta sal em flocos para irem petiscando. Sem pensar muito, salga um caldeirão de água fervente, prova, acerta e branqueia nabos, com as folhas. Enquanto seus amigos comem o que vai aparecendo, pedem a você que compartilhe seus segredos culinários. Conte a verdade, que você aprendeu o mais importante na boa cozinha: fazer bom uso do sal.

# GORDURA

Logo depois que comecei a cozinhar no Chez Panisse, os chefs promoveram um concurso para a melhor receita de molho de tomate. Só havia uma regra: tínhamos que usar apenas os ingredientes disponíveis na cozinha do restaurante. O prêmio era de quinhentos dólares em dinheiro e um crédito no cardápio cada vez que a receita fosse usada... *para sempre*.

Como novata total, tive medo de participar, mas parecia que todo mundo, do maître aos aprendizes e, é claro, os cozinheiros, ia entrar.

Dezenas de candidatos levaram seus molhos para ser provados às cegas por uma equipe de "juízes imparciais" (os chefs e Alice). Alguns molhos levavam orégano seco, outros manjerona fresca. Alguns candidatos amassavam tomates enlatados com as mãos, outros tiravam as sementes de tomates frescos e os picavam em cubos. Alguns juntavam pimenta-calabresa enquanto outros encarnavam suas *nonnas* e faziam purês com os tomates. Foi uma festa. Estávamos todos muito animados, querendo saber quem seria o vencedor.

A certa altura, um dos chefs entrou na cozinha para pegar um copo de água. Perguntamos como estavam indo as coisas. Nunca me esqueço do que ele disse.

"Tem muitos molhos bons. Tantos, na verdade, que fica difícil escolher. Mas Alice tem um paladar tão sensível que não deixa passar o fato de que alguns dos melhores molhos foram feitos com azeite de baixa qualidade."

Alice não conseguia entender por que não haviam usado o excelente azeite do restaurante, já que os empregados podiam comprá-lo a preço de custo.

Fiquei chocada. Nunca havia me ocorrido que o azeite faria muita diferença num prato, muito menos num tão saboroso como molho de tomate. Foi meu primeiro vislumbre de compreensão de que era um ingrediente básico, fundamental, e que seu gosto e o de qualquer outra gordura que escolhêssemos faria uma dramática diferença na percepção do prato inteiro. Assim como uma cebola cozida em manteiga tem um gosto diferente de uma cozida em azeite, uma cebola cozida em ótimo azeite tem um gosto melhor do que outra cozida em azeite de qualidade mais baixa.

Meu amigo Mike, um jovem cozinheiro, ganhou o concurso. A receita dele era tão complicada que nem me lembro mais dela. O que nunca esquecerei é a lição que aprendi naquele dia: a comida só pode ser tão boa quanto a gordura em que é feita.

GORDURA · 57

Aprendi a apreciar os sabores de vários azeites no Chez Panisse, mas foi só quando fui trabalhar na Itália que vi a gordura como elemento importante e versátil na cozinha por si próprio, e não como um meio de se cozinhar.

Durante a safra da azeitona, ou *raccolta*, fiz uma peregrinação a Tenuta di Capezzana, produtor do azeite mais maravilhoso que já provei. Junto ao *frantoio*, eu observava embevecida como a colheita do dia se transformava num elixir amarelo-esverdeado tão brilhante que parecia iluminar a escura noite toscana. O sabor era tão incrível como a cor — picante, quase ácido, de um jeito que nunca pensei que um azeite poderia ser.

No outono seguinte, eu estava na Ligúria, uma província costeira, durante a *raccolta*. O *olio nuovo* prensado nas praias do Mediterrâneo era totalmente diferente — esse azeite era amanteigado, pouco ácido e tão rico que eu tinha vontade de tomá-lo de colherada. Aprendi que a *origem* do azeite faz uma grande diferença no seu sabor. Azeite de lugares quentes, secos e montanhosos é picante, enquanto o azeite de climas marítimos com temperatura mais amena é mais suave. Depois de experimentar, comecei a perceber como um azeite picante podia sobrepujar um preparo delicado como um tartar de peixe, enquanto o sabor mais sutil de um azeite de região marinha talvez não tivesse força o bastante para encarar os sabores de uma bela bisteca servida com folhas amargas.

No Zibibbo, a trattoria florentina de Benedetta Vitali, usávamos mais azeite extravirgem toscano do que qualquer outro ingrediente — em molhos de saladas, para encharcar a massa da focaccia que assávamos todas as manhãs, para refogar o *soffritto*, a base aromática feita de cebolas, cenouras e salsão que era o começo de todas as nossas comidas que ficavam um tempão no fogo. Usávamos para fritar em imersão desde lulas, flores de abóbora e *bomboloni* aos sonhos que comia com gosto todo sábado de manhã. O azeite toscano definia o sabor da comida, que ficava deliciosa por causa dele.

Viajando pela Itália, percebi como a gordura determina os sabores especiais das cozinhas regionais. No Norte, cheio de pastos e gado leiteiro, os cozinheiros usam manteiga, creme de leite e queijos ricos para pratos como polenta, tagliatelle à bolonhesa e risoto. No Sul e no litoral, onde florescem as oliveiras, o azeite é usado em tudo, desde os pratos de frutos do mar a macarrão ou mesmo sobremesas, como sorvete. Como os porcos podem ser criados em qualquer clima, sua gordura é o ponto de união das diferentes culinárias regionais.

À medida que eu me aprofundava na cultura e na cozinha da Itália, uma coisa se tornava clara: a incrível relação dos italianos com a gordura, essencial para o sabor de sua comida. Percebi então que a gordura é o segundo elemento da boa cozinha.

# O QUE É A GORDURA?

A melhor maneira de apreciar o valor da gordura é tentar imaginar a cozinha *sem* ela. O que seria do molho de salada sem azeite, da linguiça sem a banha, um croissant sem manteiga? Não fariam sentido. Sem os sabores que a gordura possibilita, a comida daria muito menos prazer. Em outras palavras, ela é essencial para atingir o espectro total de sabores e texturas da boa cozinha.

Além de ser um de seus quatro elementos básicos, a gordura é um dos quatro blocos construtores de todas as comidas, assim como a água, a proteína e os carboidratos. Embora se costume acreditar que a gordura, como o sal, é pouco saudável, sabemos que ambos os elementos são essenciais para a sobrevivência humana. A gordura é uma fonte de energia crucial, um modo de estocar energia para uso futuro e tem papel importante na absorção dos nutrientes e em funções metabólicas essenciais, atuando no crescimento do cérebro. A não ser que seu médico tenha proibido ou pedido a redução do consumo de gordura, não há necessidade de se preocupar — é saudável cozinhar com quantias moderadas (principalmente se você usa gorduras provenientes de plantas ou peixes). Assim como com o sal, meu objetivo não é fazer com que você use mais gordura, e sim ensinar a aproveitá-la melhor na cozinha.

Em comparação com o sal, a gordura toma muito mais formas e é derivada de inúmeras fontes (veja **Fontes de gordura,** p. 63). Enquanto o sal é um mineral, usado principalmente para realçar o sabor, a gordura tem **três papéis diferentes** na cozinha: ingrediente principal, veículo de cozimento e, assim como o sal, tempero. O mesmo tipo de gordura pode ter funções diferentes na cozinha, dependendo de como é usado. O primeiro passo para escolher uma gordura para usar é identificar o papel primário que vai representar no prato.

Se usada como **ingrediente principal**, a gordura influenciará significativamente a comida. Muitas vezes é tanto uma fonte de muito sabor quanto de uma textura específica desejada. Por exemplo, a gordura moída num hambúrguer derreterá enquanto cozinha, umedecendo a carne de dentro para fora e contribuindo para sua suculência. A manteiga inibe o desenvolvimento das proteínas da farinha, conferindo uma textura macia e quebradiça às massas. O azeite dá ao pesto um sabor leve e fresco e uma textura rica. A quantidade de creme de leite e gemas num sorvete determina sua cremosidade. (Dica: quanto mais creme e ovos, mais cremoso o resultado.)

O papel da gordura como um **veículo de cozimento** é talvez o mais importante e único. As gorduras próprias para cozimento podem ser aquecidas a temperaturas extremas, permitindo que a temperatura superficial dos elementos preparados nelas chegue a alturas incríveis. No processo, os alimentos escurecem e douram, desenvolvendo uma crosta crocante muito agradável ao paladar. Qualquer gordura que seja aquecida para cozinhar é um veículo, seja o óleo de milho no qual se frita o frango, a manteiga usada para saltear vegetais ou o azeite com que se faz escabeche de atum.

Algumas gorduras também podem ser usadas como **tempero** para equilibrar o sabor ou enriquecer a textura de um prato antes de servir: umas gotas de óleo de gergelim torrado aprofundam os sabores do arroz, uma colherada de creme de leite dará uma riqueza sedosa a uma sopa, um pouco de maionese no sanduíche aumentará sua suculência, e um pouco de manteiga no pão fresquinho dará um gostinho especial.

Para determinar o papel que a gordura terá num prato, faça as seguintes perguntas:

- Essa gordura unirá vários ingredientes? Nesse caso, é o ingrediente principal.

- Essa gordura dará textura? No caso de texturas **quebradiças**, **cremosas** e **leves**, a gordura faz o papel de ingrediente principal, enquanto para texturas **crocantes** é um veículo de cozimento. Para texturas **macias**, desempenha os dois papéis.

- Essa gordura será aquecida e usada para cozinhar? Nesse caso, é um veículo de cozimento.

- Essa gordura é capaz de fornecer sabor? Se for adicionada no começo, é um ingrediente principal. Se for usada para equilibrar sabores ou texturas no fim do cozimento, é um tempero.

Depois de identificar o papel que a gordura terá num prato, você estará apto a escolher qual usar e como cozinhar para obter o sabor e a textura desejados.

# FONTES DE GORDURA

GORDURAS:
1. MANTEIGA, MANTEIGA CLARIFICADA, GHEE 2. ÓLEOS: AZEITE, ÓLEOS DE SEMENTES E DE OLEAGINOSAS 3. GORDURA ANIMAL: PORCO, PATO, FRANGO

INGREDIENTES GORDUROSOS:
4. CARNES DEFUMADAS E CURADAS: BACON, PRESUNTO CRU, PANCETTA ETC. 5. OLEAGINOSAS E COCO 6. CREME DE LEITE FRESCO E SOUR CREAM 7. MANTEIGA DE CACAU E CHOCOLATE 8. QUEIJO 9. IOGURTE INTEGRAL 10. OVOS 11. PEIXES OLEOSOS: SARDINHA, SALMÃO, CAVALINHA E ARENQUE 12. ABACATE

# GORDURA E SABOR

## O efeito da gordura no sabor

Resumindo, a gordura é saborosa. Certas gorduras têm seus sabores próprios, e qualquer gordura pode transmitir aroma e enfatizar sabores que de outro modo nosso paladar não perceberia. A gordura cobre a língua, permitindo que vários compostos entrem em contato com as papilas gustativas por longos períodos, intensificando e prolongando nossa experiência de vários sabores. Descasque e fatie dois dentes de alho. Cozinhe delicadamente um em duas colheres de água e o outro na mesma quantidade de azeite. Experimente algumas gotas de cada líquido. Você vai ter uma experiência muito mais poderosa do gosto do alho no azeite. Aproveite essa capacidade de intensificar e circular sabores adicionando temperos diretamente na gordura de cozimento. Quando assar, junte essência de baunilha e outros sabores a manteiga ou gemas para obter o mesmo resultado.

A gordura enfatiza o sabor de um modo extraordinário. Como as gorduras de cozimento suportam temperaturas muito além do ponto de ebulição da água, elas realizam uma tarefa crucial que a água não consegue — dourar a superfície, o que nunca começa a uma temperatura menor que 110°C. Em alguns alimentos, dourar traz sabores completamente novos, deixando os ingredientes mais adocicados e fazendo um sabor de nozes, de carne ou de terra e até o glutamato (que percebemos como umami) aflorar. Imagine a diferença de sabor entre um peito de frango cozido e um dourado no forno com um pouco de azeite e vai entender bem o valor incalculável desse pequeno atributo.

# Os sabores da gordura

Gorduras diferentes têm sabores diferentes. Para escolher a gordura certa, aprenda o gosto de cada uma e em quais culinárias são comumente usadas.

## Azeite

É um alimento básico da cozinha mediterrânea, de modo que deve ser sua escolha quando for fazer comidas inspiradas na culinária espanhola, italiana, grega, turca, do norte da África e do Oriente Médio. Ele brilha como um veículo para tudo, de sopa a massa, macarrão a assado, carnes e vegetais. Use-o como ingrediente básico para maionese, vinagrete e toda espécie de condimentos, desde **Molho de ervas** a azeite de pimenta. Borrife sobre carpaccio e ricota assada para temperar.

Sua comida vai ter gosto bom se você tiver um bom azeite, mas escolher o mais adequado pode ser difícil. São muito tipos: só no mercado mais próximo de casa há cerca de duas dúzias de marcas do extravirgem. E tem todos os virgens, os puros e os aromatizados. No começo da minha carreira de cozinheira, eu ficava tonta com as opções ao me aproximar dos corredores de azeite. Virgem ou extravirgem? Italiano ou francês? Orgânico ou não? Será que esse azeite em promoção é bom? Por que uma marca custa três vezes mais que a outra?

Assim como o vinho, o sabor, e não o preço, é o melhor guia para escolher o azeite. Pode ser necessária certa fé ao escolher um de início. O único modo de se aprender o vocabulário do azeite é com muita atenção. Descrições como "frutado", "pungente", "picante" e "brilhante" podem nos confundir no começo, mas um bom azeite, como um bom vinho, é multidimensional. Se você provar um muito caro e não gostar, não é para você. Se encontrar uma garrafa barata deliciosa, ótimo!

Se é um desafio explicar o gosto de um bom azeite, descrever um azeite ruim é fácil: amargo, forte demais, rançoso... Ele não deixa dúvida.

Já a cor tem pouco a ver com a qualidade do azeite e não dá pistas se está rançoso. Então use seu nariz e seu paladar. O azeite está com cheiro de giz de cera ou parafina? Nesse caso, está rançoso. A tristeza é que muitas pessoas estão tão acostumadas a esse sabor que gostam dele assim!

O azeite é produzido sazonalmente, em geral em novembro, então olhe a data de produção para garantir que está comprando um prensado na safra mais recente. Ele fica rançoso em doze ou catorze meses depois de prensado, de modo que não há necessidade de guardá-lo para uma ocasião especial achando que vai melhorar com o tempo, como um bom vinho (nesse caso, o azeite não parece nem um pouco com o vinho).

Assim como o sal, há várias categorias de azeite — para todo dia, para finalização e aromatizados. Use os **para todo dia** para a cozinha em geral e os **de finalização** para completar receitas em que deseja que o sabor apareça bastante, como em molhos de salada, sobre o tartar de peixe, em molhos frios de ervas ou em bolos. O cheiro dos azeites **aromatizados** pode ser usado para mascarar a má qualidade do produto, de modo que recomendo que fique longe deles. Mas há uma exceção: o azeite *agrumato*, que é feito usando uma técnica tradicional de moer frutas cítricas inteiras com as azeitonas na primeira prensagem. Na Bi-Rite Creamery, em San Francisco, um dos sundaes mais populares leva *agrumato* de mexerica sobre sorvete de chocolate. É delicioso!

Pode ser difícil encontrar um azeite de qualidade para o dia a dia a um preço acessível nos supermercados. Se você não conseguir, não use um de baixa qualidade: faça sua própria mistura de um bom azeite e um óleo neutro comum. Deixe o restante para finalizar saladas e temperar.

Quando achar o azeite de que gosta tome cuidado com ele. Logo ficará rançoso se você guardá-lo em um local de temperatura flutuante, como perto do forno ou exposto ao sol. O melhor é guardá-lo num lugar fresco e escuro. Se não der, guarde numa garrafa de vidro escura ou em lata de metal que o proteja da luz.

## Manteiga

A manteiga é uma gordura comum em regiões de climas adequados para pastagens, como Estados Unidos, Canadá, Reino Unido, Irlanda, Escandinávia e a Europa oriental, incluindo norte da Itália, Rússia, Marrocos e Índia.

Ela é uma das gorduras mais versáteis e pode ser manipulada de muitas formas, usada ou como veículo de cozimento, ingrediente principal ou tempero. No seu estado natural, a manteiga pode ser encontrada **com sal**, **sem sal** ou **fermentada**. Manteigas com sal ficam melhores simplesmente passadas numa torrada quente ou servidas com rabanete com sal marinho como aperitivo. Não há como saber quanto de sal há nelas, de modo que é melhor usar manteiga sem sal e acrescentar a gosto ao cozinhar.

A manteiga sem sal pode ser usada gelada ou em temperatura ambiente como ingrediente principal em massas, emprestando seu rico sabor a pães e tortas e produzindo uma variedade de texturas maravilhosas, que vão de folhados macios e leves a bolos amanteigados e massas que desmancham. Diferente do azeite, a manteiga não é pura gordura — contém também água, proteína de leite e sólidos do soro que ajudam no sabor. Aqueça levemente a manteiga sem sal até dourar e terá **manteiga noisette**, que tem gosto de nozes e é adocicada. É um sabor clássico na cozinha do norte da Itália, combinado com avelãs, abóbora e sálvia. Eu a utilizo na *Panzanella de outono*, que é temperada com **Vinagrete de manteiga noisette**.

Derreta manteiga sem sal delicadamente em fogo baixo para clarificá-la. As proteínas do soro subirão à superfície, enquanto a gordura amarela e outras proteínas do leite ficarão no fundo. A água vai evaporar, deixando para trás a gordura. Separe os sólidos do soro, tomando cuidado para não alterar as proteínas que desceram ao fundo, pois podem se infiltrar através da peneira ou do pano fino. Essa nata do soro pode ser guardada para misturar ao fettuccine — o sabor amanteigado complementa os ovos da massa, especialmente se você colocar por cima, com parmesão ralado e pimenta-do-reino moída na hora. Coe o resto da manteiga com cuidado com um pano muito fino para obter a **manteiga clarificada**, livre das proteínas e dos sólidos do soro, que é um excelente veículo para cozinhar em fogo alto. Gosto muito de usar manteiga clarificada para fritar batatas — com os sólidos removidos a manteiga não queima, e elas pegam toda aquela gostosura amanteigada. Ghee é manteiga clarificada que foi aquecida ainda mais, permitindo que os sólidos do leite escurecessem e lhe dessem um sabor adocicado. *Smen*, usado para afofar o cuscuz marroquino, é manteiga clarificada que foi enterrada por até sete anos para desenvolver um gosto de queijo.

## Óleos de sementes e oleaginosas

Quase toda cultura se apoia numa semente de gosto neutro ou numa oleaginosa, pois os cozinheiros nem sempre querem conferir mais gosto ao prato. Óleo de girassol, óleo de canola e óleo de sementes de uva são boas escolhas para cozinhar justamente porque não têm gosto de nada. Como só começam a soltar fumaça em temperatura muito elevada, são excelentes para deixar os alimentos crocantes e dourados.

Para dar um toque tropical a qualquer prato, use óleo de coco, particularmente bom na granola, ou para assar bulbos, como veículos de cozimento. Esse óleo fica sólido à temperatura ambiente. Mais para a frente, você vai ver como gorduras sólidas são ótimas para fazer massas quebradiças, de modo que poderá usar óleo de coco da próxima vez que for receber um amigo intolerante à lactose para jantar. (Dica de cozinheiro: tanto a pele quanto o cabelo absorvem rapidamente o óleo de coco, de modo que é um tratamento de luxo sempre que você estiver se sentindo ressecado!)

Óleos especiais de sementes e oleaginosas com sabores vibrantes podem ser usados como temperos. Frite sobras de arroz em óleo de gergelim com um ovo e kimchi para um prato de inspiração coreana. Um pouco de óleo de avelã tostada em um vinagrete amplifica o sabor de uma salada simples de rúcula com avelã. Finalize uma sopa de abóbora com **Molho de ervas**, sementes de abóbora tostadas e um fio de óleo de semente de abóbora para incorporar várias dimensões de um mesmo ingrediente.

## Gorduras animais

Todas as culturas carnívoras usam gordura animal, pois ela pode ser incorporada à comida como ingrediente principal, veículo de cozimento ou tempero, dependendo de sua forma. A maioria das moléculas aromáticas é repelida pela água, de modo que na carne elas são predominantemente achadas na gordura. Qualquer gordura animal vai ter um sabor que faz lembrar muito mais o animal do que sua carne magra. A gordura de carne bovina tem mais gosto de vaca, a gordura de porco tem mais gosto de porco, a gordura de frango tem mais gosto de frango, e assim por diante.

### Carne bovina

A gordura bovina é uma parte essencial dos hambúrgueres e cachorros-quentes, dando-lhes mais gosto de carne e aumentando a umidade. Sem gordura, um hambúrguer ficaria seco, esfarelado e sem gosto. Em sua forma líquida, a gordura bovina é muito usada para fritar batatas e no pudim yorkshire, tradicionalmente servido com costela.

### Porco

Quando sólida é chamada de gordura de porco. Líquida é chamada de banha. A gordura de porco é uma adição importante para linguiças e terrines, conferindo sabor e riqueza. Use-a para complementar carnes magras, impedindo que ressequem, ou cubra carne magra com fatias de barriga de porco ou bacon para preservá-la do calor seco ao assar. Os dois processos acrescentam riqueza e sabor ao prato.

Como só começa a soltar fumaça a uma temperatura alta, a gordura de porco é um ótimo veículo de cozimento, muito usada no México, na América do Sul, no sul da Itália e ao norte das Filipinas. Também pode ser acrescentada como ingrediente em

BARRIGA DE PORCO

massas, mas é preciso ter cuidado, pois apesar de deixar a empanada macia e folheada, o gosto de porco não é bem-vindo numa torta de morango!

### Frango, pato e ganso

Essa gordura só é usada em forma líquida como veículo de cozimento. *Schmaltz*, gordura derretida de frango, é um ingrediente tradicional na cozinha judaica. A gordura de ganso ou pato derrete facilmente no fogo. Coe e use para fritar batatas ou bulbos. Pouca coisa no mundo é mais saborosa do que batatas em gordura de pato.

### Cordeiro

A gordura do cordeiro geralmente não derrete, mas é um ingrediente importante na linguiça em países onde o porco não é consumido.

# O mundo da gordura

GORDURA = SABOR

USE ESTA RODA para AJUDÁ-LO a ESCOLHER QUAL GORDURA UTILIZAR ao FAZER PRATOS do MUNDO INTEIRO.

**Centro:** EUROPA · ÁSIA · ÁFRICA · AMÉRICA DO NORTE E CENTRAL · AMÉRICA DO SUL

**EUROPA**
- REINO UNIDO — MANTEIGA, AZEITE
- FRANÇA — ÓLEO NEUTRO, CREME DE LEITE, MANTEIGA, AZEITE
- ITÁLIA — MANTEIGA, BANHA DE PORCO, AZEITE
- ESPANHA — AZEITE, BANHA DE PORCO, AZEITE, MANTEIGA
- ALEMANHA — AZEITE, GORDURA DE PORCO
- EUROPA ORIENTAL — MANTEIGA, CREME DE LEITE, GORDURA DE PORCO, ÓLEO NEUTRO
- ESCANDINÁVIA — MANTEIGA, SCHMALTZ, ÓLEO NEUTRO, AZEITE
- GRÉCIA E CHIPRE — MANTEIGA, ÓLEO NEUTRO / AZEITE

**ÁFRICA**
- ÁFRICA OCIDENTAL — AZEITE DE DENDÊ, ÓLEO DE COCO, MANTEIGA DE KARITÉ, ÓLEO DE AMENDOIM, ÓLEO DE SEMENTE DE MELANCIA
- NORTE DA ÁFRICA — AZEITE, SMEN
- CHIFRE DA ÁFRICA — ÓLEO NEUTRO, ÓLEO DE GERGELIM, SMEN

**ÁSIA**
- CHINA — ÓLEO NEUTRO, ÓLEO DE CEBOLINHA, ÓLEO DE GERGELIM
- JAPÃO — ÓLEO NEUTRO, ÓLEO DE GERGELIM
- COREIA — ÓLEO NEUTRO, ÓLEO DE GERGELIM
- TAILÂNDIA / VIETNÃ — ÓLEO DE COCO, ÓLEO DE PORCO, ÓLEO DE DENDÊ / BANHA DE PORCO, AZEITE DE DENDÊ
- ÍNDIA — ÓLEO NEUTRO
- IRÃ — GHEE, ÓLEO DE SEMENTE DE UVA, ÓLEO DE COCO
- MEDITERRÂNEO — ÓLEO NEUTRO, MANTEIGA, GHEE, AZEITE

**AMÉRICA DO NORTE E CENTRAL**
- ESTADOS UNIDOS E CANADÁ — MANTEIGA, AZEITE, BACON, BANHA DE PORCO, ÓLEO NEUTRO
- MÉXICO — ÓLEO NEUTRO, BANHA DE PORCO, ÓLEO NEUTRO
- AMÉRICA CENTRAL — ÓLEO NEUTRO, BANHA DE PORCO
- CARIBE — ÓLEO DE COCO, LEITE DE COCO, ÓLEO NEUTRO

**AMÉRICA DO SUL**
- ARGENTINA E URUGUAI — AZEITE
- CHILE, PERU E BOLÍVIA — ÓLEO NEUTRO
- BRASIL — AZEITE DE DENDÊ, ÓLEO NEUTRO, AZEITE, BANHA DE PORCO

Geralmente a gordura faz a carne ficar gostosa. Gostamos mais de bifes marmorizados ou gordos. Mas há também a gordura que não gostamos de comer — o pedaço borrachudo como goma de mascar que fica acima do peito de frango, ou o pedaço de gordura do bife que sempre sobra no prato. Por que damos valor a algumas gorduras animais e a outras não?

Quando quadrúpedes são engordados com montes de calorias, a carne do centro do animal é a que mais ganha sabor. Algumas gorduras acabam em camadas, entre grupos de músculos, ou diretamente debaixo da pele, como na capa de gordura na parte externa do lombo de porco, do contrafilé, do entrecôte ou da costela de primeira. Algumas gorduras acabam dentro do músculo. Essa é a gordura mais preciosa — o que chamamos de carne marmorizada. Com o cozimento, a gordura derrete e amacia a carne por dentro. Como a gordura tem sabor, muitos dos componentes químicos que fazem a carne ter o gosto que tem (de vaca, de porco ou de frango) estão mais concentrados na gordura do que no músculo magro. Por isso é que as coxas de frango têm mais gosto de frango do que o peito, que tem pouca gordura.

Pedaços de gordura podem não ser tão gostosos no prato, mas você pode separá-los, derretê-los e usar como veículo de cozimento. O sabor de gorduras animais vai bem em pratos cujo objetivo é evocar uma carne: bacon na batata frita, por exemplo, confere um gosto defumado e rico mesmo sem presença de mais carne. Um pouco de gordura animal faz muito mesmo à comida mais simples quando a ideia é enriquecer e dar sabor.

## Como usar os mapas de sabor

Abra esta página completamente. Nela, você encontrará um dos três mapas de sabor deste livro. Use-o para navegar pelos sabores do mundo. Cada nível da circunferência contém uma camada de informação; as duas internas vão guiá-lo pela culinária de sua escolha; depois veja a camada de fora para escolher a gordura certa.

# Gorduras do mundo

Como eu havia descoberto na Itália, as culinárias do mundo se diferenciam por suas gorduras. Como a gordura é a base de tantos pratos, escolha gorduras culturalmente apropriadas para temperar a carne de dentro para fora. Se usar a gordura errada, a comida nunca chegará a um resultado semelhante àquele que tem na sua terra de origem, mesmo que você use os outros temperos com muito cuidado.

Não use azeite ao fazer comida vietnamita ou bacon na comida indiana. Utilize o mapa para guiar suas decisões ao preparar comida de cada parte do mundo. Salteie **Vagem ao alho** na manteiga para uma refeição inspirada na França, em ghee para servir com arroz indiano e lentilha, ou com uma borrifada de óleo de gergelim para servir acompanhando **Frango com especiarias**.

# COMO A GORDURA TRABALHA

*Quais* gorduras usamos influencia o sabor, mas *o modo* de usá-las vai determinar a textura, tão importante para a boa cozinha. Texturas variadas mexem com nossos paladares. Ao transformar a comida de suave e úmida em crocante e seca, introduzimos texturas novas e tornamos a experiência de comer mais interessante e surpreendente. Dependendo de como usamos as gorduras, conseguimos alcançar qualquer uma das cinco texturas diferentes na comida: crocante, cremosa, quebradiça, macia e leve.

## Superfície das panelas
(UMA AMPLIAÇÃO NÃO MUITO CIENTÍFICA)

FERRO FUNDIDO NÃO ADERENTE OU BEM TEMPERADO

AÇO INOXIDÁVEL

FERRO FUNDIDO NÃO TEMPERADO

# Crocante

As pessoas amam comida crocante. Para o chef Mario Batali, esse adjetivo vende mais comida do que qualquer outro. Comidas crocantes aguçam nosso apetite, fazendo lembrar experiências passadas, cheiros, sabores e sons. Pense em frango frito, que se pode achar em qualquer lugar do mundo. Poucos momentos de uma refeição rivalizam com aquela primeira mordida do frango feito com tanta maestria que a pele se despedaça na hora. O vapor maduro dos aromas é de dar água na boca, e a casquinha crocante que faz aquele barulho de torrado e os sabores aparecem simultaneamente para oferecer uma experiência universal deliciosa.

Para que a comida fique crocante, a água presa nas células deve evaporar, ou seja, a temperatura da superfície do ingrediente deve subir além do ponto de ebulição (100°C).

Para alcançar esse efeito na superfície inteira da comida é preciso que esteja em contato direto e por igual com uma fonte de calor, como uma panela em temperatura muito mais alta do que o ponto de ebulição. Mas comida nenhuma é perfeitamente lisa em nível microscópico, tampouco a maioria das panelas. Assim, para conseguir um contato homogêneo entre a comida e a panela precisamos de um **meio** — a gordura. As gorduras para cozimento podem ser aquecidas a 175°C ou mais antes de começar a soltar fumaça, de modo que são veículos ideais para desenvolver as crostas crocantes e douradas tão prazerosas ao paladar. Os métodos de cozimento em que a gordura é aquecida para que a comida fique crocante incluem selar, saltear e fritura rasa ou em imersão. (Além disso, usar gordura o bastante para criar uma superfície de contato lisa impedirá a comida de grudar na panela.)

Como no caso do sal, encorajo você a não ter medo da gordura, pois usá-la do jeito adequado pode implicar usá-la em menor quantidade. Para saber quanta gordura é necessária, preste atenção em algumas pistas sensoriais. Ingredientes como berinjela e cogumelos se comportam como uma esponja, absorvendo a gordura rapidamente, de modo que depois cozinham a seco contra o metal quente. Com pouca gordura na panela, ou deixando a gordura ser absorvida sem colocar mais, se obtêm queimaduras escuras e amargas na superfície da comida. Outros alimentos, como costeleta de porco ou coxa de frango, soltam sua própria gordura ao cozinhar; saia de perto da panela cheia de bacon crepitando por alguns minutos e quando voltar verá as fatias praticamente submersas em sua própria gordura.

Deixe que seus olhos, ouvidos e papilas sejam seus guias na quantidade de gordura que vai usar. As receitas podem ser um bom começo, mas as condições variam de cozinha para cozinha, dependendo dos instrumentos à disposição. Digamos que uma receita pede para cozinhar duas cebolas picadas em duas colheres de azeite. Numa panela pequena, esse óleo pode ser o bastante para forrar o fundo, mas numa panela grande, com uma superfície maior, provavelmente não será. Em vez de só seguir a receita, use também o bom senso. Por exemplo, assegure-se de que o fundo da panela está forrado de gordura ao saltear, ou de que o óleo chegue à metade da altura da comida na fritura rasa.

Comida feita com gordura demais é tão ruim quanto a feita com gordura de menos. Poucas coisas podem arruinar uma refeição como uma poça de gordura num prato vazio. Escorra frituras, secando com papel-toalha antes de servir. Retire comidas salteadas da panela com uma escumadeira ou pinça: é melhor do que virar a panela na travessa, porque assim você garante que está deixando o excesso de gordura para trás.

Quando estiver cozinhando e perceber que usou mais gordura do que queria, tire o excesso da panela inclinando-a, depois limpando a beirada por onde a gordura pingou para impedir um fogaréu. Tenha cuidado para não se queimar. Se a panela é pesada ou está quente demais, transfira a comida para uma travessa usando pinças, despeje um pouco da gordura fora e devolva a comida à panela. Não vale a pena se queimar só para evitar lavar um prato a mais.

## Como aquecer o óleo adequadamente

Preaqueça a panela para reduzir o tempo em que a gordura fica em contato direto com o metal quente, minimizando a possibilidade de o óleo deteriorar. À medida que aquece, ele se quebra, o sabor se degrada e químicos tóxicos se soltam. A comida também tende a grudar numa panela fria — outra razão para preaquecê-la. Mas exceções ao preaquecimento existem: manteiga e alho. Ambos queimarão se a panela estiver muito quente, de modo que é preciso aquecê-los delicadamente. Em outros tipos de cozimento, preaqueça a panela e depois junte a gordura, deixando que esquente antes de acrescentar qualquer outro ingrediente.

A panela deve estar quente o bastante para que, quando colocado nela, o óleo comece imediatamente a fazer ondas e brilhar. Metais conduzem o calor de formas diferentes, de modo que não há um tempo certo a ser recomendado. Teste com uma gota de água. Se chiou um pouquinho antes de evaporar — não é preciso que seja um barulhão —, a panela está pronta. Uma dica geral é deixar tanto a panela quanto a gordura quentes o bastante para produzir um leve barulhinho quando a comida for acrescentada. Caso tenha se precipitado e não ouça chiado algum, retire a comida, deixe

76 · SAL GORDURA ÁCIDO CALOR

a panela esquentar e coloque-a de volta para garantir que não grude ou cozinhe demais antes de dourar.

## Derretendo a gordura

As gorduras intramusculares e subcutâneas — os grumos entre os músculos e as camadas de gordura debaixo da pele — podem ser cortadas em pedaços pequenos, colocados numa panela com uma quantidade mínima de água e **derretidos** ou cozidos em fogo muito baixo até que toda a água tenha evaporado. Esse processo transforma a gordura sólida em líquida, que pode ser usada como um veículo de cozimento. Da próxima vez que for assar um pato, antes retire o excesso de gordura e derreta. Coe numa jarra de vidro e guarde na geladeira. Dura cerca de seis meses. Guarde para fazer **Confit de frango**.

A gordura da carne dá uma levantada no sabor geral, mas também pode impedir de ficar crocante. Mesmo quando o objetivo não é derreter a gordura para usar como veículo de cozimento, essa é uma técnica crucial para transformar a textura. Bacon bem sequinho e crocante é o resultado feliz de gordura de carne bem derretida. Frite em temperatura alta demais e ele vai queimar do lado de fora e ficar murcho. O truque é cozinhá-lo devagar o bastante para permitir que a gordura derreta ao mesmo tempo em que o bacon doura.

Como a gordura animal começa a queimar a 175°C, tente arrumar o bacon em fatias numa só camada na fôrma e depois leve ao forno a essa temperatura. O calor será mais delicado e mais igual do que no fogão, dando à gordura a oportunidade para se derreter. Outra possibilidade é começar com um pouco de água na panela para ajudar a moderar a temperatura e dar à gordura do bacon tempo para derreter antes que comece a dourar.

A pele de um frango ou peru assado fica crocante sozinha, à medida que a ave cozinha o bastante para que a gordura derreta. O pato, no entanto, precisa de um pouco de ajuda, pois tem uma camada mais grossa de gordura subcutânea, que lhe proporciona energia para voar e ajuda a mantê-lo quente nos meses de inverno. Use uma agulha ou um espeto de metal para furar a pele inteira da ave, dando especial atenção ao peito e às coxas, que são mais gordurosos. Os furos permitirão que a gordura derreta, escorra e envolva a carne, deixando a pele crocante. Se assar um pato inteiro fica muito além de sua zona de conforto, comece com peitos. Antes de assar, faça riscos diagonais na superfície com uma faquinha afiada. O mesmo processo de derretimento da gordura acontecerá numa escala menor, deixando a pele dos peitos perfeitamente crocante.

Sou uma fervorosa defensora de derreter a capa de gordura das costelinhas de porco e de cortes bovinos com osso. Detesto bife com uma aba de gordura mole ao lado. Então comece ou termine o processo de cozimento colocando uma costela ou bife em pé na panela ou na grelha, deixando que a gordura derreta. Vai ser preciso manusear bem a carne — segure-a com uma pinça, apoie numa colher de pau ou até na própria borda da panela. Não pule esse passo de jeito nenhum. Nunca terá remorso de gastar um tempo nessa pequena faixa de gordura para transformá-la em algo dourado, crocante e delicioso.

## Fumaça

Em determinada temperatura, a gordura se decompõe e se transforma num gás visível e nocivo. Você já colocou óleo numa panela quente para saltear vegetais e se distraiu com o telefone? Se voltou e encontrou uma fumaça descontrolada saindo da panela, é porque o óleo ultrapassou esse ponto. Uma vez, eu estava tentando demonstrar a importância de preaquecer a panela para uma estagiária quando outro cozinheiro se aproximou de mim com uma pergunta urgente. Voltei a uma panela tão agressivamente quente que no segundo em que adicionei o azeite ele ficou preto, provocando um ataque de tosse em todo mundo que estava por perto. Tentei disfarçar dizendo que havia errado de propósito — era aquilo mesmo que eu queria demonstrar! Mas não consegui ficar séria diante dos outros cozinheiros e logo todos tivemos um ataque de riso.

Quanto maior a temperatura em que isso acontece, mais a gordura pode ser aquecida sem arruinar o sabor da comida que se está cozinhando. Óleos vegetais puros e refinados como o de semente de uva, canola e girassol começam a fumaçar a cerca de 200°C, o que os torna a escolha ideal para técnicas que envolvem muito calor, como fritar em imersão. Gorduras impuras não funcionam tão bem em calor extremo. Os sedimentos do azeite não filtrado e os sólidos do leite na manteiga começarão a soltar fumaça ou queimarão a cerca de 175°C, de modo que são apropriados para frituras em que não há necessidade de temperatura muito alta e seus sabores possam se sobressair, como salteados simples com vegetais, peixes ou carne feitos na frigideira. Também podem ser usados em pratos que não envolvam aquecimento, como maionese ou vinagrete.

## Como deixar crocante

A textura crocante resulta do contato da comida com a gordura quente e da água evaporando da superfície, de modo que é bom fazer tudo o que se puder para conservar a panela e a gordura quentes se o objetivo for uma crosta dourada. Preaqueça a panela e depois a gordura. Evite colocar mais de uma camada de comida na panela para não baixar a temperatura drasticamente e não produzir vapor, que condensaria e murcharia a comida.

Comidas delicadas sofrem demais nessas circunstâncias. Cozinhar em gordura que não esteja quente o bastante fará com que a comida absorva o óleo, resultando em filés de peixe nada apetitosos, por exemplo. Bifes e costelinhas de porco colocados em gordura fria levarão tanto tempo para selar que a carne de dentro já estará bem passada quando isso acontecer, em vez de ao ponto.

Isso não quer dizer que você deve necessariamente aumentar o fogo. Se a gordura estiver muito quente, a superfície da comida ficará escura e crocante antes que o centro esteja bem passado. Onion rings crocantes em que a cebola se solta da casquinha à primeira dentada e peito de frango com pele queimada e interior cru foram vítimas de temperaturas muito altas.

O objetivo de todo cozimento é atingir o resultado desejado do lado de fora e do lado de dentro ao mesmo tempo, nesse caso, uma superfície crocante e um centro macio. Ponha o que demora para cozinhar, como berinjela ou coxa de frango no óleo quente e deixe que forme uma crosta, então reduza o fogo para que não queimem e permita que cozinhem até o fim. Explicarei melhor como navegar entre dois diferentes níveis de calor em **Usando o calor**.

Depois que ficar crocante, faça o que puder para conservar isso: não cubra nem amontoe a comida ainda quente. Ela continuará soltando vapor, que condensará e pingará, empapando tudo. Para impedir que isso aconteça, deixe que a comida quente e crocante esfrie numa só camada. Se deseja guardar comida crocante, coloque em um lugar quente da cozinha, como dentro do forno desligado, até a hora de servir. Ou então esfrie numa grade e leve ao forno quente uns minutos antes de servir.

## Cremosa

Uma das grandes alquimias da cozinha — a **emulsão** — acontece quando dois líquidos que normalmente não se misturam ou não dissolvem o fazem. Na cozinha, uma emulsão é como um tratado de paz temporário entre gordura e água. O resultado são pequenas gotas de um líquido misturado ao outro, resultando numa mistura cremosa que não é uma coisa nem outra. Manteiga, sorvete, maionese e mesmo chocolate (quando cremoso e rico) são emulsões.

Considere um vinagrete, mistura de óleo e vinagre. Junte os dois líquidos, e o óleo, sendo menos denso, ficará acima. Mas *bata* os dois líquidos juntos, quebrando-os em bilhões de gotinhas de água e óleo, e o vinagre vai se dispersar no óleo, criando um líquido homogêneo com uma nova consistência, mais grossa. Isso é uma emulsão.

## EMULSÃO

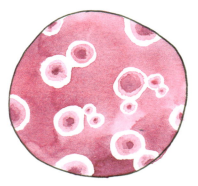
VINAGRETE MEXIDO, PRESTES a DESANDAR

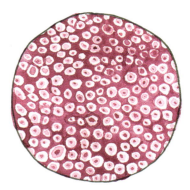
MAIONESE BATIDA, ESTABILIZADA ao MÁXIMO

No entanto, esse simples vinagrete é só uma sensação momentânea de espanto e intriga. Deixados por alguns minutos, o óleo e o vinagre começarão a separar ou **desandar**. Se usar esse vinagrete desandado para temperar alface, o óleo e o vinagre forrarão as folhas desigualmente, com muito ácido numa e muito óleo em outra. Um vinagrete bem emulsificado, por sua vez, oferecerá um belo sabor em cada mordida.

Uma emulsão desanda quando as moléculas de gordura e água começam a se separar de novo. Para tornar uma emulsão mais estável, use um **emulsificador** para cobrir o óleo de modo que conviva feliz com as gotículas de vinagre. Um emulsificador é como um terceiro elo na cadeia, um mediador atraindo e unindo duas partes anteriormente hostis. A mostarda muitas vezes atua assim na maionese, e a própria gema tem algumas qualidades emulsificantes.

## Usando emulsões

Emulsões são ferramentas eficientes para enriquecer comidas simples: uma colherada de manteiga jogada numa panela de macarrão no último momento, uma colher de maionese adicionada a ovos em pedaços, um vinagrete cremoso sobre uma salada de pepino e tomate.

Alguns tipos de cozimento exigem uma emulsão. Outras vezes você receberá uma emulsão já existente e terá que impedi-la de desandar. Familiarize-se com emulsões culinárias comuns de modo a proteger seus delicados elos.

Algumas emulsões comuns:

- Maionese e molho *hollandaise*
- Vinagrete (apesar de alguns serem muito temporários)
- Manteiga, creme de leite e leite
- Manteiga de amendoim e tahine (depois que tiver mexido)
- Chocolate
- A efêmera espuma sobre o café expresso

GORDURA • 81

## Alcançando a cremosidade: maionese

A maionese é uma emulsão de óleo e água que se obtém misturando gotículas de óleo a uma gema, que é por si só uma emulsão natural de gordura e água. Por sorte, a gema nos oferece um pouco de segurança, pois contém lecitina, um emulsificador com uma extremidade que gosta de gordura e outra que gosta de água. A partir de movimentos vigorosos, a lecitina liga a minúscula quantidade de água inata a um ovo às gotículas de óleo e rodeia minúsculas bolhas de ar. Os dois ingredientes distintos se integram num molho rico e unificado.

Mas a maionese — e isso é verdadeiro para todas as emulsões — está sempre à procura de uma desculpa para **desandar**, separando-se em grupos hostis de água e óleo outra vez.

Para uma maionese básica, meça o óleo — pelo menos a olho nu — antes de começar. Escolha o óleo de acordo com o uso que vai dar à maionese — para passar num sanduíche, use um neutro, como o de canola. Para aïoli acompanhando um **Confit de atum** numa salada niçoise, use azeite. Cada gema acolherá confortavelmente ¾ de xícara de óleo numa emulsão estável. Como maionese é melhor fresca, tente fazer o menos possível de cada vez, ainda que o restante aguente bem na geladeira por alguns dias.

Emulsões de óleo em água sempre funcionam melhor quando os ingredientes não estão quentes ou frios demais. Se for usar um ovo tirado da geladeira, deixe que volte à temperatura ambiente antes de bater. Se está com pressa, afunde o ovo numa tigela de água morna por alguns instantes para que vá mais depressa.

Umedeça um pano de prato e coloque dentro de uma panela pequena, depois ponha a vasilha onde vai fazer a maionese sobre ele. O pano vai criar bastante fricção para conservar a vasilha firme e impedir que caiam coisas para fora. Coloque a(s) gema(s) na vasilha e comece a bater, juntando o óleo gota a gota usando uma concha ou colher. Quando tiver colocado metade do volume do óleo e criado uma base relativamente estável, comece a verter o restante do óleo um pouco mais depressa. Se a maionese ficar tão grossa que dificulte batê-la, junte umas gotas de água ou sumo de limão para afinar e não desandar. Depois de juntar o óleo todo, preste atenção para temperar a gosto.

Siga essas regras e você vai ver que é difícil (mas não impossível) a maionese desandar. Durante uma de suas aulas de culinária, Michael Pollan me pediu que explicasse a ciência por trás daquele processo de emulsão. Eu não sabia, então respondi: "O que segura os dois é mágica". Mesmo agora que entendo a ciência ainda acredito que há alguma magia nisso.

## Retendo a cremosidade: manteiga

Um dos meus poetas favoritos, Seamus Heaney, uma vez descreveu manteiga como a "luz do sol coagulada". É o modo mais elegante e econômico de descrever essa alquimia especial. Para começar, manteiga é a única gordura animal que existe sem que seja preciso matar. Vacas, cabras e ovelhas comem grama, produto da luz do sol e da fotossíntese, e nos dão leite. Tiramos a parte mais rica da superfície e a batemos até transformá-la em manteiga. O processo é tão simples que crianças podem fazê-lo sacudindo um pote de vidro cheio de creme de leite fresco.

Lembrem que manteiga, diferente do óleo, não é gordura pura. É gordura, água, leite e seus sólidos, tudo junto em estado de emulsão. Enquanto a maioria das emulsões fica estável numa estreita gama de temperaturas (de apenas alguns graus), a manteiga retém sua forma sólida desde temperaturas intensamente frias (0°C) até derreter (32°C). Compare com o que acontece quando você aquece ou gela a maionese — ela vai desandar imediatamente! — e a mágica da manteiga ficará clara.

Isso explica por que gotas de água se formam na superfície da manteiga quando deixada na pia da cozinha num dia quente — a água se separa da gordura ao derreter. A temperaturas ainda mais quentes, numa panela sobre a boca acesa ou num micro-ondas, a gordura da manteiga e a água vão se separar imediatamente. Manteiga derretida é uma emulsão desandada, que fica mais dura ao esfriar, e nunca voltar ao seu miraculoso estado anterior.

Cuide de sua emulsão, e a manteiga emprestará sua cremosidade a tudo — de *jambon-beurre*, a clássica baguete parisiense com presunto e manteiga, até trufas de chocolate. As temperaturas prescritas para a manteiga nas receitas não são arbitrárias: em temperatura ambiente ela é mais maleável, permitindo que o ar se introduza para deixar os bolos mais leves, para se misturar mais depressa com farinha, açúcar e ovos para biscoitos, ou para ser passada homogeneamente numa baguete e coberta por uma fatia de presunto. Vou explicar adiante que também é importante manter a manteiga fria para preservar sua emulsão e impedir que interaja com as proteínas na farinha ao fazer massas quebradiças, incluindo a **Massa de torta só de manteiga**.

Julia Child disse uma vez: "Tudo fica bom com bastante manteiga". Obedeça, usando-a para fazer outra emulsão: molho de manteiga. A temperatura é crucial em emulsões de manteiga e água. A chave é começar com uma panela morna e manteiga fria. Para um simples molho de panela, depois de fritar um bife, um filé de peixe ou costeletas de porco nela, retire qualquer excesso de gordura, virando-a um pouco. Coloque-a sobre

GORDURA · 83

o fogo e junte líquido — água, caldo ou vinho — suficiente para forrar o fundo. Usando uma colher de madeira, raspe todos os pedacinhos grudados e deixe ferver. Então junte duas colheres de manteiga bem fria por pessoa à panela e mexa em fogo médio-alto, deixando a manteiga derreter. Não permita que a panela fique tão quente que a manteiga chie; enquanto houver água o bastante, está tudo bem. Ao ver que o molho começa a engrossar, desligue o fogo e deixe a manteiga acabar de derreter no calor residual, sem parar de mexer. Prove o sal e, se necessário, esprema um limão-siciliano por cima ou regue com vinho. Despeje sobre a comida e sirva imediatamente.

O mesmo método serve para fazer molhos de manteiga e água para macarrão ou vegetais. Faça isso diretamente na panela de macarrão, contanto que esteja quente o bastante e a manteiga, fria. Veja se há água suficiente na panela e mexa bem, para que o molho cubra toda a massa. Junte queijo pecorino e pimenta-do-reino e terá **Macarrão Cacio e Pepe**, prato clássico romano.

## Desandando e consertando emulsões

Algumas emulsões desandam com o tempo, enquanto outras desandam se a gordura e a água forem misturadas depressa demais. Mas o modo mais comum de estragar uma emulsão é se a temperatura ficar oscilando. Algumas emulsões devem ficar frias, outras quentes, outras em temperatura ambiente. Aqueça um vinagrete e ele desanda. Gele uma *beurre blanc* e ela desanda. Cada emulsão específica tem sua zona de conforto.

Algumas vezes, você tenta desandar uma emulsão de propósito, por exemplo, quando derrete manteiga para clarificá-la. Outras vezes é um acidente. Aqueça uma calda de chocolate depressa demais e ela desanda numa mistura desagradável, oleosa que nem eu poria sobre o sorvete. No entanto, uma emulsão desandada não é o fim do mundo, pois quase sempre é possível consertá-la.

Se a magia que está juntando sua maionese expira e ela desanda, não se preocupe! O melhor jeito de treinar consertar uma maionese é desandar uma de propósito e fazer com que ela volte ao normal.

Pegue uma vasilha limpa, mas conserve o batedor sujo. Se só tiver uma vasilha, passe toda a maionese desandada para uma jarra de medidas com bico ou, se não tiver, uma xícara comum, e limpe a vasilha.

Acrescente mais ou menos ½ colher (de chá) de água quente ou em temperatura ambiente.

Usando o batedor sujo de ovo, bata a água quente loucamente, até começar a espumar. Então, tratando a maionese desandada como se fosse óleo, acrescente-a gota a gota, continuando a bater, com a urgência de um banhista fugindo de um tubarão. Lá pela metade, a mistura deve começar a parecer uma maionese, perfeita para passar em um sanduíche. Se der errado, comece do zero, com toda a segurança que uma nova gema pode te dar, juntando a maionese desandada um pouquinho de cada vez.

Se ao bater qualquer emulsão no futuro você perceber que não está dando certo, mantenha tudo isso em mente. Primeiro: ao suspeitar que está em solo perigoso, pare de acrescentar gordura. Se a emulsão não estiver engrossando e o batedor não estiver deixando rastros visíveis, pelo amor de Deus, pare de juntar óleo. Algumas vezes, a essa altura, basta um bom batedor de mão usado com toda a força para que as coisas voltem a funcionar.

Você também pode usar cubos de gelo às primeiras batidas duvidosas. Se não tiver, um pouco de água fria da torneira deve ser o bastante para regular a temperatura e manter a paz.

# como FAZER MAIONESE

*Uma aula sobre gorduras e emulsões*

**1** COMEÇANDO PELO COMEÇO!
MEÇA A QUANTIDADE de ÓLEO e OVOS

e CUIDE PARA QUE O OVO e O ÓLEO ESTEJAM NA MESMA TEMPERATURA.

VOCÊ PODE DEIXAR O OVO fora da GELADEIRA por um TEMPO OU BANHÁ-LO em ÁGUA MORNA.

*Proporção Áurea da Maionese*

1 GEMA

¾ DE XÍC. DE ÓLEO

**2** PONHA OS OVOS numa TIGELA e **COMECE A BATER**, JUNTANDO UMA GOTA de ÓLEO de CADA VEZ.

UMEDEÇA UM PANO DE PRATO E ENROLE-O NA BASE DA VASILHA.
=NÃO DERRAMAR=

DEPOIS QUE TIVER ACRESCENTADO METADE DO ÓLEO E A MISTURA PARECER FIRME, JUNTE O RESTANTE UM POUCO MAIS DEPRESSA. SE FICAR DURO DEMAIS PARA BATER, PONHA GOTAS DE ÁGUA OU SUMO DE LIMÃO. DEPOIS DE ADICIONAR TODO O ÓLEO, **PROVE.** PRECISA DE SAL? COLOQUE UM POUCO. **PROVE DE NOVO.**

# e CONSERTAR uma DESANDADA

**1** PARE. RESPIRE FUNDO. ACONTECE COM TODO MUNDO.

**2** PEGUE UMA VASILHA LIMPA. JUNTE ½ colher (de chá) DE ÁGUA QUENTE.

**3** USANDO O MESMO BATEDOR, COMECE A BATER como se a SUA VIDA DEPENDESSE DISSO.

ENTÃO, COMO VOCÊ FEZ ANTES com O ÓLEO, JUNTE AQUELA MAIONESE TRISTE E DESANDADA aos POUCOS.

e, pelo AMOR DE DEUS, CONTINUE BATENDO.

← VELOCIDADE da LUZ

QUANDO TIVER ACRESCENTADO METADE DA MISTURA, PERGUNTE A SI MESMO: "ESTÁ FUNCIONANDO?".

SIM →

NÃO → TUDO BEM. RESPIRE FUNDO. VOLTE AO PASSO 1.

---

*para o FUTURO:*

ASSIM QUE PERCEBER QUE A MAIONESE NÃO ESTÁ DANDO CERTO, PARE DE JUNTAR GORDURA E DÊ UMA BOA BATIDA.

VOCÊ TAMBÉM PODE ADICIONAR UM POUCO DE GELO OU BORRIFAR ÁGUA FRIA.

# Quebradiça e macia

Duas proteínas do trigo — glutenina e gliadina — constituem o **glúten**. Quando se misturam farinha e líquido para fazer uma massa, essas proteínas se unem em longas correntes, que formam a rede do glúten. A expansão dessas redes é chamada de **desenvolvimento do glúten** e é o que deixa uma massa elástica.

À medida que o glúten se desenvolve, a massa se torna mais resistente à mastigação. Por isso os padeiros usam farinha com um conteúdo relativamente alto de proteína e trabalham a massa por longos períodos de tempo para criar pães crocantes, mastigáveis e rústicos. O sal também preserva a força da cadeia de glúten. (Por isso, a batedeira fez tanta força quando juntei o sal depois à massa de pizza, quando ainda era uma novata no Chez Panisse.) Mas os chefes confeiteiros geralmente procuram texturas macias, quebradiças e úmidas, de modo que fazem tudo para limitar ou controlar o desenvolvimento do glúten, usando farinhas com baixo teor de proteína e evitando trabalhar demais a massa. Açúcar e ácido como *buttermilk* ou iogurte também dificultam a formação do glúten, de modo que juntá-los logo no começo deixará a massa mais macia.

Muita gordura também pode inibir as redes de glúten de se formarem. Ao cobrir os fios de glúten, a gordura impede que se grudem uns aos outros, tendo seu comprimento aumentado. Há quatro variáveis principais que determinam a textura das massas: gordura, água, fermento e o quanto ela é trabalhada (veja ilustração na página seguinte). O modo como a massa e a farinha se juntam e em que grau, além do tipo de farinha e da temperatura da gordura, também modificarão a textura de uma massa.

**Amanteigados** são o auge da maciez, desfazendo-se e derretendo na boca. Água, farinha e gordura intimamente ligadas resultarão numa massa macia e homogênea. Muitas das receitas desse tipo pedem manteiga amolecida ou mesmo derretida, a fim de encorajar a gordura, agora fluida, a envolver rapidamente cada partícula de farinha, impedindo que se formem redes de glúten. Essas massas geralmente são macias o bastante para ser pressionadas na fôrma.

Em vez de esfarelar, as massas **quebradiças** soltam flocos ao ser mordidas. Pense nas tortas americanas ou nas galettes francesas, com crostas fortes o bastante para segurar pilhas altíssimas de maçãs ou outras frutas suculentas, mas delicadas o suficiente para produzir flocos finos e desiguais, quando cortadas. Para criar essa força, parte da gordura é trabalhada com a farinha e uma mínima quantidade de glúten se desenvolve. Para conseguir a crosta quebradiça característica de uma torta americana perfeita ou de uma galette, a gordura deve estar fria, de modo que um pouco dela possa se manter em

## AS VARIÁVEIS QUE DETERMINAM A TEXTURA

FERMENTO    GORDURA    ÁGUA    TRABALHO*

### RICAS

BRIOCHE, DONUTS
PASTÉIS DOCES

### ELÁSTICAS

PÃO FERMENTADO,
PRETZELS, BAGELS,
PIZZA, BAGUETE

### QUEBRADIÇAS

AMANTEIGADOS

### ESTRUTURADAS

MASSA CHOUX:
BOMBAS, CAROLINAS,
STRUDEL, FILO

### MACIAS

TORTA, CREPE,
BISCOITOS,
BROWNIES

### ELÁSTICAS PT. 2

MACARRÃO

### FLOCADAS

FOLHADOS (MÍNIMO DE ÁGUA)
E PALMIERS

*INCLUI SOVAR, DOBRAR, ENVOLVER, MISTURAR E MEXER.

pedaços. Se abrir uma massa feita corretamente, você será capaz de ver os bocados de manteiga. Ao colocar a torta no forno, os pedaços frios de manteiga, o ar preso e o vapor da água contribuirão para separar as camadas de massa e deixá-la aerada.

As tortas mais quebradiças são feitas com massa **folhada**. Imagine os flocos no seu prato (ou na sua camisa) depois de ter comido uma massa folhada clássica, como um palmier ou strudel. Para conseguir essa textura, a massa é enrolada em volta de uma fatia grossa de manteiga. O sanduíche de massa e manteiga é aberto e fechado sobre si mesmo inúmeras vezes.

A massa folhada clássica é dobrada seis vezes, de modo que terá precisamente 730 camadas de massa separadas por 729 camadas de manteiga. Ao entrar no forno quente, cada camada de manteiga se transforma em vapor, criando 730 camadas. Quando se faz a massa folhada, é muito importante que a gordura e a superfície de trabalho permaneçam frias, de modo que a gordura não derreta, mas se mantenha macia o bastante para ser aberta numa superfície lisa.

Massas fermentadas trabalhadas para desenvolver glúten e depois tratadas da maneira acima podem formar pães na intersecção de massas elásticas e folhadas, incluindo croissants, a especialidade dinamarquesa *Wienerbrød* e a bretã *kouign amann*.

## Chegando à maciez: amanteigados

Os amanteigados devem ser macios com uma crosta fina e granulosa. Essa textura é resultado da incorporação de gordura à farinha logo no começo da produção da massa. Meu amanteigado favorito pede manteiga tão mole que pode ser espalhada como se fosse maionese, de modo que a gordura consegue envolver as partículas de farinha e impedir que o glúten se desenvolva.

Use qualquer gordura macia ou líquida, incluindo creme de leite, cream cheese e óleo para envolver a farinha e chegar a texturas macias. Em receitas americanas clássicas de biscoitos, o creme de leite frio funciona como gordura e aglutinante líquido, envolvendo rapidamente a farinha e dispensando a necessidade de mais água para desenvolver a cadeia de glúten.

## Chegando à textura quebradiça: massa de torta

Guiada tanto pela mística quanto pela ciência, as regras para se fazer massa quebradiça me encantam do mesmo jeito que as histórias da carochinha. Relatos de chefs confeiteiros que conseguiram emprego por causa de suas mãos frias são um

lugar-comum, de tão importante que é manter a gordura gelada para fazer uma massa quebradiça. Embora haja pouco material para provar os boatos, há muito para apoiar a compulsão dos chefs confeiteiros, que gostam de manter frios tudo com que trabalham, como superfícies de mármore, vasilhas e instrumentos. Uma confeiteira com a qual trabalhei por muitos anos insistia em fazer suas massas numa cozinha gelada. Com um colete fofo sobre o uniforme de chef, ela entrava duas horas antes dos outros e corria para trabalhar antes que acendêssemos os fornos e fogões. Todas as decisões que tomava levavam em conta a temperatura, e o resultado era que suas massas se desmanchavam num folhado etéreo.

Sendo suas mãos frias ou não, considere a temperatura ao criar camadas de glúten entremeadas de bolsões de gordura. Quanto mais quente e macia sua manteiga, mais depressa vai se misturar à farinha. Como a gordura inibe o desenvolvimento do glúten, a farinha e a manteiga vão se combinar mais intimamente, e mais macia — em vez de quebradiça — ficará a massa.

Para impedir o desenvolvimento do glúten, mantenha a manteiga fria, o que protege as ligações delicadas da emulsão enquanto você trabalha a massa. A manteiga contém cerca de 15% a 20% de água. Se amolecer e derreter ao ser trabalhada a massa, sua emulsão desandará, soltando a água. Gotas grudarão à farinha, desenvolvendo cordões compridos de glúten que farão com que as delicadas camadas de massa grudem umas nas outras. Assim, não soltarão formando as folhas enquanto assam. A massa sairá do forno elástica e grudenta.

A gordura vegetal perdoa mais as altas temperaturas e permanecerá em forma sólida mesmo numa cozinha quente, mas não é tão gostosa. Quando chega à temperatura do corpo, a manteiga derrete, deixando para trás seu sabor rico e satisfatório, como uma lembrança na língua. Os mesmos elementos químicos que fazem a gordura vegetal mais estável a uma temperatura mais quente impedem que ela derreta à temperatura corporal e deixam na língua um resíduo desagradável e plástico.

Prefiro não sacrificar o sabor pela facilidade da gordura vegetal. Há uma troca: algumas medidas devem ser tomadas para se chegar a uma massa que se despedaça ao mínimo toque de um garfo. Em casa, gele a manteiga em cubos, a farinha e os instrumentos antes de começar, para encorajar a manteiga a permanecer em pedaços separados mesmo enquanto você trabalha a massa. Trabalhe rapidamente para reduzir o risco de que amoleça. Não misture demais. Finalmente, garanta que a massa fique bastante tempo numa geladeira entre os vários passos do processo — misturar, abrir, montar e assar. Acho mais fácil fazer a massa antes e guardá-la enrolada no freezer, onde pode ficar por dois meses, o que elimina um passo bem importante — e me deixa livre para fazer e assar minha torta quando me dá na telha.

É importante levar a torta gelada e montada ao forno preaquecido. Num forno quente, a água contida na manteiga vai evaporar rapidamente. O vapor abrirá as camadas de massa ao se expandir com o calor, levando ao efeito folhado desejado. Se o forno não estiver quente o bastante, a água não evaporará e a crosta não endurecerá antes que o recheio se infiltre nela. Para nossa decepção, a torta sairá do forno empapada.

## Chegando à textura quebradiça e à maciez: a massa do Aaron

Muito chegada a ataques de compulsão na feira de produtores locais, tenho a propensão de aparecer em casa com mais sacolas do que deveria. (Tente dizer "não" para ameixas maduras, nectarinas perfeitas e bagas suculentas que estarão prontas para comer no mesmo dia!) Com o conhecimento da ciência da gordura, meu amigo Aaron Hyman tentou desenvolver uma massa de torta que é estruturada e delicada. Ela seria forte o bastante para aguentar punhados de frutas suculentas, mas ao morder sentiríamos um folhado macio. E eu queria uma crosta que pudesse assar a qualquer hora, quando tivesse fruta sobrando.

Primeiro Aaron pensou em como conseguir que a massa ficasse folhada. Ele decidiu manter tudo gelado, usar grandes pedaços de manteiga e misturá-la o menos possível para que o glúten desenvolvesse pouco e camadas fossem formadas. Para conseguir maciez, Aaron escolheu uma gordura líquida para ligar a massa — creme de leite fresco — e revestir a farinha restante.

O método de Aaron é infalível. Sempre tive dificuldade com massa de torta, mas sua receita sempre dá certo. Com a **Massa de torta do Aaron** no congelador, há sempre a possibilidade de um jantar digno de reis e rainhas. Faça um estoque de vários discos de massa para quando quiser convidar amigos mesmo sem ter na despensa nada mais que uma cesta de cebolas velhas, casca de parmesão e anchovas. Ou para quando lembrar que prometeu levar a sobremesa a uma festa, mas acha que não vai ter tempo de fazer nada elaborado. Ou para quando exagera nas compras na feira. Essa massa é a chave para fazer qualquer coisa interessante do nada.

# Bolos macios

Por muitos anos eu me desapontava com todo bolo que provava, feito por mim, pedido num restaurante ou encomendado de uma confeitaria. Sonhava com um bolo que fosse úmido e saboroso. Muitos eram uma coisa ou outra; misturas prontas me davam a textura que eu procurava, mas eram relativamente sem gosto; e bolos de confeitarias finas eram saborosíssimos, mas em geral densos ou secos. Achei que era uma situação sem solução e me resignei a ela.

Um dia, provei um bolo de chocolate tão úmido e rico que quase desmaiei de alegria. Por dias, aquilo me assombrou, de modo que implorei a receita à amiga que o havia feito. O **Bolo meia-noite** era tão gostoso e escuro que logo vi que era feito com óleo e água, e não com manteiga. Quando, alguns meses depois, provei o **Bolo de gengibre e melaço** do Chez Panisse, fiquei boba com sua textura úmida e seu sabor profundo de especiarias. Pedi a receita e vi que era assustadoramente parecido com o da minha amiga.

Havia alguma coisa naqueles bolos a base de óleo. Dei uma folheada na minha caixa mental de receitas e percebi que muitos dos meus bolos favoritos, incluindo o bolo de cenoura americano clássico e o próprio bolo de azeite eram feitos com algum óleo em vez de manteiga. Mesmo misturas de bolo industrializadas produziam a textura que eu tentava imitar, porque indicavam o uso de óleo. O que havia nele para produzir bolos tão úmidos?

A ciência tem a resposta. O óleo envolve as proteínas da farinha e evita cadeias de glúten muito fortes. O desenvolvimento do glúten pede água, de modo que essa barreira de óleo o inibe bastante, produzindo um bolo de textura macia e nada denso. Além disso, menos glúten significa mais água na massa e, em consequência, um bolo mais úmido.

Depois de descobrir os segredos do bolo de óleo, eu conseguia antecipar as qualidades de um bolo sem nem mesmo experimentar. Se havia óleo nos ingredientes, sabia que o bolo teria a textura que eu procurava. Mas havia horas nas quais eu tinha vontade de comer um bolo amanteigado, com gosto mais acentuado e uma textura menos úmida. Bolos que eu queria comer com uma xícara de chá ou que serviria num brunch. Animada com minhas descobertas sobre texturas, comecei a imaginar se conseguiria fazer um bolo com manteiga melhor. A resposta não estava em tratar a manteiga como óleo e derretê-la, mas em capitalizar a incrível capacidade que ela tem de dar leveza.

# LEVEZA

Leveza pode não ser a primeira qualidade que você associa a gordura, mas sua capacidade incrível de incorporar ao ser batida faz com que possa agir como uma espécie de **fermento** em bolos e transformar um creme líquido em uma nuvem rendada.

Alguns bolos clássicos não levam nenhum agente fermentador e se apoiam intensamente em gordura batida para sua estrutura airosa. No bolo inglês, manteiga derretida e ovos fazem todo o trabalho de fermentação. Na massa *génoise*, as gemas gordas prendem o ar e as claras ricas em proteína (que rodeiam os bolsões de ar) permitem que o bolo cresça. Não é utilizado fermento em pó, bicarbonato, fermento biológico nem um pouco de manteiga batida para ajudar o bolo a crescer! É milagroso!

## Chegando à leveza: bolos com manteiga ou creme de leite

Se o que procura é um sabor rico e uma textura fina e aveludada, faça um bolo com manteiga (ou cookies com gotas de chocolate), mas lembre-se de aerar a gordura, batendo a manteiga com açúcar, para armazenar bolhas de ar. Geralmente a manteiga fria é batida com o açúcar por quatro a sete minutos, até que a mistura fique leve e fofa. Quando isso é feito corretamente, a manteiga age como uma rede, formando milhões de pequenas bolhas de ar em toda a mistura.

O segredo é captar esse ar devagar, de modo que se formem muitas bolhinhas consistentes sem produzir muito calor através da fricção. Pode ser tentador aumentar a velocidade da batedeira para colocar o bolo no forno mais depressa, mas, acredite, não vai adiantar nada. Falo por experiência: essa estrada é forrada de bolos murchos e encruados.

Ao bater, fique atento à temperatura da manteiga, lembrando que ela é uma emulsão, e se ficar muito quente pode derreter e desandar, ou simplesmente não se manter rígida o bastante para segurar o ar que você se esforçou tanto para formar.

Se a manteiga estiver muito fria, o ar não será capaz de entrar — ou de entrar por igual, pelo menos — e o bolo não vai crescer.

Se o bolo não estiver adequadamente aerado, nenhum fermento químico será capaz de compensar isso. Fermento e bicarbonato não introduzem bolhas de ar numa massa, só ajudam a expandir as bolhas que já existem, através da liberação de dióxido de carbono.

Pela mesma razão, é muito importante incorporar os ingredientes com delicadeza — se você se esforça para bater o ar na sua gordura, depois mistura sem cuidado os ingredientes secos e úmidos do bolo de uma só vez, perderá todas as bolhas que se formaram. É aí que se torna importante a técnica de **dobrar**, misturando com delicadeza os ingredientes aerados aos não aerados. Tente misturar com movimentos leves de uma espátula de silicone enquanto gira a vasilha com a outra mão.

A química por trás do creme de leite é levemente diferente da química da manteiga — para começar, ele deve estar bem frio —, mas o conceito aqui é o mesmo: a gordura envolve as bolhas de ar. Ao bater o creme de leite, gotículas sólidas de gordura se quebram no líquido e se juntam (lembre que o creme é uma emulsão natural). Bata o creme em demasia e as gotas esquentam e continuam a se juntar umas às deixando o creme sem graça e denso. Bata mais ainda e ele desandará, soltando um líquido aquoso — o *buttermilk* — e uma gordura sólida — a manteiga.

DOBRANDO

96 · SAL GORDURA ACIDO CALOR

# USANDO GORDURA

Só em ocasiões muito especiais as refeições persas acabam com uma sobremesa, de modo que nunca fazíamos muito doce em casa. Além disso, Maman, focada na saúde, não queria que comêssemos açúcar demais (ainda que isso só fazia meus irmãos e eu gostarmos ainda mais de doces). Se queríamos biscoitos ou bolo, tínhamos que fazer nós mesmos, e Maman procurava dificultar o processo. Não havia na cozinha uma batedeira ou um micro-ondas para amolecer a manteiga, que ela guardava no freezer.

De vez em quando dava aquela vontade de comer biscoitos ou bolo na mesma hora. Nunca fui paciente o bastante para esperar que a manteiga congelada chegasse à temperatura ambiente, como *todas as receitas* pediam. E mesmo que eu tivesse a disciplina de esperar que a manteiga amolecesse, sem uma batedeira elétrica para deixá-la mais cremosa, minha massa de biscoito ficava sempre uma droga, ou trabalhada demais ou de menos, com pedaços grandes de manteiga sem ser incorporados à massa. Como uma adolescente típica, eu achava que sabia de tudo e que era muito mais esperta do que quem escrevia as receitas. Pensava que era só derreter a manteiga no forno e pulava os outros processos. Afinal de contas, ficava muito mais fácil misturar a manteiga derretida à massa com uma colher de pau, o que eu via que a deixava boa e fácil de despejar.

O que eu não sabia àquela altura é que, ao derreter a manteiga, eu estava destruindo qualquer chance de que o ar entrasse nela. Para minha decepção, meus biscoitos e bolos sempre saíam do forno chatos e duros. Numa idade em que meu objetivo principal era só comer alguma coisa — qualquer coisa — doce, isso era um problema menor: meus irmãos e eu engolíamos o que saísse do forno. Mais velha, com um paladar levemente mais crítico, não preciso apenas de um pouco de açúcar nas minhas sobremesas e quero que tudo o que cozinho fique delicioso, com o sabor e a textura ideais. Você também, com certeza. Para isso, só é preciso um pouco de planejamento.

## Sobrepondo gorduras

Como as gorduras têm um impacto muito grande no sabor, a maioria dos pratos só se beneficia com o uso de mais do que uma. É o que chamo de **sobreposição de gordura**. Além de considerar a adequação cultural de uma gordura em particular, pense se vai combinar com os outros ingredientes do prato. Por exemplo, se você planeja finalizar um prato de peixe com um molho de manteiga, use manteiga clarificada no processo de cozimento, para que as duas gorduras se complementem. Inclua laranjas sanguíneas e abacate numa salada e borrife azeite *agrumato* para ampliar o gosto cítrico. Para waffles perfeitamente crocantes, adicione manteiga à massa, mas pincele a máquina com a gordura do bacon que fritou para o café da manhã.

Algumas vezes você vai precisar usar várias gorduras para conseguir diferentes texturas dentro de um só prato. Frite em bastante óleo neutro pedaços de peixe empanados, depois use azeite para fazer um **Aïoli** cremoso para servir ao lado. Use óleo para fazer um **Bolo meia-noite**, depois cubra com creme de leite levemente batido.

## Equilibrando a gordura

Assim como com o sal, o melhor jeito de acertar a gordura da comida é reequilibrar o prato; adicione comida para aumentar o volume total, inclua mais acidez, água ou ingredientes mais densos e ricos em amido. Se possível, leve o prato para gelar, deixe a gordura subir à superfície e ficar sólida, depois retire. Ou tire a comida da panela engordurada e coloque num papel-toalha, deixando a gordura para trás.

Comidas muito secas, ou que só precisam de um algo a mais, sempre podem ser corrigidas com um pouco de azeite de qualidade (ou outro óleo adequado) ou um ingrediente cremoso para melhorar a textura e acertar o sabor, como sour cream, creme de leite fresco, gema ou queijo de cabra. Use vinagrete, maionese, queijo cremoso ou abacate cremoso para equilibrar a secura de um sanduíche cheio de ingredientes magros ou construído sobre uma fatia grossa de pão crocante.

# Improvisando com sal e gordura

Siga os princípios que delineei em **Como a gordura trabalha** para alcançar a textura que procura e passe ao capítulo **O mundo da gordura** (p. 72) para se guiar ao trabalhar com sabores de lugares diferentes. Escolha, por exemplo, fazer **Frango frito de lamber os dedos** em manteiga clarificada para dar um clássico sabor francês. Se estiver com desejo de comida indiana e quiser aproveitar aquele vidro de chutney de manga que está na porta da geladeira, mude a gordura pedida para ghee. Se está babando por uma coxa de frango ao estilo japonês, use um óleo neutro salpicado com gotas de óleo de gergelim. Em todos esses casos a gordura precisa estar bem quente para dourar e deixar crocante por fora.

Antes de fazer um bolo de aniversário, faça uma pequena pesquisa. O que a pessoa prefere? A textura úmida e macia de um bolo com óleo ou a densa e aveludada de um bolo com manteiga? Nem eu recomendo improvisar ao assar, e essa informação pode levar você à gordura certa para fazer a outra pessoa feliz.

Com o que você já sabe sobre gordura e sal, vai ver que aprendeu pelo menos o básico. A gordura tem uma capacidade surpreendente de alterar a textura, enquanto o sal e a gordura enfatizam o sabor. Treine, usando o sal e a gordura para realçar o sabor e a textura toda vez que cozinhar. Se sua intenção é finalizar uma salada com ricota cremosa salgada, não exagere no sal até depois de provar o prato pronto. Do mesmo modo, quando estiver picando pancetta para o **Macarrão à *amatriciana***, espere para temperar o molho depois que ele tiver absorvido todo o sal do porco. E se uma receita para massa de pizza manda juntar sal depois de trabalhá-la com azeite, pense duas vezes antes de obedecer. Comece a fazer o que já sabe que é certo nessa vasta floresta de mitos e informações erradas que se encontram em receitas ruins.

A improvisação começa com notas, e você já tem duas para compor uma melodia: gordura e sal. Incorpore uma terceira nota e experimentará a harmonia transcendental de sal, gordura e ácido.

# ÁCIDO

Aprendi o valor do ácido devagar, contrastando com as revelações que experimentei com sal e gordura. Começou em casa, com a comida que minha mãe, meus avós e meus tios faziam todo dia.

Maman, que crescera chupando limões como lanchinho da tarde, nunca conseguiu achar uma comida perfeita a não ser que a deixasse com a boca franzida. Ela sempre juntava um elemento azedo ao prato para equilibrar o doce, o salgado, o farinhoso, o gordo. De vez em quando, era um pouco de *sumac*, ou bagas secas sobre kafta e arroz. No **Kuku sabzi**, uma fritada cheia de ervas e verduras, ela punha umas colheradas de *torshi* da minha avó Parivash ou picles. No No-Ruz — o Ano-Novo persa —, meu pai dirigia até o México para achar laranjas azedas, que espremíamos cerimoniosamente sobre peixe frito e arroz com ervas. Em outros pratos clássicos, Maman punha *ghooreh*, uvas verdes azedas, e *zereshk*, as frutinhas ácidas conhecidas como uva-espim. Mas, na maioria das vezes, usávamos iogurte para conseguir o sabor desejado, despejando colheradas sobre qualquer coisa, de ovos a sopas, ensopados a arroz — e confesso agora, com um arrepio, sobre espaguete à bolonhesa.

Eu não era igual às outras crianças da escola. Olhando o que meus colegas levavam na lancheira, como sanduíches de manteiga de amendoim, e comparando ao meu *Kuku sabzi* com queijo feta e pepino, ficava claro que a minha vida em casa era dramaticamente diferente da deles. Cresci numa casa de língua persa, com outros costumes, outra comida, e uma noção de tempo e espaço diferente. A cada ano, eu esperava ansiosamente a visita de minha avó Parvin, vinda do Irã. Nada me agradava tanto quanto vê-la desfazer as malas e encher o quarto de aromas exóticos, de açafrão, cardamomo e água de rosas, que se misturavam ao ar úmido e um pouco mofado do mar Cáspio, que parecia ter entrado bainha adentro do tecido de suas malas através dos anos. Ela tirava os presentes um a um — pistaches tostados com açafrão e sumo de limão, conservas de cereja amarga, folhas de *lavashak* feitas em casa, "couro" de ameixas tão azedas que minhas bochechas se enrugavam e doíam. Ao crescer, aprendi com minha família a alegria das comidas azedas e deixei que meu paladar se tornasse a parte mais persa de mim. Mas só depois que saí de casa percebi que há muito mais no ácido do que o franzido da boca.

Como parte dos esforços de meus pais para retardar nossa assimilação o mais que pudessem, nunca celebrávamos o Dia de Ação de Graças. Comemorei o feriado pela primeira vez na faculdade, com uma amiga e a família dela. Eu amava a confusão dos preparativos e a reunião para o jantar, mas a parte de "comer" não era lá essas coisas. Sentávamos a uma mesa cheia de comida, com um gigantesco peru que era cerimoniosamente destrinchado, um molho escuro feito com o que restava na assadeira, um purê de batatas grosso com manteiga e creme de leite demais, e creme de espinafre com noz-moscada, couve-de-bruxelas tão cozida que a avó desdentada da minha amiga conseguiria mastigar e uma farofa de linguiça, bacon e castanhas. Eu adorava comer, mas aquelas coisas gordas, moles e sem gosto cansavam meu paladar depois de umas poucas garfadas, e a cada vez que as travessas passavam por mim eu punha mais um pouco de molho de cranberry no prato, continuando a comer com a esperança de que alguma coisa mais gostosa aparecesse, o que jamais acontecia. Todo ano, na quarta quinta-feira de novembro, eu comia até me sentir um pouco enjoada, como todo mundo.

Depois que fui trabalhar no Chez Panisse, comecei a passar o Dia de Ação de Graças com meus amigos do restaurante. Já na primeira festa com outros cozinheiros, meu paladar não se entediou nem um pouquinho. Comer não pareceu uma árdua tarefa. Não fiquei enjoada. E não era porque a comida era mais saudável ou virtuosa. Então por quê?

Entendi, afinal, que os jantares de Ação de Graças deviam espelhar as refeições persas que eu crescera comendo. Havia um pouco de ácido em cada prato para levantar a refeição. O sour cream dava um toque no purê de batatas. Um pouco de vinho branco na hora de servir deixava mais leve o molho da carne. Escondidos na farofa havia verduras e pedaços de linguiça, ameixas que haviam sido demolhadas em vinho branco, esconderijos secretos de ácido extremamente bem-vindos. A abóbora assada e as couves-de-bruxelas eram temperadas em um molho agridoce, feito com açúcar, pimenta e vinagre. O molho verde tinha sálvia frita e combinava às maravilhas com o de cranberry e marmelo que eu havia feito, como uma pequena homenagem às compotas de marmelo que Maman fazia todo outono. Até mesmo a sobremesa, com caramelo regado sobre as tortas e um toque de creme de leite fresco, tinha um gosto afiado que surpreendia. Compreendi por que todo mundo come tanto molho de cranberry com a comida no Dia de Ação de Graças: porque é a única acidez na maioria das mesas.

Comecei a ver que o verdadeiro valor da acidez não está em franzir a boca, mas no *equilíbrio* alcançado.

O ácido alivia o paladar e torna a comida mais atraente ao oferecer contraste.

Logo aprendi outro segredo. Certa manhã, eu estava atrasada, correndo para acabar uma leva de sopa de cenouras a tempo do almoço no Chez Panisse. Era simples, como a maioria das sopas que servíamos. Eu tinha posto cebolas para refogar em azeite e manteiga. Descasquei e fatiei as cenouras e juntei-as à panela depois de as cebolas terem amolecido. Acrescentei caldo, salguei e deixei tudo em fogo baixo até ficar macio. Depois bati para formar um purê aveludado e corrigi o sal. Estava perfeita. Levei uma colherada para Russ, o chef que era um eterno menino, enquanto ele corria escada acima para a reunião sobre os cardápios com os garçons. Ele experimentou e sem parar, disse: "Acrescente vinagre antes de trazer para provarmos".

Vinagre? Eu nunca ouvira falar em colocar vinagre na sopa. Russ estava louco? Eu tinha escutado direito? Não queria estragar tudo, então peguei uma colherada da minha linda sopa e adicionei uma gota de vinagre de vinho tinto. Ao experimentar, fiquei perplexa. Esperava que o vinagre fosse transformá-la numa abominação agridoce. Mas ele agiu como um prisma, revelando todas as nuances de sabor. Eu conseguia distinguir os gostos de manteiga e óleo, cebola e caldo, até açúcar e minerais das cenouras. Se me pusessem uma venda nos olhos e me interrogassem, nunca seria capaz de identificar o vinagre como um dos ingredientes. Mas, agora, se algo que cozinhei e temperei ficou sem graça, sei o que está faltando.

Assim como aprendi a avaliar constantemente um prato em relação ao sal, aprendi a procurar o ácido. Finalmente ficou claro para mim que o ácido é o alter ego do sal. Enquanto o sal *realça* os sabores, o ácido os *equilibra*. Equilibrando o sal, a gordura, o açúcar e o amido, o ácido se faz indispensável na cozinha.

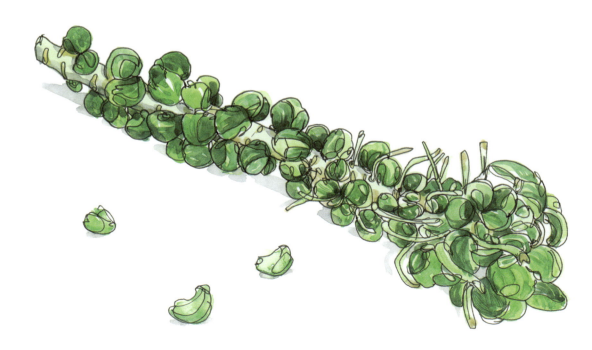

# FONTES DE ÁCIDO

ÁCIDOS:
1. VINAGRE E AGRAZ (SUMO DE UVA AINDA VERDE)  2. SUMO DE LIMÃO-SICILIANO E LIMÃO  3. VINHO E VINHO FORTIFICADO

INGREDIENTES ACIDULADOS:
4. CONDIMENTOS: MOSTARDAS, KETCHUP, MAIONESE, CHUTNEY, MOLHO PICANTE ETC.  5. FRUTAS E FRUTAS SECAS  6. CHOCOLATE E CACAU EM PÓ  7. CARNES CURADAS  8. PRODUTOS LÁCTEOS FERMENTADOS: QUEIJO, IOGURTE, BUTTERMILK, CREME DE LEITE FRESCO, SOUR CREAM, MASCARPONE  9. PICLES E SALMOURAS DE VEGETAIS  10. CAFÉ E CHÁ  11. TOMATE  12. CERVEJA  13. CULTURAS DE MASSA FERMENTADA E PÃO FERMENTADO  14. MEL, MELADO, CARAMELO ESCURO

# O QUE É ÁCIDO?

Tecnicamente, qualquer substância registrada abaixo de sete na escala do pH é um ácido. Não tenho um medidor de pH na minha cozinha — quebrei o meu enquanto testava tudo para o gráfico da p. 109 —, e suponho que você tampouco tenha. Não importa. Todos nós temos um sensor mais acessível — a língua. Tudo o que tem gosto azedo é uma fonte de ácido. Na cozinha, o ácido geralmente aparece como sumo de limão, vinagre ou vinho. Mas, como a gordura, o ácido tem inúmeras fontes. Tudo o que é fermentado, do queijo ao pão, do café ao chocolate, dará um azedinho agradável à comida, assim como a maioria das frutas e o tomate.

# ÁCIDO E SABOR

## O efeito do ácido no sabor

Quando falamos que algo "dá água na boca", queremos dizer que é apetitoso. Dos cinco sabores básicos, o ácido é o que mais tem esse efeito. Quando comemos algo azedo, nossa boca se enche de saliva para equilibrar a acidez, prejudicial aos dentes. Quanto mais ácida a comida, mais saliva é produzida. Por isso, a acidez é parte integral da maioria de nossas experiências gustatórias.

Mas o ácido em si não é lá tão gostoso. É o modo como contrasta com outros sabores que aumenta nosso prazer com a comida. Como o sal, o ácido destaca outros sabores. Mas trabalha de forma um pouco diferente: enquanto a tolerância ao sal é absoluta, a tolerância ao ácido é relativa.

Pense em temperar uma panela de caldo só com sal. Quando a concentração de sal passa certo ponto, o caldo fica incomível. O único jeito de salvá-lo é adicionar mais líquido sem sal para reduzir a concentração aumentando consideravelmente o volume total.

O equilíbrio do ácido é diferente. Pense numa limonada. Meça o sumo de limão, a água e o açúcar, mas só misture a água e o limão. Dê uma provadinha e estará horrivelmente azedo. Junte o açúcar e prove de novo. Vai estar ótimo. No entanto, a limonada não estará **menos ácida**: o pH, que é sua medida de acidez, permanece constante mesmo depois de juntado o açúcar. A acidez é simplesmente **compensada** pela doçura. E o açúcar não é o único contraponto do ácido: sal, gordura, amargor e amido também se beneficiam do bem-vindo contraste do ácido.

# O sabor do ácido

Ácido puro é azedo — sem mais nem menos. O azedume não é necessariamente agradável ou desagradável. Experimente uma gota de vinagre de álcool líquido. Você vai ver que é mais ou menos sem sabor. Só azedo.

Muitos dos deliciosos sabores que associamos a ingredientes ácidos, por exemplo o sabor diferente e frutado de um vinho ou o cheiro estranho de um queijo resultam *do modo* como esses ingredientes foram produzidos. Tudo, desde o tipo de vinho usado para fazer o vinagre ou o tipo de leite ou bactéria usada para se fazer o queijo vai afetar os sabores desses ingredientes ácidos. O mesmo queijo, envelhecido por mais tempo, vai ter gosto mais ácido e mais complexo.

Os ácidos de diferentes fontes variam não apenas em sabor, mas também em concentração. Os vinagres não são todos igualmente ácidos nem a acidez do sumo do limão é consistente. No livro *Oranges*, de 1966, o jornalista John McPhee mostra como elementos naturais afetam o sabor. Primeiro, ele explica como a acidez da laranja diminui com a proximidade maior do equador. Existe uma variedade brasileira praticamente sem ácido! Ele continua a descrever nos mínimos detalhes, como é sua característica, de que modo não somente a localização da árvore, mas a localização da laranja na árvore, muitas vezes influencia o sabor.

> Frutas próximas ao chão — a laranja que se pode alcançar do chão — não são tão doces como a fruta que nasce no alto da árvore. A parte mais externa da fruta é mais doce do que a interna. Laranjas que crescem do lado sul de uma árvore são mais doces do que as do leste ou oeste, e as laranjas do norte são as menos doces de todas [...]. Além disso, há diferenças de qualidade dentro de uma única laranja. Gomos variam no seu conteúdo de ácido e açúcar [...]. Quando comem uma laranja [...] comem a metade mais doce do fruto e jogam fora o restante.

Esse tipo de variação natural significa que não se sabe se uma laranja é tão ácida, madura ou doce como a laranja usada por uma pessoa que testou a receita em alguma cozinha distante. Já passei todo um verão fazendo e enlatando molho de tomate na fazenda de uma amiga. Cada leva que eu fazia era diferente — alguns tomates eram mais aguados e outros mais saborosos; alguns eram doces, outros mais azedos. Qualquer receita que eu tivesse escrito para o molho na primeira semana resultaria completamente diferente em gosto depois. E a variedade dos tomates, colhidos na mesma fazenda, era a mesma! Essa é outra razão pela qual não se pode confiar cegamente em receitas. É preciso experimentar enquanto se cozinha, desenvolvendo um sentido para o equilíbrio de ácidos e uma confiança no próprio instinto.

## Ácidos do mundo

Muitos pratos icônicos são definidos por seus ácidos particulares: um sanduíche de manteiga de amendoim, por exemplo, sofre sem o sabor que a geleia dá. Nenhum inglês de verdade consideraria comer um prato de peixe frito com batatas fritas sem vinagre de malte. Imagine tacos de carne sem uma colherada de molho picante, ou *xiaolong bao*, a clássica sopa de bolinhos de Shanghai, servida com qualquer outra coisa que não vinagre preto. Exatamente como as gorduras de cozimento, o ácido pode mudar a direção de um prato, de modo que é bom se deixar guiar pela geografia e pela tradição na escolha do ingrediente.

### Vinagres

Em geral, o vinagre de uma região reflete sua agricultura. Itália, França, Alemanha e Espanha — países conhecidos por sua produção de vinhos — fazem bom uso dos vinagres de vinho na cozinha. Escolha vinagre de xerez para **Romesco**, o molho catalão feito com pimentões e oleaginosas torradas; vinagre de champanhe para o molho *mignonette*, quando servir ostras; e vinagre de vinho tinto para temperar radicchio e fazer *blaukraut*,

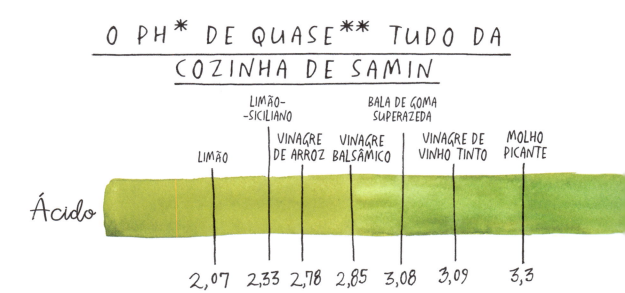

# O mundo do ácido

USE ESTA RODA para AJUDÁ-LO a ESCOLHER QUE ÁCIDO de COZIMENTO (CÍRCULO INTERIOR) E QUE ÁCIDO de FINALIZAÇÃO (CÍRCULO EXTERNO) UTILIZAR ao FAZER PRATOS do MUNDO INTEIRO.

**Centro:** EUROPA · ÁSIA · ÁFRICA

**Anéis internos (regiões):**
- AMÉRICA DO NORTE E CENTRAL
- AMÉRICA DO SUL
- EUROPA
- ÁSIA
- ÁFRICA

## América do Norte e Central

**ESTADOS UNIDOS E CANADÁ** — VINAGRE DE MALTE (CERVEJA), SIDRA, VINHO, VINAGRE DE FRUTA / TOMATE, PICLES, BUTTERMILK, CREAM CHEESE, MOSTARDA, MOLHO PICANTE, PRESUNTO, MOLHOS PRONTOS, MOLHO DE RAIZ-FORTE

**MÉXICO** — VINAGRE DE MAÇÃ, VINHO BRANCO, VINHO TINTO, CERVEJA / LIMÃO, LARANJA-AZEDA, VINAGRE DE VINHO BRANCO, CERVEJA / TOMATILLO, BUTTERMILK, BACON, QUEIJO FRESCO, TOMATE, MOLHO PICANTE, AZEITONA, PICLES, CHOURIÇO, CHOCOLATE E DOCE DE LEITE

**AMÉRICA CENTRAL** — LIMÃO, LARANJA, VINAGRE DE VINHO BRANCO, CERVEJA / REPOLHO CURTIDO, MOLHO DE PIMENTA AJÍ, QUEIJO FRESCO, TAMARINDO, TOMATE

**CARIBE** — LIMÃO-SICILIANO, LIMÃO, LARANJA E VINAGRE DE MAÇÃ / TOMATE, MOJO (MARINADA DE LIMÃO-SICILIANO E ALHO), AZEITONA, PIKLIZ, SOS TI-MALICE (MOLHO PICANTE)

## América do Sul

**ARGENTINA E URUGUAI** — LIMÃO-SICILIANO, VINHO, VINAGRE DE VINHO TINTO, CERVEJA / CHIMICHURRI, TOMATE, MANCHEGO E PROVOLONE, FRUTAS SECAS, BERINJELA EM CONSERVA

**CHILE, PERU E BOLÍVIA** — LIMÃO, LARANJA / MOLHO DE PIMENTA AJÍ, TOMATE

**BRASIL** — LIMÃO, VINAGRE, LARANJA / REQUEIJÃO, TOMATE, ABACAXI, MARACUJÁ, MOLHO DE PIMENTA-MALAGUETA

## Ásia

**CHINA** — VINAGRE DE ARROZ, VINAGRE PRETO, LICOR MOUTAI / PICLES, SHOYU, MOLHO DE AMEIXA, PASTA DE FEIJÃO FERMENTADO, MOLHO DE OSTRA

**JAPÃO** — VINAGRE DE ARROZ, VINHO DE ARROZ / SHOYU, TAMARI, MISSÔ, PICLES, PONZU

**COREIA** — VINAGRE DE ARROZ, VINHO DE ARROZ, CERVEJA / KIMCHI, GOCHUJANG (PASTA DE PIMENTA), SHOYU, PASTA DE FEIJÃO FERMENTADO

**TAILÂNDIA** — LIMÃO, VINAGRE DE ARROZ, VINHO DE ARROZ (CERVEJA) / PICLES, PASTA DE CURRY, SRIRACHA, SAMBAL, MOLHO DE PEIXE

**VIETNÃ** — LIMÃO, VINAGRE DE ARROZ, VINHO DE ARROZ (CERVEJA) / MOLHO DE PEIXE, MOLHO HOISIN, CEBOLA EM CONSERVA

**ÍNDIA** — LIMÃO (CERVEJA) / PICLES, IOGURTE (CHUTNEY), PANEER, BUTTERMILK, BOLO DE ARROZ FERMENTADO, TAMARINDO

**IRÃ** — LIMÃO-SICILIANO, LIMÃO, VINAGRE / UVA-ESPIM, SUMAGRE, ROMÃ, FRUTAS SECAS, PICLES, IOGURTE

## África

**MEDITERRÂNEO** — VINAGRE DE TÂMARA, LIMÃO-SICILIANO, LIMÃO, VINHO, CERVEJA / IOGURTE, COALHADA SECA, SUMAGRE, FETA, MOLHO DE PIMENTA, ROMÃ

**CHIFRE DA ÁFRICA** — TEJ (HIDROMEL), CERVEJA, VINHO / INJERA E CANJEERO, TOMATE, MOLHO PICANTE, MANGA, GOIABA, GRAPEFRUIT, COTTAGE

**NORTE DA ÁFRICA** — LIMÃO-SICILIANO, LIMÃO, VINAGRE DE TÂMARA / LIMÃO-SICILIANO EM CONSERVA, FRUTAS SECAS, SUMAGRE, CHARMOULA, HARISSA, TOMATE, AZEITONA, PICLES

**ÁFRICA OCIDENTAL** — MEL, VINHO, CERVEJA, VINHO DE PALMA / TOMATE, SUMBALA (SEMENTE DE ALFARROBA FERMENTADA)

## Europa

**GRÉCIA E CHIPRE** — CERVEJA, VINHO, VINAGRE E LIMÃO-SICILIANO / TOMATE, AZEITONA, IOGURTE, FETA, HALLOUMI

**ESCANDINÁVIA** — CERVEJA, VINHO, VINAGRE / PICLES, ARENQUE EM CONSERVA, ALCAPARRAS EM CONSERVA, SKYR, HAVARTI, QUEIJO AZUL, FRUTAS VERMELHAS

**EUROPA ORIENTAL** — VINHO, CERVEJA, SIDRA, VINAGRE DE MAÇÃ, VINAGRE DE VINHO TINTO / SOUR CREAM, REPOLHO AZEDO, IOGURTE E QUARK, PICLES, QUEIJO EM SALMOURA

**ALEMANHA** — VINHO, VINAGRE DE VINHO TINTO, SIDRA, VINAGRE DE MAÇÃ, CERVEJA / SOUR CREAM, CHUCRUTE, MOSTARDA, PÃO DE CENTEIO, PICLES

**ESPANHA** — VINHO, XEREZ, VINAGRE DE VINHO TINTO E DE XEREZ, LIMÃO-SICILIANO / AZEITONA, MOLHO ROMESCO, CHOURIÇO, QUEIJO DE CABRA FRESCO, MANCHEGO

**ITÁLIA** — VINHO, VINAGRE DE VINHO TINTO, LIMÃO-SICILIANO / VINAGRE BALSÂMICO, TOMATE, AZEITONA, PARMESÃO, PECORINO, MOZARELA DE BÚFALA

**FRANÇA** — VINHO, VINAGRE DE VINHO TINTO, SIDRA, VINAGRE AGRÁS / MOSTARDA DIJON, CRÈME FRAÎCHE, AZEITONA, PICLES, PÃO FERMENTADO, TOMATE, QUEIJO DE CABRA, GRUYÈRE, ROQUEFORT, CHEDDAR E STILTON

**REINO UNIDO** — VINAGRE DE MALTE (CERVEJA), SIDRA, VINHO / MOSTARDA, KETCHUP, MOLHO DE HORTELÃ, BUTTERMILK, MOLHOS PRONTOS, MOLHO DE RAIZ-FORTE, TOMATE, PICLES, BUTTER, BACON, CREAM CHEESE, CHEDDAR

o clássico repolho vermelho de panela alemão. Por outro lado o vinagre de arroz é um produto básico em muitos países asiáticos — da Tailândia ao Vietnã, do Japão à China. Ingleses e alemães usam vinagre de maçã para saladas, assim como o fazem os cozinheiros do sul dos Estados Unidos, que têm uma queda por vinagre de cana, escolha ácida das Filipinas, onde essa é uma plantação importante.

## Cítricos

Quando se trata de cítricos, os limoeiros se dão bem no clima litorâneo dos países mediterrâneos, então escolha limão-siciliano para espremer em tabule, homus, polvo grelhado, salada niçoise ou salada de funcho com laranja. Os limões, por sua vez, crescem melhor em climas tropicais, de modo que são os preferidos no México, em Cuba, na Índia, no Vietnã e na Tailândia. Use limões no guacamole, no *pho ga*, na salada de papaia verde e no *kachumbar*, a resposta indiana à pico-de-gallo. Um tipo de cítrico que não se devia usar nunca, no entanto, é suco em garrafa ou vidro. Concentrado e mascarado por conservantes, tem gosto amargo e não oferece o sabor limpo de limão espremido na hora.

## Picles

Do indiano *achar* ao *torshi* iraniano, do *kimchi* coreano ao *tsukemono* japonês, do chucrute alemão ao chow-chow do sul dos Estados Unidos, toda cultura tem seu picles. Umas poucas fatias de carne podem se transformar numa tigela de *bibimpap* coreano com *kimchi*, ou taco com cenoura e jalapeño em conserva, dependendo do que você tem na geladeira.

## Laticínios

Deixe que os laticínios fermentados sejam sua arma secreta em sua procura por equilíbrio ácido. Mude uma salada pondo queijo nela, seja o feta grego, o gorgonzola italiano ou o manchego espanhol. Despeje sour cream em *latkes*, creme de leite fresco no na torta ou na torta de frutas vermelhas e iogurte sobre os bolinhos de carne de cordeiro que a maior parte da Ásia Ocidental chama de **Kafta**.

Olhe para um pedaço de cordeiro e saiba que pode levá-lo para o Marrocos ao braseá-lo com limões-sicilianos em conserva, para o sul da França com um pouco de vinho branco e azeitona ou para a Grécia com vinho tinto e tomate. A mesma salada de repolho pode evocar o sul da América, quando feita com vinagre de maçã e mostarda; o México, quando feita com sumo de limão e coentro; a China, quando feita com vinagre de arroz, cebolinha e amendoim torrado. Aprenda não somente a considerar, mas a tirar vantagem do sabor de um ácido para saber que direção se vai dar a um prato.

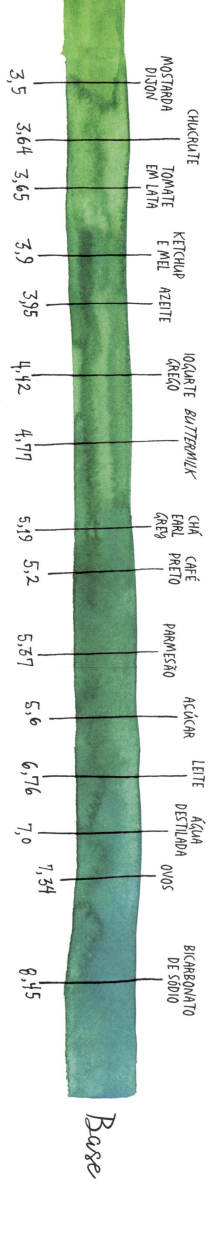

| | pH |
|---|---|
| MOSTARDA DIJON | 3,5 |
| CHUCRUTE | 3,64 |
| TOMATE EM LATA | 3,65 |
| KETCHUP E MEL | 3,9 |
| AZEITE | 3,95 |
| IOGURTE GREGO | 4,42 |
| BUTTERMILK | 4,77 |
| CHÁ EARL GREY | 5,19 |
| CAFÉ PRETO | 5,2 |
| PARMESÃO | 5,37 |
| AÇÚCAR | 5,6 |
| LEITE | 6,76 |
| ÁGUA DESTILADA | 7,0 |
| OVOS | 7,34 |
| BICARBONATO DE SÓDIO | 8,45 |

Base

\* NOTA: ESSE EXPERIMENTO MAIS OU MENOS CIENTÍFICO FOI CONDUZIDO UTILIZANDO UM MEDIDOR DE pH AMADOR EM UMA COZINHA COMUM (NÃO EM UM AMBIENTE ESTERILIZADO — NÃO SUJO, MAS TAMPOUCO UM LABORATÓRIO). \*\* TERIA SIDO TUDO, MAS O MEDIDOR QUEBROU.

# COMO O ÁCIDO TRABALHA

Apesar de o ácido modificar primariamente o sabor, também pode desencadear reações químicas que mudam a cor e a textura da comida. Aprenda a antecipar esses efeitos de modo a decidir melhor como e quando adicioná-lo.

## Ácido e cor

O ácido embaça cores verdes brilhantes, de modo que se deve esperar até o último momento para temperar saladas, misturar vinagre a molhos de ervas e espremer limões sobre vegetais verdes cozidos, tais como espinafre.

Por outro lado, o ácido conserva os vermelhos e roxos vívidos. Repolho-roxo, as hastes vermelhas da acelga e beterrabas conservarão melhor suas cores quando cozidas com alguma coisa levemente ácida, como maçã, limão ou vinagre.

Frutas cruas e vegetais suscetíveis à **oxidação** (o escurecimento enzimático que resulta da exposição ao oxigênio), como maçã cortada, alcachofra, banana e abacate, manterão suas cores se cobertas com um pouco de ácido ou mantidas em água com algumas gotas de sumo de limão ou vinagre até estarem prontas para ser cozidas ou comidas.

| | ANTES DO ÁCIDO | DEPOIS DO ÁCIDO |
|---|---|---|
| VERDE | | |
| VERMELHO ou ROXO | | |
| FRUTAS CRUAS e VEGETAIS | | |

# Ácido e textura

O ácido mantém os vegetais mais resistentes por mais tempo. Qualquer coisa que contenha celulose ou pectina, incluindo leguminosas, frutas e vegetais, cozinhará muito mais devagar na presença de um ácido. Enquanto dez a quinze minutos de fervura branda é o bastante para amaciar cenouras, chegando-se à textura de comida de bebê, elas ainda estarão firmes depois de uma hora de cozimento em vinho tinto. O ácido do tomate explica por que as cebolas boiam numa panela de molho sem jamais amolecer mesmo depois de horas de cozimento. Para impedir isso, cozinhe as cebolas até ficarem macias antes de juntar tomate, vinho ou vinagre à panela.

Ao cozinhar feijões ou qualquer leguminosa, incluindo grão-de-bico, uma pitada de bicarbonato pode tornar a água mais **alcalina** e menos ácida, assegurando a maciez. Assim como com as cebolas, cozinhe até que os grãos estejam completamente macios antes de juntar qualquer coisa ácida. Um grande chef mexicano uma vez me disse que regar feijões cozidos com vinagre ou vinagrete de algum modo os "descozinha", endurecendo e enrugando um pouco o exterior. Pense nisso ao preparar leguminosas para salada e cozinhe um pouco mais do que faria.

Aproveite-se dessa química vantajosa quando for cozinhar vegetais. A fervura dilui o líquido relativamente ácido contido nas células vegetais, amaciando mais os vegetais do que se você os assar. Leve ao forno pedaços grandes e bonitos de couve-flor ou brócolis para ter certeza que manterão seu formato. Ferva batata ou nabo de modo que derretam numa poça de maciez, ficando perfeitos para amassar e fazer purê.

O ácido também encoraja os elos entre os grupos de **pectina** — o agente gelificante da fruta — para que os elos retenham água e ajudem a estabilizar as geleias e compotas. Algumas frutas, como maçã e mirtilo, não contêm ácido o bastante para ligar a pectina por si próprias. Ajude-as espremendo um pouco de sumo de limão na panela da geleia e nos recheios de frutas para tortas antes que endureçam.

O ácido também é necessário quando se usam **fermentos químicos** como bicarbonato de sódio ou fermento em pó. Visualize os vulcões de bicarbonato e de vinagre dos projetos de ciência da época da escola. É exatamente assim, mas numa escala muito menor, que o ácido reage com o bicarbonato, soltando bolhas de dióxido de carbono e fazendo a massa crescer. Massas fermentadas com bicarbonato também devem levar um ingrediente ácido, como cacau em pó, açúcar mascavo, mel ou *buttermilk*. O fermento em pó, por sua vez, já contém ácido tartárico e não necessita de uma fonte externa de acidez para reagir.

O ácido ativa as proteínas da clara de ovo a se juntar, ou **coagular**, mais depressa e menos densamente do que sob condições normais. Os fios de proteína dos ovos se desnaturam e coagulam ao ser aquecidos. Os filamentos soltam água, fazendo com que os ovos endureçam e ressequem. O ácido junta as proteínas do ovo antes que possam se desnaturar, o que as impede de ficar muito compactadas. Algumas gotas de sumo de limão resultarão em ovos mexidos mais cremosos e macios. Para ovos pochês perfeitos, junte vinagre à água fervente para apressar a coagulação das claras e reforçar a textura exterior, conservando a gema mole.

O ácido ajuda a estabilizar as claras dos ovos batidos, encorajando a formação de bolsas de ar e ajudando a aumentar o volume da espuma das claras. O cremor tártaro, um subproduto da produção de vinho, é a forma de ácido tradicionalmente adicionada às claras ao ser batidas para suspiros, bolos e suflês, mas algumas gotas de vinagre ou sumo de limão para cada clara levarão a resultado semelhante.

Proteínas lácteas chamadas **caseína** coagulam ou coalham com adição de ácido. Com exceção de manteiga e creme de leite, que têm um grau baixo de proteína, os laticínios só devem ser adicionados aos pratos ácidos no último minuto. Apesar de laticínios frescos, coalhados sem querer, serem geralmente incomíveis, essa mesma reação nos dá de presente as delícias dos laticínios fermentados, do iogurte ao *crème fraîche* e ao queijo, uma categoria inteiramente nova e deliciosa de ingredientes ácidos para ser incorporados à nossa alimentação. Tente fazer seu próprio ***crème fraîche*** — é muito fácil. Misture 2 colheres de *buttermilk* fermentado com 2 xícaras de creme de leite fresco. Despeje num pote de vidro limpo, tampe frouxamente ou deixe destampado a uma temperatura ambiente amena por dois dias, até engrossar. Pronto. É isso. Use no **Molho de queijo azul, Frango ao vinagre** ou no **Chantili de especiarias**. Tempere e guarde na geladeira por uma ou duas semanas. Use as últimas colheres para começar uma nova leva, repetindo o processo.

Quando o ácido é incorporado a massas, elas ficam mais macias, como a gordura faz. Pode ser na forma de laticínios fermentados, cacau em pó não alcalino ou vinagre. O ácido numa massa vai romper a cadeia de glúten, resultando num produto mais macio. Se você está procurando elasticidade, espere o máximo possível para adicionar ingredientes ácidos à massa.

O ácido amacia a carne e as proteínas do peixe, mas depois as endurece. Imagine a proteína com filamentos enrolados em trouxas. Quando o ácido entra em contato com os filamentos, eles relaxam e desenroscam. Esse processo se chama **desnaturação**.

## COMPORTAMENTO DA PROTEÍNA

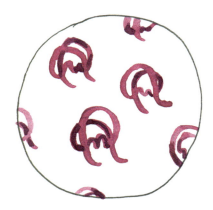

FILAMENTOS DE PROTEÍNA *sem* QUALQUER ÁCIDO OU CALOR

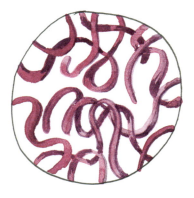

FILAMENTOS DE PROTEÍNA *com* ALGUM ÁCIDO, SE DESEMBARAÇANDO *e* DESDOBRANDO

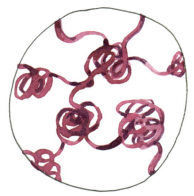

FILAMENTOS DE PROTEÍNA RECONECTADOS, *ou* COAGULADOS

As proteínas desnaturadas começam a se chocar umas nas outras e a coagular, reconectando-se numa cadeia estreita. A mesma coisa acontece quando as proteínas se aquecem, motivo pelo qual se diz que o ácido às vezes cozinha a carne ou o peixe.

Primeiramente, a cadeia proteica coleta a água que antes estava segura nas fibras musculares, tornando a comida úmida e macia. Mas se as condições da desnaturação persistirem — isto é, se a comida continuar no ácido —, a cadeia de proteínas continuará a se apertar, expelindo toda a água das proteínas, o que resulta em comida seca e dura, como um bife bem passado.

Para entender essa progressão, imagine como a textura de uma fatia de sashimi ficará macia com a adição de ácido, ou o gosto brilhante de tartar de peixe. Em poucos minutos, a carne fica elástica. Os peixes que vamos cozinhar não devem ser marinados em ácidos por mais de alguns minutos, mas mergulhe qualquer peixe branco mais leve em *buttermilk* e farinha antes de fritar, ou misture robalo com sumo de limão e curry em pó na hora de grelhar e obterá uma textura úmida acrescida de um agradável toque ácido.

O ácido também ajuda a quebrar o **colágeno**, a principal proteína estrutural encontrada nos pedaços duros de carne. Junte vinho ou tomate no começo dos ensopados e cozidos, pois, quanto mais depressa o colágeno derrete, mais depressa a carne ficará suculenta.

# Produzindo ácido

Ao introduzir sal e gordura na comida na forma de ingredientes diferentes, há dois modos fáceis de produzir ácido. Um processo é rápido, o outro é bem vagaroso.

O método rápido é dourar. Em Sal e Gordura, expliquei que a comida começa a dourar quando a temperatura da superfície sobe consideravelmente além do ponto de fervura. Isso pode acontecer com um pedaço de pão na torradeira, com biscoitos e bolos no forno ou com carne, peixe e vegetais na grelha. A reação química envolvida no escurecimento do açúcar na panela é chamada de **caramelização**. A reação química envolvida em dourar carnes, frutos do mar, vegetais ou quase qualquer outra coisa é chamada de **reação de Maillard**, em homenagem a Louis-Camille Maillard, cientista que a descobriu. Darei mais detalhes sobre essas reações químicas deliciosas e misteriosas na seção Calor.

Apesar de serem processos diferentes, a caramelização e a reação de Maillard têm suas semelhanças. Ambas criam substâncias de sabor ácido, além de muitas outras moléculas saborosas como subprodutos. Uma única molécula de açúcar ao caramelizar se transforma em centenas de novos e diferentes compostos, incluindo alguns ácidos. Em outras palavras, pesos iguais de açúcar e caramelo queimado não são igualmente doces: na verdade, o caramelo é *ácido*! Outras substâncias ácidas similares são produzidas em carboidratos e proteínas pela reação de Maillard.

Ainda que a produção de acidez raramente seja o motivo pelo qual douramos a comida, sabendo que o processo desenvolverá muitos novos sabores, incluindo alguns azedos, esse pode se tornar um instrumento valioso. Imagine-se experimentando duas levas de sorvete, ambas feitas com a mesma quantidade de açúcar. Numa delas, o açúcar foi posto diretamente no laticínio. Na outra, foi transformado em caramelo antes de ser adicionado. O sorvete feito com açúcar caramelizado não só será menos doce como muito mais complexo, pois tem os contrastes vitais de sabor que a acidez promove.

O outro método para produzir ácido na cozinha, muito mais vagaroso, é a fermentação, quando, além de muitos outros processos que produzem sabor, os carboidratos se transformam em dióxido de carbono e ácidos ou álcoois, usando levedos, bactérias ou uma combinação. Vinho, cerveja e sidra são, claro, fermentados, assim como alguns pães, tipo de picles, carnes curadas, alguns laticínios e até café e chocolate.

Alguns dos pães mais gostosos que já comi são de fermentação natural e crescem devagar. Segundo Chad Robertson, da Tartine Bakery, em San Francisco, que deixa sua massa crescer por mais de trinta horas, "a fermentação lenta melhora o sabor em grande parte porque mais açúcares estão disponíveis para caramelizar enquanto assam. Os pães ficam dourados mais rapidamente e a crosta fica mais escura". Sutilmente azedo, o pão de Chad tem camadas de sabor complexas; sempre que provo, declaro entusiasticamente que são os melhores pães do mundo! Faça um pão de fermentação natural quando tiver tempo. O resultado pode ser incrível, especialmente se você fizer como Chad e deixar que os elementos da casca passem tanto pela caramelização como pela reação de Maillard, fornecendo camada sobre camada de acidez e doçura.

# USANDO ÁCIDO

Como sempre acontece na boa cozinha, o melhor meio de se usar o ácido é provando muitas e muitas vezes. É como com o sal: se algo estiver muito azedo, é porque foi usado muito ácido; mas se a comida tiver um sabor fresco e limpo, é porque o ácido está equilibrado.

## Sobreposição de ácidos

Pense em qual ácido ou em qual combinação vai usar e *quando*. Um prato pode se beneficiar de vários tipos de ácido, do mesmo modo que se beneficia de sal e gordura. Pense nisso como ajustar a **sobreposição de ácido** ao cozinhar.

## Ácidos de cozimento

Aprenda a usar o ácido como usa sal para temperar a comida de dentro para fora. Embora o ácido seja ótimo para corrigir pratos — uma última espremida de limão, queijo de cabra esmigalhado, um pouco de picles —, certos ácidos devem ser postos nos pratos desde o começo.
É o que chamamos de **ácidos de cozimento**.
Exemplos incluem tomates no molho de macarrão ou vinho branco no **Ragu de frango**, cerveja no chili, vinagre no **Frango ao vinagre**, e vinagre de arroz no **Frango com especiarias**.

Os ácidos do cozimento geralmente são

FONTES de ÁCIDO

aveludados, transformando sem pressa a comida. Podem ser extraordinariamente sutis e até passar despercebidos, mas fazem muita falta. Aprendi essa dolorosa lição quando a pedido de um parente distante tentei fazer *beef bourguignon* no Irã sem ter vinho borgonha. Por mais que eu me esforçasse, não consegui que o prato ficasse bom sem esse ingrediente crucial.

Dê ao ácido o tempo de que precisa para fazer seu trabalho silencioso ao macerar chalotas e cebolas. **Macerar** vem do latim "amaciar" e se refere ao processo em que os ingredientes ficam de molho em algum ácido — geralmente vinagre ou sumo de limão — para abrandá-los. As cebolas e as chalotas não precisam ficar completamente cobertas no ácido. Se seu objetivo é usar cerca de duas colheres (de sopa) de vinagre num molho, coloque o vinagre e espere de quinze a vinte minutos antes de adicionar óleo para fazer o molho. Vai ser o suficiente para evitar o bafo de onça que a cebola e a chalota podem dar.

Não há substituto para o ácido nos braseados e ensopados. A incrível alquimia envolvendo tempo e calor abrandará algumas comidas, mas experimente retirar o tomate e a cerveja do **Porco apimentado** e a cebola e o alho dominarão o prato com sua doçura aromática. A doçura resultante do escurecimento também precisa do ácido. Deglaçar uma panela com vinho para fazer risoto, costeletas de porco, filé de peixe ou um molho mais reduzido e complexo ajudará um prato a não parecer doce demais.

## Ácidos de finalização

Nenhuma quantidade de sal na mesa resolverá o problema de uma comida sem tempero, no entanto, um toque de ácido no último segundo pode melhorá-la, e é por isso que a finalização com ácido ou acompanhamentos ácidos é tão importante. Como as moléculas voláteis aromáticas desaparecem com o tempo, o sabor do sumo de limão fresco se transforma, perdendo o frescor, de modo que o ideal é espremê-lo na hora. A aplicação de calor mudará o gosto tanto do limão quanto do vinagre, embaçando o primeiro e amadurecendo e aveludando o último, de modo que se deve juntá-los imediatamente antes de servir quando se quer sentir o impacto completo.

Você pode incorporar ácidos diferentes num só prato para acentuar o sabor. O vinagre balsâmico nem sempre é ácido o bastante para temperar sozinho uma salada, de modo que é bom usar vinagre de vinho tinto junto. Ou sobreponha sumo de limão, que é mais vivo, e vinagre, ou faça **Vinagrete cítrico** com vinagre de vinho branco *e* sumo de laranja sanguínea para a **Salada de abacate**. A forte acidez do vinagre vai equilibrar a gordura do abacate, e o molho de laranja sanguínea complementará o sabor.

Quando puder, use o mesmo tipo de ácido para cozinhar e finalizar: acrescente vinagrete com tomate sobre porco com tomate ou finalize um risoto com um pouco de vinho da mesma garrafa que você usou antes para deglaçar a fôrma. Esse tipo de sobreposição cítrica oferece sabores múltiplos dos mesmos ingredientes.

Algumas vezes, um só tipo de ácido não consegue cumprir sua tarefa. Queijo feta, tomate, azeitona e vinho tinto oferecem quatro formas distintas de ácido na salada grega. Para provocar um coro de notas brilhantes, sirva o porco que mencionei acima com todo tipo de condimento ácido, incluindo queijo fresco, sour cream e **Salada de repolho** temperada com vinagre e sumo de limão.

E lembre-se da **Salada Caesar**, a que o parmesão e o molho inglês — ambos fontes de ácidos — conferem certa pungência, além de sal e umami. Equilibre o molho cremoso e salgado com vinagre de vinho branco e sumo de limão. Brinque com as quatro fontes de ácido, provando e acertando aos pouquinhos até que fique perfeita.

Faça **Macarrão ao vôngole** para treinar a superposição de ácidos. Primeiro ponha uma panela de água para ferver e tempere com sal. Lave o vôngole muito bem e pique uma cebola, separando as extremidades. Aqueça uma frigideira grande em fogo médio e junte um pouquinho de azeite. Acrescente as extremidades separadas da cebola, um ramo de salsinha e quantos vôngoles couberem numa sobreposição única. Despeje vinho o bastante para cobrir o fundo da frigideira. Aumente o fogo e tampe. Deixe que os vôngoles cozinhem no vapor por uns dois a três minutos. Conforme abrir, vá retirando os vôngoles da panela com uma pinça e passando para uma vasilha. Alguns vão precisar de uma batidinha encorajadora se demorarem muito.

VÔNGOLES PEQUENOS

    Cozinhe o restante dos vôngoles maiores do mesmo jeito, adicionando mais vinho até cobrir o fundo da panela se preciso. Depois que tiver transferido os vôngoles, coe o líquido do cozimento, que é precioso e a principal fonte de ácido do prato. Quando os vôngoles estiverem frios o bastante para serem manipulados, tire da concha, pique grosseiramente e devolva ao líquido de cozimento.

    Lave a frigideira e coloque-a em fogo médio. Adicione azeite suficiente para cobrir o fundo. Quando estiver quente e brilhante, junte a cebola picada e uma pitada de sal. Mexa de vez em quando até amaciar a cebola. Ela deve pegar um pouco de cor, mas não deixe queimar (coloque um pouquinho de água se precisar). Prove a água do macarrão, veja se está salgada como o mar e cozinhe o linguine de seis a sete minutos, até ficar quase al dente.

    Acrescente um dente ou dois de alho fatiado e um pouco de pimenta-calabresa em flocos à cebola e deixe chiar um pouco, mas não pegar cor. Acrescente os vôngoles menores e aumente o fogo para alto. Adicione um pouco do líquido de cozimento da primeira leva de

vôngoles e tampe. Logo que os vôngoles abrirem, use uma escumadeira para acrescentar os maiores, já picados. Cozinhe tudo por cerca de um minuto, prove, corrija o ácido com mais vinho branco ou uma espremida de limão-siciliano.

Escorra o macarrão, reservando uma xícara da água do cozimento. Coloque-o na panela do vôngole. Gire a panela até que o macarrão esteja al dente. Desse modo, ele absorverá todo o sabor de mar do vôngole enquanto acaba de cozinhar. Prove de novo e corrija o sal, o ácido e o tempero. Se parecer muito seco, junte um pouco da água reservada.

Agora começa a mágica da finalização (e da gordura). Intensifique a cremosidade e o sabor do prato, adicionando uma colherada de manteiga. Depois, salsinha picada e um pouco de parmesão ralado. Algumas pessoas vão implicar comigo por estar juntando queijo a macarrão com frutos do mar, mas aprendi isso com um chef querido num restaurante da Toscana que fazia esse prato tão bem que consegui esquecer minha aversão total a vôngole. O sal, a gordura, o ácido e o umami proporcionados pelo queijo tornam esse macarrão inesquecível. Para um toque crocante e ácido final, polvilhe o prato com farinha panko tostada. Vai ficar bem crocante à primeira garfada, mas, ao se misturar à massa, a farinha vai absorver o caldo dos vôngoles, transformando-se em pequenas bombas de sabor que explodem a cada mordida.

VÔNGOLES GRANDES

# Condimentos e umami

Cervantes pode ter dito que a fome é o melhor dos molhos, mas eu diria que molho é o melhor dos molhos, pois pode completar um prato. O molho, e na verdade a maioria dos condimentos, são fontes tanto de ácido como de sal, e uma forma infalível de dar mais sabor. Ele é quase sempre fonte de **umami**, que é a palavra japonesa para o quinto sabor que percebemos. Os outros quatro são o doce, o azedo, o salgado e o amargo. A tradução mais próxima seria algo como "delícia" ou "saboroso".

Umami, na realidade, é o resultado dos componentes de sabor chamados de **glutamatos**. O glutamato mais famoso é o glutamato de sódio, um pó branco usado frequentemente nas cozinhas dos restaurantes chineses para melhorar o sabor. Apesar de o glutamato de sódio ser quimicamente fabricado, existem muitas fontes naturais de glutamato. Duas comidas nas quais ele aparece natural e abundantemente são parmesão e ketchup. Às vezes só um pouquinho de parmesão ralado pode fazer a diferença entre uma boa e uma ótima massa (até no **Macarrão ao vôngole**). Além disso, há entre nós aqueles que sempre querem muito ketchup com o hambúrguer e as fritas, e não somente por causa da doçura, do sal e do ácido que contém. Um pouco de ketchup — e seu umami — inexplicavelmente faz a comida ficar mais gostosa.

Como a lista de comidas ricas em umami combina muitas fontes de sal e ácido, procure sempre uma oportunidade de juntar um pouco de umami ao sal ou ácido para aumentar o sabor sem ter que fazer qualquer trabalho extra.

No entanto, como diz Cal Peternell, o chef que me assustou pondo aquele monte de sal na polenta tantos anos atrás, *umami demais* de fato existe, então não tente juntar bacon, tomate, molho de ostra, queijo e cogumelos numa única refeição. Um pouquinho de umami basta.

# FONTES DE UMAMI

1. TOMATE e DERIVADOS (QUANTO MAIS COZIDO, MAIS CONCENTRADO É O UMAMI)
2. COGUMELOS  3. CARNE e CALDO DE CARNE, ESPECIALMENTE CARNES CURADAS e BACON
4. QUEIJO  5. PEIXE e CALDO DE PEIXE, ESPECIALMENTE OS PEQUENOS, COMO ANCHOVAS  6. ALGAS
7. FERMENTADOS INTENSIFICADORES DE SABOR E PATÊS  8. SHOYU  9. MOLHO DE PEIXE ETC.

## Equilibrando a doçura com ácido

Pense numa mordida num pêssego: doce, suculento e firme, ainda que macio.

Só isso? Huummmm... Também tem aquele toque ácido, sem o qual seria açúcar puro.

Os confeiteiros sabem que a melhor coisa que se pode fazer na cozinha é imitar essa perfeição — não há modelo melhor para o equilíbrio do agridoce do que a própria natureza. As melhores maçãs para tortas não são as mais doces, e sim as azedas, como a fuji. Se o único mérito de uma sobremesa é a doçura, ela estimulará somente as papilas que a sentem. O chocolate e o café são as bases perfeitas para construir sobremesas porque são amargos, azedos e ricos em umami, estimulando outras papilas gustativas. O caramelo também. Junte sal a ele e de repente os cinco sabores básicos são ativados com uma única mordida. É por esse motivo que a **Calda de caramelo salgado** nunca sai de moda.

Equilibre doçura com ácido sempre, não só nas sobremesas. Beterrabas assadas, cheias de açúcar, caem bem com vinagre de vinho tinto, que oferece um contraste a seu sabor terroso natural. Tempere-as com azeite e sal, e de repente mesmo o maior inimigo delas vai se converter. Cenoura, couve-flor e brócolis assados — ou qualquer coisa que fique mais doce devido à reação de Maillard — combinam muito bem com uma espremida de limão ou um toque de vinagre. Um pouquinho basta.

# O equilíbrio do ácido na refeição

De vez em quando viajo com Alice Waters para ajudá-la a preparar refeições especiais. Quando estávamos servindo um cardápio de inverno em Washington, D.C., tive uma epifania sobre o ácido enquanto a neve se amontoava lá fora. O último prato salgado era uma salada de alface orgânica temperada com um delicado vinagrete que mandamos para as mesas em grandes travessas para serem compartilhadas como numa refeição familiar. Quando acabamos, ficamos todos os cozinheiros juntos, exaustos, pegando distraidamente o que restara da alface com as mãos e comendo. Depois de um longo dia de trabalho num lugar seco, quente e apinhado de gente, parecia que nunca havíamos provado nada tão delicioso. Estávamos nos maravilhando com a salada, tão refrescante e bem temperada, quando Alice entrou na cozinha e disse que faltava ácido.

Ficamos de boca aberta. Tínhamos adorado, e ela dizia que faltava ácido? Protestamos, tentando convencê-la de que estava errada.

Mas Alice não arredou o pé. Explicou que não nos sentáramos à mesa com ela e comêramos a salada com cordeiro e ervilhas, depois que já haviam sido servidas uma lasanha cremosa e uma rica sopa de frutos do mar. Com toda aquela comida, a salada não estava cumprindo sua tarefa de aliviar o paladar, limpando-o depois daqueles pratos pesados. Precisava estar mais ácida para enfrentar outros sabores mais intensos.

Alice estava certa (o que acontece frequentemente). Para se fazer a melhor salada, é preciso considerar o lugar dela no cardápio. Cada prato deve estar equilibrado em matéria de sal, ácido e gordura por si só, mas é preciso considerar o todo — uma boa refeição também deve estar equilibrada por completo. Cozinhe uma torta de cebolas caramelizadas com bastante manteiga na massa e no recheio e sirva com alfaces tenras e frescas temperadas com vinagrete de mostarda. Prepare uma paleta de porco e o acompanhamento pode ser uma salada de repolho leve e ácida. Faça um curry tailandês, rico e grosso, mas antes sirva uma salada crocante de pepino ralado. Comece a incorporar esse tipo de pensamento em todos os cardápios que fizer, depois leia **O que cozinhar** para mais dicas de como organizar um cardápio equilibrado.

# Improvisando com sal, gordura e ácido

Pense num prato que você adora comer. Provavelmente tem um equilíbrio ideal entre o sal, a gordura e o ácido, seja uma tigela de sopa, uma salada Caesar, um sanduíche *bánh mì*, uma pizza margherita, seja um pedaço de queijo feta com pepino, dentro de um pão sírio lavash. Como o corpo humano não pode produzir certas formas essenciais de sal, gordura e ácido, nossos paladares evoluíram na procura desses três elementos. O resultado é um apelo universal por sal, gordura e ácido em equilíbrio, seja lá na cozinha que for.

Por si só, sal, gordura e ácido podem dar forma a uma ideia para um prato ou mesmo para uma refeição. Ao decidir o que fazer, primeiro responda às perguntas sobre quais elementos vai usar, como e quando. Vai ter nas mãos uma lista que se parece — veja só — com uma receita. Se quiser transformar o frango assado de ontem em sanduíche de frango com salada, por exemplo, pense no gosto que está procurando. Indiano, siciliano, ou americano clássico? Depois de resolvida vá até **O mundo do ácido** (p. 110) para ver os modelos de sal, gordura e ácido que levarão você na direção certa. Para lembrar um sabor, pode-se usar um iogurte integral, coentro, cebolas marinadas em sumo de limão, sal e um toque de pó de curry. Para trazer à mente uma noite nas praias de Palermo, use limão-siciliano com suas raspas, cebolas roxas maceradas em vinagre de vinho tinto, aïoli, sementes de funcho e sal marinho. Ou tente um sanduíche de salada de frango inspirado numa salada Cobb americana, com pedaços de bacon, queijo azul, fatias de ovo cozido e abacate. Tempere tudo com um vinagrete de vinho tinto antes de rechear o pão.

Se a ideia de um improviso assusta você, vá devagar. Tente as receitas deste livro, fique à vontade com um repertório básico de pratos e depois comece a brincar com um componente de cada prato. Um de cada vez. Faça **Salada de repolho** quantas vezes for preciso para aprender de cor seus ingredientes e métodos, depois adapte ao seu modo, variando a gordura, o ácido ou ambos. Use maionese em vez de azeite para fazer uma variedade típica do sul dos Estados Unidos, e vinagre de vinho de arroz em vez de vinagre de vinho tinto para transformar em asiática.

Saiba a força de cada ingrediente: sal para enfatizar, gordura como apoio e ácido para equilibrar o sabor. Agora, já tendo em mente como eles influenciam cada comida, junte um a um ao prato, na hora certa, de modo a temperá-lo de dentro para fora. Adicione logo o sal a uma panela de feijão, mas junte o ácido no final. Tempere a carne antes para um braseado e, ao começar a cozinhar, junte uma dose de acidez. Quando estiver pronta e cheia de sabor, dê mais leveza com outro tanto de acidez.

Deixe que o sal, a gordura e o ácido trabalhem juntos para melhorar qualquer coisa que você coma, cozida ou não. Num restaurante mexicano de tacos muito sem graça, peça sour cream, guacamole, picles ou vinagrete. Olhe os molhos, queijos e pense no restaurante a que você costuma ir na hora do almoço com interesse renovado. Use iogurte, tahine, molho de pimenta, cebolas em picles para consertar um sanduíche de falafel sem gosto e sem graça.

Harmonize essas três notas, e invariavelmente suas papilas gustativas vão cantar de alegria.

# CALOR

Quando aspirantes a chef me pedem conselhos de carreira, sempre digo a mesma coisa. Cozinhe todo dia. Prove tudo com muita atenção. Vá à feira e se familiarize com os produtos de cada estação do ano. Leia todos os livros que Paula Wolfert, James Beard, Marcela Hazan e Jane Grigson escreveram sobre culinária. Mande uma mensagem para seu restaurante favorito confessando seu amor e implore por um estágio. Não frequente uma escola de culinária: gaste uma fração do custo dela viajando pelo mundo.

Há muito a se aprender em viagens, principalmente sendo um jovem cozinheiro. Acumule lembranças de sabores, entenda o gosto do lugar, descubra o sentido do contexto. Coma cassoulet em Toulouse, homus em Jerusalém, lámen em Kyoto, ceviche em Lima. Faça de suas experiências suas guias, e quando voltar à sua própria cozinha e mudar uma receita, vai saber a diferença exata entre ela e a original.

Viajar é de um valor extraordinário, na medida em que se observa cozinheiros do mundo e se aprende com eles, descobrindo a universalidade da boa comida.

Nos primeiros quatro anos da minha carreira, o Chez Panisse foi meu único ponto de referência. A certa altura não consegui mais segurar minha curiosidade. Tinha que ir à Europa trabalhar nas cozinhas que haviam inspirado meus professores. Ao chegar à Toscana, me surpreendi ao me sentir tão à vontade cozinhando ao lado de Benedetta e Dario. Alguns hábitos pareciam comuns a todos os bons chefs. Benedetta admirava suas cebolas dourando e deixava a carne voltar à temperatura ambiente antes de assar, exatamente como os chefs haviam me ensinado. Ao aquecer uma panela cheia de azeite para fritura em imersão, ela testava a temperatura não com um termômetro, mas acrescentando à panela um pedaço de pão adormecido para ver quanto tempo ele levava para dourar, do mesmo jeito que eu aprendera quando fora fritar anchovas frescas no Chez Panisse pela primeira vez.

Curiosa, comecei a reparar nos outros cozinheiros que faziam o que eu gostava de comer. Enzo, meu pizzaiolo favorito em Florença, só servia três pizzas clássicas: marinara, margherita e napolitana. Trabalhava sozinho, era grosseiro tanto com os clientes como com os turistas e evitava todos os luxos, passando a noite inteira em uma cozinha minúscula. Nunca vi Enzo usar um termômetro para verificar a temperatura do forno à lenha. Só prestava atenção nas pizzas. Se queimavam antes que a parte de cima dourasse, sabia que o forno estava quente demais. Se saíam pálidas, ele jogava outro pedaço de lenha no fogo. Seu método funcionava: nunca provei uma pizza melhor, com a massa crocante e o queijo começando a derreter.

Deixei a Itália e fui visitar amigos e família mundo afora. Uma noite, comi deliciosos *chapli-kebabs*, a saborosa resposta do Paquistão ao hambúrguer, numa barraca animada de beira de estrada. Dava água na boca. O cozinheiro temperava a carne com pimenta, gengibre e coentro, achatava cada bolinho e o mergulhava em óleo quente, observando a gordura borbulhante para decidir se juntava mais carvão ao fogo debaixo da panela de ferro grossa. Quando o kafta estava tão escuro quanto as folhas de chá na xícara, ele o tirava. Recebi o meu com molho de iogurte e embrulhado em *naan* quente. Dei uma mordida. Era o céu.

Lembrei-me de uma das primeiras noites na cozinha do Chez Panisse, quando vi Amy, uma chef tímida que falava baixinho, grelhar bifes para centenas de pessoas, graciosa e eficiente como uma dançarina. Ela me mostrou como observava a superfície de cada filé. Se não chiava ao ir para o fogo, ela puxava mais carvão para baixo das grelhas de metal. Se dourasse depressa demais, ela espalhava o carvão e esperava o fogo sob a grelha baixar antes de continuar. Amy me mostrou como ter certeza de que o calor estava adequado para que os bifes dourassem e cozinhassem tanto na superfície como no interior. O ponto certo era quando o exterior ficava com um queimadinho de dar água na boca e a tira de gordura exterior estava perfeitamente derretida. Não havia diferença na técnica de aumentar ou baixar a chama de um fogão comum.

Depois do Paquistão, visitei a fazenda dos meus avós no litoral do mar Cáspio, no Irã. Minha avó passava o dia inteiro na cozinha. Apesar de amar cozinhar para a família, ela resmungava que a nossa comida era a mais complicada e trabalhosa do mundo. Picava montes de

OS SENTIDOS

ervas, descascava e preparava caixas de vegetais e ficava de olho nos *khoreshs*, ensopados complexos de carne e vegetais, que permaneciam em fogo baixo horas e horas. Minha avó mexia nas panelas borbulhantes constantemente — nunca fora do fogo, nunca fervendo demais —, até que enfim os ensopados ficassem prontos. Meus tios passavam o dia fumando e contando histórias. Então chegava a hora de acender o fogo da grelha para o jantar. Eles colocavam pedaços de frango e cordeiro em espetos e os assavam rapidamente sobre a grelha tão quente que os pelos dos braços pegavam fogo. Um tipo de cozinha levava o dia inteiro; o outro, minutos. Ambos eram deliciosos. Nossas refeições não estavam completas sem os macios *khoreshs* ou sem os kaftas meio chamuscados.

Nas viagens, eu percebia que em cada país, estivesse eu observando cozinheiros amadores ou profissionais, cozinhando no forno à lenha ou em bocas improvisadas, as pessoas *olhavam a comida,* e não a *fonte de calor.*

Vi como os bons cozinheiros obedeciam a dicas sensoriais, e não a relógios ou termômetros. Escutavam os sons mutantes de uma linguiça chiando, observavam como uma fervura branda passava a histérica, sentiam como uma paleta de porco se encolhia e relaxava com o passar do tempo, experimentavam um fio de macarrão puxado da água fervente para determinar se estava ou não al dente, cozinhando com todos os sentidos atentos. Eu tentava aprender a conhecer esses sinais. Precisava saber como a comida responde ao quarto elemento da boa cozinha: o calor.

# O QUE É O CALOR?

Calor é o elemento da transformação. Não importa sua fonte, ele estimula as mudanças que transformam nossa comida de crua a cozida, de mole a dura, de flácida a firme, de chata a volumosa, de pálida a dourada.

Diferente do sal, da gordura e do ácido, o calor não tem gosto e é intangível. Mas seus efeitos são quantificáveis. As dicas sensoriais do calor — incluindo chiados, salpicos, estalos, vapores, bolhas, cheiros e cores — são geralmente mais importantes do que um termômetro. Todos os nossos sentidos — e o bom senso — ajudam a medir os efeitos do calor na comida.

A exposição ao calor muda a comida de modos diferentes, mas previsíveis. Depois de se familiarizar com as muitas respostas da comida ao calor, você fará melhores escolhas nas compras, na elaboração de um cardápio e no prato do dia a dia. Esqueça a fonte de calor e fique atento à comida que está fazendo. Ela está dourando, firmando, encolhendo, queimando, soltando do osso, inflando ou cozinhando de forma desigual?

Essas percepções são muito mais importantes do que se você está cozinhando em fogão elétrico ou em fogão a gás, num acampamento ou em uma maravilhosa lareira de mármore, se a temperatura está a 170°C ou 190°C.

Não importa o que você está cozinhando ou qual é a fonte de calor que está usando. O objetivo é sempre o mesmo: aplicar o fogo no nível e pelo tempo certos, de modo que a superfície da comida e seu interior fiquem prontos ao mesmo tempo.

Pense num queijo-quente. O objetivo é usar o grau certo de calor para que o pão fique dourado enquanto o queijo derrete à perfeição. Com calor demais, a parte de fora queima e o recheio não derrete. Com fogo muito baixo, o sanduíche resseca antes que a superfície tenha a chance de dourar.

Considere em tudo o que você cozinha como se fosse queijo-quente: a pele do frango está dourada e bem assada? O aspargo está cozido por inteiro e o exterior, levemente grelhado? A costela de cordeiro dourou e toda a gordura derreteu quando a carne chegou ao ponto?

Assim como com o sal, a gordura e o ácido, o primeiro passo para chegar a um bom resultado com o calor é *saber o que você quer*. Defina os resultados que procura para dar os passos para alcançá-los. Pense nos seus objetivos culinários em termos de sabor e textura. Quer uma comida dourada? Crocante? Macia? Elástica? Caramelizada? Folhada? Úmida?

Depois pense de trás para frente. Faça um plano usando referências sensoriais que levem você ao seu objetivo. Por exemplo: se quer ter em mãos uma travessa de purê de batata claro e leve, pense no último passo: amassar batatas com manteiga e leite, provar e acertar o sal. Para chegar lá, é preciso cozinhar as batatas em água com sal até ficarem macias. Antes disso, será preciso descascá-las e cortá-las. Está aí sua receita. Para batatas fritas, por exemplo, você vai querer batatas crocantes e douradas por fora e macias por dentro. Para isso, o último passo será fritar em gordura quente. Vai ser preciso ter certeza de que as batatas já estão macias por dentro, cozinhando-as em fogo baixo e água com sal. E antes, descascá-las e picá-las. Está aí outra receita.

Isso é boa cozinha, e é mais simples do que você imagina.

ANATOMIA do QUEIJO-QUENTE PERFEITO

QUEIJO DERRETIDO, MAS NÃO DEMAIS

PÃO TORRADO, MAS NÃO QUEIMADO

CASQUINHA CROCANTE

MIOLO MACIO

# COMO O CALOR TRABALHA

### A ciência do calor

Resumindo, calor é energia.

A comida é feita de quatro tipos básicos de moléculas: água, gordura, carboidratos e proteínas. Ao serem aquecidas, as moléculas internas começam a acelerar, e na corrida colidem umas com as outras.

Ao ganhar velocidade, elas adquirem a capacidade de se livrar das forças elétricas que unem seus átomos. Alguns átomos podem se separar e se juntar a outros, criando novas moléculas. É o processo chamado de **reação química**.

As reações químicas iniciadas pelo calor afetam o sabor e a textura da comida.

Moléculas de água, gordura, carboidrato e proteína reagem cada uma a seu modo diante do calor, de formas previsíveis. Se isso parece complicado, não se preocupe: não é. A ciência do calor, por sorte, é muita próxima do bom senso.

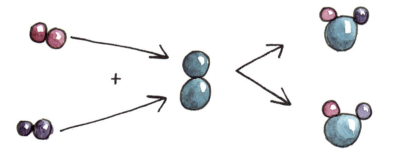

UMA REAÇÃO QUÍMICA

# Água e calor

A água é um elemento essencial em praticamente todas as comidas. Se toda a água escapa, a comida fica crocante ou seca. Adiciona-se água à medida que se cozinha para que fique úmida e macia. Retirando a água dos ovos mexidos, eles ficam secos. Cozinhando com a quantidade adequada de água, o arroz, o fubá, as batatas ou qualquer outro amido ficarão macios. Os vegetais que perdem água ficam murchos. Quando chove muito, as frutas ficam aguadas. Regando demais os tomates, seu gosto dilui. Para intensificar sabores em sopas, caldos e molhos, é recomendado reduzir a quantidade de água. Use o calor para controlar a água do alimento a fim de conseguir a textura e o sabor que procura.

A água congelada se expande. Esse é o motivo pelo qual se deve deixar espaço em potes de sopa ou caldo que se vai congelar. Por que uma garrafa de cerveja ou vinho estoura se esquecida no freezer? Numa escala muito, mas muito menor — em nível celular —, ocorre um fenômeno semelhante dentro da comida ao congelar. As paredes de suas células, de forma similar aos recipientes, vão estourar quando a água contida nelas expandir. As queimaduras e a desidratação que por vezes ocorrem em produtos congelados são resultado da água escapando do interior das células e se cristalizando na superfície ou evaporando. Você já abriu um pacote de frutas vermelhas ou de carne congelados e se perguntou espantado de onde vinha todo aquele gelo? Agora você sabe — de dentro da comida.

A desidratação explica o bife duro como sola de sapato que você esqueceu no freezer por três anos, e é bom levá-la em conta para deduzir se o congelamento vai estragar uma comida em particular. Escolha congelar alimentos que aguentem um pouco de desidratação — ou que possam ser reidratados com sucesso —, como carne crua para fazer na panela ou ensopar, molhos, sopas e leguminosas com caldo.

A água também é um veículo no qual cozinhamos. Em temperaturas baixas, ela é particularmente gentil — o banho-maria é ideal para cozinhar cremes —, enquanto a água quente direta possibilita técnicas ideais para alimentos duros, que necessitam de calor baixo e constante para ficarem macios.

Aqueça a água a mais de 100°C à beira-mar e ela ferve, fornecendo um dos mais eficientes e rápidos veículos de cozinhar a comida. Água fervente é uma das ferramentas mais valiosas na cozinha. É um jeito fácil de medir temperatura sem termômetro. Se está formando bolhas, você já sabe que ela atingiu 100°C, temperatura em que mata bactérias patogênicas. Para garantir, quando for reaquecer sopa ou caldo de frango do freezer, deixe ferver para matar as bactérias que podem ter crescido nesse meio-tempo.

## O poder do vapor

À medida que a água é aquecida além de 100°C, transforma-se em vapor, outra valiosa dica visível na cozinha. Permita que o vapor ajude você a chegar à temperatura certa: enquanto a comida estiver úmida e soltando vapor, sua temperatura de superfície provavelmente não está quente o bastante para que doure. Lembre-se: as reações que fazem dourar — a caramelização e a reação de Maillard — não começam até que a comida alcance uma temperatura muito mais alta. Logo, se há água presente na superfície da comida, ela não vai dourar.

Aprenda a tomar decisões relacionadas ao vapor. Estimule-o a escapar se você quer que a temperatura suba e a comida doure. Contenha-o com a tampa e recicle-o para permitir que a comida cozinhe num meio úmido, se desejar evitar que doure ou retardar isso.

A comida amontoada numa panela pode funcionar como uma tampa improvisada, segurando o vapor. Ele condensa e cai em gotas, mantendo-a úmida e a temperatura em cerca de 100°C. No começo, o vapor preso vai **murchar** a comida delicadamente, depois ela vai **suar**, cozinhando sem ganhar cor.

O vapor substitui um pouco do ar contido nos vegetais com água, sendo esse o motivo pelo qual se transformam inicialmente ao cozinhar, indo de opacos a translúcidos e sofrendo uma redução no volume. O sabor também é intensificado — um monte de espinafre recém-lavado vira um montinho murcho, e uma panela cheia de cebolas cortadas se transforma numa base para algo saboroso como o **Creme de milho**.

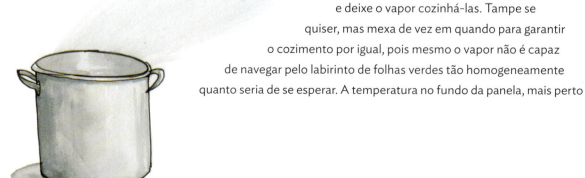

Encha a panela de folhas de acelga e deixe o vapor cozinhá-las. Tampe se quiser, mas mexa de vez em quando para garantir o cozimento por igual, pois mesmo o vapor não é capaz de navegar pelo labirinto de folhas verdes tão homogeneamente quanto seria de se esperar. A temperatura no fundo da panela, mais perto da fonte de calor, estará sempre mais alta do que na superfície. Controle o vapor no forno quando estiver assando ou grelhando usando as mesmas variáveis. O modo como os vegetais estão dispostos é um fator tão importante para o processo de dourar como a temperatura. Deixe que as abobrinhas e os pimentões desenvolvam doçura e sabor deliciosos espalhando-os bem para que o vapor possa escapar e eles dourem. Tome cuidado com vegetais mais grossos, que levam mais tempo para cozinhar, como alcachofras. Não deixe que dourem demais antes que cozinhem, compactando-os bem na assadeira para prender o vapor. Escolha o recipiente baseado no modo como o vapor vai se mover dentro e fora dele. Panelas com os lados curvos são melhores em deixar que o vapor escape do que panelas com os lados retos. Quanto mais altas as paredes das panelas, mais tempo o vapor vai levar para escapar. Panelas fundas são ótimas para cebolas transpirarem e para sopas cozinharem devagar, mas ruins quando se quer dourar ou tostar algo depressa, como vieiras ou bifes.

Lembre-se da osmose iniciada pelo sal e use seu conhecimento para obter ajuda do vapor. Deixe o sal fazer seu trabalho, retirando a água da comida ou ajudando a criar vapor quando assim desejar. Se o objetivo é dourar rapidamente, espere para salgar a comida até que ela comece a ficar crocante ou salgue bem antes para deixar que a osmose aconteça; seque com papel-toalha e só então coloque na panela quente. Salgue cebolas já na panela se quiser cozinhar no vapor e deixe-as translúcidas para sopa de couve-flor, ou use a osmose e salgue antecipado se for grelhar ou assar berinjela e abobrinha.

# Gordura e calor

Em Gordura, expliquei os princípios mais importantes para entender como o calor e a gordura trabalham juntos na boa cozinha. Tanto quanto a água, a gordura é um componente básico da comida e veículo do cozimento. Mas a gordura e a água são inimigas: não se misturam e reagem diferentemente ao calor.

As gorduras são flexíveis: na verdade, a ampla gama de temperaturas que suportam nos permite alcançar muitas texturas diferentes — crocante, flocada, macia, cremosa e leve —, que simplesmente não podem ser alcançadas sem a relação adequada entre gordura e calor.

Quando gelamos as gorduras, elas endurecem, transformando-se de líquidos em sólidos. Gorduras sólidas como manteiga e banha são uma dádiva para confeiteiros, que podem trabalhá-las em suas massas para que fiquem folhadas ou incorporar ar para obter leveza. Mas lembre como as folhas verdes cozidas com bacon deixam na travessa um rastro de gordura solidificada e perceberá como isso não é muito desejável nos pratos servidos.

Um calor prolongado e baixo transformará ou derreterá gorduras animais em gorduras puramente líquidas. Em carnes cozidas devagar, como o **Frango defumado com sálvia e mel**, o derretimento da gordura rega a comida de dentro para fora, o que também explica a textura úmida do **Salmão assado em baixa temperatura**. O mesmo fogo baixo causará a quebra da emulsão da manteiga e depois a clarificação dela.

A temperaturas moderadas, a gordura é o meio de cozimento ideal, perfeito para usar no **confit**, que é basicamente escalfar na gordura, em vez de na água. Veja receitas como **Confit de atum**, **Confit de tomate-cereja** e **Confit de frango** para usar essa técnica.

Enquanto a água ferve e evapora a 100°C, as gorduras sobem a temperaturas altíssimas, muito acima desse ponto, antes de se transformar em fumaça. Como a água e a gordura não se misturam, o resultado é que alimentos contendo água (praticamente todos) não se dissolvem em gordura; em vez disso, as superfícies das comidas expostas a gorduras muito quentes subirão a temperaturas altas o bastante para desenvolver texturas crocantes enquanto a água evapora.

As gorduras aquecem e esfriam vagarosamente — em outras palavras, gasta-se muita energia para aquecer ou resfriar gordura, mesmo alguns poucos graus, o que é um benefício para o amador que deseja fritar em imersão. Você pode relaxar enquanto frita **Peixe empanado com cerveja**, sabendo que não tem que agir rapidamente quando a temperatura do óleo começar a subir ou cair. Se a gordura ficar muito quente, é só baixar o fogo ou adicionar com cuidado um pouco mais de óleo à temperatura ambiente. Se a panela ficar muito fria, é só aumentar o calor e esperar para colocar mais comida. O mesmo fenômeno fará com que as carnes com grande quantidade de gordura, como costela ou lombo de porco (ou alimentos com camada de gordura, como qualquer dos confits mencionados antes), continuarão a cozinhar lentamente mesmo quando retirados do calor.

# Carboidratos e calor

Os carboidratos, encontrados principalmente em fontes vegetais, lhes proporcionam tanto estrutura quanto sabor. Em Ácido, descrevi três tipos de carboidratos — celulose, açúcar e pectina. Junto com um quarto tipo de carboidrato — o amido —, a celulose fornece muito do volume e da textura das comidas derivadas das plantas, enquanto o açúcar contribui com o sabor. Quando aquecidos, os carboidratos geralmente absorvem água e se desfazem.

Entender um pouco das bases da anatomia das plantas ajudará a determinar como cozinhar várias comidas derivadas delas (ver p. 144). Se a palavra "fibroso" faz vir à cabeça uma fruta ou um vegetal, é porque são ricos em celulose, um tipo de carboidrato que não se desfaz com o calor. Cozinhe ingredientes ricos em celulose, como couve, aspargo ou alcachofra, até que absorvam água o bastante para ficar macios. Folhas têm menos fibras de celulose do que caules ou hastes. É por isso que a couve cozinha num tempo diferente do que outras folhas e é preciso separar o caule das folhas para cozinhar e adicioná-los à panela em momentos diferentes.

## Amidos

Dê bastante água e tempo em fogo baixo para conseguir amaciar a fécula de tubérculos, sementes e leguminosas. Os amidos absorvem líquido, incham ou se desfazem, e é por isso que batatas firmes se tornam deliciosamente cremosas, grãos-de-bico duros como pedra se transformam em pura maciez e o arroz passa de indigesto a fofo e macio.

Sementes secas, grãos e leguminosas incluindo, arroz, feijão, cevada, grão-de-bico e trigo integral geralmente precisam de água e calor para se tornar comestíveis. Para proteger o potencial de vida que contêm, as sementes se desenvolveram com revestimentos duros que as tornam quase impossíveis de ser digeridas a não ser que as transformemos de algum modo. Às vezes, basta tirar a casca, como fazemos com as sementes de girassol e de abóbora. Para sementes que precisam ser cozidas para se tornar comestíveis, é preciso juntar água e aquecer até que fiquem macias. Algumas sementes ricas em amido, incluindo leguminosas secas e grãos fortes como cevada se beneficiam de uma noite de molho, o que adianta o processo de absorção da água. Considere isso um tipo de cozimento passivo.

Alguns grãos são processados e a casca é removida — daí a diferença entre farinha integral e farinha branca ou arroz integral e branco. Sem essa casca dura exterior, os grãos cozinham muito mais depressa e têm maior validade. Grãos **moídos** ou triturados podem ser misturados à água para fazer massas endurecerem com a exposição ao calor.

A chave para cozinhar amidos adequadamente é usar a quantidade correta de água e calor. Use muito pouca água ou cozinhe menos e os amidos ficarão secos e desagradavelmente duros no centro. Bolos e pães assados com muito pouca água ficam secos e esfarelentos. Massas, leguminosas e arroz malcozidos também. Mas use água ou calor demais ou cozinhe além da conta e eles ficarão moles (pense em macarrão, arroz e bolo empapados). Os amidos douram com facilidade e queimam se cozidos demais ou expostos a muito calor. Odeio quando isso acontece e sobra polenta queimada no fundo da panela ou torradas pretas depois de alguns segundos de distração…

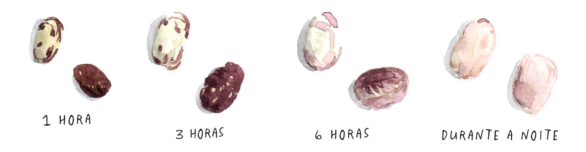

ESTÁGIOS do FEIJÃO DE MOLHO

1 HORA     3 HORAS     6 HORAS     DURANTE A NOITE

# Açúcares

Sem cheiro e sem cor, **sacarose**, ou açúcar, é a mais pura manifestação de doçura. Quando exposta ao calor, derrete. Misture açúcar com água e aqueça em temperatura alta para conseguir milhares de delícias confeitadas com texturas variadas, como marshmallows, suspiros, fudge, nougat, caramelo, pé-de-moleque, tofe, pralinês e balas.

Trabalhar com açúcar quente é um dos poucos esforços ligados a temperaturas específicas da cozinha. A 143°C, uma calda derretida de açúcar pode render um nougat firme, mas, um aumento de dez graus levará ao tofe. A primeira vez que fiz caramelo fui muito pão-dura e não comprei um termômetro para doces de doze dólares. Achei que conseguiria avaliar a olho. Como resultado, meus caramelos ficaram tão grudentos que acabei pagando centenas de dólares a um dentista. Aprenda com minha teimosia e invista num termômetro para ajudar a controlar a temperatura (pode usar para fritura em imersão também). Acredite em mim, você vai acabar economizando no longo prazo.

A temperaturas extremamente altas (171°C), as moléculas de açúcar começam a escurecer num processo que não é totalmente compreendido, pois elas se decompõem e se reorganizam em centenas de novos compostos, gerando muitos sabores novos. Isso se chama **caramelização**, e é um dos modos mais incríveis como o calor afeta o sabor. Além de produzir compostos de sabor ácido, os açúcares caramelizados introduzem novas qualidades, incluindo o amargo, o frutado, o caramelo e o sabor de nozes e xerez.

Frutas, vegetais, laticínios e alguns grãos contêm açúcares simples, naturais, que podem participar das mesmas reações que os açúcares refinados quando aquecidos. Eles se tornam mais doces com o calor e podem até caramelizar. À medida que uma cenoura vai aquecendo, o calor faz com que os amidos dela comecem a se quebrar em açúcares simples. As paredes celulares contendo esses açúcares começam a se desintegrar, o que os liberta para alcançarem nossas papilas gustativas mais depressa, fazendo com que as cenouras cozidas sejam muito mais doces do que as cruas.

A pequena quantidade de açúcares que a maioria dos vegetais contém começa a desaparecer na hora em que eles são colhidos, motivo pelo qual os produtos frescos são tão mais doces e saborosos do que os comprados em mercados. Já ouvi histórias sem fim de avós que colocam a panela de água para ferver antes de mandar as crianças para a horta colher espigas de milho. "Só uns minutinhos", dizem elas às crianças, "podem significar uma perda enorme da doçura." Elas têm razão. Mesmo somente algumas horas em temperatura ambiente podem retirar metade dos açúcares dos vegetais ricos em amido, como milho e ervilhas. As batatas também estão no seu ponto mais doce quando

colhidas — daí o indescritível prazer de comer batatas frescas só fervidas e passadas na manteiga. Como elas ficam estocadas o ano inteiro, seu açúcar se converte em amido. Frite batatinhas arrancadas do chão na hora e elas queimarão antes de estar completamente cozidas. Por isso, quando for fritar, use batatas mais velhas, tirando o excesso de amido depois de cortar ao passar na água até que esta saia clara. Só então as batatas vão emergir do óleo fervente da panela crocantes, mas não queimadas.

## Pectina

Outro carboidrato, a **pectina**, é um tipo de fibra indigesto, e gosto de pensar nela como uma gelatina derivada de frutas e vegetais. Encontrada primariamente nas sementes e cascas de frutas cítricas, nas frutas com caroço grande e nas maçãs, a pectina funciona como um gelificante ao ser combinada com açúcar e ácido e exposta ao calor. Suas propriedades de endurecimento rápido tornam possíveis as geleias e compotas. Aprendi com June Taylor, uma defensora dos métodos tradicionais britânicos de fazer geleias e compotas, a extrair a pectina dos cítricos. Ela me ensinou a colocar alguns punhados de membranas e sementes num pano muito fino (do tipo utilizado para coalhada) e cozinhá-lo junto com a fruta. Quando a geleia está quase pronta, removo o pano, deixo esfriar e depois massageio para retirar toda a pectina. Da primeira vez que fiz isso, fiquei chocada ao *ver* a pectina com meus próprios olhos — um líquido branco e leitoso. Meses depois, ao abrir o vidro de geleia, os efeitos da pectina estavam claros: a geleia estava consistente e se espalhava lindamente sobre a torrada com manteiga.

## Proteínas e calor

Gosto de imaginar as proteínas como fios em espiral boiando na água. Essa definição é muito útil para perceber como a temperatura modifica as proteínas. Como no caso do ácido, quando exposto ao calor, os fios primeiro se **desnaturam** ou desenrolam e depois se unem com mais força, ou **coagulam**, incorporando bolsas de água para criar estrutura na comida.

Pense em como o calor transforma um peito de frango mole e aguado em algo firme, macio e úmido. Mas use calor demais e os grumos da proteína continuarão a endurecer, espremendo as bolsas de água. O frango fica seco, cheio de nervuras e duro.

O mesmo fenômeno é notado em ovos mexidos. Cozinhe-os durante muito tempo em alta temperatura e eles secarão. Coloque-os numa travessa e verá as pobres proteínas continuarem a soltar água, deixando uma pocinha no prato. Para conseguir ovos mexidos mais sedosos, siga o conselho de Alice B. Toklas e cozinhe-os em fogo muito baixo. Acredito que ela tenha aprendido uma coisa ou duas sobre cozinha na cidade que adotou, Paris, entre a vanguarda do século xx. Quebre quatro ovos numa vasilha e tempere-os com sal e umas poucas gotas de sumo de limão, batendo bem para misturá-los. Com delicadeza, derreta um pouco de manteiga numa panela sobre o fogo mais baixo possível e despeje os ovos nela. Continue a mexer com um batedor ou garfo enquanto junta quatro ou mais colheres de manteiga em pedacinhos do tamanho de um dedão, deixando que cada um seja absorvido antes de juntar o próximo. Não pare de mexer e tenha paciência. Vão passar vários minutos até os ovos começarem a se juntar. Quando acontecer, tire do fogo, porque o cozimento vai continuar com o calor restante. Sirva com uma torrada com manteiga, claro.

CERTO  •  O CERTO DA SAMIN  •  ALARME DE FUMAÇA  •  GUERRA TÓXICA

Um pouco de sal pode impedir que as proteínas ressequem. Lembre-se das muitas vantagens de salgar a carne antes. Uma das consequências é que, dando-se tempo ao sal, ele vai mexer com as estruturas das proteínas, reduzindo a capacidade delas de expelir água. Consequentemente, a carne que foi salgada antes vai ficar incrivelmente úmida se cozida e até suportará um pouquinho de cozimento a mais.

As espirais de cada tipo de proteína são únicas, de modo que a gama de maneiras como as proteínas coagulam é muito vasta. Trate cortes de carne macios com um cozimento cuidadoso e rápido, geralmente sobre o calor intenso de uma grelha, uma frigideira preaquecida ou um forno quente. Se cozida em uma temperatura além de 60°C, a proteína interna das carnes vermelhas macias vai coagular completamente, expelindo água e tornando bifes e costeletas de cordeiro duras e cozidas demais. Frango e peito de peru, por outro lado, não secam até que a temperatura ultrapasse 70°C.

Cortes mais duros, ricos em tecido conjuntivo e tendões, requerem uma abordagem mais delicada nas nuances culinárias para revelar sua maciez: daí o investimento no fogo baixo e o tempo e a água implícitos no cozimento de um ensopado ou guisado. O calor modifica o **colágeno**, principal proteína estrutural achada no tecido conjuntivo animal, transformando-o em gelatina. As proteínas duras e elásticas que fazem as costeletas pouco cozidas impossíveis de mastigar e nada saborosas se transformam em gelatina com a água, o tempo e mais cozimento, fornecendo a textura macia que associamos com carnes ensopadas e costeletas adequadamente feitas. Junte um ingrediente ácido à marinada, porque ele ampliará a transformação do colágeno em gelatina, ou braseie para encorajar o processo.

A chave para essa transformação é o fogo baixo. Contrastando com o fogo alto exigido para cozinhar cortes macios, o tempo e fogo constante são essenciais para transformar a carne escura e dura e o tecido conjuntivo numa gloriosa gelatina, quando seus grumos de gordura intramuscular derretem e regam a carne de dentro para fora.

## Dourado e sabor

Continue a aquecer as proteínas na presença dos carboidratos e acontece algo notável — **a reação de Maillard**, a contribuição do calor mais significativa para o sabor. Compare pão e torrada, atum cru e selado, carne ou vegetais cozidos e carne ou vegetais assados. Em cada caso, a versão dourada é muito mais seca e deliciosamente complexa em sabor, resultado da reação de Maillard.

Essa transformação reorganiza os componentes aromáticos em sabores totalmente diferentes. Em outras palavras, torna uma comida branca e sem graça em uma versão dourada e com novos sabores! Em Ácido, descrevi os métodos pelos quais a reação de Maillard pode produzir sabores azedos na comida. Qualquer comida que passe pela reação de Maillard — carnes, vegetais, pães — pode desenvolver aromas saborosos, de flores, cebola, carne, vegetal, chocolate, amido ou terra, além dos sabores da caramelização. Como o dourado da superfície é muitas vezes acompanhado por desidratação e uma textura crocante, também pode levar ao contraste de textura e de sabor que tanto agradam nossos paladares. Meu doce francês predileto é o *canelé*, o pináculo dessa justaposição: seu miolo cremoso é envolto por uma crosta escura, alterada pela caramelização e pela reação de Maillard.

O dourado começa a se manifestar a 110°C — bem além da temperatura de fervura da água e do ponto de coagulação das proteínas. Como as temperaturas exigidas para atingi-lo vão secar as proteínas, tome cuidado. Use calor intenso para dourar a superfície das carnes e cozinhe rapidamente os cortes mais macios, como bifes e costeletas. Depois de dourar um corte duro como peito bovino, use fogo muito baixo para cozinhá-lo e

← SAMIN ESTEVE AQUI

manter seu interior macio e úmido. Ou faça o oposto e cozinhe em fogo baixo, e então, com a carne já macia, aumente a temperatura para dourar a superfície.

Dourar é uma técnica muito importante para dar sabor, mas são necessários alguns cuidados. O calor desigual ou muito forte pode fazer a carne passar de deliciosamente dourada a queimada. Mas, se você selar um bife timidamente, vai deixá-lo passado antes que tenha a chance de dourar.

Aprenda a dourar sem medo, porque é aí que estão escondidos os melhores sabores. Faça outro pequeno experimento: divida uma porção de **Calda de caramelo salgado** pela metade. Cozinhe metade no tempo normal e a outra deixando escurecer uns dois tons a mais. Despeje as duas lado a lado sobre sorvete de creme e prove. Note o quanto se consegue de sabor com poucos minutos adicionais de calor. Ou da próxima vez que for fazer coxa de frango ou costeletas, doure metade da carne no calor seco do forno e a outra parte no fogão, para ver como as diferentes formas de calor produzem resultados diferentes (dica: leia **Assar**).

Como em todas as coisas boas, incluindo o sal, você pode exagerar ao dourar. Da próxima vez que ousar chamar bacon ou nozes queimados de "crocantes", pense num cozinheiro do Eccolo, que fez exatamente isso e depois deu de cara com Alice Waters sentada no bar delicadamente catando as avelãs queimadas da salada. Após servir a uma lenda viva da cozinha uma comida que sabia ser insatisfatória, ele foi para a câmara fria, deitou no chão e chorou. Apesar de ter ficado com pena quando fiquei sabendo, dei risada e o encorajei a rir. Na maioria das vezes, você não precisa de ninguém para lhe mostrar seus próprios erros — seja você mesmo sua Alice Waters.

# Efeitos da temperatura no sabor

É tentador pensar que cozinhar começa quando o fogo acende. Mas começa muito, muito antes, com a temperatura dos ingredientes.

A temperatura — isto é, a medida de calor ou de ausência de calor — afetará o ingrediente. Algo na temperatura ambiente cozinha de modo diferente da mesma coisa saída da geladeira. A mesma comida cozinhará homogeneamente ou não, devagar ou depressa, dependendo da temperatura de início. Isso é verdade sobretudo para carne, ovos e laticínios, pois suas proteínas e gorduras temperamentais se alteram muito com mudanças de temperatura.

Pense no frango que você está querendo assar para o jantar. Se tirá-lo da geladeira e já enfiar no forno, quando bastante calor houver penetrado nas coxas a carne do peito terá passado do ponto, ficando dura e seca. Espere que a ave alcance a temperatura ambiente antes de assar e ela passará menos tempo no forno, limitando as possibilidades de cozinhar demais.

Como o frango é muito mais denso que o ar quente do forno, a diferença de 15°C da temperatura da ave ao começar a assar — a diferença aproximada entre a temperatura da geladeira e a da cozinha — é substancialmente mais importante do que a mesma diferença na temperatura do forno. Você pode cozinhar um frango em temperatura ambiente a 200°C ou 215°C e notar pouca diferença no tempo de cozimento ou no resultado. Se assar uma ave fria, o tempo aumentará dramaticamente, e à primeira mordida você sentirá que a carne do peito está dura e seca. Deixe que todas as carnes — a não ser os cortes bem finos — cheguem à temperatura ambiente antes de cozinhá-las. Quanto maior a carne, mais cedo você deve tirá-la da geladeira. Um filé de costela deve ficar fora da geladeira por várias horas, enquanto um frango só precisa de um par delas, mas qualquer hora é melhor que nenhuma. Habitue-se a pegar a carne que você quer cozinhar para o jantar na hora que chegar em casa do trabalho e aprenderá que o tempo pode ajudar a boa culinária mais do que um bom forno.

A comida não começa a cozinhar quando o fogo acende nem acaba quando apaga. As reações químicas geradas pelo calor desenvolvem uma dinâmica própria e não param no segundo em que você apaga o fogo. As proteínas, especialmente, continuam cozinhando por causa do calor residual dentro da comida. Use esse conhecimento como uma vantagem. Um assado carrega consigo cerca de 3°C a 5°C depois que é retirado do fogo. Alguns vegetais, como aspargo, peixe, frutos do mar e cremes à base de leite também o fazem.

Além de influenciar no cozimento, a temperatura afeta o sabor. Por exemplo, alguns sabores quando quentes acionam respostas prazerosas no cérebro.

A maioria das moléculas mais aromáticas de comida é **volátil**, o que significa que pode evaporar. Quanto mais cheiros sentimos, mais poderosa é nossa experiência com os sabores. Outras moléculas de sabor são liberadas quando o calor degrada as paredes das células que o prendem. Ao aumentar sua volatilidade, o calor solta um grande número de moléculas aromáticas, permitindo que invadam o ambiente com mais força. O cheiro de uma assadeira de biscoitos pode invadir uma sala. Mas a massa crua, ainda presa a seus componentes aromáticos, não tem nem gosto nem cheiro tão sedutores.

Os sabores doce, amargo e umami ficam mais intensos e mandam sinais mais fortes ao cérebro quando quentes. Como qualquer universitário sabe, a mesma cerveja que é deliciosa gelada estará intragavelmente amarga à temperatura ambiente. Ou experimente um pedaço de queijo direto da geladeira: não tem muito gosto. Deixe que alcance a temperatura ambiente. Ao aquecer, as moléculas de gordura relaxam, soltando componentes de sabor antes presos. Prove o queijo outra vez e explore novas dimensões que não estavam presentes antes. Frutas e vegetais também têm gosto diferente em temperaturas diversas. Os componentes voláteis de alguns frutos, como tomate, são tão delicados que o frio da geladeira diminui o poder deles — razão para que os guardemos em temperatura ambiente.

Há uma justificativa para servir a comida quente ou à temperatura ambiente, e não pelando. Pesquisadores acreditam que o calor excessivo atrapalha apreciar o sabor da comida. Além de queimar nossas papilas gustativas, comida quente é mais difícil de experimentar. A percepção do gosto diminui quando a temperatura da comida vai além de 35°C. Enquanto algumas comidas, como macarrão e peixe frito, sofrem se não são servidas imediatamente depois de prontas, com muitas outras não há problema.

Ao longo da vida, comecei a preferir servir comida fria ou em temperatura ambiente em reuniões. Experimente fazer um jantar onde não se serve nada quente. Prepare vegetais marinados e assados, carnes assadas fatiadas; saladas de grãos, de macarrão ou de leguminosas, fritadas ou ovos cozidos duros. Além de ser mais gostoso dar um jantar desse tipo, dá muito menos trabalho do que tentar arrebanhar para a mesa na mesma hora um bando de convidados a fim de comerem um suflê.

# O gosto da fumaça

A fumaça, aquela fina consequência do calor, transmite um sabor poderoso à comida. O sabor do defumado está mais no cheiro, que puxa memórias ancestrais dos primeiros assados, feitos sobre a fogueira.

Formada de gazes, vapor de água e partículas mínimas resultantes da combustão, a fumaça é o subproduto da madeira queimada — e é por isso que escolho sempre uma grelha sobre a chama viva em vez de gás, apesar de exigir mais tempo e dar mais trabalho. O calor transforma os sabores de madeira nos maravilhosos sabores da fumaça, que incluem componentes aromáticos semelhantes aos encontrados no cravo e na canela. Quando a comida é exposta à fumaça, absorve os componentes saborosos, doces, frutados, caramelizados, e os cheiros de pão e flor. E nada se compara ao sabor de uma fumaça de madeira verdadeira.

# USANDO O CALOR

No coração da boa cozinha mora a tomada de boas decisões, e a primeira decisão em relação ao calor é se vamos cozinhar *devagar em fogo baixo*, ou *rapidamente em fogo intenso*. O jeito mais fácil de escolher o nível de calor é pensar na maciez. Para alguns alimentos, o objetivo principal é amolecê-los, e para outros é preservar a maciez inata. Geralmente as comidas que são macias — algumas carnes, ovos, vegetais delicados — devem ser cozidas o mínimo possível para manter a maciez própria. Alimentos que começam duros e secos e precisam ser hidratados ou transformados para amaciar — grãos, amidos, carnes duras, vegetais grossos — lucrarão ao ser cozidos delicadamente. O método de dourar, para alimentos macios ou duros, invariavelmente vai passar por um processo de calor intenso, e isso quer dizer que algumas vezes vamos ter que misturar dois métodos para conseguir nossos objetivos tanto na superfície quanto no interior do alimento. Por exemplo, doure e depois cozinhe em fogo baixo a carne de um ensopado, ou primeiro cozinhe e depois doure as batatas para garantir a caramelização e a maciez em ambos os exemplos.

## Uma nota sobre fornos

A confeitaria requer a maior precisão na cozinha, mas é movida pela fonte de calor mais imprecisa: o forno. Os seres humanos nunca tiveram muito controle sobre temperaturas exatas, desde os primeiros fornos, que não passavam de buracos na terra aquecidos por lenha. A única diferença é que, quando os fornos eram mantidos em chama viva, ninguém acreditava que pudesse controlar a temperatura virando um botão. E ninguém pode mesmo.

Ponha o forno caseiro comum a 175°C e ele aquecerá a 190°C antes de parar. Dependendo da sensibilidade do termostato, a temperatura pode cair a 165°C antes que comece a aquecer outra vez. Abra a porta do forno para dar uma espiada nos biscoitos e o ar frio vai entrar e o quente, sair, baixando a temperatura ainda mais. Depois que o termostato foi reiniciado, a temperatura voltará a 190°C. E o ciclo continuará até que os biscoitos estejam prontos. O tempo que o forno permanece a 175°C é pouquíssimo. Se seu forno estiver mal calibrado — e a maioria deles está —, a temperatura de 175°C pode ficar entre 150°C e 200°C antes que o ciclo de aquecimento recomece! Isso é tremendamente impreciso.

Não entre em pânico com o comportamento maluco do calor. Arme-se de coragem e não confie nos botões do forno. Preste atenção às pistas sensoriais que indicam como a comida está assando que será muito melhor do que seguir um número arbitrário. Internalizei essa lição da primeira vez que trabalhei no fogão a lenha do Eccolo. Eu ainda era uma jovem cozinheira quando voltara para a Califórnia, depois da viagem à Itália e além. Duvidava de mim constantemente, o que ajudava os outros cozinheiros a fazer o mesmo. Nenhum deles parecia inseguro junto aos espetos, mas eu entrava em pânico. O que eles sabiam e eu não?

Na maioria das noites, assávamos espetos de frango, sobre lenha de carvalho e amendoeiras. Eu vivia cheia de perguntas. Como saber a quantidade certa de lenha e quando usá-la? Como saber se o fogo estava muito quente ou muito frio, ou quando o frango ficava pronto? Como podiam esperar que eu cozinhasse alguma coisa direito naquela geringonça que não tinha acendedores nem queimadores, mostradores ou termostatos?

Percebendo que eu estava à beira de um ataque de nervos, o chef Christopher Lee me puxou de lado e me disse que, mesmo que eu nunca tivesse chegado perto de uma churrasqueira, estava preparada. Eu não havia assado centenas de frangos por anos e anos? Não sabia que um levava uns setenta minutos para assar no forno? Não sabia que quando um frango estava pronto os sucos escorriam claros ao se espetarem as coxas?

Eu sabia e ia assar direito. Ele me mostrou como o calor refletia nas paredes da churrasqueira do mesmo modo que fazia no forno a gás; como era mais quente no fundo e mais frio na frente, exatamente como num forno normal, e que era para eu tratar as aves

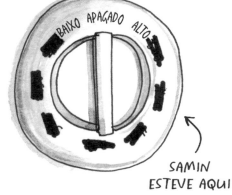

SAMIN ESTEVE AQUI

como se as estivesse assando numa grande caixa preta, coisa que eu podia fazer com toda a facilidade. Logo percebi que assar na lenha parecia muito mais complicado do que realmente era, e rapidamente se tornou meu método preferido.

Esqueça-se o falso sentido de controle que um forno oferece, assim como fiz. Em vez disso, preste atenção na comida. Está crescendo? Dourando? Endurecendo? Saindo fumaça? Borbulhando? Queimando? Agitando-se? Quando ler receitas, pense nas temperaturas e nos tempos de cozimento como importantes sugestões, e não como regras fixas. Espere uns minutos a menos do que o sugerido pela receita e use todos os seus sentidos para verificar se o que está fazendo está pronto. Não se esqueça das qualidades que está procurando na comida. Mude de curso constante e adequadamente para chegar ao seu objetivo. Isso é boa cozinha.

## Calor brando × calor intenso

O objetivo de cozinhar com **calor brando** é sempre o mesmo: conseguir maciez. Use esses métodos para permitir que alimentos delicados — tais como ovos, laticínios, peixes e frutos do mar — retenham sua umidade e sua textura delicada. Deixe o fogo brando transformar o seco e duro em úmido e macio. Escolha um método de **calor intenso** (excetuando a fervura, que é diferente) quando quer dourar a comida. Quando os métodos de fogo intenso são usados em carnes macias, douram a superfície e amaciam o interior, que se torna suculento. Para carnes duras e alimentos com muito amido, misture os dois métodos com outros mais brandos a fim de conseguir o dourado desejado por fora, e deixe que o calor brando faça seu trabalho gradualmente no interior.

### Métodos brandos de cozimento

- Ferver em fogo baixo, escalfar
- Cozinhar no vapor
- Ensopar e brasear
- Confitar
- Suar
- Banho-maria
- Assar em fogo baixo ou desidratar
- Grelhar e defumar

### Métodos intensos de cozimento

- Branquear, ferver em fogo alto, reduzir
- Saltear, fritar
- Selar
- Grelhar e gratinar
- Assar em fogo alto
- Tostar
- Assar

# Métodos e técnicas de cozimento

## Cozinhando com água

### Ferver em fogo baixo

Já que o ponto de fervura da água é uma indicação tão importante na cozinha, sempre achei que ferver seria o método mais direto: simplesmente botar a comida numa panela de água fervente e tirar quando estivesse pronta. Até que um dia, cerca de um ano depois de começar na cozinha, enquanto punha minha centésima panela de caldo de frango para ferver em fogo baixo, uma lâmpada se acendeu: quando se trata de cozinhar a comida em líquido, *cozinhar em fogo alto é mais uma exceção do que uma regra.*

Percebi que *ferver* é só para quando você está cozinhando vegetais, grãos ou macarrão, reduzindo molhos ou fazendo ovos cozidos. Em todos esses casos seria só deixar a água ferver e depois reduzir o fogo rápido para que o ingrediente cozinhasse por inteiro em uma fervura lenta, estivesse eu cozinhando na fogueira, no fogão ou no forno. Como a fervura lenta é tão mais delicada do que rápida, não fica jogando a comida delicada de lá para cá até que se despedace, ou agitando tanto comidas duras que cozinham em excesso na superfície antes de cozinhar completamente por dentro.

Leguminosas, carne de panela, paella, arroz jasmim, frango vindaloo, *pozole,* quinoa, ensopados, risoto, chili, molho béchamel, batata gratinada, molho de tomate, caldo de frango, polenta, aveia, curry — não importa. Isso vale para tudo cozido em líquido. Foi uma revelação que mudou tudo!

Dependendo de a quem perguntar, a temperatura da fervura baixa vai de 80°C a 95°C. Olhe a panela — está com poucas bolhas pequenas, quase como se fosse um copo de água com gás, cerveja ou espumante? Então está em fervura baixa.

### Molhos frios

Leve o molho de tomate, o curry, o creme à base de leite ou o *mole* para ferver e baixe o fogo para que cozinhem por inteiro. Alguns molhos, como o ragu, levam um dia inteiro. Outros, como molho de panela ou frango indiano, cozinham muito mais depressa, mas o processo é o mesmo.

Na maioria das vezes, mantenha os molhos que contenham leite numa fervura mais baixa, pois algumas das proteínas do leite podem coagular em temperaturas acima de 80°C, resultando em grumos. Molhos feitos de creme de leite quase não contêm proteína, por isso não há risco de coagular. E molhos com leite que contêm farinha, como o béchamel ou creme de confeiteiro, são uma exceção à regra, pois a farinha interfere na coagulação. Mesmo assim, lembre-se de que os açúcares naturais do leite estão loucos para queimar, de modo que, logo que ferverem, reduza para uma fervura lenta e mexa sempre.

## Carnes

Eu costumava fazer cara feia para carnes cozidas que na verdade deveriam ser chamadas de "fervidas", mas isso antes de descobrir o Nerbone, uma barraca de sanduíches no Mercado Central de Florença. As filas na hora do almoço eram as maiores do Mercado, de modo que decidi investigar. Enquanto eu esperava, escutava os pedidos de quem estava na minha frente. Mesmo que houvesse um menu de almoço completo, com entrada e prato principal, todo mundo pedia um *panini bolliti*, sanduíche de carne cozida com conserva de pimenta e molho de ervas.

Quando chegou minha vez, fiz meu pedido em italiano com todo o cuidado. Um *panine bollito con tutte due le salse*. Um sanduíche de carne fervida com ambos os molhos. Apesar de estar na Itália havia menos de uma semana, tinha estudado a língua. Mas posso ter superestimado meus conhecimentos. Quando o homem no balcão me respondeu no dialeto toscano, gelei. Me recusei a admitir que não estava entendendo nenhuma palavra do que ele dizia, fiz que sim com a cabeça veementemente e paguei. Ele me entregou o sanduíche, que eu levei para comer nas escadas do mercado. Dei uma mordida esperando provar o sabor da carne macia que eu o tinha visto cortar para os outros, mas não era o que ele havia me dado. Primeiro fiquei totalmente confusa. Não tinha ideia do que dera errado com meu sanduíche. Se era o peito bovino que vira nos outros, era o mais estranho que eu já provara. Como podia formar fila para aquela textura estranha, aquela coisa sem gosto? Depois de um breve momento de pânico, eu me forcei a continuar mastigando e engolindo. Voltei e fiquei rodeando o balcão, estudando os sinais, até que descobri o que o homem do balcão tinha me dito: que o peito havia acabado. Ele só tinha *lampredotto,* uma especialidade florentina. Tanto fiz que sim com a cabeça que ele entendeu que eu queria o bucho em vez do músculo. Eu me obriguei a comer aquele sanduíche mesmo que nunca tenha gostado de bucho, nem antes nem depois. Não me agradava, mas tenho que confessar que foi a carne mais macia que já tinha comido. Quando voltei ao Nerbone, cheguei cedo para evitar a correria do almoço. O sanduíche de peito bovino foi o melhor da minha vida. Mais tarde, quando comecei a falar italiano melhor, perguntei ao cara do balcão como conseguia que a carne ficasse tão macia e úmida. Ele me olhou, confuso. "*È semplice. Arrivo ogni mattina alle sei e lo cuoco a fuoco lento*" — "É fácil, chego aqui todo dia às seis e ponho em fogo brando."

E concluiu: "*L'acqua non dovrebbe bollire mai*" — "A água nunca pode ferver".

Ele estava certo — não há receita para carne mais simples do que "cozinhe em água com sal". Um preparo assim deixa espaço para acompanhamentos saborosos e exóticos. É como a famosa sopa de frango com macarrão do Vietnã, **Pho gà**, um modelo de clareza, pronto para receber uma longa lista de acompanhamentos, incluindo cebolinha, hortelã, coentro, pimenta e limão.

PANINO BOLLITO DO NERBONE

Cortes de carne com muito tecido conjuntivo, como coxas de frango, peito bovino e paleta de porco, são perfeitos para cozinhar em fogo baixo, pois a água e o calor delicado transformam o colágeno em gelatina sem secar o exterior. Para deixar a carne mais saborosa, coloque-a em água com sal e deixe-a quase ferver. Para um caldo e uma carne saborosos, comece já com a fervura branda. Junte alguns temperos — metade de uma cebola, dentes de alho, folhas de louro ou pimenta seca — e deixe o restante da tela em branco. Durante a semana, leia **O mundo do sabor**, na p. 194 e transforme a carne num prato diferente a cada noite. Como saber se está pronta? Estará soltando do osso. Se não tiver osso, estará desmanchando.

## Amidos

Carboidratos cheios de amido se dão muito bem cozidos em fervura branda, que movimenta a casca dura em ondas e permite que a água entre. Cozinhe as batatas em fervura baixa, assim como leguminosas, arroz e todo tipo de grão até que tenham absorvido água o bastante para ficar macios.

Como nas carnes cozidas, aumente o sabor de qualquer amido cozinhando-o num caldo. Cozinhe arroz em caldo de frango sem coar, como os cozinheiros tailandeses fazem para o *khao man gai*, e adicionará sabor de carne a uma refeição modesta de arroz, verduras e ovo. Quando meus avós me levaram a uma viagem pelas montanhas sobre a cidade deles no norte do Irã, eu aguardava cada café da manhã com *haleem:* o forte e nutritivo mingau de trigo, aveia e peru cozidos devagar em caldo ou leite que me aquecia apesar do ar gelado das montanhas.

CALOR · 159

ESCALFAR

FERVER EM FOGO BAIXO

FERVER EM FOGO ALTO

Mingaus, incluindo os de fubá, quirera e aveia, são variações desse mesmo tema. Ponha esses amidos na água, no leite ou no soro (o líquido claro que boia sobre o iogurte), até que fiquem macios. Mexa bem para impedir que queimem.

Risoto, paella e *fideus* reagem de modo semelhante. Faça o risoto com arroz arbório, uma variedade com capacidade de absorver uma imensa quantidade de líquido sem se desfazer. Depois de refogar a cebola e dourar o arroz na gordura, junte um ou mais líquidos saborosos, como vinho, caldo ou tomate. Enquanto a mistura ferve baixinho, o arroz chupa o líquido e solta o amido. Quanto mais saboroso o líquido, mais saboroso o prato final. *Fideus* é um prato espanhol semelhante, feito com macarrão refogado no lugar do arroz. A paella também é feita como um amido sedento que bebe um caldo saboroso. Tradicionalmente, não é mexida, mas deixada em paz para cozinhar, sendo admirada por seu *soccorat*, a crosta crocante de arroz que se forma no fundo.

Macarrão em geral absorve líquidos saborosos. Um dos meus truques favoritos no **Macarrão ao vôngole** é tirar a massa da água fervente um minuto antes e deixar que o cozimento termine na panela com molho pelando. Isso permite que o macarrão e o molho se juntem numa única entidade. Ao cozinhar, a massa de macarrão solta amido e chupa líquido. Como resultado, o molho absorve o amido e engrossa, e a massa pega o sabor do molho. Não há nada melhor.

### Vegetais

Cozinhe em fervura branda vegetais fibrosos e duros — ricos em celulose — que requerem muito tempo para ficar comestíveis. Tenha pena do funcho e das alcachofras e não os deixe no tumulto da água fervente, pulando na panela até desmanchar. Deixe-os em fervura branda até que fiquem macios, com partes iguais de água e vinho, além de fios de azeite, vinagre e temperos para cozinhá-los *à la grecque*.

## Escalfar e cozinhar em banho-maria

Se a água fervida em fogo baixo parece uma taça de espumante, então a água para **escalfar** e para o **banho-maria** deve parecer com uma taça de espumante servida ontem e esquecida (o que na prática é impossível). O calor extremamente baixo é perfeito para proteínas delicadas — ovos, peixes, frutos do mar e carnes macias. O peixe escalfado em água, vinho, azeite ou qualquer combinação dos três ficará com uma textura excepcionalmente macia e um sabor limpo. Um ovo pochê pode fazer com que uma torrada, salada ou sopa se transforme numa refeição: no molho de tomate picante, viram *shakshuka*, prato popular do norte da África; com o molho marinara que sobrou da véspera e bastante parmesão ou pecorino, viram *uova al purgatorio,* a versão italiana de nome levemente sinistro. Qualquer um dos dois dará uma ótima refeição a qualquer hora do dia.

### Banho-maria

O banho-maria permite uma margem de erro um pouco maior para cozinhar cremes, pudins de pão, suflês e para outros preparos delicados, como derreter chocolate. No caso desses pratos temperamentais, quando momentos de distração podem significar a diferença entre sedoso e empelotado, liso e granulado, use o banho-maria.

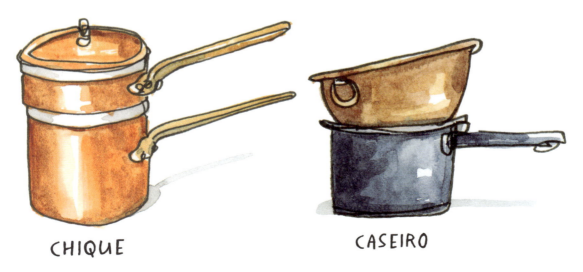

CHIQUE     CASEIRO

O banho-maria pode ser feito no forno, para regular o calor. A temperatura do forno pode estar a 175°C, mas a do banho maria não excederá o ponto de ebulição da água (100°C). Cozinhe demais um creme ou erre a temperatura e acabará com uma textura granulada, de um pudim duro, ou com um *cheesecake* rachado. Tire o creme do forno antes da hora, antecipando o calor residual que encoraja a coagulação e continua cozinhando mesmo que as proteínas do ovo esfriem. Uma vez tirei um *cheesecake* do forno quando a superfície ainda estava mole. Deixei-o esfriando na pia. Parecia tão perfeito como saído de um livro de culinária, e fiquei arranjando desculpas para passar perto dele. Quando passei pela cozinha pela vigésima vez, depois de quatro horas, tinha aparecido nele uma bela rachadura, assinalando que o havia cozinhado demais. Eu tinha subestimado o poder do calor residual e o tirara insuficientemente mole do forno!

Para assar em banho-maria, ponha uma chaleira para ferver enquanto prepara a base do creme. Se tiver uma grade, coloque-a sob uma fôrma vazia — de preferência de metal — e disponha os ramequinhos acima, preenchendo com creme. Se não tiver uma grade de metal, tudo bem, só fique mais atento até o creme ficar pronto. Com muito cuidado, leve a fôrma com os ramequinhos para o forno. Trabalhe depressa: com a porta do forno aberta, deslize a fôrma até a metade da grelha e despeje água o bastante na fôrma para que cubra um terço dos ramequinhos. Empurre a fôrma inteira para dentro do forno e marque o tempo. Um creme assado está bom quando uma batidinha no ramequinho deixa o rastro leve de uma onda nas beiradas, mas o centro já está firme. Depois que retirar a fôrma do forno, recolha os ramequinhos dela também, com cuidado.

Para um calor brando no fogão, use um banho-maria levemente diferente, aquecido por vapor, e não por água quente. Você não precisa de um aparato específico. Coloque uma vasilha grande sobre uma panela de água em fervura branda de modo a aquecer ovos e laticínios à temperatura ambiente a fim de usá-los para derreter chocolate, fazer alguns tipos de molho que contenham ovos, tais como *béarnaise, hollandaise* ou *sabayon*, preparar cremes clássicos ou em panificação e confeitaria em geral.

O calor suave do banho-maria também é bom para manter o calor das comidas que têm amido ou temperamentais — como purê de batata, sopas cremosas, chocolate quente e molhos quentes — até servi-las, sem correr o risco de queimá-las.

## Ensopados e braseados

O poeta do século XX Mark Strand dirigiu-se ao continuum de tempo-sabor no seu poema "Carne assada". Depois de inspecionar as fatias cheias de molho de carne do seu prato em antecipação, declarou com a boca cheia d'água: "E por uma vez na vida não lamento a passagem do tempo".

Lendo o poema, sei exatamente do que ele está falando, esperar impacientemente por horas até que a carne macia saia do forno. De fato, a chave para qualquer carne de panela ou ensopado é a passagem do tempo. Embora investir tempo no cozimento — ou em qualquer coisa — possa nos desanimar, os assados pedem pouco de nós e nos recompensam muito bem.

Como minha avó demonstrava nos seus gostosos *khoreshs*, o tempo de cozimento na água e o calor brando permitem que o tecido conjuntivo das partes duras se transforme em gelatina, deixando a carne macia, deliciosa e úmida. A diferença entre os dois métodos é mínima: braseados envolvem pedaços maiores de carne — em geral com osso — e muito pouca água de cozimento, enquanto ensopados são feitos com pedaços menores de carne cozidos com vegetais pedaçudos e duros, tipicamente servidos junto, com o caldo da panela. Vegetais verdes ou densos, frutas com caroço grande e tofu também podem ser braseados.

No Chez Panisse, eu via chefs comprarem animais inteiros e inventarem jeitos criativos de usar todos os pedaços duros e com tendões. Alguns, nós curávamos, outros moíamos e o restante assávamos ou ensopávamos. Durante meses eu olhava com espanto os cozinheiros pondo várias panelas de ferro fundido para aquecer em fogo médio-alto, depois borrifando óleo neutro e acrescentando grandes pedaços de carne de vaca, cordeiro ou porco para dourar. Como conseguiam administrar todas aquelas panelas diferentes, com variados pedaços de carne? Como podiam virar as costas para seis panelas de carne cozinhando para descascar e fatiar a cebola, o alho, a cenoura e o salsão para as bases de diversos sabores? Como sabiam a temperatura do forno ou do fogão e quanto tempo as carnes levariam para cozinhar? E quando eu poderia experimentar?

Desde então, aprendi que a melhor coisa nesses cozidos é que é quase impossível estragá-los. Se eu pudesse voltar e dizer a meu eu de dezenove anos para relaxar, faria isso. Então ensinaria a mim mesma coisas importantes sobre como fazer um assado ou ensopado.

Toda cozinha no mundo inventou um jeito de fazer com que as carnes duras, cartilaginosas e cheias de ossos se transformem em deliciosos assados e ensopados. É o caso do *ossobuco* italiano, do *nikujaga* japonês, do curry de cordeiro indiano, do *bœuf bourguignon*, do *adobo* de porco mexicano e da carne assada do sr. Strand. Use o gráfico dos sabores do mundo inteiro para determinar quais vegetais e ervas vai usar e informe-se em **O mundo do sabor** para escolher seus temperos preferidos.

Pense nesses pratos que levam tanto tempo para cozinhar como oportunidades para construir sabores. A cada passo, considere como dar mais sabor a um prato e extrair o gosto mais profundo de cada ingrediente. Aplique os princípios de assar e brasear para todos os pedaços duros de carne. Para preservar o sabor, deixe a carne em pedaços grandes e no osso quando possível. E lembre-se de salgar a carne antes, a fim de deixar que o sal cumpra sua tarefa de dentro para fora.

Quando estiver na hora de cozinhar, preaqueça uma frigideira em fogo médio-alto e despeje nela uma camada fina de óleo neutro. Com cuidado, arrume os pedaços de carne sobre ele. Cuide para que os pedaços caibam sem se tocar, de modo que o vapor escape e permita um dourado por igual. Então faça o que já achei tão difícil fazer: saia de perto. A pista para um dourado bonito e por igual é fogo estável e paciência. Se mexer a carne demais ou ficar cutucando para verificar como está, vai levar um tempo muito maior para dourar. Resista ao impulso, e em vez disso trabalhe a base aromática do sabor.

Em uma panela separada ou em uma de ferro fundido onde for cozinhar o assado, construa o sabor cozinhando e dourando só um pouco os vegetais, que podem ser quase nada, como uma cebola e dois dentes de alho, se não está muito a fim de sair procurando gengibre ou coentro. Enquanto os vegetais cozinham, preste atenção na carne, virando os pedaços e girando a panela para dourar por igual. Se a carne soltar tanta gordura que em vez de selar comece a fritar, tire-a da panela e, com cuidado, despeje um pouco de gordura numa vasilha de metal. Devolva a carne à panela e continue a dourar de todos os lados. Pode levar uns quinze minutos para dourar adequadamente uma peça de carne bovina ou suína de todos os lados. Não se apresse — você precisa que a carne desfrute de todos os benefícios saborosos da reação de Maillard.

Quando acabar de dourar a carne, jogue fora toda a gordura restante e deglace a panela com o líquido de sua escolha, seja caldo ou água. Lembre: esse é o momento ideal para trabalhar com um ácido de cozimento, então pense em juntar algum vinho ou cerveja. Use uma colher de pau para raspar o fundo e os lados da panela e arrancar todos os pedacinhos escuros e gostosos grudados nela, usando-os na panela em que vai assar a carne. Monte seu assado de panela com os vegetais e ervas no fundo e depois a carne — tudo bem se os pedaços se tocarem nesse momento, o importante é que fiquem numa só camada, pois você já dourou —, então junte todo o líquido de deglaçar. Acrescente mais água ou caldo para chegar a um terço ou metade da altura da carne — mais do que isso você estará escalfando a carne, e não braseando. Tampe a panela ou cubra com papel-manteiga ou papel-alumínio, deixe ferver e em seguida baixe o fogo.

No fogão isso é simples, mas no forno significa que será necessário elevar a temperatura (a 220°C ou mais) e depois reduzir para média-baixa (140°C a 175°C). Quanto mais baixa a temperatura, mais demorado, mas o perigo de secar será menor. Se, apesar de seus esforços, o líquido ferver, tire a tampa ou levante a beirada do papel para baixar a temperatura interna da panela.

Continue com paciência. A vantagem é que esse é um tempo passivo: contanto que você dê umas olhadas na panela de vez em quando para ter certeza de que o líquido está em fervura baixa e nada mais, pode se distrair com outras coisas. O único trabalho ao brasear é preparar tudo e levar ao forno (ou a qualquer lugar com calor constante e baixo). Depois disso, você está livre para esperar.

E como saber que está pronto? Pensei a mesma coisa aos dezenove anos, na cozinha do Chez Panisse. Logo aprendi que a carne deve se soltar do osso ao menor toque. Em carnes sem osso, ela deve desmanchar ao toque do garfo. Tire a panela do fogo e deixe esfriar antes de coar o líquido de cozimento. Passe o resíduo sólido pela peneira para obter um líquido mais grosso e prove para decidir se quer reduzi-lo ainda mais para intensificar o sabor antes de acrescentar sal.

Essas técnicas são ideais para preparar a comida de antemão. O tempo produz uma alquimia potente em braseados e ensopados, melhorando o sabor, principalmente se ficar descansando por um dia ou dois. Como libera o cozinheiro de tarefas de última hora, esse método de cozimento é ideal para jantares. Braseados e ensopados são sobras excelentes e congelam bem. Com suas técnicas básicas, o braseado pode ser o caminho mais fácil para uma comida boa e saborosa.

# BRASEAR

## 1. SALGUE, ou seja, salgue antes

(IDEALMENTE) NO DIA ANTERIOR*

SAL →

SALGUE GENEROSAMENTE TODOS OS LADOS DA CARNE e DEIXE DESCANSAR UMA NOITE.

\* OU SALGUE PELO MENOS DE 30 MINUTOS A 3 HORAS ANTES. QUANTO MAIS, MELHOR.

## 2. DOURE ← HOJE

NA FRIGIDEIRA EM FOGO MÉDIO-ALTO.

### 2A. A CARNE

DOURE DE TODOS os LADOS — MAIS ESPAÇO ENTRE os PEDAÇOS GARANTE QUE DOURE MELHOR.

RESERVE A CARNE E ESCOE A GORDURA.

DEGLACE A FRIGIDEIRA QUENTE com (ÁCIDO) LÍQUIDO (VEJA "O MUNDO DO ÁCIDO") e RESERVE.

### 2B. OS TEMPEROS QUE AUMENTAM O SABOR

CEBOLA · VEGETAIS e PIMENTA · TOMATE

CONFIRA A RODA DE TEMPEROS para DICAS.

(NÃO IMPORTA SE FICA BONITO OU NÃO, PORQUE SÓ VOCÊ VAI VER)

DOURE e COZINHE

## 3. MONTE

CAMADAS DE INGREDIENTES na PANELA.

{
LÍQUIDO** — USE O LÍQUIDO DEGLACADO, COM ÁGUA OU CALDO SE NECESSÁRIO
CARNE — VER 2A
TEMPEROS — VER 2B
ERVAS — COISAS SABOROSAS QUE VOCÊ NÃO QUER QUE QUEIMEM
}

↳ FINJA QUE ISSO É UMA PANELA OU ASSADEIRA

\** O LÍQUIDO NÃO DEVE ULTRAPASSAR ⅓ DA ALTURA DA CARNE

## 4. FERVA

LEVE AO FORNO e AUMENTE A TEMPERATURA.

SE OS PEDAÇOS FOREM PEQUENOS, DEIXE DESCOBERTOS. SE FOREM GRANDES, CUBRA-OS.

## 5. ENTÃO... REDUZA

O FOGO E SE PREPARE PARA ESPERAR.
(A PACIÊNCIA É RECOMPENSADA)

120° — COZINHANDO O DIA TODO
160°
180° — COZINHANDO RÁPIDO

ENTÃO... QUANDO A CARNE ESTIVER SOLTANDO DO OSSO ou DESMANCHAR NOS SEUS DEDOS, PREPARE O MOLHO.

## 6. SIRVA

NÃO QUE VÁ PRECISAR DISSO

## Branquear e ferver

**Branquear** é ferver (com outro nome), e a chave para os dois é *manter a fervura da água*. Em Sal, descrevi a necessidade de a água formar ondas salgadas para cozinhar por igual.

Junte comida demais a água de menos e a temperatura da água da panela baixará dramaticamente. A água que fervia animadamente de repente para de ferver. A massa do macarrão gruda. O arroz basmati do **Arroz mais ou menos persa** também. Aspargos da grossura de um lápis vão se amontoar no fundo da panela e não cozinharão como deveriam. Por favor, faça justiça a qualquer comida que esteja branqueando e mantenha a água fervendo alegremente na panela usando o dobro do que acharia necessário.

### Vegetais

**Ferver** é um método extraordinariamente eficiente, perfeito para preservar o sabor de vegetais frescos. Ferva-os o tempo suficiente para deixar que o calor degrade as paredes internas de suas células, soltando seus açúcares e fazendo com que seus amidos se convertam em açúcares também e sua doçura se dissolva. Mas tenha cuidado para não cozinhar demais, para as cores vibrantes não começarem a morrer ou as paredes de células quebrarem completamente, resultando em uma textura molenga. Ferva vegetais quando está sem tempo ou quando procura sabores frescos e limpos. Ferva os que consome todo dia, como nabo, cenoura e brócolis, e tempere com um bom azeite e sal em flocos. Você vai se surpreender com sua deliciosa simplicidade.

Enquanto alguns chefs insistem em dar banhos de gelo em vegetais branqueados, geralmente discordo. Quanto menos tempo um vegetal fica dentro da água, maior é a possibilidade de manter seus minerais e nutrientes. Em vez de se preocupar com o banho de gelo, simplesmente cozinhe um pouco menos, sabendo que continuarão a cozinhar depois de retirados da panela.

Com o tempo, descobri que os vegetais com alto teor de água, como aspargos e vagens pequenas e perfeitas, cozinham mais do que os vegetais mais grossos e precisam de menos água, de modo que é conveniente tirá-los da panela antes que estejam prontos. Raízes, como cenouras e beterrabas, não continuam cozinhando depois de saídas da panela, então é melhor cozinhá-las até ficarem macias. Você pode controlar esse cozimento colocando bandejas de vegetais tirados da água fervente direto na geladeira para que gelem por completo.

A única maneira de saber quando um vegetal pode ser tirado da água é prová-lo bem depressa. Antes que coloque qualquer coisa em uma panela de água fervente, pegue uma escumadeira. Em vez de sobrepor vegetais quentes numa vasilha, espalhe-os numa fôrma forrada com papel-manteiga para que não passem do ponto de cozimento.

Para economizar tempo na cozinha, misture o método de branquear a outros. Branqueie vegetais mais duros e grossos como couve ou folhas de mostarda até que estejam macios, aperte-os com força para secar, pique-os e salteie. Na Itália, toda mercearia vende vegetais branqueados, prontos para que a *mamma* os leve para casa e refogue com alho e pimenta. Branqueie parcialmente os vegetais mais grossos, como couve-flor, cenouras e erva-doce no domingo e guarde-os para a semana seguinte, quando poderão ser rapidamente aquecidos e dourados na panela ou no forno.

O método de branquear também ajuda na hora de descascar um vegetal que tenha a casca muito grudada, como leguminosas, tomate, pimentão e pêssego. Branqueie por cerca de trinta segundos — ou o bastante para soltar a pele — e depois mergulhe em água gelada para que não cozinhe mais. A casca vai se soltar imediatamente.

### Macarrão e grãos

Macarrão deve ser cozido em água fervente para cozinhar por igual, não importa o nome que se dê a ele, seja espaguete, lámen, *bakmi,* udon ou o que for.

O pandemônio da água fervente mantém o macarrão se movendo, impedindo que grude à medida que solta amido. Cozinhe grãos como cevada, arroz, farro e quinoa, fervendo-os como faria com macarrão até que estejam completamente macios. Escorra e sirva como acompanhamento ou espalhe e deixe esfriar, então regue com azeite e junte a sopas ou saladas, ou guarde no freezer por até dois meses para uso futuro.

Depois que estiver familiarizado com os tempos de cozimento de diferentes comidas, pode juntar uma grande variedade de vegetais numa única panela de água para poupar tempo e utensílios. Quando o macarrão já estiver na fervura há alguns poucos minutos, junte floretes de brócolis, couve-flor, couve picada ou as folhas do nabo à água. Ervilhas delicadas, aspargos ou vagens fatiados só precisam de noventa segundos para cozinhar completamente, de modo que você pode juntá-los no fim e provar para ver se estão bons.

### Reduzindo

Deixe o sabor mais intenso e engrosse a textura de molhos, caldos e sopas mantendo-os em fervura contínua. Lembre-se de que a água pode evaporar, mas o sal e outros temperos não; logo, fique atento para não salgar em excesso as reduções. Tempere com cuidado, aos poucos, para acertar. Pode-se sempre ajustar o sal uma vez que se esteja satisfeito com a textura do molho.

Uma fervura constante e demorada pode emulsificar molhos claros e sopas se não tiverem sido adequadamente escumados. Evite esse problema removendo a gordura dos molhos e caldos antes de levá-los ao fogo. Ou ponha a panela apenas parcialmente sobre o queimador por um momento — enquanto um lado se acalma e cozinha, a fervura forçará toda a gordura e espuma a se juntar do outro lado, longe das bolhas. Escume a gordura com a colher ou uma escumadeira, devolva a panela ao centro do queimador e continue a ferver.

Lembre que ao reduzir a comida ela continuará cozinhando, aprofundando o sabor e alterando-o. Uma boa ideia é aumentar a área de superfície da comida. Como? Usar uma panela maior, mais rasa e larga, por exemplo, apressa a redução.

Se a quantidade de líquido que estiver reduzindo tiver mais do que oito centímetros de profundidade, divida em várias panelas rasas para que o vapor escape mais depressa sem que os sabores mudem demais. Usar uma segunda panela também economiza tempo, e ensinei isso à mãe de uma amiga que lutava para colocar a ceia de Natal na mesa na hora certa. O caldo de carne do molho estava levando tanto tempo para reduzir que todo o restante da comida já esfriava. Quando ela percebeu que tinha que juntar duas xícaras de creme de leite ao molho e reduzir uma segunda vez, seus olhos começaram a lacrimejar. Ao enfiar a cabeça pela porta da cozinha para ver se podia ajudar e perceber qual era o problema, disse a ela para não se preocupar. Peguei duas panelas rasas, coloquei metade do líquido a ser reduzido em uma e o creme na outra, então deixei tudo ferver no fogo mais alto possível. Dez minutos depois o molho ficou pronto e estávamos sentados à mesa para a ceia.

## Cozinhando no vapor

O **vapor** preso numa panela ou num caldeirão cozinha bem a comida, deixando-a clara e saborosa. No forno, isso já requer uma temperatura de pelo menos 230°C, enquanto a temperatura dentro do recipiente continuará a ser de 100°C, devido à reciclagem do vapor da água. Tendo maior energia do que a água fervente, o vapor cozinhará a superfície da comida mais depressa. Mas classifiquei essa técnica com outras mais suaves porque a vaporização protege fisicamente comidas delicadas do empurra-empurra da água fervente.

Leve batatinhas ao forno e ao vapor colocando-as numa só camada na fôrma de assar, salgando e adicionando qualquer erva aromática — como um raminho de alecrim ou alguns dentes de alho. Junte água o bastante para preencher o fundo da fôrma e cubra-a muito bem com papel-alumínio. Cozinhe até que as batatas não apresentem mais resistência quando furadas com uma faca e sirva com sal em flocos e manteiga ou aïoli, acompanhando ovos cozidos ou peixe grelhado.

Minha técnica favorita com vapor transforma papel-manteiga em um pacote que envolve peixe, legumes, cogumelos ou frutas. Ao abrir o pacote (*cartoccio* em italiano e *papillote* em francês) na mesa, cada convidado sente uma explosão de vapor aromático.

Certa vez, colaborei com um grupo de chefs talentosos num jantar especial no qual estava cuidando da sobremesa. Suspeitei que tinham me encarregado da tarefa porque eu era a única mulher do grupo. Não foi certamente por eu saber lidar com doces com muita facilidade, algo que requer seguir receitas ao pé da letra (a essa altura, você já deve saber qual é minha opinião a esse respeito). Enquanto os outros chefs competiam com técnicas complicadas, dei uma olhada no enorme forno e resolvi tomar outro caminho. Era época de damascos. A pele rosada, corada e aveludada dessas frutas me fez lembrar do acordar silencioso da primavera e da vibração do verão. Eles estavam perfeitamente equilibrados em doçura e acidez, e deliciosos.

Naquela noite cortei os damascos ao meio, retirei o caroço e recheei cada metade com pasta de amêndoa e bolachinhas de amareto. Coloquei os damascos em pedaços de papel-manteiga, espalhei sobre eles algumas gotas de vinho de sobremesa, polvilhei com açúcar e embrulhei. Assei os pacotinhos em forno muito quente por cerca de dez minutos, até que inchassem com o vapor, e corri com eles para a mesa, levando junto tigelas cheias de *crème fraîche*. Depois de um jantar de degustação refinado, o simples prazer de abrir os pacotes, sentir o cheiro inebriante dos damascos e experimentar seu sabor equilibrado e agridoce levou nossos convidados ao delírio. Até hoje, anos depois, quando encontro convidados daquela festa, eles se lembram sonhadores dos papelotes com damasco. Sempre me deslumbro ao ver como pode ser bom um preparo tão simples como esse.

Para cozinhar ao vapor no fogão, coloque uma vasilha com furos ou uma peneira com os ingredientes — qualquer coisa de vegetais a ovos, arroz ou peixe — numa só camada sobre uma panela de água em fervura branda. Tampe para segurar o vapor e cozinhe até ficar macio. O cuscuz marroquino tradicional é cozido dessa maneira — em um banho-maria enriquecido com vegetais aromáticos, ervas e especiarias que sempre emprestam um sopro de sabor.

O vapor ao fogão também é o método ideal para cozinhar frutos do mar, como moluscos, mariscos e mexilhões, conforme descrevi na receita de **Macarrão ao vôngole**.

Dois métodos de calor intenso, cozinhar no vapor e dourar se juntam num só que gosto de chamar de "**saltear no vapor**". É perfeito para cozinhar vegetais grossos como funcho ou cenoura. Junte numa panela pouco mais de um centímetro de água, sal, um fio de azeite ou uma colherada de manteiga e ervas aromáticas. Adicione uma camada de vegetais e tampe parcialmente. Cozinhe em fogo baixo até que os vegetais estejam macios, tire a tampa, descarte o excesso de água, ligue o fogo e deixe a reação de Maillard começar.

# Cozinhando com gordura

## Confit

Essa é a palavra francesa para comidas feitas na gordura, em temperatura baixa o bastante para evitar que dourem. É uma das poucas vezes que se usa a gordura como veículo de cozimento sem o objetivo de dourar.

O mais conhecido e talvez o mais delicioso confit é o de pato. Esse prato da Gasconha, nas montanhas do sudeste da França, se desenvolveu como um modo de preservar as coxas do animal para serem comidas depois. O processo é simples e os resultados não poderiam ser melhores. Tempere as coxas, mergulhe-as em gordura derretida de pato e cozinhe delicadamente até que estejam macias. Você saberá que a temperatura está certa quando a gordura começar a soltar uma ou outra bolha a cada poucos segundos. Quando cobertas em gordura e guardadas na geladeira, as coxas de pato duram meses, prontas para ser desfiadas e transformadas em *rillettes,* ou *cassoulet,* o tradicional prato francês que inclui feijão e linguiça. Ou você pode servir o pato aquecido e bem torradinho com batatas cozidas, folhas e uma taça de vinho.

Se não tiver pato à mão, a técnica funciona muito bem com outras carnes, como porco, ganso e frango. No fim do ano, prepare um confit com as coxas do peru, por exemplo, assando o peito e oferecendo aos convidados uma ave preparada de dois jeitos diferentes. No verão, experimente confit de atum com azeite e um dente de alho ou dois e faça uma salada niçoise. Os vegetais também ficam ótimos assim: misture **Confit de alcachofra** com macarrão e um pouco de manjericão para um jantar rápido ou junte **Confit de tomate-cereja** com vagens frescas ou ovos pochês. Coe o azeite com uma peneira e leve o que passar para gelar. Ficará tão saboroso e precioso quanto o que for cozido nele. Use no vinagrete ou para cozinhar nos dias seguintes.

## Suando

Esse é um modo de cozinhar vegetais em pouquíssima gordura até que estejam macios e translúcidos, mas sem dourar. Ao cozinhar, os vegetais soltam líquido — daí o nome. *Mirepoix*, a combinação aromática de cebola, cenoura e salsão é a raiz de toda a cozinha francesa. É tipicamente "suada", e não refogada ou dourada, pois há um esforço para impedir que ganhe cor. Sue as cebolas para juntar ao risoto, ao purê de couve-flor ou a qualquer outro prato que se queira branco e onde pedaços marrons não seriam nada bem-vindos.

Uma base de cebolas suadas é o segredo de sopas de um único vegetal de gosto delicado, como de ervilha, de cenoura ou o **Creme de milho**, cuja receita é idêntica. Deixe suar as cebolas, junte o vegetal escolhido, cubra com água, tempere com sal, deixe ferver, reduza o fogo e retire a panela no instante em que os vegetais estiverem cozidos ou até um pouco antes, já que continuarão cozinhando. Coloque a panela inteira em banho de gelo e faça um purê. Mexa, prove, corrija e sirva com uma guarnição saborosa, repleta de gordura e acidez, como molho de ervas ou *crème fraîche*.

Para conservar a temperatura na zona do suor, fique de olho na panela o tempo todo. Acrescente sal para retirar a água dos vegetais. Use uma panela alta para reduzir o escape do vapor. Papel-manteiga ou uma tampa ajudarão a segurar e reciclar o vapor, se necessário. E não hesite em juntar um pouquinho de água se perceber alguma mancha marrom se formando.

Uma dica: mexer tende a dissipar o calor. Faça isso quando você estiver com medo de dourar e mexa menos se quiser que doure. Misture com colher de pau, que é forte e macia ao mesmo tempo, para impedir que os açúcares ou amidos se formem no fundo ao caramelizar cebolas, molho béchamel ou polenta. Você não precisa enlouquecer com esse assunto — só o inclua aos pequenos truques do que pode ou não fazer para encorajar ou desencorajar o dourar.

## O continuum da fritura

Em Gordura, expliquei que os vários nomes para os métodos de fritura geralmente se referem à quantidade de gordura usada em cada preparo. Qualquer que seja o método que se esteja usando, o conceito é sempre o mesmo. Preaqueça a panela e a gordura o bastante para que a comida comece a dourar no momento que encostar nela, mas regule a temperatura para que inicie o cozimento ao mesmo tempo. Resista a encher a panela ou mexer demais no começo. As proteínas especialmente grudam ao começarem a cozinhar. Deixe o peixe, o frango e a carne sossegados por alguns minutos — quando começarem a dourar, vão desgrudar da panela.

Quando saltear, use o mínimo de gordura para evitar queimaduras de óleo quente — coloque só o bastante para forrar o fundo da panela (pouco mais de um centímetro). Salteie comidas em pedaços pequenos que cozinhem ao mesmo tempo que dourem, como camarão, grãos cozidos, vegetais, carne e verduras picados.

Saltear economiza tanto tempo quanto um utensílio e garante um dourado igual de todos os lados, de modo que é uma boa técnica a se treinar. Não se preocupe se não sabe fazer o movimento de quem vira uma panqueca — levei anos para aprender. Estenda um velho lençol no chão da sala e treine: ponha um punhado de arroz ou feijões secos numa frigideira de lateral curva, incline-a para baixo e erga os cotovelos, então jogue os grãos sem medo até conseguir fazer direito. Enquanto não aprender, use pinças de metal ou uma colher de pau para saltear a comida na cozinha.

Para uma **fritura simples**, use gordura o bastante para cobrir generosamente o fundo da panela (cerca de meio centímetro). Frite assim alimentos maiores — como filés de peixe, bifes, costeletas de porco ou **Frango frito de lamber os dedos** —, que precisam de mais tempo para cozinhar completamente. Deixe a frigideira e a gordura preaquecerem tempo o bastante para que qualquer ingrediente adicionado comece a chiar, mas não aumente o fogo: a comida deve dourar ao mesmo tempo que cozinha. Como peito de frango e filé de peixe demoram mais tempo para cozinhar do que pedacinhos de carne ou camarões, a temperatura aqui deve ser ligeiramente mais baixa do que ao saltear.

**Fritura rasa** e **fritura em imersão** são irmãs, ideais para cozinhar vegetais cheios de amido ou empanados. Apesar de parecerem diferentes, os dois métodos são praticamente iguais. Afunde os ingredientes na gordura até um pouco mais do que a metade para fritura rasa. Mergulhe completamente na fritura em imersão.

Em qualquer forma de fritura, a temperatura do óleo deve estar a 185°C. (Recomendo marcar 185°C no seu termômetro com uma caneta que não saia.) Se a temperatura for muito mais baixa, uma casquinha crocante não vai se formar com a rapidez suficiente, resultando em fritura empapada. Se for muito mais alta, a massinha queimará antes que o interior da comida frite. A única exceção para essa regra são comidas mais espessas e duras que levam tempo para cozinhar, como coxas de frango, que é preciso deixar por uns quinze minutos. Junte as coxas ao óleo a 185°C para conseguir a crosta desejada, mas deixe que a temperatura caia a 160°C para cozinhar inteiramente sem queimar.

Preste atenção aos sinais que as frituras mandam ao cozinhar, como o cozinheiro que vi fazendo *chapli kebabs* à beira da estrada no Paquistão, e um dia você não vai precisar do termômetro quando fritar: vapor, bolhas, ingredientes subindo ou dourados demais serão seus sinais. Quando a temperatura estiver quente o bastante, a comida chia e fica marrom — mas não depressa demais — ao ir para a panela. Quando as bolhas cessarem e o vapor diminuir, a crosta está boa. Quando a comida estiver dourada e crocante, pode ser retirada do óleo.

A quantidade de comida que você leva à panela de óleo vai influenciar a temperatura. Quanto maior, mais fria e mais espessa a comida, mais a temperatura cai. Se o óleo demorar muito a voltar a 185°C, a comida passará do ponto antes que tenha tempo de dourar adequadamente. Aqueça o óleo um pouco além do ideal ou junte menor quantidade de comida a cada vez, antecipando a grande queda de temperatura, e sempre deixe a temperatura do óleo voltar ao ponto ideal entre as levas.

Como a temperatura ideal da fritura está além de 100°C, qualquer água no empanado ou na superfície da comida, a origem de todas aquelas bolhas, vai evaporar imediatamente. A chave para conseguir uma crosta crocante e dourada é forçar o vapor a escapar o mais depressa possível. Em outras palavras: não encha demais a panela.

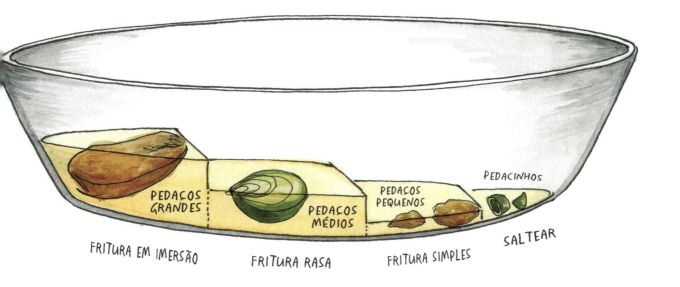

Comidas empanadas não devem se tocar e não devem ficar em camadas no óleo, para não se juntarem numa grande massa empapada. Frituras sem empanar — no caso de batata, couve ou beterraba — podem se tocar. Mexa bastante para impedir que grudem umas nas outras e para que dourem igualmente de todos os lados.

Use fritura rasa para comidas delicadas que poderiam se quebrar no tumulto das bolhas — caranguejo, siri, bolinhos de peixe, de acelga ou tomates verdes. A fritura de imersão é a melhor escolha para chips de qualquer espécie, comidas empanadas e outras coisas mais substanciais que precisam disso para cozinhar por igual.

## Selar

Não importa se você usa uma grelha, uma panela de ferro fundido ou uma fôrma preaquecida no forno — o requisito principal para **selar** é uma superfície escaldante. Preaqueça-a em fogo alto, adicione gordura e coloque a carne para selar quando estiver prestes a soltar fumaça. Depois que o Eccolo fechou, comecei a cozinhar mais e mais em casa. Era difícil esquecer o fogão turbinado do restaurante, mas me acostumei ao meu simplezinho, com queimadores fracos. Por mais que eu aquecesse minha panela de ferro fundido nele, nunca ficava quente o bastante para selar um bife sem cozinhá-lo demais. Depois de alguns bifes duros, comecei a preaquecer a panela no forno por 20 minutos pelo menos, antes de levá-la ao fogão para começar a selar. Funcionou.

Ao dourar, fritar ou selar, o primeiro lado de um alimento a ser dourado será sempre o mais bonito, de modo que, ao colocá-lo na panela ou grelha, deixe a parte que vai ficar para cima na hora de servir para baixo, de forma que doure primeiro. Com frango, sele primeiro a pele; com peixe, o outro lado. Com carne, faça como achar melhor, deixando a parte mais bonita para baixo.

O objetivo de selar não é tanto cozinhar, e sim dourar para obter os efeitos da reação de Maillard. Esse calor penetrante pode ser o suficiente para cozinhar os pedaços mais tenros de cortes de carne e de peixe que ficam melhores servidos malpassados ou quase crus, como atum, vieiras ou filé-mignon. Mas, para o restante, selar serve para *dourar*, e não *cozinhar*. Sele pedaços grandes de carne para obter os efeitos da reação de Maillard antes de transferir a carne para brasear em fogo brando. Sele costeletas de cordeiro, lombos e costeletas grossas de porco antes de derreter sua gordura e cozinhar bem em fogo mais baixo, seja no fogão, na grelha ou no forno.

# Cozinhando com ar

## Grelhando

A regra número um de **grelhar** na churrasqueira é nunca colocar nada diretamente sobre a chama. Ela deixa fuligem e sabores desagradáveis e cancerígenos na comida. Deixe as chamas baixarem e cozinhe sobre o carvão ardente e as brasas. Para tostar o marshmallow perfeito, você precisa deixar o espeto sobre o carvão, virando-o para dourar por igual. Se chegar perto demais das chamas, vai ficar com gosto de queimado por fora e não vai derreter por dentro. A mesma coisa acontecerá com qualquer alimento que grelhe direto na chama.

Combustíveis diferentes — seja madeira, carvão ou gás — alcançam temperaturas diferentes. Madeiras duras como carvalho ou amendoeira pegam fogo rapidamente e queimam devagar, sendo ideais quando você precisa de calor contínuo. A madeira de árvores frutíferas — incluindo videiras e figueiras, macieiras e cerejeiras — tende a queimar quente e depressa, e é ótima para alcançar rapidamente temperaturas para dourar. Nunca grelhe sobre madeiras macias como pinho, abeto ou pinheiro, que podem deixar sabores pungentes e nada agradáveis na comida.

A vantagem do carvão é que queima mais devagar e mais quente que a madeira. Ele confere um sabor delicioso de defumado à comida. Apesar de a comida feita em fogo ser sempre superior, a conveniência de uma grelha a gás é imbatível. Use-a sabendo de suas limitações, pois ela não defuma a comida. Como gás não queima tão quente quanto madeira ou carvão, essas grelhas não alcançam a intensa temperatura do fogo vivo, logo não são capazes de dourar a comida tão depressa e com tanta eficiência.

Se deixar a carne grelhando sem supervisão, à medida que a gordura derrete e pinga no carvão, erupções de chamas envolvem o alimento, deixando pra trás sabores nada agradáveis. Evite esses fogaréus movendo a comida na grelha e mantendo cortes muito gordos longe dos carvões mais quentes. Antes de aprender a cozinhar, sempre assumi que aquelas marcas de padrão cruzado na carne eram coisa de um cozinheiro perfeito. Vendo Alice grelhar codornas e linguiça no seu quintal, poucos anos depois de eu ter entrado no Chez Panisse, de repente percebi por que os cozinheiros com os quais trabalhava não se importavam com aquilo. Pequena e rápida como um beija-flor, Alice pairava sobre a grelha movendo aves e linguiças logo que começavam a pegar cor ou a soltar gordura, ameaçando despertar o fogo. Ao virar a carne, era óbvio que o dourado era

CALOR · 177

consequência direta de seus cuidados. Daquele jeito, cada mordida era agraciada com as moléculas saborosas resultantes da reação de Maillard, e não apenas os pontos marcados pela grelha.

Independentemente de estar trabalhando com uma grelha a gás ou chama viva, crie diferentes zonas de temperatura nela, como vários queimadores num fogão. Use **calor direto** sobre as camadas de carvão mais quentes para as comidas menores e mais macias, como bifes finos, aves pequenas, como codornas, vegetais cortados, torradas finas, peitos de frango ou hambúrgueres. Use o calor mais dissipado, vindo de carvões próximos, a fim de criar pontos mais frios para grelhar carne com osso, cortes maiores e frangos inteiros. Zonas mais frias também são ideais para linguiça e carnes gordas, que ocasionam chamas, e para manter alimentos quentes.

**Calor indireto** é aquele que ocorre de forma vagarosa e branda. Ele é usado para defumar carnes, como no **Frango defumado com sálvia e mel**. A grelha é transformada em forno e mantida em temperaturas relativamente baixas, entre 90°C e 150°C. A chave para grelha fraca e a defumação é o calor baixo e constante, que pode ser um desafio quando se trabalha com chamas vivas. Termômetros digitais de carne podem ajudar bastante, mostrando quando a temperatura da grelha diminui ou aumenta demais.

Um termômetro digital veio a calhar num verão depois que o Eccolo fechou, quando meu professor de jornalismo e aluno de cozinha Michael Pollan acidentalmente encomendou três vezes mais paleta de porco do que precisava. Ele entrou em pânico e me telefonou. Ele me ensinou a fazer paleta na churrasqueira e dei a ele uma aula de emergência sobre como cozinhar em fogo baixo, o que nos deixava com bastante tempo livre. Michael esfregou sal e açúcar na carne e depois a cozinhou na grelha de gás com cavacos de madeira por seis horas em fogo indireto. Suspeito que tenha sido um churrasqueiro na vida passada, pois conseguiu um porco muito bem defumado, o mais macio que já provei. Como não envolvia muito trabalho ativo, fizemos também uma **Salada de repolho**, feijão e **Musse de chocolate meio amargo** nos momentos de folga, que aproveitamos na festa de última hora.

Você não tem uma grelha? Mora em apartamento? Pense em gratinar como um jeito de grelhar de cabeça para baixo dentro de casa. Enquanto a maioria dos grelhados é feita fora de casa, com o melhor fogo debaixo da comida, o gratinado acontece dentro do forno. Você pode derreter queijo sobre torradas, dourar farinha panko sobre o macarrão e deixar mais crocantes as sobras de **Frango com especiarias** assim.

Grelhando, gratinando ou assando, o importante é deixar todas as carnes macias descansarem depois de cozidas e antes de cortar, para que terminem de cozinhar sozinhas e as proteínas relaxem. Carne descansada retém água melhor depois de cortada, fornecendo pedaços mais suculentos. Para peças maiores, isso pode levar uma hora, enquanto bifes necessitam somente de cinco a dez minutos. Para carnes mais macias, corte-as **no sentido contrário da fibra**, atravessando-as. Mastigar fica muito mais fácil.

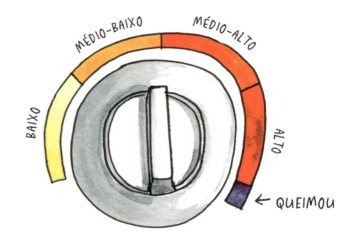

## Assando pães e doces

As temperaturas do forno se classificam em quatro categorias gerais: **baixa** (até 140°C), **média-baixa** (140°C-180°C), **média-alta** (180°C-230°C), **alta** (230°C e acima). Dentro dessas categorias, a comida cozinhará mais ou menos do mesmo modo. Se você não sabe por onde iniciar, comece com 180°C. É quente o bastante para iniciar o dourado, mas ameno o suficiente para permitir que a maioria das comidas cozinhe por inteiro.

Temperaturas **baixas** (80°C-140°C) geralmente fornecem calor o bastante para os **Suspiros** crescerem e secarem, mas também impedem que dourem. Uma chef de cozinha conhecida e muito supersticiosa só assa suspiros no seu fogão a gás antigo e durante a noite. Antes de ir deitar, ela preaquece o forno a 90°C e os coloca dentro. O calor mínimo gerado retarda o resfriar do forno, e pela manhã seus suspiros estão sempre brancos como a neve e crocantes, sem ressecar. Em outras palavras, perfeitos.

A maior parte do que vai ao forno costuma se dar bem em temperatura **média-baixa** (140°C-180°C). As proteínas se fixam, as massas secam, mas não muito, e um leve dourado surge. Bolos, biscoitos e brownies ficam bem nessas temperaturas, assim como muitas tortas e amanteigados. Pense em 160°C como uma versão mais benigna de 180°C e possivelmente fará bolinhos mais macios do que crocantes e bolos mais para dourados que marrons.

CALOR · 179

As temperaturas mais altas levam rapidamente a esse marrom. Asse pratos salgados em temperaturas **média-baixas** e aumente-as **para média-altas** (180°C-230°C) para obter uma crosta mais escura, como gostamos de ver em gratinados e lasanhas.

Temperaturas **altas** (220°C e acima) levam a um dourado rápido, mas às vezes desigual. Use-as quando for necessário conseguir estrutura rapidamente, como no caso de carolinas ou massas folhadas. Ao se transformar em vapor no forno quente, a água leva ao "salto do forno", que é o aumento inicial no volume de uma massa ao assar. Essa explosão de vapor separa as camadas da massa, fornecendo uma crosta flocada como na **Massa de torta do Aaron**. Algumas comidas assadas, como suflês, dependem totalmente desse aumento inicial do volume da massa ao assar para crescer, enquanto outras, como o **Bolo meia-noite da Lori**, precisam de fermentos químicos. De qualquer jeito, o crescimento inicial é geralmente o mais importante. Para potencializar esse efeito, deixe a porta do forno fechada pelos primeiros quinze a vinte minutos, assando em fogo alto. Depois que as proteínas da massa tiverem estabilizado e a estrutura básica estiver formada, pode baixar o fogo para impedir que a comida queime e garantir que vai cozinhar por dentro.

## Desidratando (menos de 90°C)

Pense nisso como assar na mais baixa temperatura possível. Como o nome sugere, o objetivo é retirar a água da comida, muitas vezes para preservá-la sem dourar. Carne-seca, peixe seco, pimentas secas e pasta de tomate são comidas desidratadas. Você pode comprar desidratadores para aquecer a fruta muito devagar, usar o forno na temperatura mais baixa ou somente deixá-la durante a noite com o forno ligado na temperatura mais baixa e a porta entreaberta que geralmente dará certo. Nos dias mais secos e quentes de verão no Eccolo, eu secava pimentões frescos e vagens no telhado, espalhando-os sobre uma tela de arame numa só camada. Aprendi rapidamente a levar as bandejas para dentro à noite para impedir que os bichos e o orvalho interferissem no meu trabalho. Cada empreendimento desses levava vários dias, mas eu ficava sempre muito grata pela minha diligência durante o verão quando o inverno chegava. Para fazer tomates suculentos e secos ao forno, corte-os no meio e disponha-os apertadinhos numa fôrma forrada de papel-manteiga, com a parte cortada para cima. Tempere com sal e um leve toque de açúcar e deixe no forno a 90°C (ou mais baixo, se possível) por cerca de doze horas, verificando uma ou duas vezes. Você saberá que os tomates estão bons quando nenhum estiver molhado ou encharcado. Guarde num pote de vidro, cubra com azeite e leve à geladeira, ou congele num saco tipo zip por até seis meses.

## Tostar (180°C-230°C)

Minha torrada ideal é crocante, dourada e rica de sabores produzidos pela reação de Maillard por fora. Tente conseguir essas três qualidades quando for **tostar** farinha de pão ou coco ralado. Oleaginosas vão ficar mais gostosas se tostadas. Para evitar o eufemístico excesso — como aconteceu com meu jovem companheiro do Eccolo —, ponha um alarme para se lembrar de verificar de vez em quando. Disponha em uma camada só, mexa sempre e retire o que ficar pronto antes, geralmente pedacinhos menores.

Toste fatias finas de pão onde vai passar patê de fígado de frango ou purê de favas em fogo médio-baixo (cerca de 180°C), de modo que não queimem ou sequem e machuquem a boca. Fatias mais grossas de pão a serem servidas com um ovo pochê por cima e verduras ou tomate e ricota podem ser tostadas em fogo alto (até 230°C) ou numa grelha quente, de modo que torrem rapidamente na superfície e permaneçam macias no centro.

A 230°C e acima, coco ralado, pinole e farinha de rosca passarão de perfeitos a queimados em um segundo. Baixe de 35°C a 40°C a temperatura e sairá lucrando, pois suas torradas estarão a salvo. Quando você achar que suas delicadas porções estão torradas a seu gosto, retire-as das bandejas quentes (se não fizer isso, elas podem continuar tostando e tudo vai ficar preto quando der as costas).

## Assar em temperatura baixa (90°C-150°C)

Carne e peixe ricos em gordura podem ser cozidos no forno em temperatura muito baixa, de modo que sua própria gordura derreta e os umedeça de dentro para fora. Adoro fazer **Salmão assado em baixa temperatura**, um método que funciona tão bem para servir uma pessoa só quanto para um filé inteiro. Só salgue o peixe dos dois lados e coloque com a pele para baixo num leito de ervas. Regue com um pouquinho de um bom azeite e esfregue delicadamente com as mãos, depois coloque no forno preaquecido a 100°C (se seu forno não chegar a essa temperatura, deixe a porta entreaberta enquanto cozinha). Dependendo do tamanho da porção, pode levar de dez a cinquenta minutos para cozinhar, mas você saberá que está pronto quando, cutucando o peixe com uma faca ou até com o dedo, ele começar a quebrar na parte mais grossa do filé. Como esse método é muito delicado, o peixe ficará translúcido mesmo depois de cozido. **Salmão assado em baixa temperatura** é delicioso e suculento — perfeito para ser servido em temperatura ambiente ou frio numa salada (para uma receita mais detalhada e sugestões para servir, ver a p. 310).

CALOR · 181

## Assar (180°C-230°C)

A diferença entre **assar** e tostar é simples: tostar implica deixar a superfície da comida marrom, enquanto assar também cozinha a comida por dentro.

Enquanto os frangos (e tudo o que aprendi a amar a assar em espetos) invariavelmente saíam do fogo no Eccolo com carne cozida por igual (como resultado da rotação constante), em casa as aves assam desigualmente devido aos diferentes graus de calor a que são submetidas no forno. O calor **radiante** emitido seca a comida ao cozinhá-la, levando à pele crocante e seca do frango ou à casca enrugada e dura como couro das batatas. Num forno de **convecção**, um ou dois ventiladores fazem o ar quente circular consistentemente à medida que a comida escurece, seca e cozinha mais depressa do que no forno convencional. Ao usar um forno de convecção, reduza a temperatura em uns 10°C ou preste atenção extra no que assa.

A superfície de qualquer comida que toque metal quente ficará marrom através da **condução**, o princípio da fritura no fogão. O queimador aquece a panela que aquece a gordura da panela que aquece a comida. É a mesma coisa no forno. Ele aquece o recipiente, que aquece a gordura, que aquece a comida. Ponha fatias de batata-doce passadas em óleo numa fôrma e leve ao forno quente. Os dois lados vão dourar, mas vão cozinhar diferentemente devido aos vários modos de transferência de calor existentes. A parte de cima vai estar levemente seca, enquanto o fundo estará dourado e úmido como se tivesse sido frito no fogão. Qualquer comida assada sofrerá desse tipo de dourado irregular, a não ser que esteja numa grade por baixo da qual o ar possa circular. Vire, gire e mova a comida no forno à medida que o tempo passa. Assar no forno envolve dinamismo, de modo que é bom deixar a comida que precisa dourar rápido em alta temperatura e depois baixar o fogo, impedindo que passe do ponto de cozimento.

Você pode começar a trabalhar com alimentos finos, que não correm o risco de cozinhar demais antes de dourar, como fatias finas de abobrinha salgadas e passadas no óleo, preaquecendo a fôrma antes. Ou aqueça uma panela de ferro fundido no forno antes de colocar camarões passados em **Harissa** e leve-os ao forno quente. Use temperatura levemente mais baixa para comidas que espera deixar no fogo por longos períodos de tempo. Prove enquanto cozinha. Toque. Cheire. Escute.

Se achar que está dourando com muita rapidez, baixe a temperatura, cubra com papel-manteiga ou alumínio e afaste a comida da fonte de calor. Se achar que está dourando muito devagar, aumente a temperatura e empurre a fôrma para o fundo do forno, que é mais quente.

Para ajudar o vapor a escapar e deixar que o processo de dourar comece, use uma frigideira de ferro fundido ou uma travessa baixa para assar. Se a carne tem muita gordura (ganso, pato, costela ou lombo de porco, por exemplo), considere colocá-la sobre uma grade, de modo que não acabe fritando numa poça de gordura no fundo da fôrma.

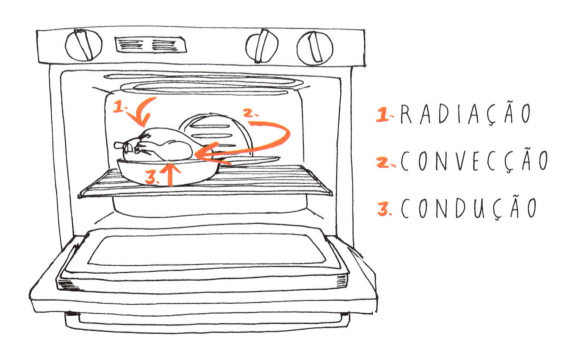

## Vegetais

Colocar o sal na hora certa — e a reação de Maillard — levam a vegetais assados perfeitos, dourados e doces por fora, macios e deliciosos por dentro (veja o **Calendário do sal** na p. 40 para refrescar a memória sobre a hora de colocá-lo). Faça de 200°C a temperatura-padrão para assar vegetais, mas saiba que tudo pode mudar, baseado no tamanho, na espessura e na estrutura molecular, assim como na profundidade e no material da assadeira e na quantidade de comida que coloca.

Uma vez, errei completamente o cálculo de quanta abobrinha precisava assar no Chez Panisse. Só havia lugar no forno para duas fôrmas, e eu não tinha muito tempo. Imaginei que apertando as abobrinhas nas duas completaria a tarefa a tempo. Como pedaços de quebra-cabeças, encaixei tanto a primeira fôrma que cada pedaço parecia estar segurando todos os outros no lugar. Levei-a ao forno e comecei a fazer a mesma coisa com a outra. Não me ocorreu pensar que eu jamais vira outra cozinheira colocar tantos vegetais numa mesma assadeira — eu estava simplesmente fazendo o que precisava para dar conta da tarefa!

Quando empilhei o restante das abobrinhas na segunda bandeja, ficou claro que eu havia errado. Quase não havia abobrinha para a segunda fôrma, mesmo deixando bastante espaço entre os pedaços. Com a primeira fôrma já no forno e uma longa lista de outras tarefas para fazer, não me dei conta de que o próximo passo deveria ser igualar as duas fôrmas de abobrinhas, de modo que só enfiei a segunda no forno quente e... pronto.

Lamentei esse atalho depois. Quando fui mudar as fôrmas de lugar, as abobrinhas da primeira nadavam em seu próprio líquido, enquanto as da segunda douravam como esperado. Entre o choro úmido provocado pela osmose e a falta de lugar para que o vapor escapasse, a primeira fôrma saiu do forno um caos. Sem querer, eu fizera sopa de abobrinha no vapor. O único resultado positivo dessa experiência foi que jamais repeti a bobagem de superlotar uma assadeira com vegetais.

Para dourar por igual, não aperte muitos vegetais na fôrma. Deixe espaço entre os pedaços a fim de que o vapor escape e permita que a temperatura aumente o bastante para que comece a dourar. Fique atento enquanto assa — mexa os vegetais, vire, mude a fôrma de posição e de prateleira.

Resista ao impulso de misturar vegetais de composições muito diferentes em termos de açúcar, amido ou água numa mesma assadeira. Eles não cozinharão por igual. Alguns vão soltar vapor, alguns vão queimar, e nenhum ficará saboroso. Verifique a anatomia das plantas na p. 144 para refrescar a memória. Se só tem uma fôrma, compre outra.

Enquanto isso, asse as batatas de um lado da fôrma e o brócolis do outro, e retire cada um quando ficar pronto.

## Carnes

Pedaços de carne bem marmorizados e macios, como contrafilé ou lombo de porco, são ideais para assar, pois são suculentos o bastante para aguentar o calor seco do forno. Como já expliquei, ao cozinhar a carne solta gordura, o que a rega de dentro para fora. Assim, cortes de carne como paletas (ou cortes dianteiros do porco) também podem ser assados.

Se está planejando assar carnes magras como peito de peru, organize-se antes, **marinando** ou passando algum tipo de gordura para garantir a umidade.

Para um cozimento uniforme, lembre-se de temperar os assados com antecedência para dar tempo ao sal de penetrar na carne ao cozinhar e impedir que as proteínas soltem toda a água acumulada. Deixe as carnes voltarem à temperatura ambiente antes de assar (o que pode levar várias horas quando a peça é grande). Comece a assar em forno quente (200°C-220°C) e gradualmente diminua a temperatura de 15°C em 15°C depois que começar a dourar, até que esteja pronta.

Se pensa em cozinhar bacon ou dourar a carne num forno acima de 200°C para ganhar alguns minutos, lembre-se dessa história que vou contar. Há alguns anos, eu estava atrasada no preparo de um jantar festivo que inventei de fazer na pequena cozinha do meu apartamento. Apesar de não ter pensado muito no assunto na hora, já havia percebido que as costeletas estavam extraordinariamente gordas antes de colocá-las para dourar. Alguns minutos depois, começou a sair fumaça do forno numa rapidez alarmante. Foi tão dramático que parecia proposital. Percebi que toda a gordura derretida estava saindo das costelas e se transformando imediatamente em fumaça. Antes que eu pudesse fazer qualquer coisa, um pouco de gordura pipocou na chama e pegou fogo. Abri correndo o armário e peguei a primeira coisa que vi para apagar — um saco de farinha. É claro que não servi costelas naquela noite. Foi outro atalho que fracassou. Algumas vezes o caminho longo é o melhor e o único.

Aprenda com meu erro. Quando a gordura começar a derreter, reduza a temperatura a menos de 190°C, o ponto em que a maioria das gorduras animais começa a soltar fumaça. Assim você evita também disparar o alarme de incêndio ou coisa pior.

Invista num termômetro de carne de leitura instantânea (e use-o para defumar também). Verifique assados grandes em inúmeros pontos, pois podem estar prontos de um lado e crus do outro. Uma temperatura interna variável pode ser a diferença entre seco e suculento. Minha regra geral para assados grandes é: quando a temperatura interna chegar a 37°C, vai continuar aumentando pouco mais de meio grau por minuto, senão mais depressa. Se seu objetivo é "ao ponto", cerca de 47°C, saiba que terá mais ou menos quinze minutos antes de tirá-lo do fogo. Assados grandes continuam cozinhando depois de retirados do forno, até a temperatura subir cerca de 10°C, enquanto bifes e costelas sobem uns 2°C — leve isso em consideração quando for retirar as carnes do forno.

Se você prefere o tipo de crosta produzida ao selar, comece no fogão. Pode ser uma maneira prática de cozinhar mais depressa num fim de semana — faço isso sempre com o **Frango atropelado crocante**. Asso com o peito para baixo numa fôrma de ferro fundido, depois viro e devolvo ao forno na metade do tempo. A técnica também funciona muito bem com porco, cordeiro e lombo bovino ou filé-mignon.

## Sobrepondo calor

Assim como com sal, gordura ou ácido, algumas vezes vai ser necessário mais do que um tipo de calor para conseguir os resultados que se deseja. É o que eu chamo de **sobrepor calor**.

Pão tostado é um grande exemplo. Como qualquer amido, o trigo precisa de água e calor para cozinhar completamente. Isso é feito combinando trigo e água para fazer a massa do pão, que depois é mantida no forno até estar completamente cozida. Quando tostamos pão, nós o cozinhamos de novo.

Aprenda a dividir o processo de cozimento em "passos" para acabar de cozinhar coisas delicadas na hora de servir, impedindo que cozinhem demais ou pareçam requentadas. É esse tipo de pensamento que os cozinheiros de restaurantes usam para diminuir o tempo que levam para preparar um prato sem comprometer sua qualidade. Alimentos que necessitam de uma longa exposição ao fogo brando — carnes duras, vegetais espessos, grãos ricos — são inteira ou parcialmente cozidos antes e reaquecidos quando pedidos. Comidas delicadas que cozinham rápido ou não se dão bem com o reaquecimento — frituras, carnes macias, peixe e frutos do mar, vegetais pequenos — são cozidas na hora.

É bom brasear a paleta de porco no dia anterior e então grelhá-la para tacos na noite seguinte. Para atingir maior profundidade de sabor, asse delicadamente ou branqueie a quantidade que precisar de vegetais duros — brócolis, couve-flor, nabo ou abóbora

— antes de salteá-los. Cozinhe coxas de frango até que soltem dos ossos, depois desfie a carne para usar numa torta.

Aprenda a combinar dois métodos de cozimento diferentes para chegar a contrastes de sabor ou às texturas que agradam nossos paladares, como crosta dourada e crocante e interior macio e tenro.

## Medindo o calor: dicas sensoriais

A poeta americana Mary Oliver escreveu: "Prestar atenção é um trabalho respeitável e infinito". Ela deve ser uma grande cozinheira. Na verdade, os melhores cozinheiros que conheci — amadores ou profissionais — são observadores cuidadosos.

Com sal, gordura e ácido, sua língua pode ser sua guia enquanto cozinha. Outros sentidos importam mais ao se considerar o calor, pois geralmente não podemos julgar seus efeitos até que o trabalho esteja pronto. Use essas dicas sensoriais para determinar quando várias comidas estão cozidas (ou quase).

### Visão

- Bolos e pães rápidos douram e começam a se soltar da fôrma. Um palito enfiado no centro sairá limpo ou só com um pouquinho de farelo, dependendo do tipo do bolo.

- Peixes mudam de translúcidos para opacos. Quando há espinhas, elas começam a se destacar. Peixes como salmão e truta começam a quebrar.

- Mariscos se abrem ao ser cozidos. Lagosta e carne de siri se soltam da casca. Vieiras devem permanecer translúcidas por dentro. Camarões mudam de cor e começam a se curvar.

QUINOA       TRIGO EM GRÃO

ANTES   DEPOIS      ANTES   DEPOIS

- Quando a quinoa está cozida, o gérmen, que parece um rabinho, sai. Grãos integrais, incluindo cevada e trigo, se partem ao meio. Massa fresca de macarrão fica mole e mais clara quando cozida. Macarrão seco também fica mais claro, mas quando al dente se mantém branco no centro.

- Observe nas frituras em imersão não só a cor da superfície, mas também a quantidade de bolhas formadas. Ao fritar mais e mais, há menos bolhas, pois há menos umidade escapando dela.

- Quando um frango está corretamente cozido, a cor vai de rosa a opaco, mas ele ainda parece suculento. Você sempre pode cortar e checar aves, carne ou peixe. Corte na parte mais grossa e veja se está cozido. O frango assado está pronto quando ao ser furado na coxa soltar um suco claro.

- Musse e *cheesecakes* balançam um pouco no centro, mas não nas beiradas. Claras batidas não parecem pegajosas nem viscosas.

## Olfato

- Os aromas do cozimento são os mais gratificantes e estimulantes aos sentidos fora o paladar. Você deve se familiarizar com o cheiro de cebolas cozinhando em seus diferentes graus. Faça o mesmo com açúcar caramelizando. Isso pode ser útil quando você está em outro cômodo e os vegetais assam no forno. Muitas vezes o nariz é o primeiro a saber.

- Temperos tostando numa panela quente soltam aromas muito antes de mudar de cor, o que é um bom sinal para tirá-los do fogo e deixar que o calor residual continue sua tarefa.

- Esteja sempre atento ao cheiro de queimado e procure saber de onde vem.

## Audição

- A comida quase sempre chia ao ser colocada numa panela, assinalando que a superfície e a gordura estão preaquecidas.

- Há diferentes chiados. Quando ele diminui, torna-se mais agressivo e espirra, significa que há muita gordura quente, e quase sempre o recado é que está na hora de tirar um pouco dela da panela, virar os peitos de frango ou tirar as costeletas do forno.

- Escute a fervura, especialmente quando vai ser necessário transformá-la em uma fervura branda. Você vai ver que é capaz de perceber quando panelas e fôrmas cobertas com papel-alumínio estão fervendo no forno se prestar atenção. Com isso, não vai ter que levantar a beiradinha para verificar.

## Tato

- Carnes macias endurecem ao cozinhar.

- Carnes duras também endurecem, e só estarão prontas quando relaxar e se desmancharem ao toque ou estiverem macias perto do osso.

- Bolos voltam ao lugar depois de apertados com o dedo.

- Amidos que se juntam no fundo de uma panela, dificultando mexer ou criando uma crosta impermeável, estão prestes a queimar. Raspe o fundo da panela ou troque-a para evitar que queimem.

- Leguminosas, grãos e amidos de todos os tipos ficam completamente macios quando cozidos.

- A massa de macarrão é elástica, com um pouquinho de resistência no centro.

- Os vegetais estão prontos quando ficam macios nas partes mais grossas.

# Improvisando com sal, gordura, ácido e calor

Agora, a parte divertida: usar sal, gordura, ácido e calor para compor pratos e cardápios. Responda às perguntas básicas de cada um desses elementos para ter uma ideia muito boa de como proceder. Quanto de sal, gordura, ácido vai usar, e quando e de que formas? Os ingredientes vão se beneficiar mais com calor leve ou intenso? Faça uma lista com as respostas e aparecerá um tema sobre o qual pode começar a improvisar.

Por exemplo, nas festas de fim de ano, use o que aprendeu sobre sal, gordura e calor para fazer o peru assado mais suculento e saboroso que já comeu. Ponha-o em salmoura bastante tempo antes para obter uma carne macia e gostosa. Enfie pedaços de manteiga com ervas debaixo da pele para umedecer o peito enquanto assa. Seque a pele antes de levá-lo ao forno, de modo que doure em vez de cozinhar no vapor. Deixe o peru voltar à temperatura ambiente antes de assar e remova os ossos das costas (ver p. 317), de modo que possa ficar achatado, absorvendo o intenso calor do fogo depressa e por igual. E, claro, deixe-o descansar por pelo menos 25 minutos antes de destrinchar, para que as proteínas relaxem. Depois, coma cada pedacinho com algum molho agridoce.

Quando sua família pede para fazer costeletas para o jantar, diga que vai fazer **Salmão assado em baixa temperatura** ou **Frango frito de lamber os dedos**, sabendo que pode fazer ambos muito bem, mesmo com pouco tempo. Prometa premiar sua família pelo voto de confiança. Quando decidir preparar as costeletas, comece salgando generosamente um dia antes. Na hora do jantar, prepare as ervas aromáticas e os vegetais do braseado enquanto a carne doura. Lembre-se de juntar vinho e tomate à base. Leve a assadeira ao forno e deixe em fervura branda, para as costeletas ficarem mais ricas, macias e saborosas. Pense no molho de ervas que vai fazer para equilibrar. Quando colocar tudo na mesa, veja como sua família vai se surpreender, adorando cada mordida. Quando perguntarem como conseguiu tal feito, você dirá: "Foi simples. Com sal, gordura, ácido e calor".

# O QUE COZINHAR

Agora que você já sabe *como* cozinhar, só falta decidir *o que* cozinhar. Inventar cardápios é uma das partes mais interessantes da cozinha. É como um quebra-cabeças simples. Descubra uma peça e depois monte o restante em torno dela.

## Ancorando

Escolha um elemento de um prato e faça dele a base sobre a qual vai construir a refeição. É o que chamo de **âncora**, e é o melhor jeito de criar um cardápio unido por um conceito e em torno de um sabor.

A âncora pode ser um ingrediente específico, como o frango que você salgou há dois dias. Talvez seja um método de cozimento. Ou é o primeiro dia de verão e você está morrendo de vontade de usar a churrasqueira. Às vezes, a simples ideia de sair de casa para comprar comida é demais, e a âncora se transforma no que você tem na geladeira, no freezer e na despensa.

Muitas vezes, a âncora será uma limitação: de tempo, espaço, recursos ou capacidade do forno ou do fogão. Nas festas de fim de ano, quando o espaço no forno é concorrido, faça disso sua âncora. Resolva que itens do cardápio precisam ser feitos lá e quais outros podem ir para o fogão ou para a grelha, ou ser servidos em temperatura ambiente. Num fim de semana, sua âncora pode ser a falta de tempo para cozinhar, então permita que isso guie a escolha da carne em torno da qual montará a refeição. Num domingo em casa, o oposto pode ser a verdade, e você terá tempo para trabalhar o dia inteiro em cozimentos lentos e construir todo um menu.

E se der vontade de comer comida mexicana, indiana, coreana ou tailandesa? Deixe que os sabores dessas cozinhas guiem você. Pense nos ingredientes que definem a cozinha de inspiração e comece a construir uma refeição em torno disso. Consulte livros, suas lembranças de infância ou de viagem, chame parentes e peça conselhos. Decida se quer percorrer o caminho tradicional ou seguir o conselho da avó. E que tal reler

**O mundo do sabor** (p. 194) e só dar um toque de determinada região a um prato que já sabe fazer?

Se perder o controle na feira, como acontece comigo tantas vezes, quando volto para casa com mais coisas do que consigo comer, deixe os ingredientes frescos serem sua âncora. Sente-se à mesa da cozinha com uma xícara de café e pegue seus livros favoritos da estante — ou vá à seção de receitas deste livro — para se inspirar.

Um dos primeiros trabalhos que tive no Chez Panisse foi de *garde-manger* — "guarda da comida". Eu começava toda manhã às seis horas, e minha primeira tarefa era entrar em quatro câmaras frias enormes e fazer o inventário de cada item que havia. Logo aprendi a usar uma blusa debaixo do uniforme, pois os passeios eram congelantes. Também aprendi como essa inspeção mudava o cardápio do dia. Só depois que os chefs tinham uma ideia completa do que havia à mão e do que seria entregue pelos fornecedores é que podiam se sentar e começar a pensar no melhor cardápio possível. Se eu não fizesse bem meu trabalho, eles não podiam fazer o deles.

Cheguei a gostar daquela hora sossegada em que entrava na geladeira, antes que a cozinha se abrisse para a vida com o trabalho dos cozinheiros e o barulho da máquina de lavar pratos. Logo percebi que tomar nota de tudo o que havia era o primeiro passo na decisão do cardápio, fosse no restaurante ou em casa. Também aprendi que avaliar a qualidade dos ingredientes estava implícito naquilo que eu fazia. Se alguma coisa não está boa, não há quantidade de sal, gordura, ácido ou calor que faça um milagre. Sempre tente comprar o melhor ingrediente possível; como regra, quanto mais fresco o produto, a carne, os laticínios, o peixe, melhor será o gosto. Em geral o que é comprado localmente e está na época é o mais fresco — e logo, o melhor. Fazer compras antes de decidir o cardápio vai garantir que sua refeição comece com os ingredientes mais saborosos, e assim você não precisa pedir aos deuses que encontre uma maneira de usar os figos perfeitamente maduros ou a tenra alface que encontrou por acaso na feira.

Se não for dia de feira, ande pelos corredores da quitanda ou do mercado à procura do que há de melhor e mais fresco, deixando que os sentidos conduzam você. Se as verduras estiverem murchas e os tomates não tiverem cheiro, vá até a seção de congelados escondida lá no fundo. Nos esquecemos dos congelados, mas eles são colhidos no auge do frescor. No inverno — ou quando nada parece muito bom —, ervilha e milho congelados muitas vezes são como um presente saboroso da primavera e do verão.

# O mundo do sabor

USE ESTA RODA para AJUDÁ-LO A ESCOLHER QUAIS TEMPEROS UTILIZAR ao FAZER PRATOS DO MUNDO INTEIRO. PONHA ERVAS E ESPECIARIAS em BASES AROMÁTICAS E para FINALIZAR, DANDO MÚLTIPLAS DIMENSÕES do MESMO SABOR à COMIDA.

## EUROPA

**REINO UNIDO:** GENGIBRE, SALSINHA, AIPO, HORTELÃ, ENDRO, CARDAMOMO, CURRY, CANELA, EM PÓ, NOZ-MOSCADA

**FRANÇA:** LAVANDA, ESTRAGÃO, SEMENTE DE ERVA-DOCE, CEREFÓLIO, ALECRIM, ERVAS DE PROVENÇA, QUATRO ESPECIARIAS, SÁLVIA, LOURO, TOMILHO

**ITÁLIA:** MANJERICÃO, SEMENTE E FOLHA DE ERVA-DOCE, FUNCHO, PIMENTA-DO-REINO, ALECRIM, SÁLVIA, PIMENTA, ORÉGANOS E AÇAFRÃO

**ESPANHA:** AÇAFRÃO, TOMILHO, SALSINHA, PÁPRICA DOCE E DEFUMADA, LOURO, PIMENTA, COENTRO, LAVANDA, ESTRAGÃO, MANJERICÃO

**ALEMANHA:** PIMENTA-DA-JAMAICA, ANIS, LOURO, KÜMMEL, CEBOLINHA, CANELA, SEMENTE E FOLHA DE ENDRO, GENGIBRE, ZIMBRO, RAIZ-FORTE, PÁPRICA, SALSINHA, PIMENTA-DO-REINO BRANCA E PRETA, SEMENTE DE AIPO

**EUROPA ORIENTAL:** PIMENTA-DA-JAMAICA, KÜMMEL, CANELA, CRAVO-DA-ÍNDIA, ENDRO, GENGIBRE, ZIMBRO, PÁPRICA, PIMENTA-DO-REINO, SEGURELHA

**ESCANDINÁVIA:** CARDAMOMO, CANELA, ENDRO, GENGIBRE, BAGA DE ZIMBRO, NOZ-MOSCADA, LOURO, PIMENTA-DA-JAMAICA, MOSTARDA, AÇAFRÃO

**GRÉCIA E CHIPRE:** HORTELÃ, ENDRO, SALSINHA, ORÉGANO, MANJERICÃO

## ÁFRICA

**ÁFRICA OCIDENTAL:** NOZ-MOSCADA, GENGIBRE, CURRY, ADOBO, AMENDOIM

**NORTE DA ÁFRICA:** AÇAFRÃO, HARISSA, CANELA, COENTRO, COMINHO, SUMAGRE, HORTELÃ, SALSINHA, COENTRO, LA KAMA, DUKKAH, RAS EL HANOUT

**CHIFRE DA ÁFRICA:** BERBERE, MITMITA

## ÁSIA

**CHINA:** PIMENTA, ALHO, ANIS-ESTRELADO, PIMENTA-DE-SICHUAN, PIMENTA-DO-REINO, GENGIBRE, GERGELIM, CINCO ESPECIARIAS

**JAPÃO:** PIMENTA, GENGIBRE, WASABI, SHISÔ, SHITAKE, YUZU, KOMBU, MOSTARDA EM PÓ, NORI, SHICHIMI TOGARASHI, GERGELIM

**COREIA:** PIMENTA, ALHO, GERGELIM, PERILLA, GENGIBRE

**TAILÂNDIA:** MANJERICÃO-TAILANDÊS, COENTRO, CÚRCUMA, GENGIBRE, PIMENTA, COENTRO, CAPIM-LIMÃO, HORTELÃ, ANIS-ESTRELADO, PIMENTA, ALHO, PASTA DE CURRY, CÁTCHUP, KAFFIR LIMÃO-TAILANDÊS, LIMÃO, PERILLA, RAU RĂM

**VIETNÃ:** PIMENTA, COENTRO, GENGIBRE, CEBOLINHA, ANIS-ESTRELADO, CANELA, CURRY, CARDAMOMO, CRAVO-DA-ÍNDIA, HORTELÃ, PIMENTA-DO-REINO, PERILLA

**ÍNDIA:** AÇAFRÃO, COMINHO, CARDAMOMO, HORTELÃ, PIMENTA-DO-REINO, CRAVO-DA-ÍNDIA, CANELA, ANIS, GARAM MASALA, PANCH PHORON, CÚRCUMA, COENTRO, PIMENTA, CARDAMOMO-DA-ÍNDIA, CURRY, COMINHO, GENGIBRE, MOSTARDA

**IRÃ:** ROSAS, ENDRO, CARDAMOMO, MANJERICÃO, SALSINHA, COENTRO, ESTRAGÃO, LIMÃO SECO, ÁGUA DE FLOR DE LARANJEIRA E ADUIEH, AÇAFRÃO

**MEDITERRÂNEO:** ZAATAR, BAHARAT, PIMENTA-DO-REINO, FUNCHO, HORTELÃ, MANJERONA, COMINHO, SUMAGRE, ORÉGANO, TOMILHO, SALSINHA

## AMÉRICA DO SUL

**ARGENTINA E URUGUAI:** SALSINHA, ORÉGANO, PIMENTA, PÁPRICA

**CHILE, PERU E BOLÍVIA:** COENTRO, TAGETES, PIMENTA AJÍ, MANJERICÃO, SALSINHA, PIMENTA

**BRASIL:** LOURO, DENDÊ, CÚRCUMA, COLORAU, CEBOLA, ALHO, SALSINHA, COENTRO, NOZ-MOSCADA, PIMENTA-DO-REINO, PIMENTAS DIVERSAS

## AMÉRICA DO NORTE E CENTRAL

**ESTADOS UNIDOS E CANADÁ:** MOSTARDA, PÁPRICA, PIMENTA-CAIENA, PIMENTA-DO-REINO, PIMENTA, SALSINHA, AIPO, ENDRO, HORTELÃ, CANELA, NOZ-MOSCADA

**MÉXICO:** PIMENTA SECA E FRESCA, COENTRO, COMINHO, CANELA, ERVA-DE-SANTA-MARIA, ORÉGANO, CRAVO-DA-ÍNDIA, PIMENTA-DA-JAMAICA, TOMILHO

**AMÉRICA CENTRAL:** PIMENTA, ERVA-DE-SANTA-MARIA, COENTRO, MOSTARDA, CANELA, CÚRCUMA

**CARIBE:** PIMENTA-DA-JAMAICA, PIMENTAS FORTES, CALLALOO, GENGIBRE, HIBISCO, ORÉGANO, COMINHO, MANJERICÃO, LOURO, PÁPRICA, AÇAFRÃO, CURRY EM PÓ, TEMPERO JERK

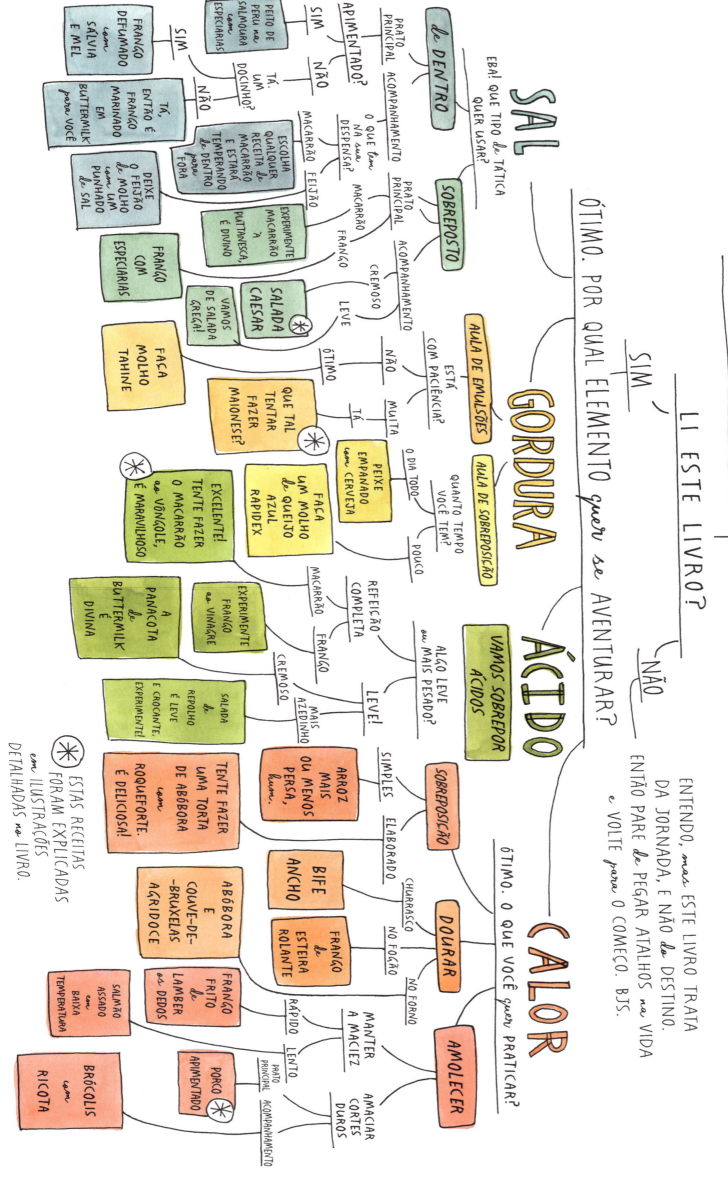

# EQUILÍBRIO, SOBREPOSIÇÃO E CONTENÇÃO

Agora que escolheu sua âncora, equilibre a refeição. Antes de pratos muito trabalhados e ricos, faça pratos leves e frescos. Se quiser servir um aperitivo com pão — **Panzanella de inverno** ou **Torrada com ricota e tomate** — evite massas pesadas, como macarrão, bolo ou pudim de pão, no restante da refeição. Se servir uma **Torta musse de chocolate** de sobremesa, não sirva **Macarrão Alfredo** ou filé com molho *béarnaise* antes.

Junte texturas, sabores e ingredientes contrastantes e evite repetições, a não ser que esteja celebrando o pico de uma estação do ano com sopa, salada e raspadinha de tomate, por exemplo. Combine comidas reconfortantes e macias com pão crocante, oleaginosas tostadas ou bacon para deixar as coisas mais interessantes. Sirva carnes ricas de gosto simples com molhos brilhantes e ácidos, e talvez vegetais crus para acompanhar. Sirva amidos de secar a boca com molhos de dar água na boca e reconheça que uma salada suculenta pode ir à mesa como acompanhamento ou molho. Sirva uma refeição simples como um bife grelhado ou um frango com vegetais assados e salteados ou fritos e glaceados apresentando o verniz escuro da reação de Maillard.

Deixe que a estação inspire você e que as comidas se complementem naturalmente no prato. Por exemplo, milho, feijão e abóbora crescem como companheiros no campo e se dão muito bem no *succotash*. Tomate, berinjela, abobrinha e manjericão podem ser combinados em ratatouille, *tian* ou caponata, dependendo de em que parte do litoral mediterrâneo você está. Sálvia, uma resistente erva de inverno, é um acompanhamento natural para abóbora, pois suas folhas e seu sabor fortes enfrentam bem o frio do inverno.

Combine ingredientes delicados que desaparecem facilmente, subjugados por gostos fortes, com sabores leves — caldos, ervas tenras, uma espremida de um cítrico no final, descartando os elementos muito tostados, escuros ou dourados. Pense em ervilhas-tortas e aspargos, salmão e linguado ou uma salada de frutas no verão. Às vezes, o tempo, a estação ou a ocasião pedem profundeza de sabor, tanto nos temperos quanto na carne do ensopado, em caldos ricos, queijo, cogumelos, anchovas e outros ingredientes plenos de umami. Tente conseguir um equilíbrio simples e profundo.

Tempere bem uma parte de um prato ou de uma refeição e mantenha o restante mais ou menos neutro, com algumas poucas especiarias ecoando aqui e ali, se quiser, para evitar sobrecarregar suas papilas gustativas. Acompanhe uma sopa de cenoura com molho de iogurte, repleto de especiarias tostadas em ghee. Junte sementes de cominho em abundância ao arroz com feijão, esfregue alho e pimenta na carne para os tacos.

Se o gosto ainda não estiver certo ao provar, volte às lições de Sal, Gordura e Ácido. Confie que são esses elementos que equilibram um prato. Na maioria das vezes será o bastante. Se o prato ainda estiver precisando de equilíbrio, vá atrás do umami. Está meio sem graça? Talvez um pouco de molho de soja, anchova ou parmesão façam a diferença. Finalmente, a textura: será que a culpada é ela? Está tudo com a mesma textura? Talvez precise de croûtons, nozes e castanhas torradas ou picles para dar um contraste crocante.

Cientistas descobriram que todos preferimos comidas que envolvam nossos sentidos com contrastes — incluindo claro e escuro, doce e salgado, crocante e macio, quente e frio, e, é claro, doce e azedo.

Além disso, ervas e especiarias podem levantar as comidas mais simples. Molhos de ervas, pimentas, salsinha picada, *zaatar* libanês, *shichimi togarashi* japonês levantam qualquer prato.

Invista nos sabores de um prato equilibrando-o com sobreposições para formar uma matriz intrincada de gostos e aromas. Use um único ingrediente de várias maneiras para criar camadas: raspas do limão e seu sumo, sementes e folhas de coentro, sementes, folhas e talo de erva-doce, pimentas frescas e secas, avelãs tostadas e seu óleo.

E, se elaborar menus se tornar um sacrifício atroz, lembre que já tem uma vida plena de cardápios no bolso. Por exemplo, os pratos que escolhe no restaurante aonde sempre vai. Você já entende desse assunto. Cada vez que pede uma salada, o primeiro e o segundo prato e uma sobremesa, está intuitivamente criando uma refeição completa. Apesar de ser uma tentação pedir salada Caesar *e* almôndegas *e* macarrão

*e* frango frito *e* sorvete, você raras vezes faz isso, porque está intuitivamente consciente do preço a pagar pelo excesso.

Cada escolha que se faz na cozinha deve ter uma razão definida. Rara é a refeição feita de sobras que não pareça uma refeição feita de sobras. Não estou dizendo que não devemos nos alimentar vez ou outra de sobras — é bem o contrário —, mas que você deve decidir com muito cuidado quais ingredientes combinam entre si e quais trazem luz a outros ingredientes, em outros pratos.

# USANDO RECEITAS

A chef Judy Rodgers disse uma vez: "Não são as receitas, mas quem faz a comida que a deixa gostosa". Concordo completamente. Na maioria das vezes, o caminho da boa comida é simples. O sal, a gordura e o ácido certos, além do calor adequado no tempo adequado. De vez em quando, como inspiração ou pela necessidade de um passo a passo, uma receita boa é útil.

Só que as receitas nos levam a acreditar que cozinhar é um processo linear, enquanto toda comida boa resulta de uma teia de aranha. Troque uma parte da receita, e a coisa inteira balança. No começo deste livro, descrevi a alquimia do molho da salada Caesar. A quantidade de anchovas que você usa nele altera a quantidade de sal, que por sua vez altera a quantidade de queijo, que altera quanto vinagre deve entrar, o que pode ser atenuado por sumo de limão. Cada escolha é parte de um todo maior, cujo objetivo é o mais profundo sabor.

Pense numa receita como a foto de um prato. Quanto mais detalhada e focada, melhor. Só que nem as mais belas fotos podem substituir a experiência presencial, os cheiros, a salivação, os barulhos. Assim como as fotos não satisfazem todos os nossos sentidos, as receitas não têm o direito de subvertê-los.

Uma boa receita, como uma bela foto, conta uma história, e conta bem. Receitas ruins talvez não juntem todos os pontos. Há muitas razões para isso, e algumas delas têm a ver com a habilidade do cozinheiro ou a eficácia de quem testa as receitas, mas, francamente, se ela foi ou não testada não tem importância. *Nenhuma receita é infalível.* Você está cozinhando, está presente, precisa usar todos os seus sentidos — bom senso, principalmente —, para guiá-lo até o resultado que espera. Através dos anos me surpreendi ao ver bons cozinheiros desistirem de pensar crítica e independentemente ao seguir receitas.

Bem ao contrário, depois que tiver escolhido uma receita, não deixe que seu conhecimento íntimo dos ingredientes, da cozinha e, mais importante ainda, do seu próprio gosto, seja anulado pelo que está lendo. Esteja presente. Mexa, prove, corrija.

Alguns tipos de receitas, especialmente sobremesas, devem ser seguidas à risca. Mas acredito que mesmo o mais delicioso dos salgados — e suas receitas — não são mais que guias, e alguns guias são melhores do que outros. Aprenda a decifrar os códigos secretos das receitas para descobrir aonde estão levando você.

Depois de ter entendido que brasear, ensopar, fazer um ragu ou chili seguem mais ou menos a mesma trajetória, espero que se sinta livre. Use seu julgamento para decidir que panela vai usar, a quanto calor vai submetê-la, qual gordura usará para dourar, ou se o prato está pronto ou não apesar do que disser a receita.

Às vezes, não dá para errar. A melhor torta de abóbora que já comi era uma versão da receita que vinha na lata, com uma pequena substituição (na verdade, é a inspiração da receita que incluí na Parte II). A receita do pão de milho do Chez Panisse é uma variação da receita que vem no pacote de fubá da Alber's, só que feita com milho da Carolina do Sul moído fresco. E meu cookie favorito é uma pequena variação da receita da Toll House: com adição de ¼ de xícara de açúcar mascavo no lugar da mesma quantidade do comum.

Ao fazer um prato pela primeira vez, leia várias receitas diferentes e compare. Preste atenção nos ingredientes, nas técnicas e nos temperos, em quais são comuns a todas as receitas lidas e em quais são diferentes. Isso esclarecerá em que aspectos do prato você não pode fazer concessões e onde a inspiração é bem-vinda. Com o tempo, ao aprender quais chefs e escritores são tradicionalistas e quais tomam mais liberdade, você estará mais bem preparado para decidir entre receitas e estilos de cozinhar.

Ao fazer comidas de outros países, talvez nenhum ingrediente seja tão importante como a curiosidade. Cozinhar e comer comidas de lugares que nunca conheceu é uma ótima maneira de expandir seus horizontes e de se lembrar de que o mundo é de uma magia ímpar e cheio de surpresas. Deixe que a curiosidade encaminhe você a novos livros, revistas, sites, restaurantes, aulas de cozinha, cidades, países e continentes.

A natureza da culinária é sempre mutante. Ervilha terá gosto diferente quando preparada em dias diferentes, pois seus açúcares se transformam em amido. Vai ser preciso tratá-la de modo diferente para extrair o que há de melhor nela, e isso quer dizer que se deve prestar muita atenção e perguntar a si mesmo o que é melhor fazer hoje, aqui, com esses ingredientes.

Com tudo isso na cabeça, mais o que ensinei na Parte I, compilei minhas melhores e mais importantes recomendações e receitas básicas na Parte II. Organizei as receitas de maneira diferente da usada em um livro tradicional. Elas refletem os padrões de Sal, Gordura, Ácido e Calor. Não deixe de consultar os gráficos e infográficos. São recursos

CALOR · **199**

como as rodinhas para se aprender a andar de bicicleta. Use-os até se sentir à vontade para cozinhar sem eles. Depois, abandone-os sem dó, guiando-se somente pelos quatro elementos da cozinha. É tudo de que você precisa.

No outro dia, eu estava vendo *A noviça rebelde* pela milionésima vez e cantando junto. Então compreendi algo que era dito sobre a escala musical de uma maneira completamente diferente: "Quando tiver as notas na cabeça, pode cantar 1 milhão de músicas diferentes só as misturando". Sinta-se à vontade para me imaginar cantando totalmente desafinada enquanto pensa a respeito. Depois que domina o básico — sal, gordura, ácido e calor —, pode cozinhar qualquer coisa, e bem.

Há quatro notas na escala culinária. Aprenda todas. Fique íntimo dos clássicos e depois comece a improvisar, como um músico de jazz. Componha!

Pense em sal, gordura, ácido e calor cada vez que começar a cozinhar. Escolha o tipo adequado de calor para aquela comida em especial. Prove e corrija o sal, a gordura e o ácido à medida que trabalha. Pense bem e use seus sentidos. Considere esses quatro elementos ao fazer pratos que já fez centenas de vezes e use-os como guia para fazer pratos pela primeira vez. Eles nunca decepcionarão você.

AGORA que
VOCÊ JÁ SABE
COZINHAR...

# PARTE II
## RECEITAS e CONSELHOS

# O BÁSICO DA COZINHA

# ESCOLHENDO UTENSÍLIOS

Use esta lista para escolher o utensílio certo para cada tarefa.

### Faca de serra × faca de chef × faquinha afiada

Existem poucos usos adequados para uma faca de serra: cortar pão, tomate e bolo em camadas. Para todo o resto, use uma faca de chef — quanto mais afiada melhor. Utilize uma faquinha quando a tarefa pede precisão.

### Colher de pau × colher de metal × espátula de silicone

Deve-se mexer a comida com colher de pau, que é macia o bastante para evitar estragar a panela, mas forte o bastante para raspar todos os pedacinhos menores que podem estar grudados no fundo. A colher de metal é ideal para carne moída, chili ou ragu, porque você pode usar a ponta para quebrar a comida em pedaços. Utilize uma espátula de silicone sempre que precisar tirar qualquer restinho grudado na vasilha ou panela.

### Frigideira × panela de ferro

Use frigideira para selar e saltear, ou para qualquer método culinário que tenha por objetivo dourar a comida rapidamente. De resto, utilize uma panela de ferro com lateral alta, para aprisionar o vapor e amaciar alimentos duros. Como ela é funda, o óleo não transborda, de modo que ela também é ótima para fritura em imersão.

### Assadeira × tigela

A assadeira forrada com papel-manteiga é ideal para receber vegetais branqueados, carnes douradas, grãos cozidos ou qualquer outra coisa que precisa esfriar rapidamente, sem passar do tempo de cozimento. Quando for assar vegetais, croûtons ou qualquer outra coisa, misture-os ao azeite e sal numa tigela, para cobrir bem, então disponha na assadeira.

Para uma lista completa de utensílios de cozinha, veja as guardas deste livro.

# ESCOLHENDO INGREDIENTES

## Nota sobre o sal

Tenho muita coisa a dizer sobre o sal, tanto que escrevi um capítulo inteiro sobre ele. Recomendo que leia antes de ir para a cozinha com as receitas, mas, se não resistir à tentação, vou entender.

Se encontrar uma receita que não especifica o tipo ou a qualidade de sal a usar, use o que tiver à mão (a não ser que seja sal iodado; nesse caso jogue-o fora e vá direto ao mercado comprar sal kasher ou marinho). Comece com uma pitada ou duas de sal, provando logo no começo e outras vezes durante o processo de cozimento para chegar aonde quer, corrigindo no caminho.

Leia as indicações de **como usar o sal** na p. 43 para saber como o peso de uma única colher de sal varia dependendo do tipo, assim como o gosto. Dica: varia muito. Por esse motivo, sugiro começar seguindo minhas linhas gerais como parâmetro até que sinta que já sabe quanto sal é preciso para temperar comidas variadas.

# Onde não economizar

A maioria das receitas a seguir pede ingredientes que são encontrados em qualquer supermercado. Mas gastei mais em alguns itens e sugiro que faça o mesmo. A boa comida começa com bons ingredientes. Você vai me agradecer quando tiver jantando a melhor comida que já cozinhou.

## Compre o melhor que puder

- Azeite extravirgem prensado no ano anterior
- Queijo *parmigiano reggiano*, da Itália
- Chocolate e cacau em pó

## Compre e prepare você mesmo

- Escolha e pique as **ervas frescas** (e use sempre salsinha italiana ou de folha lisa)
- Sumo de **limão**
- Descasque, pique e soque o **alho**
- Moa as **especiarias**
- Ponha de molho, lave, e pique **anchovas conservadas no sal**
- Faça **Caldo de frango** quando puder (receita na p. 271). Compre caldo fresco ou congelado caseiro, não processado ou em tablete (o gosto nunca é tão bom). Se não der, use água.

Para uma lista completa de itens de cozinha, recorra às guardas deste livro. Para mais detalhes de como escolher ingredientes, volte algumas páginas e releia **O que cozinhar** (p. 191).

# PASSO A PASSO BÁSICO

*Como preparar uma cebola para fatiar e picar*

1.
A. APARE A EXTREMIDADE DA RAIZ,
B. CORTE A OUTRA EXTREMIDADE

2. CORTE AO MEIO LONGITUDINALMENTE
(ASSIM A CEBOLA MANTÉM A FORMA, E É MAIS FÁCIL PARA CORTAR, DE USAR SÓ METADE E GUARDAR A OUTRA)

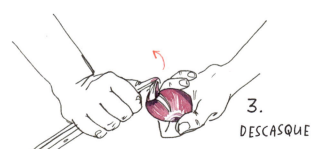

3. DESCASQUE

# Como fatiar uma cebola

SIGA OS PASSOS PREPARATÓRIOS 1-3 e DEPOIS:

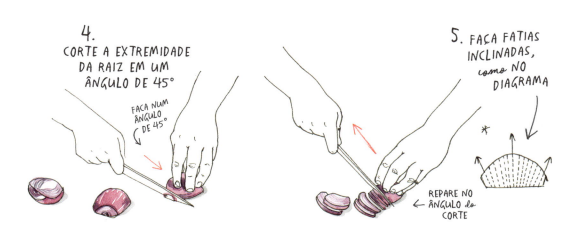

4. CORTE A EXTREMIDADE DA RAIZ EM UM ÂNGULO DE 45°

FACA NUM ÂNGULO DE 45°

5. FAÇA FATIAS INCLINADAS, *como* NO DIAGRAMA

REPARE NO ÂNGULO do CORTE

# Como picar uma cebola

SIGA OS PASSOS ANTERIORES 1-3 e DEPOIS:

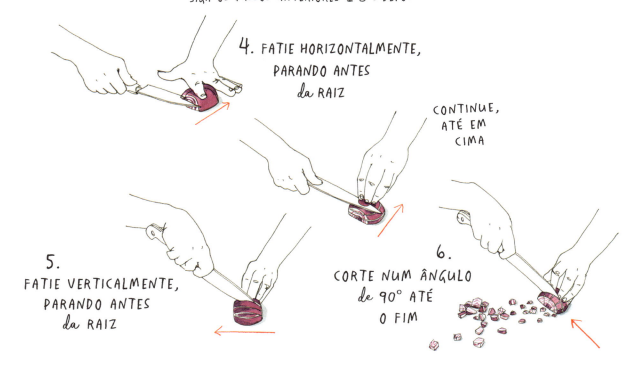

4. FATIE HORIZONTALMENTE, PARANDO ANTES DA RAIZ

CONTINUE, ATÉ EM CIMA

5. FATIE VERTICALMENTE, PARANDO ANTES DA RAIZ

6. CORTE NUM ÂNGULO DE 90° ATÉ O FIM

# Como transformar alho em pasta

1. DESCASQUE UM DENTE ou DOIS e RETIRE A HASTE DO MEIO

2. FATIE FINO

3. PIQUE BEM

4. JUNTE UMA PITADA DE SAL para CRIAR ATRITO

5. USE A LÂMINA da FACA PARA ESMAGAR O ALHO CONTRA A SUPERFÍCIE de TRABALHO ATÉ que SE TRANSFORME NUMA PASTA LISA

6. SE NÃO FOR USAR IMEDIATAMENTE, PONHA A PASTA numa VASILHA PEQUENA e CUBRA COM AZEITE para NÃO OXIDAR

# Folhas e ramos

SALSINHA

# Pique

PICADO GROSSEIRAMENTE

BEM PICADINHO

AIPO (CORTADO)

QUEIJO FETA

# Quebre

# Fatie

FATIAS GROSSAS

FATIAS FINAS

# RECEITAS

# SALADAS

Minha mãe é uma cozinheira fantástica. No seu repertório há uma grande variedade de comidas e sabores, desde o tenro ossobuco de cordeiro a doces cheirando a água de rosas. Mas só faz duas saladas: a *Shirazi* (p. 230), com pepino, tomate e cebola, ou uma com alface romana, queijo pecorino e tomate seco. Quando eu era pequena, as saladas já não eram meu forte. Quando fui para a faculdade, simplesmente não comia.

Acontece que fui parar no Chez Panisse, que poderia muito bem ser chamado de "Casa de saladas da Alice", pois se algum dia um restaurante se fez pela excelência de suas saladas, foi esse. Uma vez ouvi Jacques Pépin dizer que podia julgar a perícia de um cozinheiro pelo modo como cozinhava um ovo. Para Alice — e por extensão, para todos que cozinhavam com ela —, uma salada revela tudo o que se precisa saber sobre um cozinheiro.

No Chez Panisse, aprendi a fazer uma boa salada a partir de qualquer coisa: legumes, verduras, frutas, ervas, vagens, grãos, peixe, carne, ovos ou frutas secas. Pode ter certeza de que se sal, gordura e ácido estiverem bem balanceados, como com tudo na cozinha, a salada estará deliciosa. Para ficar melhor ainda, junte ingredientes crocantes a fim de misturar texturas e outros ricos em umami para levantar o sabor. Como inspiração, dê uma olhada nas saladas Wedge, Caesar e Cobb, clássicos americanos que alcançaram o equilíbrio ideal de sabores e texturas.

Faça saladas clássicas e depois comece a improvisar, mantendo-as na cabeça. Escolha um sabor e use a combinação de gordura, acidez e ervas que reflita o gosto que está procurando.

Cada ingrediente de uma salada, das vibrantes, cruas, sazonais, de ervas frescas ou vinagretes, pode ser bonito e delicioso. Aprenda a temperar bem, revolvendo os ingredientes na tigela com as mãos, mil vezes mais jeitosas do que pinças ou colheres de pau. Quando seus dedos sentirem que todas as folhas estão recobertas, prove e corrija o tempero se preciso.

Para saladas muito variadas, como **Abacate com tomate e pepino** (p. 217), tempere o pepino em rodelas numa tigela com sal e vinagrete. Alterne rodelas de tomates coloridos num prato e finalize com colheradas de abacate, temperando-as com sal e vinagrete. Depois arrume os pepinos em volta. Finalize esta salada — e qualquer outra — com os ingredientes mais delicados de todos: um ninho de ervas frescas ou folhinhas de rúcula levemente temperadas.

# Salada ideal

| DESCONSTRUINDO | WEDGE | CAESAR | COBB | GREGA |
|---|---|---|---|---|
| SAL | BACON e QUEIJO AZUL | ANCHOVA, PARMERSÃO e MOLHO INGLÊS | BACON e QUEIJO AZUL | QUEIJO FETA e AZEITONAS |
| GORDURA | BACON, QUEIJO AZUL e AZEITE | OVO, AZEITE e PARMESÃO | ABACATE, OVO, QUEIJO AZUL e AZEITE | AZEITE e QUEIJO FETA |
| ÁCIDO | QUEIJO AZUL e VINAGRE | LIMÃO, VINAGRE, MOLHO INGLÊS e PARMESÃO | VINAGRE, MOSTARDA e QUEIJO AZUL | VINAGRE ou LIMÃO, CEBOLA MACERADA, FETA e TOMATE |
| CROCANTE | ALFACE AMERICANA e BACON | ALFACE ROMANA e CROÛTONS | ALFACE ROMANA, AGRIÃO e BACON | PEPINO |
| UMAMI | BACON e QUEIJO AZUL | PARMERSÃO, ANCHOVA e MOLHO INGLÊS | QUEIJO AZUL, BACON, TOMATE e FRANGO | TOMATE, QUEIJO FETA e AZEITONA |

# Matriz da salada de abacate

Abacates ricos e cremosos são um dos meus luxos preferidos que cabem no orçamento. É fácil fazer uma salada com um abacate maduro. E como os abacates combinam com todo tipo de frutas e legumes crocantes e ácidos, em vez de dar a vocês só uma receita de salada de abacate, organizei inúmeras possibilidades numa tabela.

Uma salada dessas vai tornar qualquer refeição especial, como provei levando abacates, laranjas sanguíneas, sal e um bom azeite a uma aula de ioga. No almoço, fizemos uma festinha surpresa para uma colega, e cada uma levou uma coisa. Fiz uma salada simples, forrando uma travessa com laranja cortada, cobrindo com colheradas de abacate e temperando com azeite e sal. Comemos no quintal, e a salada foi tão refrescante e inesperada que todos comentam até hoje, dez anos depois, que foi a melhor que comeram na vida!

Para quatro pessoas, comece com um abacate maduro (ou mais, a gosto) e confira na tabela que outros ingredientes e molhos combinam. Deixe que o restante da refeição aponte a direção que a salada vai tomar, do Marrocos ao México ou à Tailândia. Para qualquer lugar que for, a versão escolhida será melhorada por um punhado de ervas, funcho ou rúcula.

## Abacate

O avocado hass é meu favorito, com textura cremosa e sabor amanteigado. Há outros deliciosos, com um sabor bem mais delicado e textura ainda mais cremosa. Use a variedade que quiser, contanto que perfeitamente madura: o abacate está bom para consumo quando macio ao toque.

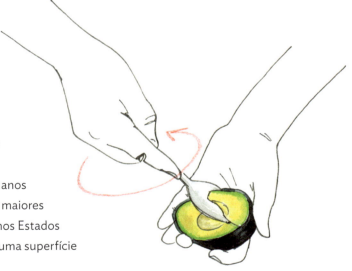

Um amigo cirurgião há quase quarenta anos me disse que abacates e bagels são as duas maiores causas de ferimentos acidentais nas mãos nos Estados Unidos. Então, por favor, apoie o abacate numa superfície quando for tirar o caroço.

Espere até o último minuto para abrir o abacate da salada, porque ele oxida rapidamente, mudando de gosto e de cor. Depois de

RECEITAS • 217

cortá-lo ao meio e retirar o caroço, tire colheradas e coloque-as imediatamente no prato em que vai servir. Tempere cada colherada com sal em flocos e vinagrete. Se tiver uma pimenta leve, jogue um pouco por cima para levantar o sabor e dar um bem-vindo contraste de cor.

## Beterraba

Use de 2 a 3 beterrabas pequenas aparadas e lavadas. Elas dão uma cor maravilhosa ao prato.

Aqueça o forno a 220°C. Coloque a beterraba numa só camada na assadeira e ponha água só o bastante para criar vapor, sem cozinhar. Cubra com papel-manteiga e sobreponha papel-alumínio, para fechar bem. Asse por 1 hora ou até que a beterraba esteja completamente macia quando espetada com uma faca amolada. Há poucas coisas tão ruins quanto beterraba malcozida. Preste atenção ao cheiro que vem do forno — se sentir um aroma de açúcar caramelado, quer dizer que a água já evaporou e que é preciso adicionar mais um pouco para não queimar.

Deixe a beterraba esfriar o bastante para manipular e então descasque, esfregando um papel-toalha. A casca vai se soltar facilmente. Corte em cunhas pequenas, que caibam na boca de uma só vez, e ponha em uma vasilha, misturando com 1 e ½ colher (de chá) de vinagre de vinho e 1 colher (de sopa) de azeite. Reserve por 10 minutos, prove e corrija o tempero, se necessário, lembrando que as quantidades certas de ácido e sal realçarão a doçura natural da beterraba.

Para servir, arrume os pedaços no prato. A regra para empratar beterraba é não mexer mais nelas, pois mancharão a travessa, deixando um rastro feio.

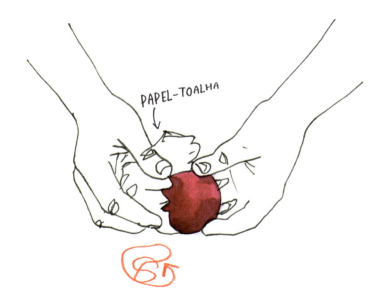

## Cítricos

Use 2 ou 3 frutas cítricas de qualquer tipo, inclusive grapefruits, laranjas sanguíneas ou até mexericas. Misture pelo menos uma ou duas variedades para aumentar o sabor e a beleza do prato.

Apare a fruta em cima e embaixo. Coloque numa superfície de trabalho e retire a casca e a parte branca em tiras, como na figura, com uma faquinha afiada. Fatie com cuidado no sentido dos gomos, com espessura de cerca de ½ cm, removendo as sementes. Para segmentar grapefruits, segure a fruta descascada sobre uma tigela a fim de recolher o sumo. Pegue uma faca de lâmina fina e afiada para cortar junto da membrana do gomo até o centro. Continue a cortar dos dois lados do gomo, de modo que ele fique completamente solto. Se sobrar sumo na tigela, use para fazer **Vinagrete cítrico** (p. 244), **Raspadinha** (p. 404) ou suco. Arrume na travessa e tempere os gomos levemente com sal.

## Tomate

Use de 2 a 3 tomates maduros da estação e algumas poucas rodelas de tomates contrastantes para realçar o aspecto da salada e torná-la mais bonita e gostosa.

Retire o miolo dos tomates com uma faquinha afiada e, com cuidado, faça fatias horizontais finas, com ½ cm de espessura. Disponha na travessa e salgue. Do mesmo modo que com as beterrabas ou os cítricos, sempre pense, alternando as cores com as dos outros ingredientes da salada.

## Pepino

Quase todos os ingredientes desta salada são de textura macia e saborosa, mas o pepino é crocante e um pouco sem gosto. Use cerca de 250 g de qualquer pepino de casca fina. Vão ser necessários cerca de 2, dependendo da variedade. Descasque-os como na imagem. É o que chamo **descascar em tiras**, independente do ingrediente. (Deixo um pouco da casca não só porque é bonito, mas também porque assim não se perde a estrutura, e legumes delicados como berinjela e aspargos não se desintegram ao cozinhar.) Corte os pepinos ao meio no sentido do comprimento. Se as sementes forem maiores que uma pimenta-do-reino, use uma colher de chá pra retirá-las. Fatie os pepinos na diagonal para que fiquem com formato de meia-lua. Tempere com sal e vinagrete antes de espalhar sobre a salada.

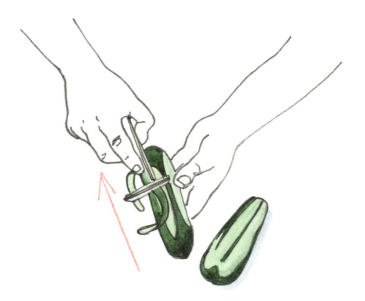

## Cebola macerada

Ponha ½ cebola-roxa sobre a tábua e corte-a ao meio, paralelo à raiz. Segure juntos os dois pedaços e fatie finamente. Ponha em uma tigela e tempere com 2 colheres (de sopa) de vinagre de vinho ou sumo de algum cítrico, como limão. Mexa delicadamente, mas o bastante para que o tempero envolva toda a cebola. Deixe-a macerando em caldo ácido (ver p. 118) por pelo menos 15 minutos antes de usar. Esse processo abranda o sabor acre da cebola, que, ao ser incorporado à salada, contribui com certo azedume muito agradável e a textura crocante própria dela. Se preferir, escorra o líquido e use para fazer vinagrete.

## Sugestões ou opções

- Corte o **Salmão assado em baixa temperatura** (p. 310) ou o **Confit de atum** (p. 314) ao meio com cuidado e arrume sobre a salada. Regue com vinagrete e sal em flocos.

- Corte ao meio 2 ovos de oito minutos (p. 304) e polvilhe com sal em flocos e pimenta-do-reino. Regue com azeite extravirgem e, se quiser, coloque um filé de anchova sobre cada metade, ajeitando-os sobre a salada.

# A matriz do abacate

| | ABACATE, BETERRABA e CÍTRICO | ABACATE, e BETERRABA | ABACATE e CÍTRICO | ABACATE e TOMATE | ABACATE TOMATE e PEPINO | ABACATE, BETERRABA e PEPINO |
|---|---|---|---|---|---|---|
| **ABACATE (ÓBVIO)** | ✓ | ✓ | ✓ | ✓ | ✓ | ✓ |
| **BASE DA SALADA** | | | | | | |
| BETERRABA | ✓ | ✓ | | | | ✓ |
| CÍTRICO | ✓ | | ✓ | | | |
| TOMATE | | | | ✓ | ✓ | |
| PEPINO | | | | | ✓ | ✓ |
| CAMADA DE CEBOLA MACERADA | | | ✓ | ✓ | ✓ | |
| **OPCIONAL** | | | | | | |
| SALMÃO OU ATUM | ✓ | ✓ | ✓ | ✓ | ✓ | ✓ |
| OVO E ANCHOVA | | ✓ | | ✓ | ✓ | ✓ |
| **VINAGRETE** | | | | | | |
| QUALQUER CÍTRICO | ✓ | ✓ | ✓ | | | ✓ |
| LIMÃO-SICILIANO | ✓ | ✓ | ✓ | ✓ | ✓ | ✓ |
| LIMÃO | ✓ | ✓ | ✓ | ✓ | ✓ | ✓ |
| TOMATE | | | | ✓ | ✓ | ✓ |
| VINAGRE DE VINHO | | ✓ | | ✓ | ✓ | ✓ |
| MOLHO VERDE | | ✓ | | | | ✓ |

# SALADA DE ABACATE, BETERRABA e CÍTRICOS

1. ARRUME OS CÍTRICOS

2. ACRESCENTE AS BETERRABAS

3. ACRESCENTE AS CEBOLAS

4. ACRESCENTE OS ABACATES

5. ACRESCENTE AS ERVAS

6. COMA

# Salada de repolho

*Serve bem 4*

Sei que muita gente detesta salada de repolho. Acontece que consegui converter aqueles que mais a odeiam com esta versão que é bem diferente daquela coisa gosmenta que se encontra por aí. Leve e simples, ela deixa qualquer prato crocante. Sirva a opção mexicana com **Peixe empanado com cerveja** (p. 312) e tortilhas para fazer tacos deliciosos. Faça o **Cole slaw clássico** para acompanhar **Frango frito apimentado** (p. 320). E lembre: quanto mais rica e gorda a comida que planeja servir, mais ácida a salada de repolho deve ser.

½ cabeça de repolho-roxo ou branco

½ cebola-roxa pequena, fatiada bem fina

¼ de xícara de sumo de limão-siciliano

Sal

½ xícara de salsinha picada

3 colheres (de sopa) de vinagre de vinho branco

6 colheres (de sopa) de azeite extravirgem

Corte o repolho em quatro. Use uma faca afiada para retirar a parte central, mais dura. Pique bem fino o repolho na transversal e coloque num escorredor encaixado numa tigela grande. Tempere com duas generosas pitadas de sal para ajudar a retirar a água, misture bem e separe.

Em uma tigela pequena, misture a cebola picada com o sumo de limão e deixe macerar por 20 minutos (ver p. 118). Separe.

Depois de 20 minutos, escorra a água que houver (tudo bem se não tiver água, alguns repolhos são mais secos), coloque o repolho na tigela, junte a salsinha e as cebolas maceradas (mas não use ainda o caldo da salmoura), então tempere o repolho com o vinagre e azeite. Misture bem.

Prove e acerte, juntando o restante do sumo de limão e a salmoura. Sirva gelada ou em temperatura ambiente.

Guarde o que sobrar na geladeira, com tampa, por até dois dias.

## Para variar

- Se não tiver repolho à mão ou quiser inovar, faça uma **Salada de repolho sem repolho**, usando 1 maço grande de couve-portuguesa, 700 g de couve-de-bruxelas crua ou 700 g de couve-rábano.

- Para a **Salada de repolho mexicana**, substitua o azeite por um óleo de sabor neutro, o sumo de limão-siciliano pelo de limão comum e a salsinha por coentro. Junte 1 pimenta jalapeño fatiada ao repolho junto com as cebolas maceradas. Prove e acerte o tempero com sumo de limão e sal.

- Para a **Salada de repolho asiática**, tempere só com uma generosa pitada de sal e 2 colheres (de chá) de shoyu. Substitua o sumo de limão-siciliano pelo de limão comum. Tire a salsinha e junte 1 dente de alho pequeno, ralado fino ou amassado, 2 cebolinhas com bulbo cortadas finamente, 1 colher (de chá) de gengibre ralado fino e 1 xícara de amendoim torrado junto com as cebolas maceradas. Em vez de vinagre de vinho e azeite, tempere com **Vinagrete de vinho de arroz** (p. 246). Prove e corrija o tempero com sumo de limão e sal.

- Para fazer **Cole slaw clássico**, substitua o azeite e o vinagre por ½ xícara de **Maionese básica** (p. 375), 1 colher (de chá) de açúcar, 1 xícara de cenoura em tiras finas ou ralada e 1 maçã azeda em tiras finas ou ralada, mais as cebolas maceradas.

# Três saladas raladas clássicas

Herdei o gosto por saladas raladas de meu amigo Cal Peternell, o chef que me ensinou quanto sal era preciso para temperar um panelão de polenta (dica: muito!) nos meus primeiros dias no Chez Panisse. Uma a cada três saladas que eu como na casa de Cal é ralada. Apesar de não saber por que ele tem esse fraco por elas, tenho minhas próprias razões: são fáceis de fazer e deixam qualquer refeição bonita e crocante.

## Salada de pepino vietnamita

*Serve de 4 a 6*

900 g de pepinos (cerca de 8) **descascados em tiras** (ver p. 220)

1 pimenta jalapeño grande, sem polpa ou sementes (se quiser), fatiada bem fino

3 cebolinhas com bulbo bem picadas

1 dente de alho ralado ou amassado com uma pitada de sal

½ xícara de folhas de coentro grosseiramente picadas

½ xícara de amendoim torrado grosseiramente picado

16 folhas grandes de hortelã grosseiramente picadas

¼ de xícara de óleo neutro

4 a 5 colheres de sumo de limão

4 colheres (de chá) de vinagre de arroz

1 colher de molho de ostra

1 colher (de chá) de açúcar

Uma pitada de sal

Usando uma faquinha afiada ou uma mandolina, fatie bem os pepinos, descartando as extremidades. Misture numa tigela grande os pepinos, a pimenta, as cebolinhas, o alho, o coentro, a hortelã e o amendoim. Com o batedor de arame, bata em uma tigela o óleo, 4 colheres do sumo de limão, o vinagre, o molho de ostra, o açúcar e uma pitadinha de sal. Tempere bem a salada com o vinagrete. Prove e corrija o tempero com mais sal e sumo de limão, se necessário. Sirva imediatamente.

# Salada de cenoura com gengibre e limão

*Serve 6*

1 e ¼ de xícara de uva-passas

1 colher (de sopa) de sementes de cominho

450 g de cenoura

4 colheres (de chá) de gengibre finamente ralado

1 dente de alho, finamente picado ou amassado, com uma pitada de sal

1 ou 2 pimentas jalapeño, sem polpa ou sementes (se desejar), picadas

2 xícaras de folhas de coentro com os caules mais finos,
grosseiramente picadas, mais ramos para enfeitar

Sal

**Vinagrete de limão** (p. 243)

Mergulhe as passas em água fervente numa tigela. Deixe-as de molho por 15 minutos para que inchem. Escorra e separe.

Coloque as sementes de cominho numa frigideira pequena e toste-as em fogo médio. Movimente a frigideira, sacudindo de leve, para se assegurar de que o calor alcançou todas por igual. Torre até que as primeiras comecem a estourar e soltar um aroma gostoso, em uns 3 minutos. Retire do fogo. Passe o cominho para um pilão ou moedor de especiarias. Moa bem fino, com uma pitada de sal. Separe.

Apare e descasque as cenouras. Use uma mandolina ou uma faca afiada e fatie-as finamente, no sentido do comprimento. Com uma faca afiada, corte as cenouras em tiras finas. Se parecer muito complicado, use um descascador de vegetais para cortar fitas finas ou faça rodelas finas.

Misture as cenouras, o gengibre, o alho, as pimentas, o coentro, o cominho e as passas numa tigela grande. Tempere com três pitadas generosas de sal e com o vinagrete de limão. Experimente e ajuste o tempero com sal e mais sumo de limão, se necessário. Leve a salada à geladeira por 30 minutos, para que os sabores se misturem. Para servir, mexa para distribuir o tempero, disponha numa travessa grande e enfeite com raminhos de coentro.

# Salada de funcho e rabanete

*Serve de 4 a 6*

3 bulbos médios de funcho (cerca de 700 g)

1 maço de rabanete, aparado e lavado (cerca de 8 rabanetes)

1 xícara de salsinha

**Opcional:** 1 pedaço de parmesão de 30 g

Sal

Pimenta-do-reino moída na hora

Cerca de ⅓ de xícara de **Vinagrete de limão-siciliano** (p. 242)

Apare o funcho, removendo os caules da parte inferior do bulbo, deixando-o intacto. Corte o bulbo ao meio no sentido da raiz e remova qualquer camada fibrosa. Use uma mandolina ou uma faca afiada para cortar o bulbo na diagonal em fatias finíssimas, descartando o miolo. Reserve a parte que separou para outro uso, como no caldo de uma sopa, tal qual a **Sopa de couve e feijão-branco** (p. 274). Fatie os rabanetes só um pouquinho mais grossos que o funcho, desprezando as pontas.

Misture o funcho, os rabanetes e a salsinha numa tigela grande. Se incluir parmesão, use um descascador de legumes para fazer lascas. Na hora de servir, tempere com duas pitadas generosas de sal e uma pitadinha de pimenta-do-reino. Tempere com o vinagrete, prove e ajuste, acrescentando sal e vinagrete se for preciso, depois disponha numa travessa. Sirva imediatamente.

# Salada de tomate e ervas

*Serve de 4 a 6*

Existe coisa mais refrescante do que uma salada de tomate coberta de ervas? Se existe, não conheço. Adicione essa salada ao seu repertório de verão, mudando os tomates e as ervas a cada semana que passa. Se enjoar de manjericão, procure ervas diferentes, como anis-hissopo, também conhecida como hortelã de alcaçuz. Bons lugares para se achar essas coisas são as feiras orgânicas. Casas de produtos importados também são locais ótimos para se encontrar ervas especiais, que vão bem na salada.

2 a 3 tomates bons, descascados e cortados em fatias de 1,25 cm

Sal em flocos

Pimenta-do-reino moída na hora

1 xícara de **Vinagrete de tomate** (p. 245). Dica: Use a polpa e as aparas dos tomates da salada

475 ml de tomates-cerejas lavados, sem cabinho e cortados ao meio

2 xícaras de qualquer combinação de ervas frescas, como manjericão, salsinha, estragão ou cebolinha picada

Na hora de servir, distribua as fatias de tomate numa travessa numa camada única e tempere com sal e pimenta-do-reino. Regue de leve com o vinagrete. Em uma vasilha separada, misture os tomates-cereja e tempere generosamente com sal e pimenta-do-reino. Adicione o vinagrete, prove, ajuste o sal e, com cuidado, coloque-os por cima.

Inclua as ervas frescas e tempere levemente com vinagrete, sal e pimenta-do-reino a gosto. Sirva imediatamente.

## Para variar

- Para fazer **Salada caprese**, alterne fatias de tomate com fatias de mozarela de búfala ou burrata de 1,25 cm de espessura antes de temperar e arrumar. Não use as ervas. Ao temperar os tomates-cereja numa tigela separada, junte apenas 12 folhas rasgadas de manjericão. Arranje um montinho de tomates-cereja sobre as fatias de tomate. Sirva com pão quente, de casca crocante.

- Para fazer **Torrada com ricota e tomate**, bata 1 e ½ xícara de ricota fresca com azeite extravirgem, sal em flocos e pimenta-do-reino moída na hora. Regue 4 fatias de

10 cm de pão de casca grossa com azeite extravirgem e deixe até dourar no forno a 200°C, ou mesmo na torradeira, por cerca de 10 minutos. Esfregue 1 dente de alho cru levemente em cada torrada, de um lado só. Espalhe 5 colheres de ricota sobre o lado do pão com alho. Disponha fatias de tomates sobre a ricota. Divida 1 xícara de ervas pelas torradas e sirva imediatamente.

- Para fazer **Salada persa (*Shirazi*)**, ponha uma cebola-roxa finamente fatiada e 3 colheres de vinagre de vinho tinto numa vasilha pequena e deixe descansar por 15 minutos. Descasque 4 pepinos, fatie em rodelas de 1,25 cm e ponha em uma vasilha grande. Acrescente os tomates-cereja e 1 dente de alho amassado ou ralado fino. Misture as cebolas aos pepinos (ainda sem o vinagre). Tempere com sal, pimenta-do-reino e **Vinagrete de limão-siciliano** (p. 242). Prove e acrescente um pouco de vinagre reservado, se necessário. Prossiga como acima, moldando a mistura sobre os tomates fatiados. Coloque sobre ela ervas, como endro, coentro, salsinha e hortelã, e finalize como acima, com vinagrete de limão.

- Para fazer uma **Salada grega**, misture ½ cebola-roxa bem fatiada com 3 colheres (de sopa) de vinagre de vinho tinto numa pequena vasilha e deixe repousar por 15 minutos. Descasque em tiras 4 pepinos persas, corte em fatias de 1,25 cm e coloque em uma vasilha grande. Junte tomates-cereja, 1 dente de alho amassado ou ralado fininho, 1 xícara de azeitonas pretas lavadas e sem caroço, e 110 g de queijo feta quebrado. Misture as cebolas (sem seu vinagre, por enquanto). Tempere com sal, pimenta-do-reino e **Vinagrete de vinho tinto** (p. 240). Experimente e adicione um pouco do vinagre da cebola se achar necessário, senão continue como acima, moldando a mistura sobre os tomates fatiados. Dispense as ervas.

# Uma *panzanella* para cada estação do ano

A *panzanella* é a prova absoluta de que os cozinheiros toscanos são os melhores em fazer qualquer coisa virar uma delícia. Ela nada mais é do que pão adormecido, tomate, cebola e manjericão, mas se sobressai por causa da textura e do sabor. Se os croûtons não ficarem de molho o bastante no vinagrete, vão arranhar o céu da boca. Se o pão encharcar demais, vai ficar sem graça. Tenha como objetivo texturas diferentes, juntando bastante pão. Sua boca vai agradecer.

Uma *panzanella* de verão inesquecível pede pão e bons tomates, de modo que é bom variar as combinações de ingredientes conforme a estação do ano para aproveitá-la o máximo possível.

## Verão: tomate, manjericão e pepino

*Serve bem 4*

½ cebola média, cortada fino em rodelas

1 colher (de sopa) de vinagre de vinho tinto

4 xícaras de **Croûtons caseiros** (p. 236)

2 receitas de **Vinagrete de tomate** (p. 245)

475 ml de tomates-cereja, aparados e cortados ao meio

700 g de tomates pequenos e saborosos (cerca de 8), sem miolo e cortados em pedaços

4 pepinos, descascados em tiras (p. 220) e cortados em fatias de 1,25 cm

16 folhas de manjericão

Sal em flocos

Em uma tigela, tempere a cebola picada com o vinagre e deixe macerando por 20 minutos (p. 118). Separe.

Coloque metade dos croûtons numa vasilha grande e tempere com ½ xícara de vinagrete. Coloque metade dos tomates-cereja e dos tomates cortados sobre os croûtons e tempere com sal, para forçá-los a soltar um pouco do sumo. Deixe descansar por cerca de 10 minutos.

Continue a arrumar a salada: misture o restante dos croûtons, os pepinos e a cebola macerada (mas, não seu vinagre ainda). Rasgue as folhas de manjericão em pedaços grandes. Regue com outra ½ xícara de vinagrete e prove. Corrija o tempero se necessário, adicionando sal, vinagrete e/ou o vinagre da cebola a gosto. Misture bem e sirva.

Leve à geladeira o que sobrar, tampado, por pelo menos uma noite.

### Para variar

- Para fazer **Salada fatuche**, a salada de tomate e pepino do Oriente Médio, substitua os croûtons por 5 pães sírios rasgados e tostados, o manjericão por ¼ de xícara de salsinha e **Vinagrete de tomate** por **Vinagrete de vinho tinto** (p. 240).

- Para fazer uma **Salada de grãos**, substitua os croûtons por 3 xícaras de farro escorrido, trigo integral, cevada ou feijão com qualquer um dos temperos sazonais acima.

## Outono: abóbora assada, sálvia e avelã

*Serve bem 4*

1 maço de couve

1 abóbora grande (1 kg), descascada

Azeite extravirgem

½ cebola-roxa fatiada fino

1 colher (de sopa) de vinagre de vinho tinto

2 receitas de **Vinagrete de manteiga noisette** (p. 241)

4 xícaras de croûtons caseiros (p. 236)

Cerca de 2 xícaras de óleo neutro

16 folhas de sálvia

¾ de xícara de avelãs torradas e grosseiramente picadas

Preaqueça o forno a 220°C. Forre uma forma com papel-manteiga.

Tire o talo da couve. Segure na base de cada caule e com a outra mão puxe a folha para cima. Vai ficar só o caule. Guarde-o para usar em outra receita, como **Sopa de couve e feijão-branco** (p. 274). Corte as folhas em pedaços de 1,25 cm. Separe.

Corte a abóbora ao meio, tire as sementes, fatie e asse, como explicado na p. 263. Reserve.

Misture a cebola fatiada numa vasilha pequena com o vinagre e deixe ficar macerando por 20 minutos. Separe.

Coloque metade dos croûtons e a couve numa saladeira grande e tempere com ⅓ de xícara de vinagrete. Deixe descansar por 10 minutos.

Enquanto isso, frite a sálvia. Despeje 2,5 centímetros de óleo neutro numa panela pequena de fundo grosso e aqueça-a em fogo médio-alto, a 180°C. Se não tiver um termômetro, teste o óleo depois de alguns minutos, jogando nele uma folha de sálvia. Quando chiar, estará pronto.

Junte as folhas de sálvia em porções. Lembre-se de que o óleo vai ferver muito no começo. Deixe-o e, quando as bolhas cessarem, retire as folhas do óleo com uma escumadeira, espalhe a sálvia na forma já forrada numa só camada e polvilhe com sal. À medida que esfriar, ficará sequinha.

Junte os croûtons restantes, a abóbora, as avelãs e a cebola macerada (mas não seu vinagre, por enquanto) e ponha na saladeira. Esfarele a sálvia e acrescente-a. Tempere com o vinagrete restante e prove. Ajuste o sal, o azeite onde fritou a sálvia e o vinagre da maceração o quanto baste. Mexa de novo e prove. Sirva.

Deixe as sobras na geladeira, tampadas, por até uma noite.

COMPLETAMENTE LIMPAS

# Inverno: radicchio assado e roquefort

*Serve bem 4*

2 cabeças de radicchio

Azeite extravirgem

Sal

2 cebolas brancas médias descascadas

4 xícaras de **Croûtons caseiros** (p. 236)

2 receitas de **Vinagrete de manteiga noisette** (p. 241)

¼ de xícara de salsinha, sem comprimir na xícara

Pimenta-do-reino grosseiramente moída

1 xícara de nozes torradas

110 g de queijo roquefort

Vinagre de vinho tinto, o quanto baste para equilibrar a acidez

Preaqueça o forno a 220°C.

Divida o radicchio ao meio até a raiz. Corte cada metade em quartos. Regue com azeite generosamente, até envolver as folhas. Espalhe os pedaços de radicchio com cuidado numa só camada sobre uma assadeira, deixando espaço entre eles. Regue com mais azeite e tempere com sal.

Parta as cebolas ao meio na vertical e corte cada metade em quartos, totalizando 8 pedaços. Regue fartamente com azeite para envolver cada pedaço. Com cuidado, espalhe as cebolas numa só camada na assadeira, deixando espaço entre os pedaços. Regue com mais azeite e tempere com sal.

Coloque os vegetais preparados em forno preaquecido e asse até ficarem macios e caramelizados, por cerca de 22 minutos para o radicchio e 28 para a cebola. Olhe os legumes depois de 12 minutos. Mude a posição da assadeira para que os legumes fiquem dourados por igual.

Coloque metade dos croûtons numa saladeira grande e tempere com ⅓ de xícara de vinagrete. Deixe descansar por 10 minutos.

Junte os croûtons restantes, o radicchio, a cebola, a salsinha, as nozes e a pimenta-do-reino. Quebre o queijo em pedaços grandes e adicione. Tempere com o restante do vinagrete e prove. Ajuste o tempero com sal e, se necessário, uma pequena quantidade de vinagre de vinho tinto. Mexa, prove de novo e sirva em temperatura ambiente.

Mantenha na geladeira o que sobrar, tampado, por até uma noite.

## Primavera: aspargos e queijo feta com hortelã  *Serve bem 4*

Sal

½ cebola-roxa média fatiada fino

1 colher (de sopa) de vinagre de vinho tinto

700 g de aspargos (cerca de 2 maços), aparados

4 xícaras de **Croûtons caseiros** (p. 236)

24 folhas grandes de hortelã

85 g de queijo feta

2 receitas de **Vinagrete de vinho tinto** (p. 240)

Coloque uma panela funda com água para ferver em fogo alto. Salgue a água até que tenha gosto de mar. Forre duas assadeiras com papel-manteiga. Separe.

Tempere a cebola fatiada com o vinagre numa vasilha pequena e deixe descansar por 20 minutos para macerar (ver p. 118). Reserve.

Se os aspargos forem mais grossos do que um lápis, descasque-os em tiras, apertando de leve com um cortador de legumes para remover somente a pele externa de 2,5 cm abaixo da ponta até a base. Corte os aspargos em pedaços de 5 cm de comprimento na diagonal. Branqueie-os em água fervente até que estejam macios, por cerca de 30min30s (menos para aspargos mais finos). Prove um pedaço para ver se está no ponto — deve estar levemente crocante. Escorra e deixe esfriar numa só camada na assadeira preparada.

Coloque metade dos aspargos numa saladeira grande e tempere com ⅓ de xícara de vinagrete. Deixe por 10 minutos.

Junte os croûtons restantes, os aspargos e a cebola macerada (sem o vinagre, por enquanto). Rasgue as folhas de hortelã em pedaços pequenos. Tempere com ⅓ de xícara de vinagrete e mais sal, então prove. Ajuste o tempero com sal, vinagrete e o vinagre da maceração, o quanto baste. Mexa, prove de novo e sirva em temperatura ambiente.

Dura um dia na geladeira, se tampado.

RECEITAS · 235

# Croûtons caseiros

*Rende 8 xícaras*

Os croûtons comprados fora não chegam nem perto dos feitos em casa. Para começar, os seus ingredientes com certeza são de muito melhor quantidade. E, logo, mais gostosos do que o produto que todo mundo usa. O formato rústico e desigual dos croûtons caseiros ainda dá uma variedade de texturas às suas saladas. O tempero se segura melhor neles, que são definitivamente mais bonitos. Além disso, não arranham o céu da boca. Se essas razões não convencem você, venha comer uma **Salada Caesar** na minha casa.

½ kg de pão rústico ou de massa fermentada amanhecido

⅓ de xícara de azeite extravirgem

Preaqueça o forno a 200°C. Para croûtons mais macios, retire a casca do pão e corte em fatias de 2,5 cm. Corte cada fatia em tiras de 2,5 cm de largura. Sobre uma vasilha grande, corte cada fatia em pedaços de 2,5 cm. Em vez disso, você pode arrancar os pedaços diretamente do pão, contanto que em tamanho semelhante. Acho que cortar em fatias acelera o processo e rende pedaços mais iguais e ainda assim rústicos, de modo que é como prefiro.

Misture os croûtons com o azeite para envolvê-los bem e espalhe-os numa camada na assadeira. Se for necessário, use uma segunda para que não se amontoem, porque prenderia o vapor e impediria os croûtons de dourar.

Torre por 18 a 22 minutos, olhando depois de 8. Vire a assadeira e mude sua posição no forno, usando uma espátula para virar os croûtons também, de modo que dourem por igual. Depois que começarem a dourar, fique de olho. Alguns vão ficar prontos antes, então remova-os da assadeira e deixe o restante dourando mais um pouco. Asse-os até que adquiram uma cor escura, mas não queimada, e que estejam crocantes na superfície, mas com um pouquinho de maciez interna.

Prove o croûton e ajuste o sal, se necessário.

Depois de prontos, deixe os croûtons esfriarem numa só camada na assadeira. Use imediatamente ou guarde num recipiente hermeticamente fechado por até 2 dias. Para reavivar os croûtons murchos, ponha no forno a 200°C por 3 a 4 minutos.

Congele o que sobrar até por dois meses e use na *Ribollita* (p. 275).

**Para variar**

- Para fazer **Croûtons clássicos**, junte 2 dentes de alho ralados finos ou amassados ao azeite antes de temperar os croûtons. Inclua 1 colher (de sopa) de orégano seco e ½ colher (de chá) de pimenta-calabresa em flocos antes de torrar.

- Para fazer **Croûtons clássicos de queijo**, tempere o pão já em pedaços com o azeite, junte à vasilha 1 xícara de queijo parmesão finamente ralado e bastante pimenta-do-reino grosseiramente moída e misture muito bem. Torre como descrito acima.

- Para fazer os croûtons menores, tal qual uma **Farinha de rosca grosseira**, não precisa cortar o pão. Em vez disso, transforme pedaços de 5 cm em pedacinhos do tamanho de ervilhas num processador de alimentos. Aumente o azeite para ½ xícara e torre numa só camada por 16 a 18 minutos, até dourar.

# MOLHOS

A coisa mais importante sobre molhos é conseguir um equilíbrio entre sal, gordura e acidez. Aprenda isso e qualquer salada vai ficar boa.

Para livrar as chalotas e cebolas de seu gosto áspero, dê-lhes bastante tempo para **macerar** em líquido ácido. Esse é um modo refinado de dizer: ponha as cebolas de molho no vinagre ou sumo de limão e deixe-as lá, descansando por um tempo, antes de juntar azeite ou outro ingrediente.

Equilibrar as saladas com o molho é tão importante quanto combinar pratos com os vinhos mais adequados. Algumas comidas pedem certo peso, enquanto outras pedem leveza e brilho. Use este quadro como guia para se inspirar.

Para saladas misturadas, coloque as folhas numa saladeira grande e tempere levemente com sal. Junte uma quantidade moderada de molho e revolva com as mãos para cobrir as folhas. Experimente uma, então ponha sal e mais molho se necessário.

Para saladas compostas, veja bem se temperou cada elemento. Ponha beterrabas em marinada antes de colocá-las na travessa e regar com molho verde. Tempere cada fatia de tomate e mozarela antes de despejar colheradas de **Vinagrete balsâmico** sobre elas. Tempere o **Salmão assado em baixa temperatura** (p. 310) e a salada de funcho que vai servir com vinagrete de laranja sanguínea. Deixe cada parte da salada deliciosa. Você vai esperar por elas com uma alegria que nunca sentiu antes.

Eixo da salada
COMBINANDO SALADAS e MOLHOS

**Leve**

- SALADA DE ERVAS com AZEITE e LIMÃO
- FOLHAS com VINAGRETE DE VINHO DE ARROZ
- JÍCAMA COM VINAGRETE DE LIMÃO
- CENOURA com VINAGRETE DE VINHO DE ARROZ
- VAGEM FRESCA, COMINHO e QUEIJO FETA com VINAGRETE DE VINHO TINTO
- RÚCULA COM VINAGRETE DE LIMÃO E ANCHOVAS
- CENOURA com VINAGRETE DE LIMÃO
- OVOS COZIDOS com VINAGRETE DE LIMÃO e ANCHOVA
- FOLHAS VERDES com VINAGRETE DE VINHO TINTO E CHALOTAS
- BETERRABA ASSADA com VINAGRETE CÍTRICO
- ALFACE ROMANA com VINAGRETE DE LIMÃO e ANCHOVA
- RÚCULA com VINAGRETE DE PARMESÃO
- PANZANELLA DE INVERNO com VINAGRETE DE MANTEIGA NOISETTE
- SALADA DE LEGUMES com VINAGRETE DE PARMESÃO
- TOMATES-CEREJA e FARRO com VINAGRETE DE TOMATE
- PANZANELLA DE VERÃO com VINAGRETE DE TOMATE

← **Tenra** — **Crocante** →

- ALCACHOFRAS AO VAPOR com VINAGRETE DE MOSTARDA e MEL
- FOLHAS com VINAGRETE DE MISSÔ e MOSTARDA
- REPOLHO e CENOURA PICADOS com VINAGRETE DE MISSÔ E MOSTARDA
- ALFACE ROMANA com MOLHO DE ERVAS CREMOSO
- LEGUMES ASSADOS com MOLHO TAHINE
- ESPINAFRE COZIDO com MOLHO DE GOMA-AE
- PEPINO com COENTRO e MOLHO TAHINE
- CHICÓRIA E ALFACE ROMANA com MOLHO CAESAR
- TOMATE com MOLHO DE ERVAS CREMOSO
- SALADA DE COUVE com MOLHO DE GOMA-AE
- SALADA DE ALFACE AMERICANA com BACON e MOLHO DE QUEIJO
- SOBÁ com MOLHO DE AMENDOIM e LIMÃO
- BETERRABA e PEPINOS com MOLHO VERDE CREMOSO

**Cremosa**

## Vinagrete de vinho tinto

*Rende cerca de ½ xícara*

1 colher (de sopa) de chalota (ou cebola pequena) picada fino
2 colheres (de sopa) de vinagre de vinho tinto
6 colheres (de sopa) de azeite extravirgem
Sal
Pimenta-do-reino moída na hora

Deixe a chalota no vinagre para macerar (ver p. 118) numa pequena vasilha pequena. Junte o azeite, uma pitada generosa de sal e uma pitada de pimenta-do-reino. Mexa para misturar, prove com 1 folha de alface e ajuste o sal e a acidez, se necessário. O restante pode ficar na geladeira por 3 a 4 dias.

Ideal para alface, rúcula, chicória, endívia, beterraba, tomate, legumes branqueados, grelhados, assados de qualquer tipo e para **Salada de repolho, fatuche, de grãos, grega** ou *Panzanella* **de primavera**.

### Para variar

- Para fazer **Vinagrete de mostarda e mel**, junte 1 colher (de sopa) de mostarda Dijon e 1 e ½ colher (de chá) de mel e continue como descrito acima.

# Vinagrete balsâmico

*Rende cerca de ⅓ de xícara*

1 colher (de sopa) de chalota (ou cebola pequena) picada fino

1 colher (de sopa) de vinagre balsâmico envelhecido

1 colher (de sopa) de vinagre de vinho tinto

4 colheres (de sopa) de azeite extravirgem

Sal

Pimenta-do-reino moída na hora

Ponha a chalota para macerar numa vasilha pequena ou num pote de vidro por 15 minutos (ver p. 118), junte o azeite, uma pitada generosa de sal e uma de pimenta-do-reino. Mexa, experimente com 1 folha de alface e ajuste o sal e a acidez, se necessário. O restante pode ficar tampado na geladeira por 3 dias.

Ideal para rúcula, endívia, chicória, alface romana, legumes branqueados, grelhados ou assados de qualquer tipo e para **Salada de grãos** e *Panzanella* **de inverno**.

## Para variar

**O**  Para fazer **Vinagrete de parmesão**, que fica perfeito com legumes fortes, endívia e salada de grãos, junte cerca de ½ xícara de parmesão ralado fino e continue como descrito acima.

**O**  Para fazer **Vinagrete de manteiga noisette** para saladas com croûtons ou legumes assados, substitua o azeite por 4 colheres (de sopa) manteiga noisette e continue como descrito acima. Antes de consumir, retire o vinagrete da geladeira e use em temperatura ambiente.

# Vinagrete de limão-siciliano

*Rende ½ xícara*

½ colher (de chá) de raspas de limão (cerca de ½ limão)

2 colheres (de sopa) de sumo de limão espremido na hora

1 e ½ colher (de chá) de vinagre de vinho branco

5 colheres (de sopa) de azeite extravirgem

1 dente de alho

Sal

Pimenta-do-reino moída na hora

Despeje a casca ralada do limão, o sumo, o vinagre e o azeite numa vasilha num ou pote pequeno. Amasse o dente de alho sobre a superfície de trabalho com a palma da mão e junte ao vinagrete. Tempere com uma pitada generosa de sal e outra de pimenta-do-reino. Mexa, prove com 1 folha de alface e ajuste o sal e a acidez, se necessário. Deixe descansar por 10 minutos pelo menos e retire o alho antes de usar.

O que sobrar pode ser guardado na geladeira por 2 dias.

Ideal para ervas, rúcula, alface romana, pepino, legumes cozidos e para **Salada de abacate**, **Salada de funcho e rabanete** e **Salmão assado em baixa temperatura**.

## Para variar

- Para fazer um **Vinagrete de limão-siciliano e anchova**, pique grosseiramente 2 filés de anchova em conserva e amasse-os com um pilão. Quanto mais amassados, melhor ficará o molho. Junte ao molho as anchovas e ½ dente de alho adicional, ralado ou amassado e continue como descrito acima. Sirva com rúcula, endívia, legumes cozidos em água, chicória ou legumes ralados, como cenoura, nabo e salsão.

# Vinagrete de limão

*Rende cerca de ½ xícara*

2 colheres (de sopa) de sumo de limão espremido na hora (de 2 limões pequenos)

5 colheres (de sopa) de azeite extravirgem

1 dente de alho

Sal

Despeje o sumo de limão e o azeite numa vasilha ou num pote pequeno. Amasse o dente de alho e junte ao vinagrete com uma pitada generosa de sal. Mexa ou agite para misturar bem. Experimente com 1 folha de alface, então ajuste o sal e a acidez se for preciso. Deixe descansar por no mínimo 10 minutos e retire o alho antes de usar.

Pode ser guardado na geladeira, tampado, por 3 dias.

Ideal para alface, pepino fatiado e para **Salada de abacate**, **Salada de cenoura**, **Salada persa** e **Salmão assado em baixa temperatura**.

## Variação

- Para apimentar: junte 1 colher (de chá) de jalapeño moída.

# Vinagrete de qualquer outro cítrico

*Rende cerca de ⅔ de xícara*

1 colher de chalota (ou cebola pequena) bem picadinha

4 colheres (de chá) de vinagre de vinho branco

¼ de xícara de suco cítrico

¼ de xícara de azeite extravirgem

½ colher (de chá) da casca ralada fino do cítrico

Sal

Numa vasilha ou num pote pequeno, deixe a chalota macerar no vinagre por 15 minutos (ver p. 118), junte o sumo cítrico, o azeite, as raspas e uma pitada generosa de sal. Mexa ou chacoalhe para misturar e experimente com 1 folha de alface. Ajuste o sal e o sumo cítrico, se precisar.

Dura até 3 dias, tampado, na geladeira.

Ideal para alface, aspargos branqueados e para **Salada de abacate**, **Salmão assado em baixa temperatura** e **Alcachofras grelhadas**.

## Para variar

● Para fazer um **Vinagrete de laranja-da-china**, junte 3 colheres (de sopa) de laranja-da-china bem picada às chalotas e continue como explicado acima.

# Vinagrete de tomate

*Rende cerca de 1 xícara*

Faça com os tomates mais maduros que encontrar ou, melhor ainda, com a polpa e as pontas dos tomates que vai usar para a salada. O tomate está maduro quando tem um cheiro doce no caule e, ao ser apertado, cede só um pouquinho.

> 2 colheres (de sopa) de chalotas (ou cebolas pequenas) picadas
> 2 colheres (de sopa) de vinagre de vinho tinto
> 1 colher (de sopa) de vinagre balsâmico envelhecido
> 1 tomate grande ou 2 tomates bem pequenos e maduros
> 4 folhas de manjericão, rasgadas em pedaços grandes
> ¼ de xícara de azeite extravirgem
> 1 dente de alho
> Sal

Deixe a chalota macerar numa vasilha ou num pote por 15 minutos (ver p. 118).

Corte os tomates ao meio, de atravessado. Rale grosso e jogue a casca fora. Deve render ½ xícara de tomate ralado. Junte-o à chalota. Acrescente as folhas de manjericão, o azeite e uma generosa pitada de sal. Amasse o alho com a palma da mão sobre a superfície de trabalho e junte ao molho. Chacoalhe ou mexa para misturar. Experimente com 1 croûton ou 1 fatia de tomate e ajuste o sal e a acidez, se necessário. Deixe por 10 minutos pelo menos e retire o alho antes de servir.

Dura até 2 dias, tampado, na geladeira.

Ideal para tomates fatiados e para **Salada de abacate**, **Salada caprese**, *Panzanella* **de verão**, **Torradas com ricota e tomate**, **Salada de tomate e ervas**.

RECEITAS • 245

# Vinagrete de vinho de arroz

*Rende ⅓ de xícara*

2 colheres (de sopa) de vinagre de vinho de arroz

4 colheres (de sopa) de óleo neutro

1 dente de alho

Sal

Despeje o vinagre numa vasilha ou num pote pequeno. Amasse o dente de alho com a palma da mão sobre a superfície de trabalho e junte ao molho. Mexa ou chacoalhe para misturar, depois prove com 1 folha de alface e corrija o sal e a acidez, se necessário. Deixe descansar por 10 minutos, pelo menos, então remova o alho para usar.

Tampe o restante e deixe na geladeira por até 3 dias.

Ideal para alface, cenoura, pepino e todas as saladas com abacate.

## Para variar

- Para apimentar um pouco, use 1 colher (de chá) de jalapeño picadinha.

- Para lembrar os sabores da Coreia ou do Japão, adicione umas gotas de óleo de gergelim torrado.

## Molho Caesar

*Rende cerca de 1 e ½ xícara*

4 filés de anchova em conserva

¾ de xícara de **Maionese básica** (p. 375)

1 dente de alho, ralado fino ou amassado com uma pitada de sal

3 a 4 colheres (de sopa) de sumo de limão

1 colher (de chá) de vinagre de vinho branco

85 g de queijo parmesão ralado fino (cerca de 1 xícara) e mais para servir

¾ de colher (de chá) de molho inglês

Pimenta-do-reino moída na hora

Sal

Pique as anchovas grosseiramente, depois amasse-as num pilão até formarem uma pasta lisa. Quanto mais socadas, melhor ficará o molho.

Misture numa vasilha média as anchovas, a maionese, o alho, o sumo de limão, o vinagre, o parmesão, o molho inglês e a pimenta-do-reino. Prove com 1 folha de alface e junte mais sal e ácido, se for preciso. Ou pratique o que aprendeu a respeito de **sobreposição de sal** e junte um pouquinho de cada ingrediente salgado até chegar ao equilíbrio ideal de sal, gordura e ácido. Algum dia foi tão gostoso aprender uma receita num livro e usá-la? Duvido.

Ao fazer a salada, use as mãos para misturar as folhas e os **Croûtons caseiros** com uma quantidade generosa de molho numa saladeira grande para envolver bem as folhas. Polvilhe parmesão e pimenta-do-reino moída na hora e sirva imediatamente.

Pode ficar na geladeira, tampado, por até 3 dias.

Ideal para alface romana, chicória, couve branqueada ou crua, couve-de-bruxelas ralada e endívia.

## Molho de ervas cremoso

*Rende cerca de 1 e ¼ de xícara*

1 colher (de sopa) de chalota (ou cebola pequena) picada fino

2 colheres (de sopa) de vinagre de vinho tinto

½ xícara de **Crème fraîche** (p. 113), creme de leite fresco, sour cream ou iogurte simples

3 colheres (de sopa) de azeite extravirgem

1 dente de alho pequeno, ralado fino ou amassado com uma pitada de sal

1 cebolinha com bulbo, a parte branca e a verde picadas.

¼ de xícara de ervas suaves, na proporção que quiser, bem picadas. Use qualquer mistura de salsinha, coentro, endro, cebolinha e estragão

½ colher (de chá) de açúcar

Sal

Pimenta-do-reino moída na hora

Ponha a chalota para macerar (ver p. 118). Misture numa vasilha grande a chalota e o vinagre onde macerou, o *crème fraîche*, o azeite, o alho, a cebolinha, as ervas, o açúcar, uma pitada generosa de sal e uma pitada de pimenta-do-reino. Prove com 1 folha de alface e ajuste o sal e o ácido, se preciso.

O que sobrar dura cerca de 3 dias tampado na geladeira.

Ideal para alface romana e americana, beterraba, pepino, endívia e para servir com peixe grelhado ou frango assado, como molho de crudités e acompanhando frituras.

# Molho de queijo azul  *Rende 1 e ¼ de xícara*

. . . . . . . . . . . . . . . . . . . . . . . . . . . . . . . . . . . . . . . . . . . . . . . . . . . . . . . . . . . . . .

140 g de queijo azul cremoso, como roquefort ou gorgonzola, quebrado em pedaços médios.

½ xícara de **Crème fraîche** (p. 113), sour cream ou creme de leite fresco

¼ de xícara de azeite extravirgem

1 colher (de sopa) de vinagre de vinho tinto

1 dente de alho pequeno, finamente ralado ou amassado com uma pitada de sal

Sal

Use um batedor de arame para misturar e combinar muito bem o queijo, o *crème fraîche*, o azeite, o vinagre e o alho. Ou coloque tudo num pote, tampe bem e chacoalhe vigorosamente para misturar. Experimente com 1 folha de alface, e só então junte sal e ácido o quanto baste.

As sobras duram por até 3 dias tampadas na geladeira.

Ideal para endívia, chicória, alface americana em cunhas e alface romana. Vai bem com carne ou para mergulhar cenoura e pepino.

# Molho verde cremoso

*Rende cerca de 2 xícaras*

3 anchovas em conserva

1 abacate médio, cortado ao meio e sem caroço

1 dente de alho

4 colheres (de sopa) de vinagre de vinho tinto

2 colheres (de sopa) mais 2 colheres (de chá) de sumo de limão

2 colheres (de sopa) de salsinha picadinha

2 colheres (de sopa) de coentro picadinho

1 colher (de sopa) de cebolinha picadinha

1 colher (de sopa) de cerefólio picadinho

1 colher (de sopa) de estragão picadinho

½ xícara de **Maionese básica** dura (p. 375)

Sal

Pique as anchovas grosseiramente e soque num pilão para obter uma pasta fina. Quanto mais fina ficar, melhor o molho.

Coloque as anchovas, o abacate, o alho, o vinagre, o sumo de limão, as ervas e a maionese num liquidificador ou processador de alimentos, com uma generosa pitada de sal, e bata até que esteja cremoso, grosso e liso. Experimente e corrija o sal e o ácido. Deixe o molho grosso para usar como pasta ou afine com água para chegar à consistência desejada para salada.

O que restar pode ficar tampado na geladeira por 3 dias.

Ideal para alface romana, alface americana, beterraba, pepino, endívia, para servir com peixe grelhado ou frango assado, crudités e **Salada de abacate**.

# Molho tahine

*Rende cerca de 1 xícara*

½ colher (de chá) de sementes de cominho ou ½ colher (de chá) de cominho em pó

Sal

½ xícara de tahine

¼ de xícara de sumo de limão

2 colheres (de sopa) de azeite extravirgem

1 dente de alho amassado com uma pitada de sal

¼ de colher (de chá) de pimenta-caiena em pó

2 a 4 colheres (de sopa) de água gelada

Coloque as sementes de cominho numa frigideira pequena e seca, em fogo médio. Gire-a todo o tempo para assegurar que as sementes torrem por igual, até que as primeiras comecem a pipocar e soltar um cheiro bom, cerca de 3 minutos. Retire do fogo e ponha as sementes de imediato num pilão para socar, ou num moedor de sementes. Moa finamente com uma pitada de sal.

Coloque o cominho, o tahine, o sumo de limão, o azeite, o alho, a pimenta-caiena, 2 colheres (de sopa) de água gelada e uma pitada generosa de sal numa vasilha média e misture bem, ou bata no processador de alimentos. A mistura pode parecer desandada no começo, mas logo vai se transformar numa emulsão cremosa e lisa. Junte água à medida que for necessário para alcançar a consistência desejada — deixando uma pasta grossa ou um molho mais fino para salada, legumes ou carne. Prove com 1 folha de alface, corrija o sal e o ácido, se necessário.

Leve o que sobrar à geladeira, tampado, por até 3 dias.

## Para variar

- Para fazer **Goma-Ae** (molho japonês de semente de gergelim), substitua o sumo de limão por ¼ de xícara de vinagre de vinho de arroz. Dispense o cominho, o sal, o azeite e a pimenta-caiena e junte 2 colheres (de chá) de shoyu, umas poucas gotas de óleo de gergelim tostado e 1 colher (de chá) de vinho de arroz (mirin). Bata com o alho como descrito acima. Prove e corrija o sal e o ácido, se necessário.

Ideal para salpicar sobre legumes assados, peixe grelhado, frango assado, brócolis branqueados, couve, vagem ou espinafre, ou para mergulhar pepino e cenoura.

# Molho de missô e mostarda

*Rende ¾ de xícara*

4 colheres (de sopa) de pasta de missô branca ou amarela

2 colheres (de sopa) de mel

2 colheres (de sopa) de mostarda Dijon

4 colheres (de sopa) de vinagre de arroz

1 colher (de chá) de gengibre ralado fino

Use um batedor de arame para misturar tudo numa vasilha média, ou coloque os ingredientes num pote, tampe bem e sacuda vigorosamente. Prove com 1 folha de alface e corrija o ácido, se achar necessário.

Ideal para temperar repolho ou couve crus, alface e endívia, ou para cobrir sobras de frango assado ou legumes grelhados.

## Molho de limão e amendoim

*Rende cerca de 1 e ¾ de xícara*

¼ de xícara de sumo de limão

1 colher (de sopa) de molho de ostra ou de peixe

1 colher (de sopa) de vinagre de vinho de arroz

1 colher (de chá) de shoyu

1 colher (de sopa) de gengibre picado fino

¼ de xícara de manteiga de amendoim

½ pimenta jalapeño, aparada e sem cabinho, em fatias

3 colheres (de sopa) de óleo neutro

1 dente de alho fatiado

**Opcional:** ¼ de xícara de folhas de coentro grosseiramente picadas

Coloque todos os ingredientes num liquidificador ou processador de alimentos e bata até ficar liso. Afine com água para alcançar a consistência desejada — grossa para usar como pasta ou mais fina para temperar saladas, legumes ou carnes. Prove com 1 folha de alface, então ajuste o sal e o ácido como desejar.

As sobras podem ser mantidas na geladeira, com tampa, por 3 dias.

Ideal para pepino, arroz, sobá, alface romana, frango assado ou grelhado, bife ou carne de porco.

# VEGETAIS

## Como cozinhar cebola

Quanto mais se cozinha a cebola, mais profundo será seu sabor. No entanto, não há necessidade de sempre caramelizar a cebola. Em geral, cozinhe *todas* as cebolas, independente de como vai usá-las. O importante é que percam a textura crocante. Só quando alcançarem esse ponto passarão seu gosto doce para o prato.

**Cebolas murchas** são cozidas em fogo médio-baixo até ficarem macias, permanecendo translúcidas, sem pegar cor. Se perceber que estão começando a grudar, jogue um pouco de água na panela. Use essas cebolas no **Creme de milho** (p. 276) ou em qualquer receita onde é importante manter somente uma coloração leve.

**Cebolas douradas** devem pegar um pouco de cor, e como resultado aprofunda-se o sabor. São ideais para molho de macarrão, **Frango com arroz e lentilha** (p. 334) e como base de inúmeros braseados e sopas.

**Cebolas caramelizadas** ficam um pouquinho mais no fogo. Assim, pegam um sabor ainda mais profundo. Use-as para fazer uma **Torta de cebola caramelizada** (p. 127), misture-as com brócolis branqueados ou vagens, ponha sobre hambúrgueres e sanduíches de carne ou pique-as bem fino e junte *crème fraîche* para um inacreditável patê.

Como são ótimas e demoram muito para ficar prontas, faça mais cebolas caramelizadas do que precisa para uma refeição. Use-as por quatro a cinco dias como base de pratos que combinem com cebolas mais saborosas.

Comece com pelo menos 8 cebolas cortadas em fatias finas. Pegue sua maior frigideira ou uma panela de ferro com tampa e leve ao fogo médio-alto. Forre o fundo da panela generosamente com manteiga, azeite ou um pouco de cada. Deixe a gordura esquentar até tremer e brilhar, então adicione as cebolas e salgue de leve. As cebolas vão desidratar e o tempo de dourá-las vai aumentar, mas ficarão mais macias e mais douradas.

# COZINHANDO CEBOLAS

MURCHAS
(CERCA DE 15 MIN.)

DOURADAS
(CERCA DE 25 MIN.)

CARAMELIZADAS
(CERCA DE 45 MIN.)

Reduza o fogo para médio e fique de olho, mexendo de vez em quando para não queimar nem dourar depressa demais de um só lado. Vai levar um bom tempo para que cozinhem todas por igual, de 45 minutos a 1 hora, mas vai valer a pena.

Prove e ajuste o tempero com sal e um pouco de vinagre de vinho tinto para equilibrar a doçura.

# Confit de tomate-cereja

*Rende cerca de 4 xícaras*

No auge do verão, faça o confit de tomate-cereja uma vez por semana e use como um molho rápido de macarrão, despeje-o sobre peixe ou frango, ou sirva com ricota fresca sobre uma cama de folhas de manjericão e torradas esfregadas com alho. Use os tomates mais doces e suculentos que achar. Explodirão na sua boca.

Coe, guarde e use novamente o azeite do confit para uma segunda leva, ou utilize para fazer **Vinagrete de tomate** (p. 245).

4 xícaras de tomates-cereja aparados

Um punhado de folhas de manjericão com seus caules cheios de sabor!

4 dentes de alho descascados

Sal

2 xícaras de azeite extravirgem

Preaqueça o forno a 150°C.

Espalhe os tomates numa só camada numa assadeira baixa sobre uma cama de folhas de manjericão e/ou dentes de alho. Cubra com cerca de 2 xícaras de azeite. Apesar de os tomates não ficarem completamente cobertos, devem pelo menos estar em contato com o azeite. Salgue generosamente, dê uma mexida e coloque no forno por 35 a 40 minutos. O azeite não deve ferver nunca — um leve tremor é o bastante.

Você saberá que estão prontos quando ficarem bem macios se cutucados com um palito. A pele também vai começar a abrir. Tire do forno e deixe esfriar um pouco. Antes de usar, descarte o manjericão.

Sirva quente ou em temperatura ambiente. Conserve na geladeira o azeite em que assaram por até 5 dias.

**Para variar**

- Para **confitar tomates grandes**, descasque-os antes. Use a ponta de uma faquinha afiada para aparar 12 tomates do mesmo tamanho, vire-os e faça um pequeno x na base. Branqueie em água fervente por 30 segundos ou até que a pele comece a soltar. Mergulhe-os em água com gelo para interromper o cozimento e remova a pele. Cozinhe como indicado anteriormente, numa só camada, com azeite o bastante para cobrir ⅔ das paredes da assadeira. Calcule 45 minutos para o cozimento ou até que os tomates estejam inteiramente macios.

- Para **confitar alcachofras**, retire as folhas externas e duras de 6 alcachofras grandes ou 12 bem pequenas. Use um descascador de legumes ou uma faquinha afiada para tirar a pele grosseira e fibrosa da base e do exterior de cada caule. Parta as alcachofras ao meio e com uma colher retire o fundo (vá à p. 267 para um guia ilustrado de como lidar com alcachofras). Cozinhe como ensinado, numa só camada, com azeite o bastante para cobrir ⅔ da assadeira até as alcachofras ficarem perfeitamente cozidas e fáceis de atravessar com uma faquinha ou garfo, cerca de 40 minutos depois. Misture com macarrão, raspas de limão e queijo pecorino; ou com folhas de hortelã picadas, 1 dente de alho amassado e uma espremida de limão para passar na torrada ou servir em temperatura ambiente como um antepasto, acompanhando carnes curadas e queijos.

## Seis maneiras de cozinhar vegetais*

Todas as vezes que me sentei para resumir e cortar receitas para esta parte do livro, meu coração apertou. As coisas que mais gosto de cozinhar e de comer são vegetais. Por exemplo, adoro brócolis-ninja, comum ou romanesco, aquela maravilha fractal! Mas não tenho espaço de incluir uma receita para cada vegetal. E escolher entre eles é como escolher um só disco para escutar pelo resto da minha vida: impossível.

O problema persistiu: como eu poderia transmitir meu grande amor por vegetais e demonstrar sua incrível variedade em tão poucas páginas? Enquanto compunha lista após lista de receitas com meus favoritos, percebi que cada um deles envolvia um entre seis métodos de cozimento. Eram os métodos mais simples e fáceis de prepará-los. Bom, depois que aprender, você vai poder ir ao mercado sem medo, sabendo que pode transformar cada legume que encontrar em uma comida deliciosa.

Use a tabela **Vegetais: como e quando** (p. 268) para ajudar a escolher os produtos da época e prepará-los do melhor modo possível. Vá aos **mundos da gordura, do ácido e do sabor** (pp. 72, 110 e 194) para variar o modo de temperar e apresentar. Lembre-se de cozinhar sempre segundo os melhores métodos para deixá-los universalmente deliciosos, não importa a cozinha típica que escolher.

### Branquear: verduras

Quando estiver inseguro quanto às verduras, comece colocando um caldeirão cheio de água em fogo alto para ferver. Enquanto isso, resolva se vai usá-las para *Kuku sabzi* (p. 306) ou **Macarrão ao vôngole** (p. 300), *Ribollita* (p. 275) ou outra coisa completamente diferente. Forre uma ou duas assadeiras com papel-manteiga e separe. (Se as verduras tiverem caules nodosos, arranque as folhas como ensinado na p. 232. Separe os caules da acelga e da couve e branqueie depois que já houver cozinhado as folhas.)

Quando a água estiver fervendo, salgue até chegar ao gosto do mar no verão, depois junte as verduras que tiver em casa. Faça como os italianos: primeiro cozinhe até que estejam macias. A acelga vai levar 3 minutos, mas a couve pode levar até 15. Pegue 1 folha do caldeirão e prove. Se estiver macia, está pronta. Use uma escumadeira para retirá-las da água, depois espalhe-as pela assadeira numa camada só. Deixe esfriar, pegue uma porção de verdura na mão, esprema para retirar o excesso de água e depois pique grosseiramente.

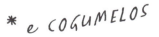

Salteie folhas e caules branqueados de acelga com **cebolas douradas**, açafrão, pinole e passas para fazer um acompanhamento inspirado nas praias da Sicília. Tempere espinafre, acelga, couve, vagem ou aspargos com molho *Goma-Ae* (p. 251) para fazer sua própria versão da comida diária servida em botequinhos japoneses e sirva com **Frango com especiarias** (p. 338). Salteie couve-china branqueada com pimenta-calabresa e alho amassado — um preparo tão simples que você pode achar que não tem nada de mais. E estaria errado. Cozinhe couve branqueada com bacon e cebolas douradas para servir com **Frango frito apimentado** (p. 320). Use as folhas da beterraba ou do nabo como se estivesse fazendo **Vagem ao alho** (p. 261) e sirva com **Salmão com tempero indiano** (p. 311).

Se sobrar alguma verdura, faça uma bola com as folhas, embrulhe e deixe na geladeira por uns 2 a 3 dias, até decidir o que gostaria de fazer com ela. Também é possível congelar bolas de verduras numa só camada por uma noite, depois transferi-las para sacos tipo zip. Mantenha no freezer por até 2 meses, caso tenha vontade de comer *Kuku sabzi* ou qualquer outro prato de verduras de novo. É só descongelar e continuar a cozinhar como descrito anteriormente.

BOLA DE ACELGA

## Saltear: Ervilha-torta com pimenta e hortelã  *Serve bem 4*

Já mencionei aqui o movimento do punho do cozinheiro que faz pularem na frigideira todos os ingredientes dentro dela. Se ainda não aprendeu a fazer isso, pratique (veja as dicas para aprender a saltear como nas cozinhas chinesas na p. 173). Enquanto isso, use pinças grandes! Salteie os vegetais que cozinham em poucos minutos, aqueles cuja textura, cuja cor ou cujo sabor ficarão prejudicados se você deixar no fogo por tempo demais.

Cerca de 2 colheres (de sopa) de azeite extravirgem

750 g de ervilhas-tortas aparadas

Sal

12 folhas de hortelã picadas

Casca muito bem ralada de 1 limão-siciliano pequeno (cerca de 1 colher de chá)

½ colher (de chá) de pimenta-calabresa em flocos

Coloque uma frigideira grande em fogo alto. Quando estiver quente, junte azeite até cobrir o fundo. Quando o azeite brilhar e tremer, acrescente a ervilha-torta e tempere com sal. Cozinhe em fogo alto, salteando quando começarem a dourar e garantindo que ainda estejam doces, mas crocantes, 5 a 6 minutos depois. Retire a panela do fogo e acrescente a hortelã, a casca de limão e a pimenta-calabresa. Prove e corrija o sal, se necessário. Sirva imediatamente.

# Saltear no vapor: Vagem ao alho

*Serve bem 6*

O vapor ajuda a fazer vegetais que são mais difíceis de cozinhar diretamente na frigideira. Ao cozinhá-las na água por alguns minutos antes de aumentar o fogo, deixando-as dourar, você terá certeza de que estão cozidas.

900 g de vagem ou ervilha-torta aparada

Sal

2 colheres (de sopa) de azeite extravirgem

3 dentes de alho amassados

Ponha sua maior frigideira em fogo médio-alto e leve ½ xícara de água para ferver. Junte a vagem, duas pitadas de sal e tampe, destampando sempre para mexer. Quando estiverem quase macias, cerca de 4 minutos para as vagens mais macias e de 7 a 10 para as mais duras, escorra o que houver de água na panela, usando a tampa para segurar as vagens. Volte a panela ao fogão, aumente o fogo para alto e abra um espaço no centro. Despeje o azeite nele e junte o alho. Deixe fritar por 30 segundos, até o alho começar a soltar seu aroma, mas misture-o às vagens antes de dourar. Retire do fogo. Prove, corrija o tempero e sirva imediatamente.

## Para variar

- Para os **sabores franceses clássicos**, substitua o azeite por manteiga sem sal, não ponha alho e inclua 1 colher (de chá) de estragão picado antes de servir.

- Para um **sabor indiano**, substitua o azeite por ghee ou manteiga sem sal e junte 1 colher (de sopa) de gengibre fresco amassado ao alho.

## Assar: Abóbora e couve-de-bruxelas agridoce

*Serve bem de 4 a 6*

Vegetais assados ficam muito doces interna e externamente devido à caramelização, ao soltarem seus açúcares. Em outras palavras, assar é o melhor modo de conseguir doçura.

Sabendo disso, sempre tento equilibrar a doçura com um condimento ácido, que pode ser **Molho de ervas** (p. 359), **Molho de iogurte** (p. 370) ou um molho agridoce. Sempre faço este prato no Dia de Ação de Graças, uma refeição tão rica e cheia de carboidratos que um azedinho extra é sempre bem-vindo.

- 1 abóbora grande (900 g), descascada, partida ao meio no sentido do comprimento e sem sementes
- Azeite extravirgem
- Sal
- 450 g de couve-de-bruxelas, aparadas, com as folhas externas removidas
- ½ cebola-roxa cortada fino
- 6 colheres (de sopa) de vinagre de vinho tinto
- 1 colher (de sopa) de açúcar
- ¼ de colher (de chá) de pimenta-calabresa
- 1 dente de alho ralado fino ou amassado com um pouco de sal
- 16 folhas de hortelã

Preaqueça o forno a 220°C.

Fatie cada metade da abóbora no sentido da largura em meias-luas de 1,25 cm de grossura e coloque numa vasilha grande. Tempere com cerca de 3 colheres (de sopa) de azeite. Salgue e disponha em uma só camada numa assadeira.

Corte as couves-de-bruxelas ao meio, atravessando os caules, e tempere na mesma vasilha, juntando azeite o bastante para envolvê-las. Salgue e ponha numa só camada numa segunda assadeira.

Coloque a abóbora e as couves-de-bruxelas no forno preaquecido e asse até que fiquem macias, de 26 a 30 minutos. Dê uma olhada depois de 12 minutos. Troque as assadeiras de lugar para assegurar um dourado homogêneo.

Enquanto isso, numa vasilha pequena, misture a cebola fatiada e o vinagre e deixe de lado por 20 minutos para macerar (ver p. 118). Em outra vasilha pequena, misture 6 colheres (de sopa) de azeite, açúcar, a pimenta-calabresa, alho e uma pitada de sal.

Quando os vegetais assados estiverem dourados por fora e completamente macios se espetados com uma faca, tire-os do forno. A couve-de-bruxelas talvez cozinhe mais depressa do que a abóbora. Misture tudo numa vasilha grande. Junte as cebolas maceradas com seu vinagre na mistura de azeite e despeje metade sobre os vegetais. Misture bem, prove e junte mais sal, deixando marinar o tempo necessário. Enfeite com folhas rasgadas de hortelã e sirva quente ou em temperatura ambiente.

CEBOLA ROXA MACERADA em VINAGRE DE VINHO TINTO

# Cozinhar lentamente: Brócolis com ricota

*Serve 6*

Tanto se pode passar do ponto do cozimento quanto cozinhar bem devagarinho. Às vezes nos esquecemos dos vegetais na água na hora de branquear ou de saltear, e o resultado é murcho, escuro e triste. Vegetais cozidos lentamente, por outro lado, bem cuidados até ficarem tenros e doces, são minha maneira favorita de preparar os que ficaram esquecidos na gaveta da geladeira.

> 2 maços (cerca de 900 g) de brócolis ou folhas de mostarda
>
> Azeite extravirgem
>
> 1 cebola média fatiada fino
>
> Sal
>
> Uma pitada de pimenta-calabresa em flocos
>
> 3 dentes de alho fatiados
>
> 1 limão-siciliano
>
> 55 g de ricota salgada grosseiramente ralada

Corte e descarte as pontas das hastes do brócolis. Fatie em pedaços de 1,25 cm, e as folhas em pedaços de 2,5 cm.

Ponha uma panela de ferro ou similar em fogo médio. Quando estiver quente, forre o fundo da panela com 2 colheres (de sopa) de azeite. Quando ele ondear e brilhar, junte a cebola e uma pitada de sal. Cozinhe por cerca de 15 minutos, mexendo de vez em quando até que a cebola esteja macia e começando a dourar.

Aumente o fogo para médio-alto, junte mais 1 colher (de sopa) de azeite e o brócolis e mexa bem. Tempere com sal e pimenta-calabresa. Pode ser que você precise apertar os brócolis para que caibam ou esperar que cozinhe um pouco antes de adicionar o restante. Tampe a panela e cozinhe por cerca de 20 minutos, mexendo de vez em quando, até que estejam muito macios e desmanchando.

Retire a tampa e aumente o fogo para alto. Deixe o brócolis começar a dourar, mexendo com uma colher de pau. Continue a cozinhar por cerca de 10 minutos, até que todos os brócolis estejam dourados por inteiro, então empurre-os para as laterais da panela. Adicione 1 colher (de sopa) do azeite no centro, acrescente o alho e deixe chiar baixinho por cerca de 20 segundos, até que comece a soltar seu aroma. Antes que o alho comece a dourar, mexa para misturar tudo aos brócolis. Prove a corrija o sal e a pimenta-calabresa, se necessário. Retire do fogo e esprema o sumo de ½ limão por cima.

Mexa, prove e acrescente mais limão, se necessário. Transfira para uma travessa e polvilhe com ricota salgada grosseiramente ralada. Sirva imediatamente.

### Para variar

- Se não tiver ricota salgada, substitua por parmesão, pecorino, manchego, asiago ou ricota fresca.

- Para arredondar o sabor e dar um gostinho de carne, reduza a quantidade total de azeite para 1 colher (de sopa) e junte 55 g de bacon cortado em palitos junto com a cebola.

- Para trazer à baila o umami, junte 4 filés de anchova à cebola. Todos vão perceber que os brócolis estão muito mais saborosos, apesar de não saber o motivo.

# Grelhar: Alcachofra

*Serve 6*

Pense na mágica que o calor faz ao transformar os sabores da madeira no extraordinário gosto de defumado e será fácil entender por que qualquer vegetal fica mais saboroso na grelha. Acontece que só alguns poucos podem ser grelhados crus. Pense em grelhar como um toque final para a maioria dos espessos ou compactos, com muito amido, como alcachofras, funcho ou batatas. Trate-os bem, cozinhando-os antes no fogão ou no forno até que estejam macios, depois coloque-os em espetos e grelhe-os para que peguem um cheirinho de defumado.

> 6 alcachofras (ou 18 pequenas)
> Azeite extravirgem
> 1 colher (de sopa) de vinagre de vinho tinto
> Sal

Ponha um caldeirão de água para ferver em fogo alto. Faça um fogo com carvão ou preaqueça uma grelha a gás. Forre uma assadeira com papel-manteiga.

Retire as folhas duras externas das alcachofras, mais escuras, deixando só as amarelo-esverdeadas. Corte a parte mais dura da extremidade dos caules e 3,75 cm do topo. Se houver folhas internas roxas, descarte-as também. Pode ser necessário cortar mais partes fibrosas. Talvez pareça que você está desbastando demais, mas ninguém quer morder um pedaço duro de alcachofra à mesa. Use uma faquinha afiada ou um descascador de legumes para remover a parte externa do caule e a base, até alcançar as pálidas folhas internas. Ao limpá-las, ponha as alcachofras numa tigela de água com vinagre, que impedirá a oxidação que as deixa marrons.

Corte as alcachofras ao meio. Use uma colher de chá para retirar o feno, aquele centro filamentoso, e volte as alcachofras para a água acidulada.

Uma vez que a água tenha fervido, salgue-a generosamente até que esteja salgada como o mar. Coloque as alcachofras na água e baixe o fogo de modo a manter uma fervura branda. Cozinhe até que estejam macias quando furadas por uma faca afiada, o que leva cerca de 5 minutos para alcachofras pequenas e 14 minutos para grandes. Use uma escumadeira para removê-las da água e coloque-as numa só camada na assadeira já preparada.

Regue com azeite e tempere com sal. Coloque as alcachofras com a parte cortada para baixo na grelha em fogo médio-alto. Não toque nelas até começarem a dourar, então vire até que a parte cortada adquira um dourado semelhante, de 3 a 4 minutos de cada lado. Doure todos os lados da mesma maneira.

Retire da grelha e salpique com **Molho de hortelã** (p. 361), se quiser, ou sirva com **Aïoli** (p. 376) ou **Vinagrete de mostarda e mel** (p. 240). Sirva quente ou em temperatura ambiente.

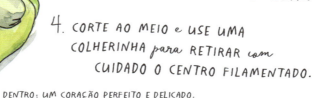

# VEGETAIS: COMO e QUANDO

| | BRANQUEAR | SALTEAR | SALTEAR AO VAPOR | ASSAR | COZINHAR LENTAMENTE | GRELHAR |
|---|---|---|---|---|---|---|
| ABÓBORA* | ● | | ● | ● | ● | ● |
| ABOBRINHA | | ● | | ● | ● | ● |
| ACELGA | ● | ● | ● | | ● | |
| ALCACHOFRA* | ● | | ● | ● | ● | ● |
| ALHO-PORÓ* | ● | ● | ● | ● | ● | ● |
| ASPARGOS | ● | ● | ● | ● | | ● |
| BATATA* | ● | | ● | ● | | ● |
| BATATA-DOCE* | ● | | ● | ● | | ● |
| BERINJELA | | ● | | ● | | ● |
| BETERRABA | ● | | ● | ● | ● | |
| BRÓCOLIS* | ● | ● | ● | ● | ● | ● |
| BRÓCOLIS-NINJA* | ● | | ● | ● | ● | ● |
| CEBOLA | ● | ● | ● | ● | ● | ● |
| CEBOLINHA | | ● | | ● | | ● |
| CENOURA | ● | | ● | ● | ● | |
| COGUMELOS | | ● | | ● | | ● |
| COUVE-DE-BRUXELAS* | ● | ● | ● | ● | ● | ● |

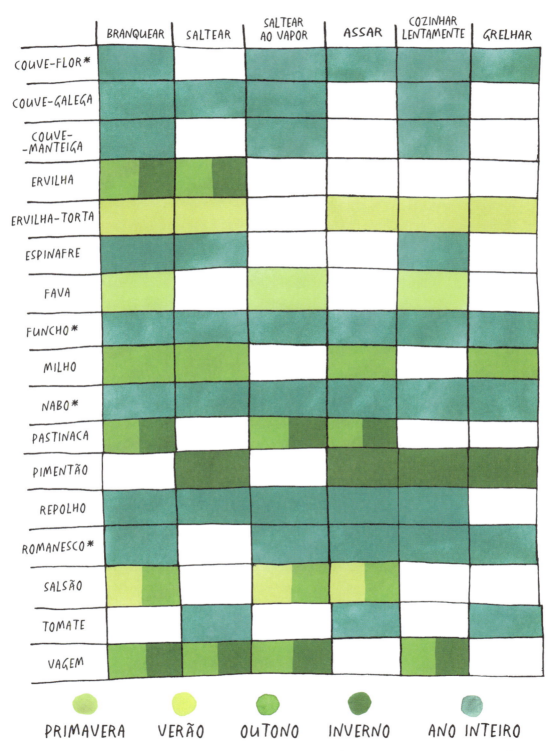

# CALDOS E SOPAS

## Caldos

Com um caldo por perto, o jantar nunca estará longe. E um jantar gostoso, simples, com infinitas variações. Por exemplo, uma sopa, é claro, mas também recheios e *panades*, um gratinado feito com pão e muito caldo. Ou grãos cozidos no caldo, cheios de sabor e proteínas. Ou um ovo pochê com espinafre murcho afogado em caldo. Além de braseados sem fim e ensopados enriquecidos.

Cada vez que assa um frango, separe o pescoço, a cabeça, os pés e as asinhas, então salgue e coloque tudo num saco plástico. Depois do jantar, inclua a carcaça também. Um único frango não vai garantir um bom caldo, de modo que guarde carcaças de 3 ou 4 e faça o caldo todo mês, ou a cada dois meses. Você também pode juntar extremidades de cebolas ou salsão murchando, hastes de salsinha, aparas de cenouras e guardar tudo em um saco no freezer. Quando estiver lotado, despeje tudo num panelão e prepare-se para fazer o caldo.

Se só tiver à mão ossos assados, vale a pena dar um pulo no açougue e comprar alguns quilos de cabeças de frango, pés e asas. A gelatina que os ossos crus contêm vão adicionar toneladas de corpo e um rico sabor ao seu caldo.

# Caldo de frango

*Rede 8 litros*

- 3,2 kg de ossos de frango (pelo menos a metade cru)
- 7 litros de água
- 2 cebolas com casca cortadas em quatro
- 2 cenouras descascadas cortadas ao meio de atravessado
- 2 talos de salsão cortados ao meio de atravessado
- 1 colher (de chá) de pimenta-do-reino
- 2 folhas de louro
- 4 ramos de tomilho
- 5 ramos de salsinha ou 10 hastes
- 1 colher (de chá) de vinagre de vinho branco

Ponha tudo num caldeirão, menos o vinagre. Leve para ferver em fogo alto, então baixe o fogo para uma fervura branda. Descarte qualquer espuma que suba à superfície. Junte o vinagre, que ajudará a transferir os nutrientes e minerais dos ossos para o caldo.

Deixe em fervura branda, sem tampa, por 6 a 8 horas. Fique de olho para que permaneça assim. Se o caldo ferver, as bolhas farão a gordura que sobe voltar a circular. Com a agitação continuada e o calor, o caldo reverterá a uma emulsão. E, dessa vez, você não quer uma emulsão, pois, além de parecer turvo, o caldo também vai ter gosto de turvo e grudar na língua de modo desagradável. Uma das melhores coisas num bom caldo é seu gosto forte e limpo.

Passe por uma peneira fina e deixe esfriar. Retire a gordura que se acumular na superfície e guarde na geladeira ou no freezer para fazer **Confit de frango** (p. 326).

Dura 5 dias na geladeira ou 3 meses no freezer. Gosto de utilizar potes de iogurte nessas horas, pois já incluem medidas.

## Para variar

● Para fazer **Caldo de carne**, siga o mesmo processo, mas substitua os ossos de frango por 2,7 kg de ossobuco e 450 g de tutano. Doure tudo numa só camada na assadeira, à temperatura de 200°C, por cerca de 45 minutos. Doure os ingredientes aromáticos da receita num caldeirão com poucas colheres de azeite antes de juntar os ossos, 3 colheres (de sopa) de extrato de tomate e água. Ponha a assadeira sobre um dos queimadores em fogo baixo e acrescente 1 xícara de vinho tinto seco. Use uma colher de pau ou espátula para soltar os pedacinhos caramelizados grudados e leve-os, com o vinho, ao caldeirão. Deixe ferver e reduza a temperatura para uma fervura lenta, cozinhando por pelo menos 5 horas antes de coar. Para fazer um **Caldo de carne mais encorpado**, comece com caldo de frango em vez de água.

# Sopa

Beethoven disse: "Só os puros de coração conseguem fazer uma boa sopa".

Que cara romântico! Como cozinheiro, não devia ser grande coisa. Apesar de acreditar que um coração puro seja um bom atributo para qualquer cozinheiro, certamente não é preciso um para se fazer uma boa sopa. (Uma cabeça boa até que ajuda.)

Sopa é uma coisa facílima e econômica de fazer. Muitas vezes, torna-se uma maneira de limpar a geladeira, mas não é o ideal. É preciso ter um motivo para usar cada ingrediente para que a sopa fique gostosa. Habitue-se a fazer sopa com o mínimo de ingredientes os mais saborosos possíveis, e ficará tão deliciosa que será capaz até de purificar seu coração.

Há três tipos de sopa: **caldo**, **com pedaços** e **creme**, e cada uma delas satisfará uma fome diferente. Apesar de cada tipo pedir elementos diferentes, todas começam com um líquido saboroso, que pode ser um caldo ou leite de coco. Aprenda a fazer muito bem uma sopa de cada tipo, depois deixe seu paladar e seu capricho guiarem sua cabeça fresca e seu coração puro para conseguir fazer mais.

Os **caldos** são claros e delicados, perfeitos para servir como uma refeição leve ou entrada, ou para um amigo indisposto e sem apetite. Há certo perigo de se fazer uma sopa sem graça usando somente três ou quatro ingredientes. Espere para fazer esse tipo de receita quando tiver caldo caseiro em casa.

**Sopas pedaçudas**, ao contrário, são robustas e ricas. Faça uma panela de **Sopa de couve e feijão-branco** e deixe que te esquente e reconforte por uma semana. Com mais ingredientes e com mais tempo, é fácil construir o sabor, de modo que para uma sopa dessas pode-se começar a trabalhar com água, se não houver caldo caseiro.

Os **cremes** estão entre as duas categorias acima, entre leves e fortes, dependendo do ingrediente principal. Não importa o vegetal que usa, o resultado vai ser fino, liso e elegante. Eles funcionam como um agradável jantar ou um almoço leve.

A fórmula para uma sopa cremosa como um purê é simples. Comece com ingredientes frescos e saborosos. Depois cozinhe algumas poucas cebolas, junte os ingredientes escolhidos e deixe cozinhar por alguns minutos. Acrescente líquido o bastante para cobrir, leve a ferver, reduza para uma fervura lenta e cozinhe até que tudo esteja macio. (Tenha em mente que os legumes mais delicados vão perder o sabor e escurecer se passarem (mesmo que pouco) do ponto de cozimento; retire cremes de ervilha, aspargos ou espinafre do fogo um minuto antes de estarem prontos, sabendo que o calor residual continuará a cozinhá-los. Junte uns poucos cubos de gelo para apressar o resfriamento. Retire do fogo, passe pela peneira, ajuste o sal e o ácido. Depois escolha a guarnição. Como paradigmas da simplicidade, os cremes pedem ingredientes crocantes, cremosos, ácidos e até ricos. Use como inspiração a lista de variações da p. 278.

## Caldo: *Stracciatella*
## Sopa romana com ovos
*Rende 10 porções (serve de 4 a 6)*

9 xícaras de **Caldo de frango** (p. 271)

Sal

6 ovos grandes

Pimenta-do-reino moída na hora

21 g de queijo parmesão finamente ralado (cerca de ¾ de xícara) e mais um pouco para servir

1 colher (de sopa) de salsinha bem picada

Leve o caldo a uma fervura branda numa panela média e tempere com sal. Numa jarra de medida com bico (ou uma vasilha média) bata os ovos com uma pitada generosa de sal, pimenta-do-reino e a salsinha.

Despeje a mistura de ovo em um fio fino no caldo em fervura lenta, enquanto mexe delicadamente com um garfo. Evite mexer demais, ou os ovos quebrarão em pedacinhos nada apetitosos no lugar dos *straci* que que dão nome à sopa (retalhos, fitas). Deixe a mistura cozinhar por cerca de 30 segundos e coloque a sopa em tigelas. Acrescente parmesão e sirva imediatamente.

Tampe o que sobrar e leve à geladeira. Dura 3 dias. Para reaquecer, leve outra vez a uma fervura branda.

### Para variar

● Para fazer uma **Stracciatella** **clássica**, leve à fervura branda 9 xícaras de caldo e 2 colheres (de sopa) de shoyu, 3 dentes de alho fatiados, um pedaço do tamanho de um polegar de gengibre, ramos de coentro e 1 colher (de chá) de pimenta-do-reino. Deixe por 20 minutos e depois coe para outra panela. Prove e ajuste o sal, se necessário. Devolva o caldo à fervura branda. Ponha uma colher (de sopa) de maisena numa vasilha média e junte 2 colheres (de sopa) do caldo. Mexa bem e adicione 6 ovos, mexendo com um batedor de arame ou garfo, e uma pitada de sal. Deixe cair devagar sobre o caldo de fervura branda, como indicado antes. Polvilhe cebolinha picada e sirva imediatamente.

## Pedaçuda: Sopa de couve e feijão-branco

*Rende 10 porções (serve de 6 a 8)*

Azeite extravirgem

**Opcional:** 55 g de bacon em cubos

1 cebola média (cerca de 1 e ½ xícara)

2 talos de salsão picados (cerca de ⅔ de xícara)

3 cenouras médias, picadas, descascadas e em cubos (1 xícara)

2 folhas de louro

Sal

Pimenta-do-reino moída na hora

2 dentes de alho fatiados fino

2 xícaras de tomate fresco ou em lata no seu suco

3 xícaras de feijão-branco cozido com o caldo do cozimento reservado (1 xícara de feijão seco)

30 g de queijo parmesão ralado (cerca de ½ xícara) com a casca reservada

3 a 4 xícaras de **Caldo de frango** (p. 271) ou água

2 maços de couve bem picada (cerca de 6 xícaras)

½ repolho pequeno, com o miolo retirado, fatiado fino (rende cerca de 3 xícaras)

Ponha uma panela de ferro ou caldeirão em fogo médio-alto e adicione 1 colher (de sopa) de azeite. Quando o óleo chiar, junte o bacon (se usar) e cozinhe, mexendo por 1 minuto, até que comece a dourar.

Junte a cebola, o salsão, as cenouras e as folhas de louro. Tempere generosamente com sal e pimenta-do-reino. Baixe o fogo para médio e cozinhe, mexendo de vez em quando, até que os legumes estejam macios e começando a dourar, cerca de 15 minutos depois. Abra espaço no centro da panela e adicione outra colher (de sopa) de azeite. Acrescente o alho e deixe fritar delicadamente por cerca de 30 segundos, até começar a soltar seu aroma. Antes que doure, junte os tomates. Mexa, prove e adicione sal, se necessário.

Deixe os tomates em fervura branda até que cheguem à consistência de geleia, cerca de 8 minutos depois, então junte o feijão e seu líquido de cozimento, metade do parmesão ralado e sua casca, e caldo ou água para cobrir. Adicione cerca de ¼ de xícara de azeite. Mexendo ocasionalmente, leve a sopa de volta à fervura branda. Junte a couve e o repolho, então leve de novo à fervura branda, juntando mais caldo ou água para cobrir.

Cozinhe até que os sabores tenham se combinado e os legumes estejam macios, cerca de mais 20 minutos. Prove e ajuste o sal. Gosto dessa sopa bem grossa, mas adicione água se a quiser mais líquida. Retire a casca do parmesão e as folhas de louro.

Sirva com um fio do melhor azeite que tiver e parmesão ralado.

Tampada na geladeira dura até 5 dias. Congela excepcionalmente bem por até 2 meses. Leve a sopa para ferver antes de usá-la.

### Para variar

- Para fazer **Pasta e fagioli** (sopa toscana de macarrão com feijão), junte ¾ de xícara de uma massa curta ao feijão. Mexa sempre, pois o amido que sai do macarrão pode formar uma crosta no fundo da panela e queimar. Cozinhe até que a massa esteja macia, cerca de 20 minutos depois. Afine com mais caldo ou água até atingir a consistência desejada. Sirva como indicado acima.

- Para fazer **Ribollita** (uma mistura grossa de pão, feijão e couve), junte 4 xícaras de **Croûtons caseiros** (p. 236) quando a sopa voltar a ferver brandamente, depois adicione a couve. Mexa com frequência, pois o amido que o pão solta pode formar uma crosta no fundo da panela e queimar. Cozinhe até que o pão tenha absorvido o caldo por completo e se desmanchado, cerca de 25 minutos. Não deve haver pedaço de pão no final do cozimento — em vez disso, surge uma deliciosa mistura semelhante a um mingau. No Da Delfina, meu restaurante favorito nas montanhas toscanas, esse prato é servido numa travessa!

# Cremosa: Creme de milho

*Rende 10 porções (serve de 6 a 8)*

Acredito piamente que a melhor comida não depende de técnicas especiais ou ingredientes caros. Algumas vezes, o mais barato e minúsculo dos ingredientes pode fazer toda a diferença. Nada demonstra melhor essa ideia do que esse creme, cujo ingrediente secreto é um caldo rápido usando não mais do que espigas e água. Use as espigas mais frescas e doces do verão e verá como cinco ingredientes simples podem se juntar para fazer uma sopa singularmente saborosa.

8 a 10 espigas de milho aparadas

8 colheres (de sopa) de manteiga

2 cebolas médias fatiadas

Sal

Dobre um pano de cozinha em quatro e coloque-o no fundo de uma vasilha grande de metal. Segure uma espiga em pé sobre o pano — ele ajuda. Com a outra mão, use uma faca de serra ou de chef bem afiada para cortar duas ou três fileiras de grãos de uma só vez, descendo a faca pela espiga. Corte bem rente, o máximo que puder, e resista à tentação de cortar mais que duas ou três fileiras de grãos por vez ou muito milho ficará agarrado à espiga. Guarde as espigas sem o milho.

Num caldeirão, faça um caldo com as espigas, cobrindo-as com 9 xícaras de água e levando a ferver. Diminua o fogo e deixe em fervura branda por 10 minutos, depois retire-as. Separe o caldo.

Volte a panela ao fogo e aqueça em fogo médio. Derreta a manteiga, adicione as cebolas e reduza o fogo para médio-baixo. Cozinhe, mexendo de vez em quando, até que as cebolas estejam completamente macias e translúcidas, cerca de 20 minutos depois. Se perceber que as cebolas estão começando a escurecer, coloque um pouco de água e fique de olho, mexendo sempre.

Assim que as cebolas estiverem macias, junte o milho. Aumente o fogo para alto e salteie até que o milho fique mais amarelo, cerca de 3 a 4 minutos. Adicione caldo para cobrir tudo e aumente o fogo para alto. Reserve o restante, pois pode ser necessário para afinar a sopa mais tarde. Salgue, prove e ajuste. Leve a ferver, diminua um pouco o fogo e cozinhe por 15 minutos.

Se tiver um mixer, use-o com cuidado para misturar a sopa até que ela se transforme num creme. Se não tiver, bata aos poucos no liquidificador ou processador de alimentos. Para uma textura sedosa, coe a sopa numa peneira fina.

Experimente e verifique o equilíbrio entre sal, doçura e acidez. Se estiver doce demais, use um pouquinho de vinagre de vinho branco ou sumo de limão.

Para servir, ponha a sopa fria em tigelas com colheradas de molho por cima ou leve a sopa a ferver e sirva quente com um toque cítrico, como **Molho de ervas mais ou menos mexicano** (p. 363) ou **Chutney indiano de coco e coentro** (p. 368).

### Para variar

Siga esse método e a fórmula básica descrita acima — cerca de 1 kg de vegetais, 2 cebolas, caldo ou água o bastante para cobrir — e transforme qualquer vegetal em creme. A espiga de milho só serve para esta sopa. Não tente replicar quando fizer outra. A casca da cenoura, por exemplo, não ajuda em nada!

E não é preciso cozinhar para fazer uma **Sopa gelada de pepino e iogurte**! Só faça um purê do pepino descascado sem sementes com iogurte, depois afine o caldo com água para alcançar a consistência que deseja.

Vire a página para se inspirar com algumas combinações de sopa.

# SUGESTÕES de SOPAS

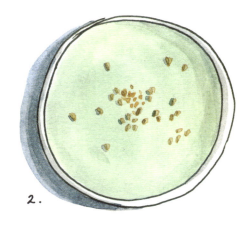

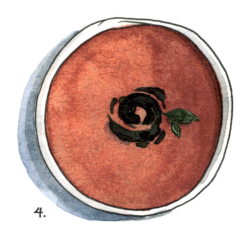
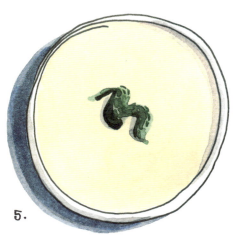

1. SOPA DE ABÓBORA com CURRY VERDE, CHALOTA FRITA e COENTRO FRESCO
2. SOPA GELADA DE PEPINO com IOGURTE e SEMENTES TOSTADAS de GERGELIM
3. SOPA INGLESA DE ERVILHA com MOLHO DE HORTELÃ
4. SOPA DE TOMATE com PESTO DE MANJERICÃO
5. SOPA DE NABO com PESTO DE NABO

6. SOPA DE COUVE-FLOR com PINOLE TOSTADO e PASSAS
7. SOPA DE ESPINAFRE e ENDRO com QUEIJO FETA e CROÛTON de PÃO PITA
8. SOPA DE CENOURA com IOGURTE e CHARMOULA
9. SOPA DE BERINJELA ASSADA com HARISSA
10. SOPA DE BATATA e SALSÃO com CREME FRAÎCHE e BACON

# GRÃOS E MACARRÃO

Leguminosas, frescas ou secas, são a coisa mais fácil de cozinhar. A receita básica pode ser resumida numa pequena frase: cubra com água e cozinhe até ficar macio.

Enquanto leguminosas frescas cozinham em cerca de 30 minutos, pode-se levar horas para transformar leguminosas secas em macias. Para reduzir o tempo de cozimento, deixe os grãos de molho à noite.

Sou uma defensora incansável disso. E como a medida de cozimento de qualquer amido bem cozido é saber se ele absorveu água o bastante para ficar macio, pense em fazer isso para adiantar o trabalho. É o modo mais fácil, acredite.

Ao demolhar as leguminosas, considere que elas triplicam de tamanho, de modo que 1 xícara do grão seco renderá cerca de 6 porções. Junte um punhado de sal e uma pitada de bicarbonato, tornando o meio mais alcalino e ajudando na tarefa de amaciar os grãos. Ponha-os de molho na mesma panela em que vai cozinhá-los para economizar um recipiente e leve à geladeira ou deixe em lugar fresco durante a noite (ou até 2 noites, em caso de grão-de-bico ou outros).

Depois de cozidas, considere leguminosas uma tela em branco. Bem cozidas e bem temperadas, acompanhadas de um fio de azeite extravirgem, são uma revelação para a maioria das pessoas, incluindo aquelas que as odeiam. Ervas frescas picadas ou 1 colher (de sopa) de **Molho de ervas** (p. 359) só melhoraram as coisas, como costuma acontecer.

Leguminosas e ovos são um par clássico. Quebre os ovos numa frigideira rasa com feijões no seu próprio líquido e leve ao forno quente. Asse até que as claras estejam quase duras. Inclua queijo feta e **Harissa** (p. 380) e sirva em qualquer refeição com pão.

Mais do que qualquer um, os feijões dividirão com prazer o prato com outro amido. Arroz e feijão ficam deliciosos combinados. Em El Salvador são cozidos juntos num bolo crocante, o *casamiento*; em Cuba, são chamados de *Moros y Cristianos*; na cozinha persa, juntam-se no **Adas polo** (p. 334). Na Itália, o feijão se junta ao pão na **Ribollita** (p. 275) e ao macarrão no **Pasta e fagioli** (p. 275). E feijões cremosos talvez não tenham melhor acompanhamento em qualquer cozinha do mundo do que **Farinha de rosca grosseira** (p. 237)

Certa vez, levei uma salada de feijão com cebolas maceradas, sementes de cominho tostadas, queijo feta e ramos de coentro a um almoço em homenagem a Deborah Madison, chef pioneira da cozinha vegetariana. Apesar de a mesa estar cheia de pratos excelentes, feitos por cozinheiros renomados, continuei a receber por quase um ano pedidos da receita daquela "salada de feijão maravilhosa".

Qualquer leguminosa, e não somente grão-de-bico, pode se transformar numa pasta semelhante ao **homus** simplesmente fazendo um purê com grande quantidade de azeite, alho, ervas, pimenta, sumo de limão e, se gostar, tahine. Ajuste o sal e o ácido e sirva com torradas, pão ou coma de colherada, como eu faço.

Amasse as leguminosas cozidas com cebolas refogadas, ervas, ovo, parmesão e quinoa ou arroz cozidos para dar ligar e frite bolinhos chatos para servir com **Molho de iogurte** (p. 370), **Harissa** (p. 380), **Charmoula** (p. 367) ou qualquer **Molho de ervas** (p. 359).

Congele o que sobrar de leguminosas cozidas em muita água, para depois degelar e usar em sopas.

E finalmente: apesar de leguminosas em conserva não se compararem às que você faz em casa, sua praticidade é inegável. Sempre tenho umas latas à mão, caso me dê uma fome repentina.

# Três maneiras de cozinhar grãos (e quinoa)*

*\* É UM PSEUDOGRÃO\*\**

## Vapor

Todas as vezes que vejo panelas de fazer arroz fantásticas nas prateleiras das lojas me convenço de que preciso urgentemente de uma. Afinal de contas, como muito arroz, e as máquinas são tão bonitinhas! De repente, vejo a bobagem que vou fazer. Para começar, não tenho mais espaço para nada na cozinha. E pior ainda: eu sei fazer arroz!

Minha teoria é de que gênios do marketing inventam mentiras sobre como é difícil fazer arroz, e pessoas do mundo inteiro acreditam. Pense bem: o arroz é um dos mais velhos alimentos do planeta. Se fosse difícil fazer arroz, a raça humana não teria sobrevivido.

Acho que arroz no vapor é minha preparação preferida para os jantares de todo dia. É rápido e simples, e os grãos absorvem com perfeição os sabores do líquido de cozimento.

Procure uma variedade de arroz de que goste e acostume-se a fazê-la, dia após dia. Meus preferidos são o arroz basmati, o jasmim e uma variedade japonesa chamada *haiga*, que é branqueada para preservar seu gérmen nutritivo e que cozinha rápido. Como acontece com toda comida, quanto mais você faz, mais fácil fica. A variável mais importante ao cozinhar arroz é o equilíbrio entre líquido e grão.

Arroz basmati e jasmim são tradicionalmente lavados muitas vezes, até que a água fique clara, mas para uma noite comum não faço isso. Deixo esse passo para quando vou receber alguém.

Ache na tabela a proporção de líquido para cada grão e lembre-se da regra básica: **1 xícara de arroz cru serve de 2 a 3 pessoas**. Leve a ferver o líquido que escolheu — água, caldo, leite de coco (todos funcionam bem) — salgue generosamente e junte o arroz (gosto de cozinhar quinoa do mesmo modo).

Reduza a uma fervura muito branda, tampe e cozinhe até que o líquido tenha sido completamente absorvido e os grãos estejam macios. Deixe tampado por 10 minutos depois de apagar o fogo. Diferente do risoto, que é outra história, nunca, nunca mexa o arroz enquanto estiver cozinhando. Você só pode afofá-lo com um garfo na hora de servir.

*\*\*JURO QUE É!*

# grão/água
## A PROPORÇÃO PERFEITA

| | | |
|---|---|---|
| **ARROZ DE SUSHI** | **ARROZ JASMIM** | **QUINOA** |
| **ARROZ BASMATI** (e outros brancos de grão longo) | **ARROZ INTEGRAL** | **AVEIA EM FLOCOS** |
| **FARINHA DE AVEIA** | **POLENTA** | **ARROZ ARBÓRIO** |

## No fogo brando

**Aveia em flocos e farinha de aveia:** Leve para ferver um líquido levemente salgado, junte a aveia, baixe para uma fervura branda e mexa constantemente até ficar macia e cozida.

**Polenta:** Junte o fubá em fio à água fervente e salgada, mexendo sempre. Cozinhe até ficar macio, por cerca de 1 hora, juntando mais água, se necessário. Corrija o sal e adicione manteiga e queijo ralado antes de servir.

**Arroz arbório:** Comece cortando finamente ½ cebola para cada xícara de arroz e refogando na manteiga até que esteja macia e transparente; então deglace com ½ xícara de vinho branco. Mexa constantemente, junte o caldo de ½ em ½ xícara e espere que o arroz absorva antes de juntar mais. Cozinhe até que esteja macio, mas ainda al dente. A consistência deve ser de aveia fina, de modo que afine com o caldo ou com um pouco de vinho branco, se necessário. Corrija o tempero e finalize com parmesão bem ralado. Sirva de imediato.

## Ferver

Cozinhe **macarrão, farro, trigo, centeio, cevada, amaranto** ou **arroz selvagem** em uma generosa quantidade de água salgada até ficar macio. Este método também funciona para **quinoa** ou **arroz basmati**.

## Arroz mais ou menos persa

*Serve de 4 a 6*

Todo persa tem um relacionamento especial com arroz, especialmente com o *tahdig*, de crosta crocante, que mede a perícia de toda mãe iraniana. Os juízes levam em conta seu tom marrom, sua crocância perfeita, sua virada como um belo bolo e o sabor. O *tahdig* é um motivo de orgulho. Como se pode levar anos para aprender a fazer o arroz persa tradicional, incluo aqui esta variante a que cheguei acidentalmente quando tinha nas mãos algumas xícaras a mais de arroz basmati acabado de ferver.

> 2 xícaras de arroz basmati
>
> Sal
>
> 3 colheres (de sopa) de iogurte
>
> 3 colheres (de sopa) de manteiga
>
> 3 colheres (de sopa) de óleo neutro

Encha um caldeirão grande com 4 litros de água e leve para ferver em fogo alto.

Coloque o arroz numa vasilha e lave com água fria, mexendo vigorosamente com os dedos e trocando a água pelo menos 5 vezes, até que o amido saia e a água fique clara. Escorra.

Quando a água ferver, salgue bem. A quantidade certa vai variar dependendo do sal, mas serão cerca de 6 colheres (de sopa) de sal marinho fino ou ½ xícara generosa de sal kasher. A água deve ser mais salgada do que a mais salgada água do mar que você já provou. Essa é sua grande oportunidade de salgar o arroz por dentro, e ele vai ficar pouco tempo na água, então não tenha medo de salgar demais sua comida. Junte o arroz e mexa.

Ponha uma peneira fina ou escorredor na pia. Cozinhe o arroz mexendo de vez em quando até ficar al dente, de 6 a 8 minutos. Escorra e enxague imediatamente com água fria para impedir que continue a cozinhar. Escorra de novo.

Retire 1 xícara do arroz e misture com o iogurte.

Ponha em uma panela de ferro fundido grande ou em uma panela não aderente em fogo médio, então junte o óleo e a manteiga. Quando a manteiga derreter, adicione a mistura de arroz com iogurte à panela e nivele-a. Amontoe o arroz restante sobre essa mistura, tentando juntá-lo no centro com delicadeza. Com o cabo de uma colher de pau, faça 5 ou 6 furos até o fundo da panela de arroz, que estará chiando levemente. Os buracos permitirão que o vapor escape desde o fundo, de modo a se formar uma crosta crocante. Deve haver óleo o suficiente na panela para que você possa vê-lo borbulhando em volta do arroz. Junte um pouco mais, se necessário, para ver essas borbulhas.

Continue a cozinhar o arroz em fogo médio, dando um quarto de volta à panela a cada 3 ou 4 minutos para assegurar um dourado igual, até começar a ver uma crosta se formar dos lados, depois de 15 a 20 minutos. Quando estiver âmbar, reduza o fogo e continue a cozinhar por mais 15 a 20 minutos. As beiradas devem ficar escuras, e o arroz, completamente cozido. Não há jeito de se saber como o *tahdig* vai ficar até que você o vire, como um bolo, de modo que prefiro errar e deixar que escureça demais. Se não gostar assim, tire o arroz depois de 35 minutos na panela.

Para desenformar, passe uma espátula com todo cuidado pela lateral interna da panela para ter certeza de que nenhuma parte da crosta está grudada. Retire o excesso de gordura, reclinando a panela sobre uma vasilha. Crie coragem e vire-a sobre uma travessa ou tábua. Deve parecer um belo bolo de arroz, bem fofinho e com crosta dourada.

Se por qualquer razão seu arroz não passar inteiro para a travessa, faça como toda avó persa desde o começo dos tempos: retire o arroz com uma colher, quebre o *tahdig* em pedaços com uma espátula e *finja* que essa era a sua intenção desde o começo. Ninguém vai duvidar.

Sirva imediatamente com **Salmão assado em baixa temperatura** (p. 310), **Kafta** (p. 356), **Frango assado persa** (p. 341) ou *Kuku sabzi* (p. 306).

**Para variar**

- Para fazer **Tahdig de pão**, use um pão sírio ou uma tortilha de 25 cm de diâmetro. Misture o iogurte com todo o arroz. Preaqueça a panela como explicado antes, junte a manteiga e o óleo, e coloque a tortilha ou o pão na panela. Ponha o arroz por cima e continue conforme descrito. Vai dourar mais depressa, então fique de olho na panela e baixe o fogo depois de 12 minutos, e não depois de 15 a 20.

- Para fazer **Arroz com açafrão**, ponha uma generosa pitada de açafrão com uma pitada de sal num pilão e soque até virar pó. Junte 2 colheres (de sopa) de água fervente e deixe em infusão por 5 minutos. Jogue sobre o arroz e continue a juntá-lo à panela como explicado anteriormente. Sirva com **Kafta** (p. 356).

- Para fazer **Arroz com ervas**, misture ao arroz cozido e escorrido 6 colheres (de sopa) de salsinha, coentro e endro bem picados em qualquer proporção entre eles. Cozinhe como ensinado. Sirva com **Salmão assado em baixa temperatura** (p. 310) e **Molho de iogurte com ervas** (p. 370).

- Para fazer o **Arroz com fava e endro**, misture ⅓ de xícara de endro picado fino e ¾ de xícara de favas descascadas frescas ou descongeladas sobre o arroz escorrido e cozido. Cozinhe como explicado antes. Sirva com **Frango assado persa** (p. 341).

AÇAFRÃO

## Cinco pratos de macarrão clássicos

Gosto demais de macarrão. Afinal de contas, fiz e comi macarrão quase todos os dias durante dez anos, dois deles na Itália. Quando chegou a hora de resolver quais receitas incluir aqui, quase entrei em depressão. Como conseguiria explicar qualquer coisa sobre macarrão com umas poucas receitas básicas?

Percebi que antes que eu pudesse fazer cortes precisava considerar todas as possibilidades, de modo que fiz uma lista com minhas massas preferidas e combinações de molhos. À medida que a lista crescia absurdamente, começou a aparecer um padrão. Cada molho recaía em uma das cinco categorias: queijo, tomate, vegetais, carne ou peixes e frutos do mar.

Aprenda muito bem um molho de cada e o caminho vai se abrir. Chegará o dia em que você será capaz de improvisar a seu bel-prazer. Lembre: cada ingrediente deve ter seu lugar no prato (massas com muita coisa geralmente são um desastre). Como regra geral, se estiver improvisando com o que tem em mãos, não ultrapasse seis ingredientes além de macarrão, azeite e sal. E lembre-se de ter sal, gordura e ácido perfeitos na hora de servir.

Dois últimos palpites: com exceção do **Pesto** (p. 383) — tradicionalmente feito com alho amassado, pinole, parmesão, manjericão, sal e azeite —, a massa quente deve ser misturada ao molho quente. E o macarrão é tão importante quanto o molho; logo, é bom tomar cuidado para cozinhá-lo e salgá-lo adequadamente, o que significa mais ou menos 2 colheres (de sopa) de sal kasher ou 4 colheres (de chá) de sal comum por litro de água.

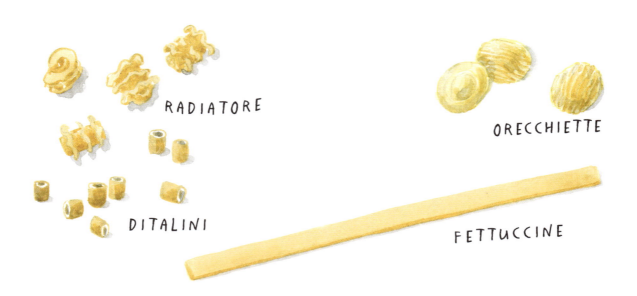

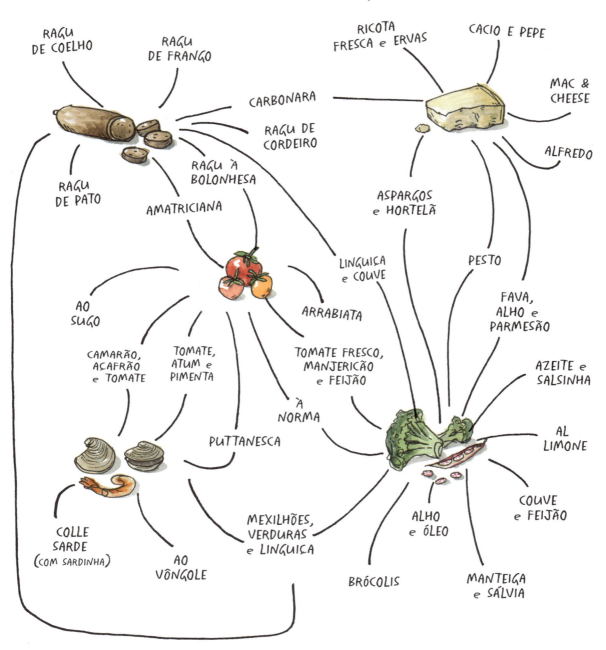

# Queijo: Macarrão *Cacio e Pepe*

*Serve de 4 a 6*

*Cacio e Pepe* é feito tradicionalmente com pecorino ralado, um queijo salgado de leite de cabra, e com bastante pimenta-do-reino moída. Ao fazer o molho, tome cuidado para não empelotar. Use o ralador mais fino que tiver para o queijo, de modo que ele derreta rápido. O segundo passo é mexer vigorosamente a pimenta-do-reino, o azeite e a água esbranquiçada do amido até que emulsionem. Por fim, se a panela não for grande o bastante para misturar o macarrão, ponha tudo numa tigela grande e mexa, juntando um pouco de água do cozimento de vez em quando, até que o molho se forme.

Sal

450 g de espaguete, bucatini ou tonnarelli

Azeite extravirgem

1 colher (de sopa) de pimenta-do-reino grosseiramente moída

110 g de queijo pecorino ralado fino (cerca de 2 xícaras)

Coloque uma panela grande de água em fogo alto e leve para ferver. Salgue generosamente, até que tenha gosto de mar. Junte o macarrão e cozinhe, mexendo de vez em quando, até ficar al dente. Reserve 2 xícaras da água do cozimento ao escorrer a massa.

Enquanto isso, aqueça uma panela grande em fogo médio e adicione azeite o bastante para cobrir o fundo. Quando começar a ondular, junte a pimenta-do-reino e toste até ficar fragrante, por uns 20 segundos. Junte ¾ de xícara da água do cozimento à panela e deixe ferver, o que precipitará a emulsão.

Junte o macarrão escorrido à panela quente, misture bem e polvilhe um punhado de queijo por cima. Use uma pinça para mexer a massa vigorosamente, juntando quanta água do cozimento for necessária para criar um molho cremoso que grude nela sem empelotar. Prove e corrija o sal se necessário. Junte o restante do queijo e mais pimenta-do-reino grosseiramente moída e sirva na hora.

## Para variar

- Para fazer **Macarrão Alfredo**, ponha para ferver brandamente 4 xícaras de creme de leite fresco e deixe reduzir para 2, cerca de 30 minutos. Coloque uma frigideira grande sobre o fogo médio e junte 3 colheres (de sopa) de manteiga. Depois que derreter, acrescente 3 dentes de alho amassados. Frite em fogo baixo até que o alho comece a cheirar, uns 20 segundos depois. Antes que comece a ganhar cor, junte o creme de leite reduzido e leve para ferver em fogo baixo. Cozinhe 450 g de fettuccine até ficar al dente e escorra, reservando 1 xícara da água do cozimento. Junte o macarrão à panela e mexa com 110 g de parmesão ralado fino e bastante pimenta-do-reino moída na hora. Adicione mais água do cozimento, o suficiente para conseguir uma consistência cremosa. Prove, corrija o sal e sirva imediatamente.

- Para fazer **Macarrão com aspargos e hortelã**, coloque uma frigideira grande em fogo médio e junte azeite o bastante para cobrir o fundo. Quando tremer e brilhar, adicione 1 cebola bem picada e uma pitada generosa de sal. Reduza o fogo para médio-baixo e cozinhe, mexendo de vez em quando por cerca de 12 minutos, até que fique macia. Adicione 3 dentes de alho picados. Cozinhe até que o alho comece a cheirar bem, uns 20 segundos depois. Antes que ganhe cor, junte 2 xícaras de creme de leite fresco e deixe em fervura branda até reduzir à metade, cerca de 25 minutos depois.

  Enquanto isso, apare 1,3 kg de aspargos, depois corte-os obliquamente em fatias de 0,75 cm e reserve. Quando o creme estiver acabando de reduzir, cozinhe 450 g de fettuccine ou penne até ficar quase al dente. Um minuto antes de o macarrão ficar pronto, junte os aspargos cortados à agua de cozimento do macarrão e cozinhe também. Quando o macarrão estiver quase al dente e o aspargo estiver quase cozido, escorra, reservando 1 xícara da água de cozimento. Junte o macarrão e os aspargos à panela e misture com o creme, cerca de 1 xícara de queijo parmesão ralado fino, ¼ de xícara de folhas de hortelã picadas e pimenta-do-reino moída na hora. Acrescente um pouco da água de cozimento, se for necessário, para soltar o molho e conseguir uma consistência cremosa. Prove e corrija o sal. Sirva imediatamente.

# Tomate: Macarrão ao sugo

*Rende cerca de 8 xícaras de molho (serve 4)*

Desde aquela competição no Chez Panisse, aprendi dezenas e dezenas de métodos diferentes para fazer molho de tomate básico, mas a verdade é que todas as variações — usando ou não cebola, com manjericão ou orégano, fazendo purê ou passando na peneira — não são mais que pequenas diferenças pessoais. Você pode fazer do jeito que quiser; o importante é usar os melhores tomates e azeite que encontrar — e acertar no sal. Faça isso e estará pronto para usar em macarrão ou pizza, claro, mas também em pratos como *shakshuka*, cordeiro marroquino na panela, arroz mexicano ou ensopado de peixe provençal.

Azeite extravirgem

2 cebolas-roxas ou brancas bem fatiadas

Sal

4 dentes de alho

1,8 kg de tomates frescos e maduros, aparados, ou 800 g de tomates em lata, em seu molho

16 folhas de manjericão ou 1 colher (de sopa) de orégano seco

350 g de espaguete, bucatini, penne ou rigatoni

Parmesão, pecorino ou ricota salgada para servir

Ponha uma panela de fundo grosso não reagente em fogo médio-alto. Quando estiver quente, adicione azeite para forrar o fundo. Quando tremeluzir, junte as cebolas.

Tempere com sal e baixe o fogo para médio, mexendo de vez em quando para não queimar. Cozinhe até que as cebolas estejam macias e transparentes, por cerca de 15 minutos. Não tem importância dourar só um pouco, mas não deixe que as cebolas queimem. Se começarem a pegar cor muito depressa, reduza o fogo e adicione água.

Enquanto as cebolas cozinham, fatie o alho e divida os tomates frescos em quatro. Se for usar em lata, coloque-os numa vasilha grande e funda e desmanche-os com as mãos. Ponha ¼ de xícara de água em uma lata, despeje na segunda lata, mexendo, e então junte aos tomates. Reserve.

Quando as cebolas estiverem macias, empurre-as para as laterais da panela e acrescente 1 colher (de sopa) de azeite no centro, depois junte o alho. Refogue delicadamente até que comece a cheirar. Antes que doure, acrescente os tomates. Se usar tomates frescos, amasse-os com uma colher de pau para o sumo sair. Leve o molho para ferver e depois diminua o fogo. Corrija o sal, rasgue e junte as folhas de manjericão ou orégano, se for usar.

Cozinhe em fogo baixo, mexendo bastante com uma colher de pau. Raspe o fundo da panela para não grudar. Se o molho começar a secar e queimar, faça o oposto: não mexa! Isso só misturará o gosto de queimado ao restante do molho, que está bom. Transfira imediatamente o molho para outra panela sem raspar o fundo e deixe a panela queimada de molho na pia. Tome cuidado para não deixar queimar de novo.

Coloque uma panela de água grande para ferver em fogo alto. Tampe para não evaporar demais.

O molho estará pronto quando o gosto mudar de cru para cozido, cerca de 25 minutos. Mergulhando a colher no molho, você vai se lembrar menos da feira e mais de um prato de macarrão. Com tomates em lata, a mudança é sutil: espere o momento em que vão perder o gostinho metálico, o que levará uns 40 minutos. Quando os tomates estiverem cozidos, leve a uma rápida fervura em fogo baixo por alguns minutos, e o molho vai se transformar em algo rico à medida que emulsifica. Retire do fogo.

Faça um purê com um mixer, prove e corrija o tempero. Bem tampado, na geladeira, dura até 1 semana; congelado, até 3 meses. Para guardar, processe jarros cheios de molho por cerca de 20 minutos em banho-maria e guarde por até 1 ano.

Para servir 4 pessoas, salgue a panela de água até que tenha o gosto do mar. Junte o macarrão, dê uma mexida e cozinhe até ficar al dente. Enquanto cozinha, leve 2 xícaras de molho para ferver em fogo baixo numa panela grande. Escorra o macarrão, reservando 1 xícara de água do cozimento. Junte a massa ao molho e mexa, afinando, se necessário, com a água do cozimento e azeite. Prove e corrija o sal, se necessário. Sirva imediatamente com parmesão.

### Para variar

- Para dar mais cremosidade ao macarrão, junte ½ xícara de ***Crème fraîche*** (p. 113) a 2 xícaras de molho e leve à fervura baixa. Junte o macarrão cozido com ½ xícara de ricota fresca quebrada. Mexa bem.

- Para fazer **Macarrão *à puttanesca***, coloque uma frigideira grande em fogo médio e adicione azeite o bastante para forrar o fundo. Quando brilhar, junte 2 dentes de alho picados e 10 filés de anchova amassados e refogue em fogo baixo até que o alho comece a cheirar, cerca de 20 segundos depois. Antes que o alho comece a ganhar cor, junte 2 xícaras de molho, ½ xícara de azeitona preta lavada e sem caroço (de preferência curada no azeite) e 1 colher (de sopa) de alcaparras bem lavadas. Tempere a gosto com pimenta-calabresa em flocos, salgue e deixe em fervura baixa por 10 minutos, mexendo de vez em quando. Enquanto isso, cozinhe 350 g de espaguete al dente e escorra, reservando 1 xícara da água do cozimento. Misture o macarrão ao molho em fogo baixo e afine com a água do cozimento, se necessário. Prove e corrija o sal, se quiser. Enfeite com salsinha picada e sirva imediatamente.

- Para fazer **Macarrão *à amatriciana***, coloque uma frigideira grande em fogo médio e junte azeite o bastante para forrar o fundo. Quando brilhar, junte 1 cebola picada fino e uma boa pitada de sal. Mexa de vez em quando — refogue até que a cebola esteja macia e dourada, cerca de 15 minutos depois. Fatie 170 g de bacon cortado em palitos e junte à cebola. Cozinhe em fogo médio até que a carne comece a ficar crocante, então junte 2 dentes de alho picado e refogue, por cerca de 20 segundos, quando o alho começar a soltar cheiro. Antes que o alho comece a dourar, junte 2 xícaras de molho de tomate e tempere a gosto com sal e pimenta-calabresa em flocos. Enquanto isso, cozinhe 340 g de espaguete ou bucatini até ficar al dente e escorra, reservando

  1 xícara da água de cozimento. Misture o macarrão com o molho e afine, se necessário, com a água de cozimento. Prove e corrija o sal, se precisar. Guarneça com bastante queijo ralado e sirva imediatamente.

# Vegetais: Macarrão com brócolis

*Serve de 4 a 6*

Este é o prato que faço quando estou exausta no fim do dia. Finjo que quero comer macarrão com brócolis porque é supersaudável! Na verdade, escolho por prazer, pela profundidade das cebolas douradas, pelo umami provocado por uma quantidade extravagante de parmesão e pela doçura do brócolis macio, que lhe dá um toque inesperado e requintado. Os camponeses toscanos usam pão adormecido ralado como uma alternativa econômica ao queijo, mas eu uso os dois, para deixar crocante e saboroso. E não jogue fora o caule do brócolis! Geralmente é a parte mais doce. Só retire a pele externa mais grossa com um descascador de legumes, então cozinhe junto com os floretes.

Sal

900 g de brócolis, floretes e hastes descascadas

Azeite extravirgem

1 cebola picada

1 ou 2 colheres (de chá) de pimenta-calabresa em flocos

3 dentes de alho picados

450 g de orecchiette, penne, linguine, bucatini ou espaguete

½ xícara de **Farinha de rosca grosseira** (p. 237)

Parmesão ralado para servir

Coloque uma panela grande cheia de água em fogo alto. Quando ferver, salgue generosamente até que tenha gosto de mar.

Corte os florestes de brócolis em pedaços de 1,25 cm e os caules em pedaços de 0,75 cm.

Ponha uma panela de ferro em fogo médio-alto. Quando esquentar, acrescente azeite o bastante para forrar o fundo. Assim que o azeite brilhar, junte as cebolas, uma generosa pitada de sal e 1 colher (de chá) de pimenta-calabresa em flocos. Quando as cebolas começarem a dourar, mexa e reduza o fogo para médio. Mexa de vez em quando. Refogue as cebolas até estarem macias e amarronzadas, cerca de 15 minutos. Afaste-as para as laterais da panela, deixando um buraco no centro. Acrescente aproximadamente 1 colher (de sopa) de azeite e depois o alho. Cozinhe devagar até que comece a cheirar, cerca de 20 segundos depois. Antes que o alho pegue cor, junte as cebolas e baixe bem o fogo para impedir que escureçam demais.

Ponha o brócolis na água fervente e cozinhe até ficar macio, cerca de 4 a 5 minutos. Retire da panela com uma escumadeira e junte à panela de cebolas. Tampe a panela de água para impedir a evaporação e deixe fervendo no fogão para cozinhar o macarrão. Aumente o fogo para médio e continue a cozinhar, mexendo de vez em quando, até que os brócolis comecem a murchar e a se misturar com as cebolas e o azeite, transformando-se num molho, cerca de 20 minutos. Se a mistura parecer seca, adicione 1 colher ou 2 de água do cozimento.

Junte o macarrão à água e mexa. Enquanto isso, continue a cozinhar e misturar os brócolis. O principal é ter certeza de que há bastante água na panela para que o brócolis, o azeite e a água se emulsionem e formem um molho grosso e doce. Continue a cozinhar e mexer, juntando água conforme necessário.

Quando o macarrão estiver al dente, escorra, reservando 2 xícaras de água do cozimento. Ponha o macarrão quente na panela com os brócolis e mexa. Adicione um pouco mais de azeite e a água do cozimento, para que o macarrão fique bem úmido e o molho bem distribuído. Experimente, então corrija o sal e a pimenta.

Sirva imediatamente, coberto com **Farinha de rosca grosseira** e muito parmesão ralado fino.

## Para variar

- Para dar um toque de umami, adicione 6 filés de anchovas picadinhos às cebolas junto com o alho.

- Para fazer **Macarrão com feijão e brócolis**, junte 1 xícara de feijão cozido (de qualquer tipo) ao brócolis e às cebolas enquanto o macarrão cozinha.

- Para fazer **Macarrão com linguiça e brócolis**, despedace 450 g de linguiça toscana picante ou não sobre as cebolas até que estejam macias. Aumente o fogo para alto e doure bem.

- Para misturar um pouco de ácido e doce, acrescente 1 xícara de molho ao sugo (p. 292) às cebolas cozidas antes de adicionar o brócolis.

- Para uma surpresa com gosto de água do mar, junte ao brócolis e às cebolas ½ xícara de azeitonas pretas ou verdes sem caroço grosseiramente picadas.

- Use couve, couve-flor ou romanesco no lugar do brócolis e prossiga como indicado acima. Ou pule a etapa de branquear e use alcachofra, funcho ou abóbora já cozidos (p. 264).

# Carne: Macarrão ao ragu
*Rende cerca de 7 xícaras de molho (serve 4 pessoas)*

Aprendi a fazer ragu com Benedetta Vitali, a chef florentina que me aceitou na sua cozinha e na sua família quando eu tinha 22 anos. Fazíamos uma panela de ragu no restaurante Zibibbo dia sim, dia não. A maioria dos pratos começava com *soffritto*, uma base de vegetais picados fino, bem dourados e cheirosos. Aprendi com Benedetta a caprichar no *soffritto,* primeiro ao cortar os legumes bem finos com a maior faca que já vi e depois ao dourá-los com uma quantidade exagerada de azeite. Nada é tão importante para o sabor de um ragu do que dourar; então gaste seu tempo refogando a carne, pois logo você estará sentado em frente a um prato de macarrão tão magnífico como o sol da tarde se refletindo nas encostas de uma montanha toscana.

Se não quiser nem pensar em picar todos os vegetais à mão, use um processador. Pulse cada um separadamente, parando para limpar a parede do aparelho com uma espátula de silicone, garantindo que ficarão de tamanho homogêneo. Como a lâmina do processador quebra mais células do que uma faca, os vegetais ficarão mais aguados. Ponha o salsão e a cebola numa peneira fina e aperte firmemente para escorrer o quanto puder de líquido. Depois, junte as cenouras e continue como se tivesse cortado tudo à mão. Ninguém vai perceber.

Azeite extravirgem

450 g de peito bovino
grosseiramente moído

450 g de paleta de porco
grosseiramente moída

2 cebolas picadinhas

1 cenoura grande picadinha

2 talos de salsão picadinhos

1 e ½ xícara de vinho tinto seco

2 xícaras de **Caldo de carne**
(p. 271) ou de água

2 xícaras de leite

2 folhas de louro

1 tira de 2,5 x 7,5 cm de casca
de limão-siciliano

1 tira de 2,5 x 7,5 cm de casca de laranja

1,25 cm de canela em pau

Algumas colheradas de extrato de tomate

**Opcional:** Casca de parmesão

Noz-moscada

Sal

Pimenta-do-reino moída na hora

450 g de tagliatelle, penne ou rigatoni

4 colheres (de sopa) de manteiga

Parmesão ralado para servir

Ponha uma grande panela de ferro ou similar em fogo alto e acrescente azeite o bastante para forrar o fundo. Quebre a carne na panela. Cozinhe, mexendo e desgrudando com uma escumadeira até que comece a brilhar e ficar de um dourado-escuro, 6 a 7 minutos depois. Não tempere a carne — o sal puxaria a água e retardaria o refogado. Use a escumadeira para transferir a carne para uma vasilha grande, deixando a gordura derretida na panela. Doure a carne de porco do mesmo modo.

Junte as cebolas, as cenouras e o salsão — o *soffritto* — à mesma panela e cozinhe em fogo médio-alto. A quantidade de gordura deve ser suficiente para quase cobri-lo. Junte mais óleo, pelo menos ¾ de xícara, para cobrir de fato. Cozinhe, mexendo regularmente, até que os vegetais estejam macios e o *soffritto* esteja marrom-escuro, uns 25 a 30 minutos depois. (Você pode cozinhar o *soffrito* em azeite um dia ou dois antes, se quiser diminuir o tempo de trabalho desta receita. Ele dura 2 meses no freezer.)

Volte a carne à panela, aumente o fogo para alto e junte o vinho. Raspe o fundo da panela com uma colher de pau para soltar qualquer pedacinho dourado e aproveitá-lo no molho. Junte o caldo ou a água, o leite, as folhas de louro, as tiras cítricas, a canela, o extrato de tomate e a casca de queijo, se for usar. Tempere com sal e pimenta-do-reino e noz-moscada a gosto. Leve para ferver e reduza o fogo em seguida.

Deixe o molho em fervura branda, mexendo de vez em quando. Quando o leite talhar e o molho começar a parecer apetitoso, dentro de 30 a 40 minutos, comece a provar a mistura e ajustar o sal, o ácido, a doçura, a cremosidade e a densidade. Se precisar de um pouco de ácido, acrescente um pouco de vinho. Se parecer insosso, junte extrato de tomate para trazê-lo de volta à vida e dar um toque doce. Se precisar de riqueza, adicione um pouquinho de leite. Se o ragu parecer ralo, junte uma boa quantidade de caldo. Ele reduzirá no fogo e sua gelatina ajudará a engrossar o molho.

Deixe na fervura branda mais baixa possível, escumando a gordura da superfície de vez em quando e mexendo bastante, até que a carne esteja macia e os sabores misturados, 1h30 min a 2 horas. Quando achar que o ragu está pronto, use uma concha ou escumadeira para retirar a gordura da superfície e remova a casca de parmesão, as folhas de louro, as tiras cítricas e a canela. Prove e corrija o sal e a pimenta outra vez.

Para 4 porções, misture 2 xícaras de ragu quente com 450 g de macarrão cozido al dente e 4 colheres (de sopa) de manteiga. Sirva com bastante parmesão ralado.

Tampe e guarde o restante do ragu por até 1 semana na geladeira ou no máximo 3 meses no freezer. Ferva antes de usar.

### Para variar

- Para um **Ragu de frango**, use 1,8 kg de coxa e sobrecoxa. Desfie a carne e a pele depois que o molho estiver cozido, descartando os ossos e a cartilagem. Também dá certo com pato ou peru. Doure em levas, evitando amontoar demais os pedaços na panela, e prepare o *soffritto* como descrito. Quando estiver bem dourado, junte 4 dentes de alho picados à panela e deixe refogar delicadamente por cerca de 20 segundos, até que comecem a cheirar, mas não deixe dourar muito. Substitua o vinho tinto por branco, junte ao molho ervas e 1 raminho de alecrim, 1 colher (de sopa) de bagas de zimbro e 7 g de cogumelos porcini. Aumente o caldo para 3 xícaras. Descarte o leite, a noz-moscada, a casca de laranja e a canela, mas mantenha as folhas de louro, a casca de limão, o extrato de tomate, o sal, a pimenta-do-reino e a casca de parmesão. Deixe em fervura branda por cerca de 90 minutos, então retire a gordura da superfície e os ingredientes aromáticos, como descrito. Prove e corrija o sal e a pimenta. Sirva como indicado.

- Para um **Ragu de linguiça**, substitua a carne bovina e a de porco por 900 g de linguiça toscana suave ou picante. Doure a carne e prepare o *soffritto* como explicado anteriormente. Quando dourar, junte 4 dentes de alho picados à panela e refogue por 20 segundos, até começar a cheirar bem, mas sem deixar que escureçam. Substitua o vinho tinto por branco e o extrato de tomate por 2 xícaras de tomate picado em lata. Esqueça o leite, a noz-moscada, a casca de laranja e a canela, mas mantenha o caldo, as folhas de louro, a casca de limão, o sal, a pimenta-do-reino e a casca de parmesão. Junte 1 colher (de sopa) de orégano seco e 1 colher (de chá) de pimenta-calabresa em flocos. Deixe em fervura branda até ficar macio, cerca de 1 hora. Retire a gordura e os aromáticos como explicado. Prove e corrija o sal e a pimenta-do-reino. Sirva conforme indicado.

# Frutos do mar: Macarrão ao vôngole

*Serve de 4 a 6*

Eu nunca havia comido mariscos até os vinte anos. Até hoje raramente como, só se não tiver outra opção. Mas macarrão ao vôngole é outra história. Trata-se de uma dessas receitas místicas, com uma alquimia tão rara que nem todos os ingredientes juntos conseguem justificar o sabor complexo do prato. É como um dia perfeito surfando — salgado, rico, fresco, brilhante e extremamente agradável. Para um passo a passo ilustrado desta receita, volte à p. 120.

Gosto de usar dois tipos de vôngole: os maiores, que têm um gosto mais profundo, e os menores, que podem ser abertos na mesa e é sempre divertido. Se não encontrar um dos dois, não se preocupe: faça com o tamanho que achar. Outra opção é usar mexilhões.

Sal

Azeite extravirgem

1 cebola média bem picada (guarde as extremidades)

2 a 3 ramos de salsinha, mais ¼ de xícara de folhas finamente picadas

900 g de vôngoles pequenos, lavados e bem escovados

1 xícara de vinho branco

2 dentes de alho picados

Cerca de 1 colher (de chá) de pimenta-calabresa em flocos

450 g de linguine ou espaguete

900 g de vôngoles grandes, lavados e bem escovados

Sumo de 1 limão-siciliano

4 colheres (de sopa) de manteiga

30 g de parmesão ralado fino (cerca de ¼ de xícara)

Leve uma panela grande de água generosamente salgada para ferver.

Aqueça uma frigideira em fogo médio-alto e adicione 1 colher (de sopa) de azeite. Acrescente as extremidades da cebola, a salsinha e tantos vôngoles quantos couberem em uma só camada. Despeje por cima ¾ de xícara de vinho.

Aumente o fogo para alto, tampe a panela e deixe os vôngoles se abrirem no vapor, cerca de 3 a 4 minutos. Destampe e use pinças para transferir os vôngoles para uma vasilha. Se encontrar vôngoles que não abrem, dê uma leve batida com as pinças para encorajá-los a fazê-lo. Jogue fora os que não abrirem depois de 6 minutos de cozimento. Junte o restante à panela e cozinhe do mesmo modo, com o que sobrou do vinho.

Coe o líquido de cozimento em peneira fina e reserve. Quando os vôngole estiverem frios o bastante para pegar, tire-os das conchas e pique-os grosseiramente. Guarde-os numa vasilha pequena, cobertos pelo líquido de cozimento. Jogue fora as conchas.

Lave a panela e coloque em fogo médio. Adicione azeite bastante para forrar o fundo da panela e junte a cebola picada e uma pitada de sal. Cozinhe até ficar macia, mexendo de vez em quando, por cerca de 12 minutos. Tudo bem se a cebola pegar cor, mas não deixe queimar. Junte um pouquinho de água, se precisar.

Enquanto isso, cozinhe o macarrão até ficar quase al dente.

Junto o alho e ½ colher (de chá) de pimenta-calabresa à cebola e refogue. Antes que o alho tenha escurecido, junte o vôngole restante e aumente o fogo. Acrescente uma boa quantidade do líquido de cozimento ou de vinho e tampe a panela. Quando os vôngoles abrirem, inclua os já picados. Cozinhe por uns minutos, prove e corrija o ácido com sumo de limão-siciliano ou mais vinho branco, se precisar.

Escorra o macarrão, reservando 1 xícara do líquido de cozimento, e imediatamente junte à panela com os vôngoles. Deixe o macarrão ali até ficar al dente, de modo que absorva um gostinho bom de sal e de mar.

Prove e ajuste o sal, a pimenta e o ácido. O macarrão deve estar bem suculento. Se não estiver, junte mais umas colheres da água do cozimento dos vôngoles, do macarrão ou vinho. Adicione a manteiga e o queijo, deixe derreter e mexa para envolver o macarrão. Polvilhe com folhas de salsinha picada.

Sirva imediatamente, com pão de casca grossa para aproveitar o molho.

## Para variar

- Para fazer **Macarrão com mexilhões**, substitua os vôngoles por 1,8 kg de mexilhões lavados e escovados, deixe-os cozinhar no vapor e tire-os das conchas. Adicione uma pitada generosa de açafrão à cebola picada, junto com o sal. Não use o parmesão, mas faça todo o restante como na receita anterior.

- Para preparar **Macarrão com vôngole e linguiça**, quebre 220 g de linguiça toscana suave ou picante e junte às cebolas cozidas. Aumente o fogo para alto e refogue. Coloque o vôngole e continue a cozinhar como manda a receita anterior. Sirva da mesma maneira.

- Para fazer **Molho branco de vôngole**, junte 1 xícara de creme de leite à panela das cebolas depois de refogar o alho por cerca de 20 segundos. Deixe em fervura branda por 10 minutos antes de adicionar o vôngole. Continue a cozinhar como descrito.

- Para o preparo de **Molho vermelho de vôngole**, junte 2 xícaras de tomates picados, frescos ou em lata, à panela de cebolas depois de refogar levemente o alho. Deixe em fervura branda por 10 minutos antes de adicionar o vôngole. Termine como descrito.

- Para juntar algum vegetal ao prato, adicione 1 xícara de verdura branqueada picada (p. 258) — couve e brócolis são uma boa ideia — à cebola cozida antes de juntar o alho.

- Para um contraste de texturas, cubra os pratos acima com **Farinha de rosca grosseira** (p. 237) antes de servir.

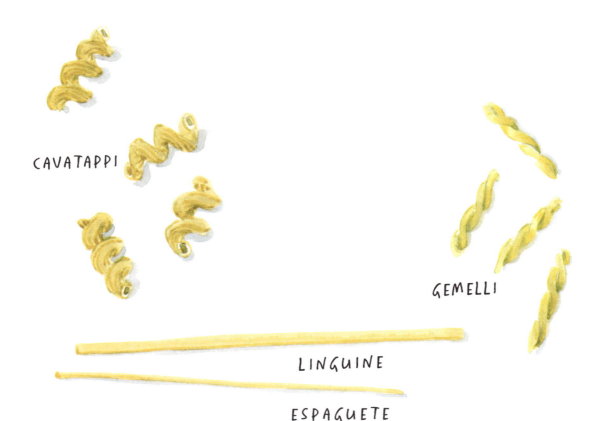

# OVOS

Podemos fazer centenas de milagres culinários com um ovo e coragem. Junte óleo sem medo a uma gema, gota a gota, e terá uma **Maionese básica** (p. 375) e todos os molhinhos possíveis, de **Aïoli** a **Tártaro**. Use a proporção clássica de 1 ovo para 1 gema e 1 xícara de creme de leite como base para qualquer musse, doce ou salgada, que possa imaginar. Tempere o creme com pimenta-do-reino moída na hora, ervas e parmesão. Ou ponha lavanda no creme de leite morno, adoce com mel e coe antes de misturar com ovos para uma sobremesa simples e fragrante. Asse em ramequinhos em banho-maria (veja p. 161) a 160ºC até que estejam quase firmes.

Bata claras que sobraram com açúcar para fazer suspiro e cubra com chantili e frutas para um **Merengue** (p. 421).

Com outra proporção clássica, você poderá fazer **massa de macarrão** a qualquer hora. Misture devagar 1 ovo e 1 gema com 1 xícara de farinha e sove bem. Deixe descansar, depois trabalhe a massa e corte em tiras para comer com **Ragu** (p. 297).

Para **fritar o ovo perfeito**, aqueça uma frigideira em fogo alto, deixando um pouco mais quente do que o normal, então adicione gordura o bastante para forrar o fundo e quebre o ovo nela. Junte um pouco de manteiga e, inclinando a frigideira, regue o ovo com colheradas da manteiga, de modo que a parte de cima e a de baixo cozinhem ao mesmo tempo e a gema fique cozida, mas não dura.

Ponha um ovo com casca em água fervente e retire-o 9 minutos mais tarde. Coloque-o numa vasilha com água gelada e descasque ao esfriar para obter o **ovo cozido perfeito**, com gema cremosa e brilhante. Os ovos mais frescos são difíceis de descascar, então deixe que rolem na

CLARAS BATIDAS com AÇÚCAR

superfície de trabalho depois de cozidos e coloque-os em uma tigela de gelo. A água vai se infiltrar sob a membrana, entre a casca e a clara, e descascá-lo será bem mais fácil. Para preparar uma salada de ovos, deixe-os na água fervente por 10 minutos. Para uma gema um pouco mais brilhante, retire depois de 8.

Junte um **ovo pochê** a arroz, macarrão ou caldo de vegetais e eis o jantar. Encha uma panela grande com pelo menos 5 cm de água e acrescente vinagre de vinho branco. Leve para ferver em fogo médio. Delicadamente, quebre o ovo numa xícara de café e, com cuidado, deslize-o para a panela, onde estão se formando as bolhas. Se a temperatura da panela baixar e as bolhas sumirem, aumente o fogo, mas não deixe a água ferver totalmente, porque poderá quebrar a clara ou abrir a gema. Repita com 1 ovo por vez, deixando que cozinhe até ficar quase pronto, cerca de 3 minutos. Retire os ovos da água com uma escumadeira, passe delicadamente sobre eles um papel-toalha, para secar, e sirva.

Outra opção é bater um ovo com um pouco de parmesão e deixar escorrer em fio num caldo em fervura branda para obter uma reconfortante tigela de ***Stracciatella*** (p. 273).

Para **ovos mexidos** cremosos, volte para a p. 147 e veja as sugestões de Alice B. Toklas. Seja lá o que fizer, cozinhe em um calor morno e apague o fogo 30 segundos antes de ficar pronto — tenha coragem, e seus ovos darão certo.

Um pouco de coragem também ajuda o ***Kuku sabzi*** (p. 306), uma fritada persa.

### *Kuku sabzi*
### Fritada persa de ervas e verduras

*Serve de 6 a 8*

Esta é uma refeição leve perfeita ou um belo aperitivo. Para começar, a diferença da fritada típica é a proporção de verduras para ovos, que pende para os verdes (uso ovos o bastante só para juntá-los). E *kuku* não é *kuku* sem o centro cremoso e brilhante e uma crosta bem dourada para o contraste de textura e sabor. Coma quente, em temperatura ambiente ou frio, com queijo feta, iogurte ou picles, para equilibrar.

Lavar, picar e cozinhar todas as verduras pode ser desanimador se você não está acostumado a enfrentar uma montanha de ingredientes. Sinta-se à vontade para preparar os verdes um dia antes.

2 maços de acelga lavada

1 alho-poró grande

Azeite extravirgem

Sal

6 colheres (de sopa) de manteiga sem sal

4 xícaras de folhas de coentro com os cabinhos tenros bem picados

2 xícaras de endro com os cabinhos tenros bem picados

8 a 9 ovos grandes

Preaqueça o forno a 180°C, se não quiser que seu *kuku* quebre no meio ao fazer no queimador. (Veja as pp. 307-8 para dicas sobre movimentos de mão e pulso.)

Segure a acelga pela base do caule e puxe as folhas. Reserve os caules.

Retire 2,5 cm da raiz e do topo de cada alho-poró e corte em 4 no sentido do comprimento. Corte cada quarto em fatias de 0,75 cm, coloque numa vasilha grande e lave vigorosamente, para remover qualquer sujeira. Seque o quanto puder.

Fatie bem fino os caules da acelga, descartando pedaços duros da base. Junte ao alho-poró lavado e separe. Aqueça delicadamente uma frigideira de ferro fundido ou não aderente de 25 cm ou 30 cm e ponha azeite o bastante para forrar o fundo. Junte as folhas de acelga e tempere com uma generosa pitada de sal. Cozinhe de 4 a 5 minutos, mexendo de vez em quando, até que as folhas murchem. Retire a acelga, separe e deixe esfriar.

Leve a panela de volta ao fogão e aqueça em fogo médio. Ponha 3 colheres (de sopa) de manteiga. Quando começar a espumar, junte as hastes da acelga e o alho-poró, com uma pitada de sal. Cozinhe até ficarem macias e transparentes, de 15 a 20 minutos depois. Mexa de vez em quando e, se necessário, junte um pouquinho de água. Baixe o fogo ou tampe para segurar o vapor e conservar a cor.

Enquanto isso, esprema as folhas cozidas de acelga, descarte o líquido e corte-as grosseiramente. Misture com o coentro e o endro numa vasilha grande. Quando as hastes da acelga e o alho-poró estiverem cozidos, junte as folhas. Deixe esfriar um pouco e então misture tudo com as mãos. Prove e salgue generosamente, tendo em mente que vai juntar ovos à mistura.

Acrescente os ovos, um de cada vez, até que a mistura esteja levemente ligada por eles — talvez você não precise dos 9 ovos, dependendo da umidade das verduras e do tamanho dos ovos, mas deve ter uma quantidade ridícula de verduras! Geralmente provo e corrijo o sal a essa altura. Se não quiser sentir gosto de ovo cru, pode cozinhar um pouquinho antes.

Limpe e reaqueça a frigideira em fogo médio-alto, um passo importante para impedir que o *kuku* grude na panela. Junte 3 colheres (de sopa) de manteiga e 2 colheres (de sopa) de azeite; então mexa. Quando a manteiga começar a espumar, aperte a mistura na panela.

Nos primeiros minutos de cozimento, para ajudar a cozinhar por igual, use uma espátula de silicone de forma a empurrar as beiradas para o centro à medida que endurecem. Depois de cerca de 2 minutos, reduza o fogo para médio e deixe cozinhar sem tocar. É fácil ver se a frigideira está quente o bastante: o azeite borbulha delicadamente nas laterais.

Como o *kuku* é grosso, vai demorar um pouco para ficar firme no centro. Dê uma espiada na crosta levantando-o com uma espátula de silicone. Se estiver ficando muito escuro, baixe o fogo. A cada 3 ou 4 minutos, gire um pouco a frigideira para garantir um dourado homogêneo.

Depois de cerca de 10 minutos, quando a mistura estiver firme (se não estiver mais escorrendo e o fundo se apresentar dourado-escuro), junte toda a sua coragem e prepare para virar o *kuku* como uma panqueca. Primeiro incline a frigideira, transferindo o quanto puder de gordura do cozimento para uma vasilha a fim de não se queimar, então vire o *kuku* numa fôrma de pizza, numa assadeira virada para baixo ou em outra frigideira grande. Junte 2 colheres (de sopa) de azeite à frigideira quente e leve o *kuku* de volta a ela para cozinhar do outro lado. Deixe por cerca de 10 minutos, rodando a panela a cada 3 ou 4 minutos.

Se der errado quando você tentar virá-lo, não se preocupe; afinal de contas, é só um almoço. Faça o que puder para virar, junte um pouco mais de azeite e tente mantê-lo inteiro.

Se você preferir não fazer isso, ponha a frigideira no forno e asse até que o centro esteja firme — cerca de 10 a 12 minutos. Gosto de cozinhá-lo até ficar quase firme. Verifique se está bom com um palito ou sacudindo a frigideira para a frente e para trás e olhando se há um leve balanço. Quando estiver pronto, transfira cuidadosamente da frigideira para um prato. Retire qualquer excesso de gordura com papel-toalha. Coma quente, em temperatura ambiente ou frio. As sobras ficam uma delícia como lanchinho.

## Para variar

- Se quiser usar o que tem na geladeira, substitua a acelga por qualquer verdura macia — espinafre fica delicioso, mas dá para usar escarola, alface, rúcula, folhas de beterraba ou qualquer outra coisa.

- Para um toque de alho, junte 2 hastes de alho finamente fatiadas ao alho-poró.

- Para um autêntico toque persa, junte 1 xícara de nozes levemente tostadas e grosseiramente picadas e ¼ de xícara de uva-espim à mistura antes de cozinhar.

PÓS-FRITADA

*O* Para fazer uma fritada comum, inverta a proporção de recheio e ovos. Enquanto no *kuku* a ideia é incluir o máximo possível de verduras, a fritada é um prato de ovos. Use de 12 a 14 ovos e junte ½ xícara de leite, ou creme de leite, para a base chegar a uma textura de pudim. Limite-se a seis ingredientes, entre ovos, alguma coisa doce, alguma coisa cremosa ou seca, algo verde, algo salgado e um óleo. Os recheios clássicos de quiche ou pizza são bons pontos de referência, incluindo cogumelos, linguiça, presunto, queijo, espinafre e ricota. Ou nos ingredientes da estação, como um bom cozinheiro:

### Primavera

Aspargos, cebolinha e hortelã
**Confit de alcachofra** (p. 172) e cebolinha

### Verão

Tomates-cereja, queijo feta e manjericão
Pimentões assados, brócolis e linguiça

### Outono

Acelga e ricota fresca
Couve-de-bruxelas e bacon

### Inverno

Batata assada, cebola caramelizada e parmesão
Radicchio assado, queijo fontina e salsinha

# PEIXES

## Salmão assado em baixa temperatura          *Serve 6*

Essa é minha maneira favorita de cozinhar salmão, principalmente porque o fogo baixo não deixa o peixe queimar. O método funciona muito bem com salmão por causa do seu alto teor de gordura, mas é possível experimentar com muitos outros tipos de peixe, como truta. No verão, faça da churrasqueira seu forno em baixa temperatura, colocando uma assadeira em **fogo indireto** sobre a grelha e tampando. Acho que esse logo vai se tornar seu preparo favorito também.

Um punhado de ervas finas, como salsa, coentro, endro e folhas de erva-doce

1 filé de salmão de 900 g sem pele

Sal

Azeite extravirgem

Preaqueça o forno a 100°C. Faça um leito de ervas numa assadeira e a reserve.

Se usar um peixe com espinha, coloque-o numa superfície de trabalho. Passe os dedos de leve sobre o peixe da cabeça à cauda para localizar as espinhas, então puxe as pontas para fora da carne. Quando terminar, começando pela extremidade da cabeça, arranque as espinhas com a pinça, uma a uma, no mesmo ângulo em que estão fincadas no peixe. Mergulhe a pinça num copo de água fria para soltar as espinhas. Passe os dedos sobre o peixe uma vez mais para ter certeza de que tirou todas as espinhas.

Salgue os dois lados do salmão e deite-o na cama de ervas. Despeje 1 colher (de sopa) de azeite e esfregue bem com as mãos. Ponha a assadeira no forno.

Asse de 40 a 50 minutos, até que o peixe comece a abrir em flocos na parte mais grossa quando cutucar com uma faca ou com o dedo. Como esse método é delicado, o peixe continuará translúcido mesmo depois de assado.

Quebre o salmão pronto em pedaços grandes e rústicos e despeje uma boa quantidade de **Molho de ervas** por cima. O **Vinagrete de laranja-da-china** (p. 363) e o **Molho de limão meyer** (p. 366) são muito bons para essa receita. Sirva com feijão-branco ou batata e **Salada de funcho e rabanete** (p. 228).

## Para variar

- Para fazer **Salmão com shoyu**, reduza 1 xícara de shoyu, 2 colheres (de sopa) de gergelim tostado, ½ xícara de açúcar mascavo e uma pitada de pimenta-caiena numa panela em fogo alto até ficar com a consistência de xarope. Junte 1 dente de alho amassado ou ralado e 1 colher (de sopa) de gengibre ralado fino. Não faça a cama de ervas e forre a assadeira com papel-manteiga. Pincele o molho de shoyu sobre 1 filé de salmão de 900 g e regue a cada 15 minutos no forno.

- Para fazer **Salmão cítrico**, salgue e esfregue a superfície com 1 colher (de sopa) de raspas muito bem raladas de limão misturadas com 2 colheres (de sopa) de azeite. Dispense a cama de ervas e forre a assadeira com laranjas sanguíneas cortadas em rodelas finas ou limões-sicilianos e asse como indicado. Sirva em pedaços rústicos sobre **Salada de abacate e cítricos** (p. 217).

- Para fazer **Salmão com tempero indiano**, toste 2 colheres (de chá) de sementes de cominho, 2 colheres (de chá) de sementes de coentro, 2 colheres (de chá) de sementes de erva-doce e 3 cravos numa frigideira seca em fogo médio-alto; depois moa bem num pilão ou num moedor de especiarias. Transfira para uma vasilha pequena. Junte ½ colher (de chá) de pimenta-caiena, 1 colher (de sopa) de cúrcuma, uma pitada generosa de sal, 2 colheres (de sopa) de ghee derretido ou óleo neutro e misture às especiarias tostadas. Salgue o peixe, esfregue a pasta de especiarias em ambos os lados e leve à geladeira, tampado, por 1 a 2 horas. Tire da geladeira, volte à temperatura ambiente, dispense a cama de ervas e ponha para assar como indicado.

# Peixe empanado com cerveja

*Serve de 4 a 6*

Eu me lembro bem da primeira vez que empanei e fritei peixe! O modo como a massa crescia ao encostar no óleo quente me pareceu um milagre. O ato de fritar sempre me intimidou, e o resultado — crocante e delicioso — pareceu um milagre ainda maior. Depois de uma década de frituras na carreira, deparei com a receita de peixe frito do chef inglês Heston Blumenthal. Ele substitui um pouco de água do empanado por vodca, que tem somente 60% de água, o que diminui a formação de glúten. O resultado é uma crosta inacreditavelmente macia. Ao juntar cerveja com gás e fermento, consegue-se ainda mais leveza. Enfim, essa crosta de maciez única só pode ser chamada de milagre.

2 e ½ xícaras de farinha

1 colher (de chá) de fermento em pó

½ colher (de chá) de pimenta-caiena moída

Sal

1,3 kg de peixe branco como linguado, robalo ou pescada sem espinhas e aparado

6 xícaras de óleo de canola para fritar

1 e ¼ de xícara de vodca muito gelada

Cerca de 1 e ½ xícara de cerveja lager gelada

**Opcional:** Para ficar mais crocante, substitua metade da farinha de trigo pela de arroz

Numa vasilha de tamanho médio, misture a farinha, o fermento, a pimenta-caiena e uma pitada generosa de sal. Coloque no freezer.

Corte o peixe na diagonal em 8 pedaços iguais, cada um com cerca de 2,5 x 7,5 cm. Salgue generosamente. Mantenha no gelo ou na geladeira até a hora de fritar.

Coloque uma panela funda e larga em fogo médio. Adicione óleo bastante para alcançar uma profundidade de 4 cm a 180°C.

Quando o óleo estiver quente, termine a mistura para empanar. Junte a vodca à vasilha de farinha e vá mexendo com os dedos de uma única mão. Gradualmente junte cerveja para afinar a massa até chegar à consistência de massa de panqueca, escorrendo com facilidade. Não mexa demais — os grumos desaparecem e uma crosta leve e crocante se forma depois da fritura.

Coloque metade do peixe na vasilha. Cubra completamente os pedaços e coloque-os no óleo quente. Não encha demais a panela — o peixe não deve se sobrepor. Use a pinça para impedir que os pedaços grudem à medida que fritam. Depois de 2 minutos, quando a parte de baixo do peixe já estiver dourada, vire e frite do outro lado. Quando o outro lado estiver dourado também, use pinças ou uma escumadeira para remover o peixe. Salgue e deixe o óleo escorrer em papel-toalha.

Frite o que ainda houver de peixe, deixando que a temperatura volte a 180°C entre as levas.

Sirva imediatamente com cunhas de limão e **Molho tártaro** (p. 378).

### Para variar

- Para fazer um **Fritto misto**, empane com essa massa uma mistura de peixes e frutos do mar, como camarões cortados ao meio no sentido do comprimento, lulas em rodelas, siris e muitos vegetais, incluindo pontas de aspargos, vagens, brócolis ou couve-flor, cebolas em quartos e couve crua. Sirva com cunhas de limão e **Aïoli** (p. 376).

- Para **empanar sem glúten** use 1 e ½ xícara de farinha de arroz, 3 colheres (de sopa) de fécula de batata, 1 colher (de chá) de fermento em pó, ¼ de colher (de chá) de pimenta-caiena, uma pitada de sal, 1 xícara de vodca e 1 xícara de água com gás gelada. Siga o método explicado na página anterior.

# Confit de atum

*Serve de 4 a 6*

Este atum será uma revelação para qualquer pessoa que tenha passado toda a sua vida comendo o enlatado, como eu. Escalfado delicadamente em azeite, o peixe continua úmido por dias. Sirva em temperatura ambiente com salada de feijão-branco, salsinha e limão-siciliano, como os italianos fazem no prato clássico *tonno e fagiolo*. Ou espere o auge do verão e faça um suculento *pan bagnat*, o maravilhoso sanduíche provençal de atum. Use o pão mais crocante que possa achar e passe **Aïoli** (p. 376) de um lado, depois empilhe pedaços de Confit de atum, um **ovo de 10 minutos** (p. 304) em rodelas, tomate maduro, pepino, folhas de manjericão, alcaparras e azeitonas. Molhe a parte de cima do sanduíche no azeite do atum e aperte o pão. Se comer esse sanduíche parece complicado, imagine fazer setecentos para uma festa de verão que acontecia todo ano no Eccolo!

1,3 kg de atum cortado em pedaços de 3,5 cm

Sal

2 e ½ xícaras de azeite

4 dentes de alho descascados

1 pimenta vermelha seca

2 folhas de louro

2 tiras de 2,5 cm de casca de limão-siciliano

2 folhas de louro

1 colher (de chá) de pimenta-do-reino

Salgue o atum cerca de 30 minutos antes de confitar.

Coloque o azeite, o alho, a pimenta, as folhas de louro, a casca de limão e a pimenta-do-reino numa panela de ferro ou qualquer uma funda e pesada. Aqueça a cerca de 80°C. O azeite deve estar quente ao toque, mas não muito. Deixe os temperos aromáticos em infusão por cerca de 15 minutos, para pasteurizar tudo e permitir um longo prazo de validade.

Coloque o atum no azeite quente numa só camada. Ele deve estar coberto pelo óleo. Use mais se preciso. Você também pode confitar o peixe em levas. Leve o azeite a 65°C ou até aparecerem uma ou duas bolhas a cada poucos segundos. A temperatura exata do óleo não é tão importante e vai variar à medida que você retirar o peixe e colocar mais na panela. O importante é fritar vagarosamente, de modo que é melhor, para não ter perigo de erro, manter o fogo baixo. Depois de uns 9 minutos, retire um pedaço de peixe do azeite e veja se está bom. Deve estar quase malpassado, ainda um pouco rosado no meio, porque continuará a cozinhar com o calor. Se estiver cru demais, volte ao azeite e frite por mais 1 minuto.

Tire o peixe do azeite e deixe esfriar numa travessa em camada única, depois coloque num recipiente de vidro, coe o azeite frio e despeje por cima. Sirva em temperatura ambiente ou gelado. O peixe aguenta na geladeira, coberto de azeite, por cerca de 2 semanas.

# TREZE MANEIRAS DE SE OLHAR UM FRANGO

## "NÃO SEI QUAL PREFERIR..."
### WALLACE STEVENS.

### Frango atropelado crocante

*Serve 4*

Dois truques fazem com que esta receita simples seja a mais extraordinária que conheço para assar um frango. Remove-se o osso das costas do frango, achatando-a completamente. Acho que é um jeito ótimo de aumentar a superfície para dourar e diminuir o tempo de cozimento. (É meu modo preferido de assar um peru, porque diminuo o tempo de forno pela metade.)

Descobri o segundo truque sem querer no Eccolo, quando um cozinheiro temperou dois frangos e os deixou descobertos na câmara fria. Fiquei irritada com a negligência dele ao chegar e deparar com aquilo no dia seguinte. A circulação de ar constante na câmara fria, como em qualquer geladeira, havia secado a pele do frango, que parecia um fóssil. Mas eu não tinha escolha, tive que usá-los. A pele ressecada ficou dourada e vidrada. Foi a mais crocante que já vi, mesmo depois de um tempo de assado.

Se você não pode temperar o frango e deixar que a pele seque durante a noite, tempere o mais cedo possível e depois seque com papel-toalha de assar para conseguir um efeito semelhante.

1 frango inteiro de 1,8 kg

Sal

Azeite extravirgem

Um dia antes de assar, achate o frango (ou peça que o açougueiro o faça). Use uma tesoura de cozinha para cortar dos dois lados a coluna da ave e remova o osso. Retire as asas e guarde com a coluna para o caldo também.

Coloque o frango na superfície de trabalho, com o peito para cima. Achate os ossos do peito até escutar a cartilagem se quebrando e ver a ave achatar. Salgue generosamente dos dois lados. Ponha numa assadeira com o peito para cima e deixe na geladeira sem cobrir por uma noite.

Tire o frango uma hora antes de começar a assar. Preaqueça o forno a 220°C.

Aqueça uma panela de ferro fundido ou uma frigideira que possa ir ao forno em fogo médio-alto. Inclua azeite o bastante para forrar o fundo. Adicione o alho e, logo que começar a cheirar, coloque o frango com o peito para baixo e doure por 6 a 8 minutos. Tudo bem se não ficar completamente achatado, contanto que o peito esteja em contato com a fôrma. Vire a ave e leve a panela ao fundo do forno com o cabo virado para a esquerda.

Depois de uns 20 minutos, use uma luva para girar a panela 180°, de modo que o cabo esteja à direita.

Asse até que o frango esteja todo marrom, cerca de 45 minutos depois, e sair um sumo claro quando fizer um corte entre a sobrecoxa e a coxa.

Deixe descansar por 10 minutos antes de destrinchar. Sirva quente ou em temperatura ambiente.

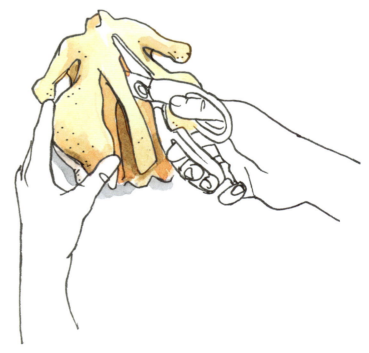

# COMO ABRIR UM FRANGO

em POUCOS PASSOS

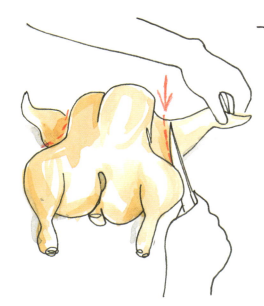

1. PRIMEIRO, CORTE AS DUAS ASAS e SEPARE-AS para O CALDO.

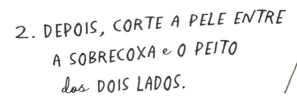

2. DEPOIS, CORTE A PELE ENTRE A SOBRECOXA e O PEITO dos DOIS LADOS.

3. ENTÃO, ENFIE OS POLEGARES NOS CORTES QUE FEZ. PEGUE A PARTE DE TRÁS das SOBRECOXAS e PUXE, DESLOCANDO-AS.

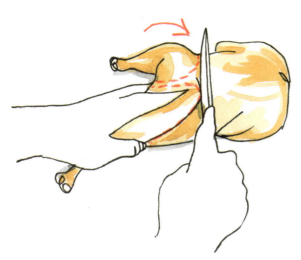

4. EM SEGUIDA, VIRE O FRANGO E CORTE NA JUNTA PARA REMOVER A SOBRECOXA DIREITA. REPITA DO OUTRO LADO.

5. VIRE O FRANGO OUTRA VEZ e PASSE A FACA dos DOIS LADOS DO PEITO.

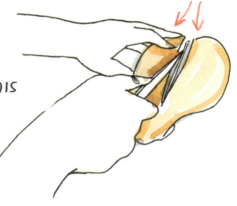

6. DESÇA A FACA PELAS COSTELAS, ENTÃO CORTE A JUNTA DA ASA para REMOVER DOIS PEDAÇOS DE PEITO.

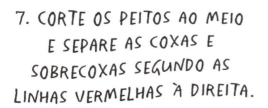

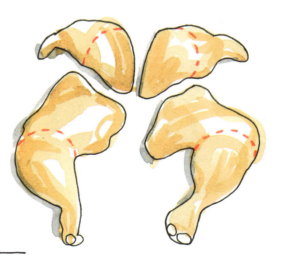

7. CORTE OS PEITOS AO MEIO E SEPARE AS COXAS E SOBRECOXAS SEGUNDO AS LINHAS VERMELHAS À DIREITA.

1 FRANGO = 8 PEDAÇOS

# Frango frito apimentado

*Serve de 4 a 6*

O Gus's, em Memphis, faz o melhor frango frito que já comi. Certa vez, quando estava visitando a cidade, almocei lá depois da missa. Picante, crocante e bem temperado, esse frango frito foi uma revelação. Implorei aos cozinheiros os métodos que usavam para conseguir uma crosta tão crocante e um frango tão macio. Eles guardaram segredo, então voltei para casa e comecei a experimentar. Depois de fazer uma leva, descobri que se eu quebrasse ovos no *buttermilk* ou no iogurte e passasse duas vezes na farinha, a crosta se mantinha melhor. Apesar de ter certeza de que o pessoal do Gus não usa páprica defumada, massageio esse tempero doce e picante por todo o frango antes de servir. Acho que não tem volta — continuarei fazendo assim a vida inteira. A menos que Gus finalmente ceda sua receita.

1 frango de 1,8 kg cortado em 10 pedaços ou 1,3 kg de coxas com pele e ossos

Sal

2 ovos grandes

2 xícaras de *buttermilk*

1 colher (de sopa) de molho de pimenta

3 xícaras de farinha

6 a 8 xícaras de óleo de canola para fritar, mais ¼ de xícara para temperar

2 colheres (de sopa) de pimenta-caiena

1 colher (de sopa) de açúcar mascavo

½ colher (de chá) de páprica defumada

½ colher (de chá) de cominho tostado bem moído.

1 dente de alho ralado fino ou amassado com uma pitada de sal

Prepare o frango antes de cozinhar. Se tiver comprado inteiro, siga as instruções das páginas anteriores para obter 8 pedaços, então junte as asas para totalizar 10. Guarde a carcaça para fazer **Caldo de frango** (p. 271). Se for usar as coxas, desosse (veja as instruções na p. 318) e corte-as ao meio. Salgue generosamente de todos os lados. Prefiro temperar na noite anterior, mas, se não tiver tempo, salgue pelo menos por 1 hora antes para dar gosto a toda a carne antes de fritar. Leve à geladeira se for temperar mais de 1 hora antes; senão, deixe na superfície de trabalho.

Bata os ovos, o *buttermilk* e o molho de pimenta numa vasilha grande. Separe. Bata a farinha com duas generosas pitadas de sal em outra vasilha. Reserve.

Coloque uma panela funda em fogo médio. Inclua óleo numa profundidade de 3,5 cm e aqueça a 180°C. Comece a passar o frango na farinha, 1 ou 2 pedaços de cada vez. Chacoalhe para tirar o excesso, molhe no *buttermilk*, deixando que pingue de volta na vasilha, depois volte à mistura de farinha e passe de novo. Chacoalhe para tirar o excesso e coloque numa assadeira.

Frite o frango em duas ou três levas, deixando que a temperatura do óleo baixe e se mantenha por volta de 160°C. Use pinças de metal para virá-lo de vez em quando, até que a pele esteja de um marrom-dourado, cerca de 12 minutos (mais ou menos 16 minutos para os pedaços maiores e 9 para os menores). Se não estiver certa de que a carne está cozida, espete com uma faquinha e dê uma olhada. Qualquer sumo que escorrer deve estar claro. Se a carne ainda estiver crua ou se o sumo tiver um leve vestígio rosado, volte o frango ao óleo e frite mais.

Deixe esfriar numa grade de metal sobre uma assadeira rasa.

Misture a pimenta-caiena, o açúcar mascavo, a páprica, o cominho e o alho numa vasilha e inclua ¼ de xícara de óleo. Pincele o frango com a mistura e sirva imediatamente.

## Para variar

- Para uma carne ainda mais macia, deixe o frango no *buttermilk* durante a noite, como em **Frango marinado em *buttermilk*** (p. 340).

- Para fazer **Frango frito clássico**, esqueça o molho de pimenta e o óleo de finalização. Junte ½ colher (de chá) de pimenta-caiena e 1 colher (de chá) de páprica à farinha e prepare como indicado.

- Para fazer **Frango frito com tempero indiano**, esqueça o molho de pimenta e o óleo de finalização. Tempere o frango antes com 4 colheres (de chá) de curry em pó, 2 colheres (de chá) de cominho moído e ½ colher (de chá) de páprica à mistura de farinha e prepare como explicado. Aqueça 1 xícara de chutney de manga com 3 colheres (de sopa) de água, ¼ de colher (de chá) de pimenta-caiena e uma pitada de sal. Pincele em todo o frango frito e sirva imediatamente.

# Torta sem fundo de frango

*Serve de 6 a 8*

Não cresci com comidas de alma americana, sempre reconfortantes. Acho que foi por causa disso que desenvolvi uma obsessão por muitas delas, especialmente torta sem fundo. Com um recheio cremoso, frango macio e massa folhada, esta torta é caseira e sofisticada ao mesmo tempo. No começo da minha carreira de cozinheira, resolvi ser a maior especialista em torta sem fundo. Esta receita é o resultado.

## Para o recheio

1 frango de 1,8 kg ou 1,3 kg de coxas com osso e pele

Sal

Azeite extravirgem

3 colheres (de sopa) de manteiga

2 cebolas médias descascadas e em pedaços de 1,25 cm

2 cenouras grandes, descascadas e em cubos de 1,25 cm

2 talos de salsão picados em pedaços de 1,25 cm

225 g de cogumelos cremini, cantarelo ou champignons frescos, aparados e divididos em quatro

2 folhas de louro

4 ramos de tomilho fresco

Pimenta-do-reino moída na hora

¾ de xícara de vinho branco seco ou xerez seco

½ xícara de creme de leite

3 xícaras de **Caldo de frango** (p. 271) ou água

½ xícara de farinha

1 xícara de ervilha fresca ou congelada

1 xícara de folhas de salsinha bem picadas

## Para a massa

1 receita de **Massa de torta só de manteiga** (p. 386), levando a massa inteira para gelar, ou ½ receita da massa de **Biscoitos de *buttermilk*** (p. 392), ou 1 pacote de massa folhada comprada

1 ovo grande levemente batido

Prepare o frango antes de cozinhar. Se estiver inteiro, siga as introduções das pp. 318-9 para cortar o frango em 4 e guarde a carcaça para sua próxima leva de **Caldo de frango** (p. 271). Salgue generosamente. Prefiro salgar o frango na noite anterior, mas se não tiver tempo, tente fazê-lo pelo menos 1 hora antes, para espalhar bem o sal na carne antes de cozinhar. Leve à geladeira se for temperar mais de 1 hora antes; senão, deixe na superfície de trabalho.

Ponha uma panela de ferro em fogo médio-alto. Quando estiver quente, junte azeite o bastante para forrar o fundo. O azeite vai tremeluzir, então coloque metade dos pedaços de frango com a pele para baixo e doure igualmente, por cerca de 4 minutos cada lado. Transfira para uma travessa e repita com o restante do frango.

Jogue fora a gordura, com cuidado, e leve a panela de volta ao fogo médio. Derreta a manteiga e junte as cebolas, as cenouras, o salsão, os cogumelos, as folhas de louro e o tomilho. Tempere levemente com sal e pimenta-do-reino. Cozinhe, mexendo de vez em quando, até que os vegetais comecem a ganhar cor e amolecer, cerca de 12 minutos. Despeje o vinho ou xerez e deglace a panela usando uma colher de pau.

Aninhe o frango dourado no meio dos vegetais. Junte o creme de leite e o caldo de frango ou a água e aumente o fogo para alto. Tampe a panela e leve para ferver, depois baixe o fogo. Retire os peitos, se estiver usando, depois de 10 minutos fervendo brandamente, mas cozinhe o resto por cerca de 30 minutos.

Apague o fogo e transfira o frango para uma travessa. Deixe o molho esfriar. Jogue fora as folhas de louro e o tomilho. Depois de alguns minutos, quando a gordura subir, use uma concha ou escumadeira para retirá-la e colocá-la numa jarra de medida ou vasilha pequena.

Numa outra vasilha pequena, use um garfo para misturar ½ xícara da gordura retirada com a farinha, formando uma pasta grossa. Quando toda a farinha tiver sido absorvida, junte uma concha de líquido do cozimento e misture. Leve isso à panela e ponha o molho para ferver, então reduza o fogo e deixe cozinhando até que não tenha mais gosto de cru, cerca de 5 minutos. Prove, corrija o tempero com sal e pimenta-do-reino moída na hora e retire do fogo.

Preaqueça o forno a 200°C.

Quando o frango estiver frio o bastante para manipular, desfie a carne e pique a pele

bem fino. Guarde os ossos para um caldo. Junte o frango desfiado e a pele, as ervilhas e a salsinha à panela. Misture, então prove e corrija o tempero, se precisar. Retire do fogo.

Se usar a massa de torta, abra num retângulo fino de 30 x 40 cm e faça alguns furos para o vapor escapar. Se usar a massa folhada pronta, descongele devagar antes. Se for fazer biscoitos, corte 8.

Despeje o recheio num refratário raso de vidro ou de cerâmica de 20 cm x 7 cm. Ponha a massa sobre o recheio e apare, deixando uma borda de 1,25 cm. Vire a borda para dentro e sele. Se não grudar, use um pouco da mistura de ovo batido para ajudar. Se usar os biscoitos, aninhe-os com cuidado sobre o recheio, de modo que apareçam três quartos deles. Pincele a massa ou os biscoitos de forma generosa e completa com a mistura de ovo e água.

Asse por 30 a 35 minutos, até que a massa esteja dourada e o recheio borbulhando. Sirva quente.

## Para variar

- Se sobrar frango pronto ou você quiser comprar um na rotisserie depois do trabalho, cozinhe o restante sozinho. Junte 5 xícaras de frango desfiado à mistura e use manteiga para fazer a pasta de farinha.

- Para **tortinhas individuais**, use a mesma receita em 6 ramequinhos. Asse como indicado anteriormente.

# Frango de esteira rolante

*2 coxas por porção*

Apesar de fazer este frango há quinze anos, ele foi batizado numa tarde recente depois que fui surfar com minha amiga Tiffany. Estávamos com aquela fome indescritível que ataca a todos depois de um banho de mar. Ela achava que tinha coxas de frango na geladeira, mas eu sabia que não daria tempo de cozinhar — comeríamos as coxas cruas antes. Precisávamos jantar rapidamente.

Enquanto ela dirigia, sugeri desossar as coxas e temperar com sal, depois cozinhar em um pouco de azeite, numa panela de ferro fundido preaquecida em fogo médio-baixo, com a pele para baixo, com outra panela de ferro fundido por cima para pesar sobre a coxa. Combinar fogo moderado e peso ajuda a derreter a gordura, deixando a pele crocante e a carne macia. Assim, a carne escura cozinha tão depressa e com tanta facilidade quanto a branca. Depois de cerca de 10 minutos, viraríamos o frango, removeríamos o peso e deixaríamos cozinhar mais uns 2 minutos. O jantar ficaria pronto em exatos 12 minutos.

Quando chegamos em casa, vimos que ela tinha peitos de frango, e não coxas, de modo que grelhamos e fizemos uma salada. A taxa de açúcar no meu sangue voltou ao normal e esqueci completamente as coxas.

Tiffany não esquecera. Na noite seguinte, ela me mandou uma foto. Tinha ido ao mercado, comprado coxas e feito de acordo com minha vaga descrição em estado faminto. Com a pele marrom e crocante e a carne macia, pareciam perfeitas e deliciosas. Depois de dar uma mordida, o marido de Tifanny, Thomas, havia declarado que queria comprar uma esteira rolante que levasse o frango direto para a boca dele.

Adoro Thomas e faço o possível para que seus sonhos se realizem. Sempre preparo para ele o frango de esteira rolante, com cominho e pimenta forte se formos comer tacos, com açafrão e iogurte para comer com **Arroz mais ou menos persa** (p. 285) ou simplesmente temperado com sal e pimenta-do-reino e acompanhado de **Molho de ervas** (p. 359) e quaisquer vegetais que tenha à mão. Mas não sou muito jeitosa, então vou deixar a construção da esteira para Thomas.

# Confit de frango

*Serve 4*

Tenha este confit sempre à mão para salvá-lo do desespero da fome na hora do jantar. É bem fácil de fazer enquanto você assiste a um filme ou faz palavras-cruzadas. Não há desculpa para fugir desta receita. Faço uma boa leva uma ou duas vezes no inverno, enfio no freezer e de lá ela vai para o fundo da prateleira mais baixa, onde raramente olho. Quando mais preciso, sempre a encontro: se uma amiga chega inesperadamente para jantar ou quando a energia para cozinhar acabou. Todas as vezes, agradeço silenciosamente à minha antiga versão, mais trabalhadora e generosa. Você também agradecerá.

Se não achar e não quiser fazer gordura de pato, azeite terá o mesmo efeito. Mas se usar a gordura de pato, terá sua recompensa no sabor. (Ela não é muito útil na sua cozinha a não ser para assar ou fritar batatas, mas o excesso de gordura do confit é inesquecível.) Sirva frango com batatas, rúcula ou chicória em **Vinagrete de mostarda e mel** (p. 240) ou com colheradas de **Molho de ervas** (p. 359) para um contraste ácido e bem-vindo.

4 peças de sobrecoxa e coxa de frango

Sal

Pimenta-do-reino moída na hora

4 ramos de tomilho fresco

4 cravos

2 folhas de louro

3 dentes de alho cortados ao meio

Cerca de 4 xícaras de gordura de pato, de frango ou azeite

Prepare o frango um dia antes. Use uma faca afiada para soltar a pele em volta de cada coxa, acima da articulação do calcanhar. Corte toda a volta até o osso, certificando-se de que cortou os tendões. Tempere com sal e pimenta-do-reino. Coloque numa travessa com o tomilho, os cravos, as folhas de louro e o alho. Cubra e leve à geladeira por uma noite.

Retire as folhas aromáticas e coloque o frango numa panela de ferro numa só camada. Se estiver usando gordura de pato ou frango, aqueça de leve na panela até que fique líquida; caso contrário, inclua o azeite para submergir a carne. Aqueça em fogo médio até que as primeiras bolhas apareçam. Reduza o calor de modo que a gordura nunca ultrapasse um leve borbulhar. Cozinhe até que a carne esteja macia junto do osso, cerca de 2 horas depois.

(Ou então cozinhe tudo no forno a cerca de 80°C. Use as mesmas dicas para cozinhar no fogão.)

Quando a carne estiver cozida, apague o fogo e deixe esfriar na gordura por um tempo. Use um pegador de metal e, com cuidado, retire o frango da gordura. Pegue o osso na altura do calcanhar, para não rasgar a pele.

Deixe a carne e a gordura esfriarem, depois coloque o frango num recipiente de cerâmica ou vidro e coe a gordura sobre ele, assegurando-se que está completamente submerso. Tampe. Guarde na geladeira por até 6 meses.

Para servir, retire o frango da gordura, raspando o excesso. Aqueça a panela de ferro fundido em fogo médio e coloque o frango com a pele para baixo. Como na receita de **Frango de esteira rolante**, use o peso de uma segunda panela envolta em papel-alumínio para ajudar a gordura a sair e deixar a pele crocante. Quando começar a escutar estalos mais fortes, preste mais atenção à carne para não queimar. Depois que a pele estiver dourada, vire o frango de lado e continue reaquecendo a coxa do outro lado, sem peso. O processo todo leva 15 minutos.

Sirva imediatamente.

## Para variar

- Para **Confit de pato**, cozinhe por 2h30min a 3 horas, até que a carne esteja macia e soltando dos ossos.

- Para **Confit de peru**, aumente a gordura para 9 xícaras e cozinhe por 3 horas a 3h30min, até que a carne esteja macia e soltando dos ossos.

- Para **Confit de porco**, tempere 450 g de paleta como descrito e substitua a gordura do pato por banha ou azeite.

# Frango frito de lamber os dedos

*Rende 6 porções*

Cresci comendo peito de frango empanado pelo menos uma vez por mês, mas cozinhar uma centena de peitos dourados uma noite no porão do Chez Panisse cimentou meu amor por este prato. Cozinhar qualquer coisa com vezes numa só noite, sem piscar, aumentará seu conhecimento umas mil vezes. O que aprendi de mais importante naquela noite foi que frango frito deve ser feito com manteiga clarificada, que confere um sabor bem-acabado e redondo, o qual não se consegue com azeite. Clarificar manteiga é simples: é só derreter manteiga sem sal delicadamente em fogo bem baixo. Os sólidos do soro subirão para a parte de cima da gordura, e as proteínas do leite irão para o fundo. Retire os sólidos da superfície com uma peneirinha bem fina, sem agitar as proteínas do fundo. Coe o restante da manteiga, com cuidado, com um pano muito fino ou um coador de chá.

Outra dica: se não tiver tempo de fazer farinha de rosca, use farinha panko e pulse algumas vezes no processador de alimentos para obter uma textura mais fina.

6 peitos de frango sem osso e sem pele

1 e ½ xícara de **Farinha de rosca grosseira**, de preferência feita em casa, ou panko

Cerca de ¼ de xícara de parmesão ralado fino

1 xícara de farinha temperada com uma boa pitada de pimenta-caiena

3 ovos grandes batidos com uma pitada de sal

1 e ¾ de xícara de **manteiga clarificada** feita a partir de 450 g de
manteiga (ver p. 68 para o método completo)

Forre uma assadeira com papel-manteiga e outra com papel-toalha.

Coloque na tábua o peito de frango com a parte inferior para cima. Unte delicadamente um lado de um saco plástico com azeite e coloque-o sobre o peito, com o azeite para baixo. Bata na parte inferior do peito com um martelo de cozinha (ou use um jarro de vidro vazio) até que fique homogeneamente espesso, com cerca de 1,25 cm. Repita com o restante dos peitos.

Salgue os peitos levemente. Separe 3 assadeiras grandes e rasas, uma com a farinha temperada, outra com os ovos batidos e a terceira com a farinha de rosca misturada com o parmesão.

Trabalhando em linha de montagem, empane todos os peitos primeiro em farinha. Sacuda o excesso. Mergulhe-os em ovos e sacuda o excesso. Finalmente passe na farinha de rosca e coloque-os na assadeira forrada com papel-manteiga.

Ponha uma frigideira de ferro fundido (ou qualquer outra) em fogo médio-alto e junte manteiga clarificada o bastante para chegar a 0,75 cm de altura. Quando a gordura borbulhar, teste a temperatura com um pouco de farinha de rosca. Ao chiar, coloque tantos peitos quantos couberem numa só camada. Deve haver espaço para cada peito, e a gordura deve chegar pelo menos à metade da altura deles para garantir que fritarão por igual.

Frite os peitos em fogo médio-alto até dourar — de 3 a 4 minutos, depois vire. Frite até que o outro lado esteja bem dourado, retire da panela e escorra na assadeira forrada com papel-toalha (se não tem certeza de que a carne está cozida, fure o peito com uma faquinha para verificar. Leve de volta à frigideira e frite mais se vir carne rosada). Junte mais manteiga clarificada à frigideira e frite os peitos restantes do mesmo jeito. Salgue de leve e sirva imediatamente.

## Para variar

- Para **Schnitzel de porco**, bata bem finas costelinhas de porco, passe-as na farinha de rosca e faça como na receita acima. Diminua o tempo para 2 ou 3 minutos de cada lado, a fim de impedir que cozinhem demais.

- Para **Peixe ou camarão empanados**, não salgue. Tempere imediatamente antes de empanar e não misture queijo à farinha de rosca. Use esse sistema para camarão e qualquer peixe branco flocado, incluindo bacalhau fresco, linguado e robalo. Aumente o fogo e frite o camarão de 1 a 2 minutos de cada lado e o peixe de 2 a 3 minutos de cada lado, para não cozinhar demais. Ou pode-se fritar em muita gordura, como na p. 174. Sirva com uma salada ácida de repolho ou **Molho tártaro** (p. 378).

- Para *Fritto misto*, esqueça o queijo e use o mesmo método de empanar com azeitonas ou rodelas de limão Meyer, funcho branqueado, alcachofras, cogumelos, berinjela ou abobrinha. Frite como descrito, ou em muita gordura, como na p. 174.

# Frango defumado com sálvia e mel

*Serve 4*

Quando trabalhava em restaurante, tentei escapar de aprender a defumar carne. Dava um jeito de nunca estar na cozinha quando defumavam peixe ou pato no Chez Panisse. No Eccolo, outro estabelecimento defumava nossas linguiças e carnes. Como nunca aprendi, o mistério permaneceu. Mas, quando comecei a cozinhar com Michael Pollan, fiquei até emocionada com a fascinação dele pela defumação. Por um pequeno e saboroso período de tempo, todas as vezes que eu jantava com ele e sua família alguma coisa era defumada. Michael ainda não sabe disso, mas aprendi a defumar observando-o. Ele prefere defumar porco, porém eu comecei a usar a técnica para defumar frango. Esta receita diz tudo sobre os aromas sutis de sálvia e alho se misturando com o aroma delicado da madeira e a doçura do mel.

1 e ½ xícara de mel

1 maço de sálvia

1 cabeça de alho cortada de atravessado

¾ de xícara de sal kasher ou ½ xícara de sal marinho

1 colher (de sopa) de pimenta-do-reino

1 frango de 1,8 kg

2 xícaras de lascas de madeira de macieira

Um dia antes de defumar o frango, faça a marinada. Numa panela grande, ponha 1 litro de água para ferver com 1 xícara de mel, a sálvia, o alho, o sal e a pimenta-do-reino. Junte dois litros de água fria. Deixe a marinada esfriar em temperatura ambiente. Mergulhe o frango na marinada com o peito para baixo e deixe na geladeira por uma noite.

Para cozinhar o frango, retire-o da marinada e seque-o. Coe a marinada e recheie a cavidade do frango com o alho e a sálvia marinados. Vire as asas para cima e amarre as pernas. Deixe que o frango chegue à temperatura ambiente.

Mergulhe as lascas que vai queimar para defumar na água por 1 hora, depois escorra. Prepare para grelhar em fogo indireto (para aprender mais sobre isso, ver a p. 178).

Para defumar na churrasqueira, acenda o carvão. Quando estiver vermelho-vivo e coberto de cinzas, faça duas pilhas em lados opostos da grelha. Coloque uma assadeira de alumínio descartável no centro da grelha. Jogue ½ xícara de lascas em cada pilha de carvão para criar fumaça. Coloque os frangos com o peito para cima sobre a grelha e a assadeira onde vai cair a gordura. Tampe a grelha, mas deixe a passagem de ar entreaberta. Use um termômetro digital para manter a temperatura de 80°C a 100°C, repondo o carvão e as lascas à medida que for necessário. Quando o termômetro inserido no centro da coxa registrar 55°C, lambuze-a com ⅓ da xícara de mel restante e continue a cozinhar até que o termômetro registre 70°C, cerca de 35 minutos ou mais. Retire o frango da grelha e deixe descansar por 10 minutos antes de destrinchar.

Para deixar a pele bem crocante antes de servir, alimente o carvão até que esteja muito quente. Devolva o frango à zona de calor indireto e tampe a grelha. Cozinhe de 5 a 10 minutos ou até que esteja crocante.

Para defumar sobre uma grelha a gás, encha a caixa defumadora com as lascas e deixe o queimador mais próximo a ela em fogo alto até ver fumaça. Se sua grelha não tem caixa defumadora, envolva as lascas em um pacote de papel-alumínio grosso. Faça furos no pacote e coloque debaixo da grade sobre um dos queimadores. Aqueça em fogo alto até ver fumaça. Então reduza o fogo, tampe e aqueça a grelha a 100°C. Mantenha a temperatura durante todo o cozimento.

Coloque o frango com o peito para cima sobre os queimadores apagados — essa é a **zona de calor indireto** — e cozinhe por 2 horas a 2h30min. Quando o termômetro inserido no centro da coxa registrar 50°C, unte a pele com ⅓ da xícara restante de mel. Tampe a grelha outra vez e continue a cozinhar até que o termômetro registre 70°C, uns 35 minutos depois. Retire o frango da grelha e deixe descansar por 10 minutos antes de destrinchar.

Para deixar a pele crocante antes de servir, alimente o carvão até que esteja muito quente ou ligue os queimadores de um lado da grelha no máximo. Leve o frango de volta para zona de calor indireto e tampe a grelha. Cozinhe de 5 a 10 minutos, até ficar crocante.

Para servir, corte o frango em quartos. Combina muito bem com **Molho de sálvia frita** (p. 361). Ou desfie a carne para sanduíche.

# Sopa de frango com alho

*Rende 2,5 L*

Esta sopa é tão satisfatória que tive que incluí-la na seção dos frangos, e não das sopas. É feita com um frango inteiro e rende um jantar generoso para 4 (ou 2, com sobras). Cozinhar o frango em caldo de frango feito em casa dá uma camada extra de sabor. Se não tiver, tente comprar o caldo caseiro em vez de em lata ou tablete. Faz toda a diferença!

1,8 kg de frango cortado em 4, ou 4 coxas e 4 sobrecoxas grandes

Sal

Pimenta-do-reino moída na hora

Azeite extravirgem

2 cebolas médias picadas (cerca de 3 xícaras)

3 cenouras grandes descascadas e picadas (cerca de 1 e ¼ de xícara)

3 talos grandes de salsão picados (cerca de 1 xícara)

2 folhas de louro

10 xícaras de **Caldo de frango** (p. 271)

20 dentes de alho bem picados

**Opcional:** Casca de parmesão

Prepare o frango antes de cozinhar. Se tiver uma ave inteira, siga as instruções das pp. 318-9 e corte-a em quatro, guardando a carcaça para a próxima leva de **Caldo de frango** (p. 271). Tempere generosamente com sal e pimenta-do-reino moída na hora. Prefiro temperar na noite anterior, mas se não tiver tempo, tente fazê-lo pelo menos 1 hora antes, para que fique homogêneo. Leve à geladeira se temperar mais de 1 hora antes; senão, deixe na superfície de trabalho.

Preaqueça uma panela de ferro em fogo alto. Acrescente azeite o bastante para forrar o fundo. Quando tremeluzir, junte metade dos pedaços de frango e doure bem, por cerca de 4 minutos de cada lado. Retire da panela e separe. Repita com o restante do frango.

Retire quase toda a gordura da panela e leve-a ao fogo médio-baixo. Junte as cebolas, as cenouras, o salsão e as folhas de louro e cozinhe até ficar macio e dourado, por cerca de 12 minutos. Leve o frango de volta à panela e junte 10 xícaras de caldo de frango ou água, sal, pimenta-do-reino e a casca de parmesão (se for usar). Leve para ferver, então baixe o fogo.

Aqueça uma frigideira pequena em fogo médio e junte azeite o bastante para forrar o fundo, depois acrescente o alho. Refogue por cerca de 20 segundos, até começar a cheirar, mas não deixe corar. Junte à sopa e mantenha fervura branda.

Se estiver usando peito, retire da panela depois de 12 minutos e continue a cozinhar as coxas e sobrecoxas até que estejam macias, cerca de 50 minutos no total. Apague o fogo e remova a gordura da superfície do caldo. Tire o frango da sopa. Quando estiver frio o bastante para ser manipulado, separe a carne dos ossos e desfie. Jogue fora a pele, se preferir (adoro picá-la fino e usá-la também), e leve o frango de volta ao caldo. Experimente a sopa e corrija o sal, se necessário. Sirva quente.

Deixe na geladeira, tampada, por até 5 dias, ou congele por até 2 meses.

## Para variar

- Para uma sopa mais delicada, troque os dentes de alho por 6 fatias finas de hastes de alho. Refogue com cebolas, cenouras, salsão e folhas de louro.

- Junte arroz cozido, macarrão ou feijão à sopa.

- Para transformar a sopa em prato principal, sirva em tigelas individuais sobre espinafre grosseiramente picado e depois junte um ovo pochê antes de servir.

- Para fazer **Pho gà** (sopa vietnamita de frango), esqueça as cebolas, as cenouras, o salsão, a folha de louro, a pimenta-do-reino e o alho. Chamusque 2 cebolas brancas sem casca e 1 pedaço de gengibre de 10 cm na boca do fogão por cerca de 5 minutos (queimadas têm muito sabor!) e junte ao caldo com ¼ de xícara de molho de ostra, 1 anis-estrelado e 1 colher (de sopa) de açúcar mascavo. Cozinhe o frango nesse caldo, como descrito, por 50 minutos. Retire a cebola e o gengibre e continue a fazer a sopa conforme explicado, desfiando o frango e levando-o de volta à panela. Despeje sobre macarrão de arroz, manjericão fresco e broto de feijão.

## Adas polo o morgh
## Frango com arroz e lentilha

*Serve bem 6*

Quando eu era pequena, sempre que Maman me perguntava o que eu queria para jantar eu pedia *adas polo*. Apesar de parecer muito ajuizado da parte de uma criança pedir arroz com lentilhas, eu estava na verdade de olho nas passas e tâmaras que Maman salteava na manteiga na hora de servir. Eu sempre esperava por aquela doçura combinada com o sabor das lentilhas. Quando o prato era servido com frango e especiarias, e enfeitado com 1 colherada de iogurte de pepino e **Molho persa de iogurte com ervas e pepino** (p. 371), ficava imbatível, na minha opinião. Adaptei e simplifiquei a receita nesta versão persa de frango com arroz, uma comida universal.

1,8 kg de frango ou 8 coxas com osso e pele

Sal

1 colher (de chá) mais 1 colher (de sopa) de cominho moído

Azeite extravirgem

3 colheres (de sopa) de manteiga sem sal

2 cebolas médias bem fatiadas

2 folhas de louro

Uma pitada de fios de açafrão

2 e ½ xícaras de arroz basmati sem lavar

1 xícara de uvas-passas

6 tâmaras sem caroço divididas em quartos

4 e ½ xícaras de **Caldo de frango** (p. 271) ou água

1 e ½ xícara de lentilha cozida (cerca de ¾ de xícara de lentilha crua)

Prepare o frango antes de cozinhar. Se estiver inteiro, siga as instruções da p. 318 para dividir em quatro e guarde a carcaça para quando fizer de novo **Caldo de frango** (p. 271). Tempere generosamente com sal e 1 colher (de chá) de cominho, envolvendo todos os pedaços. Prefiro fazer isso no dia anterior, mas se não tiver tempo, salgue pelo menos uma hora antes para que penetre na carne até o cozimento. Leve o frango à geladeira se temperar mais de uma hora antes; caso contrário, deixe na superfície de trabalho.

Embrulhe a tampa de uma panela de ferro grande com uma toalha pequena ou um pano de prato preso no cabo por um elástico. Isso absorverá o vapor e impedirá a condensação sobre o frango que deixaria a pele mole.

Ponha a panela em fogo médio-alto e forre o fundo com azeite. Doure o frango em levas que caibam confortavelmente na panela. Comece com a pele para baixo, depois vire os pedaços na panela para que dourem igualmente, cerca de 4 minutos de cada lado. Tire a panela do fogo e separe. Retire a gordura delicadamente.

Volte a panela ao fogo médio e derreta a manteiga. Junte as cebolas, o cominho, as folhas de louro, o açafrão e uma pitada de sal e cozinhe, mexendo até que adquira um leve dourado, cerca de 25 minutos.

Aumente o fogo para médio-alto e acrescente o arroz à panela. Toste, mexendo até que doure levemente. Junte as uvas-passas e tâmaras e deixe-as refogar por um minuto, até que comecem a inchar.

Junte o caldo e as lentilhas, aumente o fogo para alto e leve para ferver. Salgue generosamente e prove. Para que o arroz fique bem temperado, salgue bastante o líquido — um pouco demais, você vai até achar que errou —, mais do que qualquer sopa que já provou. Diminua o fogo e disponha o frango com a pele para cima. Tampe a panela e cozinhe por 40 minutos em fogo baixo.

Apague o fogo e deixe a panela tampada por 10 minutos para continuar no vapor. Abra e afofe o arroz com um garfo. Sirva imediatamente com **Molho persa de iogurte com ervas e pepino** (p. 371).

# Frango ao vinagre

*Serve de 4 a 6*

Fiz *poulet au vinaigre* na primeira festa depois que comecei meu estágio no Chez Panisse. Lembro-me de todo mundo — inclusive eu — meio confuso com a ideia. Pensamos em quando aquecíamos o vinagre para fazer picles e como quase nos asfixiávamos pelos vapores ácidos produzidos pelo líquido quente. Não parecia uma coisa boa. Mas Chris Lee, meu mentor, havia sugerido que eu começasse com um prato clássico, e sempre boa aluna, eu o obedeci e segui as instruções palavra por palavra. Meus amigos se sentaram para jantar um *poulet au vinaigre* com arroz branco ao vapor no meu modesto apartamento universitário, e fui premiada pelo meu comportamento de aluna aplicada. O vinagre tinha sido domado durante o cozimento e estava perfeitamente equilibrado pela riqueza do *crème fraîche* e da manteiga do prato. Foi uma revelação, e elevou às alturas meu apreço e minha admiração pelo que o ácido pode fazer com um prato rico.

1,8 kg de frango

Sal

Pimenta-do-reino preta moída na hora

½ xícara de farinha

Azeite extravirgem

3 colheres (de sopa) de manteiga sem sal

3 cebolas médias bem fatiadas

¾ de xícara de vinho branco seco

6 colheres (de sopa) de vinagre de vinho branco

2 colheres (de sopa) de folhas de estragão bem picadas

½ xícara de creme de leite ou *crème fraîche* (p. 113)

Prepare o frango antes. Siga as instruções (pp. 318-9) para cortar a ave em 8 pedaços e guarde a carcaça para a próxima vez que fizer **Caldo de frango** (p. 271). Tempere generosamente com sal e pimenta-do-reino moída na hora. Prefiro fazer isso na noite anterior, mas, se não tiver tempo, dê oportunidade ao sal de trabalhar temperando a carne pelo menos uma hora antes. Se salgar o frango, leve-o à geladeira por pelo menos 1 hora; senão, deixe-o na superfície de trabalho.

Coloque a farinha numa vasilha rasa ou assadeira com uma generosa pitada de sal. Mergulhe os pedaços de frango, chacoalhe o excesso e disponha numa só camada numa grade de metal ou assadeira rasa forrada de papel-manteiga.

Leve uma frigideira ou panela de ferro grande ao fogo médio-alto e ponha azeite só o suficiente para forrar o fundo. Doure o frango em duas levas. Comece com a pele para baixo e depois vire para dourar tudo por igual. Coloque o frango dourado numa assadeira e cuidadosamente retire a gordura e limpe a panela.

Volte-a ao fogo médio e derreta a manteiga. Junte as cebolas, salgue e mexa. Cozinhe as cebolas, mexendo de vez em quando, até que estejam macias e douradas, cerca de 25 minutos depois.

Aumente o fogo para alto, junte o vinho e o vinagre e raspe a panela com uma colher de pau para deglaçar. Junte metade do estragão e mexa. Volte o frango, com a pele para cima, e reduza a uma fervura branda. Mantenha a tampa da panela entreaberta. Retire os peitos quando estiverem cozidos, depois de uns 12 minutos, mas deixe o restante cozinhar até ficar macio, cerca de 35 a 40 minutos no total.

Transfira o frango para uma travessa, aumente o fogo e junte o creme de leite ou *crème fraîche*. Deixe o molho começar a ferver e engrossar. Prove e corrija o tempero com sal, pimenta-do-reino e um pouco mais de vinagre, se necessário. Junte o restante do estragão e espalhe sobre o frango para servir.

# Frango com especiarias

*Serve 4*

Na primeira noite em que ajudei na cozinha do Chez Panisse, o chef foi David Tanis. Quando demonstrei meu medo de que minhas habilidades com a faca não fossem grande coisa, ele me colocou para picar cubinhos mínimos de pepino por horas e horas. Isso me fez ver que, com prática suficiente, eu poderia aprender qualquer coisa na cozinha. Alguns anos depois, David saiu do Chez Panisse e agora escreve uma de minhas colunas favoritas, "City Kitchen", para o *New York Times*. Adoro a coluna, pois a cada semana ele enfoca um prato simples e único, ao qual empresta seu estilo elegante.

Uma das minhas receitas preferidas da coluna é a de asinhas de frango picantes com especiarias chinesas. A receita é tão simples e saborosa que já fiz dezenas de vezes, adaptando para diferentes cortes de carne e para peixe. Acho que combinam muito bem com **Arroz jasmim no vapor** (p. 282) e **Salada de pepino vietnamita** (p. 226).

1,8 kg de frango ou 8 coxas com osso e pele

Sal

¼ de xícara de shoyu

¼ de xícara de açúcar mascavo

¼ de xícara de mirin (vinho de arroz)

1 colher (de chá) de óleo de gergelim

1 colher (de sopa) de gengibre ralado fino

4 dentes de alho bem ralados ou amassados com uma pitada de sal

½ colher (de chá) de tempero cinco especiarias chinesas

¼ de colher (de chá) de pimenta-caiena

¼ de folhas de coentro e seus cabinhos tenros bem picados

4 cebolinhas com bulbo picadas (partes branca e verde)

Prepare o frango um dia antes. Se estiver inteiro, siga as instruções das pp. 318-9 e corte a ave em 8 pedaços, guardando a carcaça para sua próxima leva de **Caldo de frango** (p. 271). Salgue o frango levemente e deixe descansar por 30 minutos. Lembre-se de que a marinada leva shoyu, que é salgado, então ponha metade do sal que usaria normalmente.

Bata o shoyu, o açúcar mascavo, o mirin, o óleo de gergelim, o gengibre, o alho, as especiarias chinesas e a pimenta-caiena com o batedor de arame. Coloque o frango num saquinho plástico tipo zip e despeje a marinada. Feche e espalhe a marinada em volta do frango para cobri-lo homogeneamente. Deixe na geladeira durante a noite.

Umas poucas horas antes de fazer o frango, tire-o da geladeira para que volte à temperatura ambiente. Preaqueça o forno a 200°C.

Coloque o frango com a pele para cima numa assadeira rasa e despeje a marinada sobre a carne. Ela deve cobrir generosamente o fundo. Se não cobrir, junte 2 colheres (de sopa) de água para se certificar de uma cobertura homogênea e impedir que queime. Leve ao forno e gire em aproximadamente 10 a 12 minutos.

Se estiver usando peitos, retire-os depois de 20 minutos de cozimento para impedir que assem demais. Continue cozinhando o resto por mais 20 a 25 minutos, até que fique macio.

Volte os peitos à panela e eleve a temperatura do forno para 220°C, a fim de reduzir o molho, dourar bem a carne e deixá-la crocante, cerca de 12 minutos. Pincele o frango com a marinada e deixe de 3 a 4 minutos para glacear.

Sirva quente, com coentro e cebolinha picada.

Tampe e deixe na geladeira por até 3 dias.

# Frango marinado em *buttermilk*

*Serve 4*

Depois que aprendi a trabalhar com a grelha no Eccolo, jamais parei de assar frangos nela. Um dia, tive a ideia de marinar aves em kefir, iogurte ou *buttermilk* durante a noite, como fazem no sul da Itália. Anos depois, eu estava grelhando 1 dúzia desses frangos para uma festa quando uma amiga que estava hospedando Jacques Pépin me telefonou em pânico perguntando se eu poderia preparar uma cesta de piquenique para o lendário chef. Embrulhei um frango, uma salada verde e um bom pão e mandei antes que pudesse pensar muito no assunto. À noite, recebi um recado do sr. Pépin informando que tudo estava perfeito e delicioso. Não há elogio melhor para esta receita.

O *buttermilk* e o sal trabalham como uma marinada, amolecendo a carne em muitos níveis: a água aumenta a umidade e o sal, e o sal e o ácido desativam as proteínas, impedindo-as de sugar o líquido da ave à medida que assa (ver pp. 31 e 113). Outra vantagem é que os açúcares no *buttermilk* caramelizam, contribuindo para uma pele lindamente dourada. A vantagem de um frango assado é que pode ser servido a qualquer hora, em qualquer lugar. Meu acompanhamento preferido é a **Panzanella** (p. 231), que faz as vezes de massa, salada e molho!

1,8 kg de frango
Sal
**2 xícaras de** *buttermilk*

Um dia antes, retire as pontas das asas, cortando a primeira articulação com uma tesoura de cozinha ou faca afiada. Reserve para fazer caldo. Salgue o frango generosamente e deixe descansar por 30 minutos.

Dissolva 2 colheres (de sopa) de sal kasher ou 4 colheres (de chá) de sal marinho fino no *buttermilk*. Coloque o frango e *buttermilk* temperado num saco de plástico dentro de dois outros, para não vazar, e amarre com barbante.

Espalhe o *buttermilk*, coloque o saco numa travessa com bordas e leve à geladeira. Se quiser, fique virando o saco durante as 24 horas seguintes, de modo que todas as partes do frango fiquem marinadas, mas não é essencial.

Tire o frango da geladeira 1 hora antes. Preaqueça o forno a 220°C.

Retire o frango do saco plástico e raspe todo o *buttermilk* que puder, sem se preocupar muito. Amarre firmemente as pernas do frango com um barbante. Coloque-o numa panela de ferro fundido ou numa assadeira rasa.

Coloque a panela ou a assadeira no fundo do forno. Gire para as coxas apontarem para o fundo à esquerda e o peito ficar ao centro. (Os cantos do fundo costumam ser as partes mais quentes do forno, e essa posição impede que o peito asse demais antes que as coxas estejam prontas.) Logo escutará o frango chiando.

Depois de uns 20 minutos, quando o frango começar a dourar, baixe o fogo para 200°C e continue assando por 10 minutos, então gire a assadeira de modo que as coxas fiquem viradas para o canto direito do fundo do forno.

Continue a assar por outros 30 minutos, até que o frango esteja todo dourado e os sumos corram claros ao se inserir uma faquinha entre a perna e a coxa.

Transfira o frango para uma travessa e deixe descansar por 10 minutos antes de destrinchar e servir.

## Para variar

- Se não tiver *buttermilk,* use coalhada ou *crème fraîche* (p. 113).

- Para o **Frango assado persa**, esqueça o *buttermilk*. Faça um chá de açafrão como indicado na p. 287 e junte 1 e ½ xícara de iogurte natural com 1 colher (de sopa) de sal kasher ou 2 colheres (de chá) de sal marinho fino e 2 colheres (de chá) de raspas de limão-siciliano. Coloque o frango temperado num saco plástico e lambuze-o com a mistura de iogurte, por dentro e por fora. Continue como descrito.

# Salada de frango siciliana

*Rende cerca de 8 xícaras*

Como servíamos frango assado no espeto todas as noites no Eccolo, tínhamos de ficar muito criativos e imaginar tudo o que pudéssemos fazer com as sobras. Torta de frango sem fundo, sopa de frango e ragu de frango estavam no menu, mas esta salada logo se tornou nosso modo preferido de usar as sobras. (Cheia de pinoli, passas, funcho e salsão, é uma agradável variação mediterrânea de uma salada tradicional de frango.) Se você está sem tempo, compre 1 frango e use uma boa maionese com 1 ou 2 dentes de alho bem ralado ou amassado sem remorso para agilizar.

½ cebola roxa média picada

¼ de xícara de vinagre de vinho tinto

½ xícara de uvas-passas

5 xícaras de frango assado ou escalfado, desfiado (cerca de 1 frango assado)

1 xícara de **Aïoli** firme (p. 376)

1 colher (de sopa) de raspas de limão-siciliano

3 colheres (de sopa) de sumo de limão-siciliano

3 colheres (de sopa) de salsinha picada

½ xícara de pinoli levemente tostado

2 talos de salsão picados

½ bulbo de funcho picado (cerca de ½ xícara)

2 colheres (de chá) de sementes de erva-doce moídas

Sal

Misture a cebola e o vinagre numa tigela pequena e deixe macerar por 15 minutos (ver p. 118).

Em outra tigela pequena, mergulhe as passas em água fervente. Deixe-as descansar por 15 minutos para hidratar e inchar. Escorra e coloque-as numa tigela grande.

Junte o frango, o aïoli, as raspas e o sumo de limão-siciliano, salsa, o pinoli, o salsão, o funcho, as sementes de erva-doce e duas generosas pitadas de sal às passas e misture bem. Adicione a cebola macerada sem seu vinagre e experimente. Corrija o sal e junte o vinagre que for preciso.

Sirva sobre fatias tostadas de pão de casca grossa ou enrolado em folhas de alface.

**Para variar**

- Para **Salada de frango ao curry**, esqueça o pinoli, as raspas de limão-siciliano, o funcho e as sementes de erva-doce. Substitua a salsinha por coentro e tempere a mistura com 3 colheres (de sopa) de curry em pó, ¼ de colher (de chá) de pimenta-caiena em pó, ½ xícara de amêndoas levemente tostadas e laminadas e 1 maçã azeda picada.

- Para dar um defumado à carne, use sobras de **Frango defumado com sálvia e mel** (p. 330).

# CARNES

Quando você está de pé em frente ao balcão do açougue tentando decidir o que vai levar para o jantar, lembre-se de que tempo é dinheiro, pelo menos em relação à carne. Os cortes mais caros — aqueles macios por natureza — cozinham rapidamente, enquanto os mais baratos e mais duros precisam que gastemos bastante tempo com eles. Os mais caros gostam de **calor intenso** e os mais baratos apreciam **fogo brando**. Para recordar o assunto, volte à p. 156.

Dario Cecchini, açougueiro que me colocou sob suas asas na Itália, me contou que até o século XX famílias inteiras de italianos viviam o ano inteiro com alguns porcos. Um açougueiro ambulante, o *norcino*, passava pelas fazendas a cada inverno para matar animais e destrinchá-los. O pernil se tornava presunto cru, a barriga virava pancetta, as aparas se transformavam em salame. A banha era derretida, e o lombo — os cortes mais altos das costas do porco — era guardado para ocasiões especiais.

Poucos meses depois que voltei para a Califórnia, encontrei um livro chamado *The Taste of Country Cooking*, escrito pela grande chef do sul dos Estados Unidos Edna Lewis, que relembra a festa anual do porco em sua família. Ela e os irmãos esperavam ansiosamente, a cada dezembro, a chegada do açougueiro itinerante. As crianças prestavam toda a atenção nos homens defumando presunto, barriga e lombo para preservá-los durante os meses seguintes. Eles ajudavam as mulheres a derreter a gordura para tortas, fazer pudim de fígado e linguiça. Como na Itália. Adoro como essa história ilustra a universalidade da cozinha econômica.

Toda vez que estou diante do balcão do açougue, o diagrama de um porco passa pela minha cabeça. À medida que o corte de um animal se afasta do casco aumenta sua maciez — e seu preço. Bifes e lombos são cortados das partes menos ativas do animal, que são as mais macias. Por outro lado, a carne das pernas e dos ombros, músculo, peito, acém, costela e ponta de agulha, são sempre mais duros e baratos. E quase sempre mais saborosos.

A exceção à regra é a carne moída. A maioria dos açougueiros mói carnes mais duras, pois ao se quebrarem as fibras compridas e duras ela já fica mais macia. Hambúrgueres, almôndegas, linguiças e kaftas estão na interseção entre economia e rapidez, fazendo deles ideais para os jantares de dias de semana.

Use estas receitas somente como guias. Primeiro aprenda as técnicas e depois experimente com combinações de sabores e cortes. Com exceção das sugestões nas receitas, tempere a carne o mais cedo possível. Lembre-se: um dia antes é melhor, mas qualquer tempinho com sal já é melhor do que nada.
E para uma carne mais homogeneamente cozida, leve à temperatura ambiente antes de cozinhar.

# Peito de peru na salmoura com especiarias

*Serve 6 com muita sobra para sanduíches*

Meses depois que o pioneiro Bill Niman começou a criar perus, passou a nos levar alguns toda semana no Eccolo. Ele queria opinião sobre qual das raças nativas era a mais saborosa e tinha carne mais macia. O peru americano é muito gostoso, mas pode ser duro e seco. Depois de assar centenas, descobri os melhores métodos de fazê-lo: ora um ensopado de coxas, ora marinando e assando os peitos no espeto para fatiar a carne para suculentos sanduíches. Após pedir um, uma cliente nos disse que jamais associara sanduíches de peru ao gosto do peru! Mesmo tantos anos depois, muitas vezes pego um peito de peru, ponho em marinada e asso no fim de semana, e todo mundo que trabalha comigo inveja meus sanduíches no almoço!

Inventei essa salmoura de peru pensando em sanduíches, mas se quiser usá-la para servir o peru ou qualquer outra carne quente como prato principal, só reduza o sal para ⅔ de xícara se for kasher ou 7 colheres (de sopa) se usar sal marinho refinado.

⅗ de xícara de sal kasher ou ½ xícara de sal marinho refinado

⅓ de xícara de açúcar

1 cabeça de alho cortada ao meio de atravessado

1 colher (de chá) de pimenta-do-reino

2 colheres (de sopa) de pimenta-calabresa em flocos

½ colher (de chá) de pimenta-caiena em pó

1 limão-siciliano

6 folhas de louro

½ peito de peru sem osso e com pele (cerca de 1,5 kg)

Azeite extravirgem

Coloque o sal, o açúcar, o alho e as pimentas numa panela grande com 4 xícaras de água. Faça raspas da casca e corte ao meio o limão-siciliano. Esprema o sumo na panela, junte as metades e as raspas. Leve para ferver e baixe o fogo, mexendo de vez em quando. Quando o sal e o açúcar estiverem dissolvidos, tire do fogo e junte 8 xícaras de água fria. Deixe a salmoura esfriar até chegar à temperatura ambiente. Afunde a carne na salmoura e deixe na geladeira durante a noite ou por até 24 horas.

Duas horas antes de assar, retire o peito da salmoura e deixe voltar à temperatura ambiente.

Preaqueça o forno a 220°C. Coloque uma panela de ferro fundido grande ou uma frigideira que vá ao forno em fogo alto. Depois de quente, junte 1 colher (de sopa) de azeite e coloque o peito com a pele para baixo. Reduza o fogo para médio-alto e doure por 4 a 5 minutos, até que a pele comece a ganhar um pouco de cor. Use pinças para virar o peito e leve a panela ao fundo do forno. É o ponto mais quente, e o bafo inicial vai fazer com que o peru fique lindamente dourado.

Asse o peito por cerca de 25 minutos. Confira a temperatura no ponto mais espesso até registrar 70°C. (A temperatura interna começará a crescer rapidamente ao chegar a 50°C, então fique perto do forno e verifique o peru a cada poucos minutos.) Retire do forno e deixe descansar fora da panela por pelo menos 10 minutos antes de fatiar.

Para servir, fatie de atravessado.

## Para variar

- Para ter certeza de que não vai ficar duro, enrole tiras de bacon no peito do peru marinado antes de assar. Se for necessário, amarre com barbante para que não caia.

- Use a mesma salmoura para **Lombo de porco**. Doure-o de todos os lados, asse de 30 a 35 minutos a 55°C (para ao ponto) ou 60°C (para bem passado) — vai chegar a 65°C. Deixe descansar por 15 minutos antes de fatiar.

- Para **Peru atropelado**, use ¾ de xícara de sal, junte 2 galhos de tomilho, 1 galho de manjericão e 12 folhas de louro à panela, mas reduza a pimenta-calabresa em flocos para 1 colher (de chá) e omita a pimenta-caiena. Adicione 1 cebola e 1 cenoura descascadas e picadas e 1 talo de salsão fatiado. Leve tudo para ferver. Aumente a quantidade de água fria para 6 litros. Achate o peru (ver p. 316) e deixe em salmoura por 48 horas para mais sabor. Asse a 200°C, até que um termômetro inserido na articulação do quadril registre 70°C. Deixe descansar por 25 minutos antes de destrinchar.

# Porco apimentado

*Serve de 6 a 8*

Esta é a receita mais versátil deste livro. Preparei o porco de acordo com esse método para os diplomatas da Embaixada dos Estados Unidos em Beijing e para hóspedes importantes num castelo de mil anos no norte da Itália. Mas gosto muito de prepará-lo com meus alunos no fim de todas as aulas sobre Calor. Desfiamos a carne e fazemos tacos bem recheados com **feijões cozidos** (p. 280), **Salada de repolho** (p. 224) e **Molho de ervas mais ou menos mexicano** (p. 363). A melhor parte é que levo as sobras para casa e aproveito a semana inteira.

1,8 kg de paleta sem osso

Sal

1 dente de alho

Óleo neutro

2 cebolas fatiadas

2 xícaras de tomate amassado com seu sumo, fresco ou em lata.

2 colheres (de sopa) de sementes de cominho (ou 1 colher (de sopa) de cominho moído)

2 folhas de louro

8 pimentas vermelhas secas aparadas, sem sementes e lavadas

Opcional: Para um toque de defumado, junte ao braseado 1 colher de páprica defumada ou 2 pimentas defumadas, como chipotle

2 a 3 cervejas lager ou pilsen

½ xícara de coentro picado

No dia anterior, salgue o porco generosamente. Cubra e leve à geladeira.

Quando for cozinhar, preaqueça o forno a 160°C. Remova fios da cabeça de alho, depois corte ao meio no sentido da largura. (Não se preocupe com as cascas — tudo vai ser coado ao final. Se não confia em mim, descasque todo o alho. Só estou tentando economizar seu tempo e trabalho.)

Ponha uma panela de ferro grande que vá ao forno em fogo médio-alto. Quando estiver morna, junte 1 colher (de sopa) de óleo. Quando brilhar, ponha a carne na panela. Doure por igual de todos os lados, por cerca de 3 a 4 minutos cada lado.

Quando a carne estiver dourada, tire-a do fogo. Com cuidado, retire o que puder de gordura da panela e volte-a ao queimador. Baixe o fogo para médio e adicione 1 colher de óleo neutro. Junte as cebolas e o alho e cozinhe, mexendo de vez em quando, até que as cebolas estejam macias e levemente douradas, cerca de 15 minutos.

Junte os tomates e seu sumo, o cominho, as folhas de louro, as pimentas secas, a páprica e as pimentas defumadas, se for usar, e mexa. Aninhe o porco sobre a base aromática e coloque cerveja para chegar a 3,75 cm de altura. Veja se as pimentas e folhas de louro estão imersas para não queimar.

Aumente o fogo e deixe ferver, então ponha a panela destampada no forno. Depois de 30 minutos, verifique se o líquido está em fervura branda. De meia em meia hora, vire a carne e confira o nível do líquido. Junte mais cerveja se precisar: ela deve estar a 3,75 cm de altura. Cozinhe até que a carne esteja macia e se desmanche ao toque do garfo, de 3h30min a 4 horas.

Retire o porco do forno e da panela. Descarte as folhas de louro, mas pode deixar o alho, pois a peneira reterá as cascas. Use um liquidificador ou processador para fazer um purê com os ingredientes aromáticos e coe-os com uma peneira. Jogue fora os sólidos.

Descarte a gordura superficial do molho e prove, corrigindo o sal, se necessário.

Agora, pode escolher: desfie a carne e misture ao molho para fazer tacos de porco, ou fatie e despeje o molho por cima, para servir como prato principal. Enfeite com coentro picado e sirva com um condimento ácido como **Molho de ervas mais ou menos mexicano** (p. 363), ou uma simples espremida de limão.

Coloque em um recipiente com tampa o que sobrar e refrigere por até 5 dias. Carnes cozidas assim são muito boas para congelar: simplesmente cubra com o molho do cozimento, embale e leve ao freezer por até 2 meses. Para servir, leve à fervura no fogão com um pouco de água.

## Para variar

- Qualquer corte de carne da lista a seguir fará um braseado ou ensopado fantástico. Decore os métodos básicos da receita e adapte os passos para qualquer corte de carne escura com tendões. Volte ao capítulo sobre Calor (p. 166), para uma revisão detalhada deste braseado e um gráfico de tempo de cozimento de vários cortes de carne.

- Quando estiver inspirado para cozinhar qualquer braseado ou ensopado do mundo, faça uma pequena pesquisa. Compare receitas diferentes do mesmo prato para ver quais ingredientes ou passos são comuns a todos. Use os gráficos de temperos e as rodas de gordura, ácidos e temperos como guia. A beleza disso tudo é que uma vez que tiver aprendido este prato, conseguirá fazer outros duzentos sem esforço.

# Tudo o que você precisa saber para improvisar um braseado

## Melhores cortes

### Porco
Costelas

Quarto dianteiro

Canela

Embutidos

Barriga

### Frango, pato ou coelho
Pernas

Coxas

Asas (das aves)

### Carne bovina
Rabo

Costela

Ossobuco

Acém

Peito

Lagarto

### Cordeiro e bode
Paleta

Pescoço

Ossobuco

## Braseados, ensopados e carnes de panela do mundo inteiro

Adobo (Filipinas)

Barriga de porco braseada (mundo inteiro)

*Bigots* (Polônia)

*Birria* (México)

*Boeuf bourguignon* (França)

*Cassoulet* (França)

Chili com carne (Estados Unidos)

*Coq au vin* (França)

Costelas rústicas (sul dos Estados Unidos)

*Daube* (França)

*Doro wat* (Etiópia)

*Fesenjan* (Irã)

Frango à caçadora (Itália)

*Ghormeh sabzi* (Irã)

Goulash (Polônia)

Linguiças na cerveja (Alemanha)

*Locro* (Argentina)

*Nikujaga* (Japão)

Ossobuco (Itália)

Porco no leite (Itália)

*Pot au feu* (França)

*Pot roast* (Estados Unidos)

*Pozole* (México)

Rabada romana (Itália)

Ragu à bolonhesa (Itália)

*Rogan josh* (Kashmir)

Tagine de cordeiro (Marrocos)

*Tas kebap* (Turquia)

## Tempos básicos de cozimento

**Peito de frango:** 5 a 8 minutos sem osso, 15 a 18 minutos com osso (se tiver um frango inteiro e for cozinhar na panela, corte os peitos em quatro, com osso, e retire-os quando prontos, em 15 a 18 minutos, deixando que as coxas acabem de cozinhar)

**Coxa de frango:** 35 a 40 minutos

**Coxa de pato:** 1h30min a 2 horas

**Coxa de peru:** 2h30min a 3 horas

**Paleta de porco:** 2h30min a 3h30min, e mais se estiver com osso

**Carne bovina com osso (costela, ossobuco):** 3 horas a 3h30min

**Carne bovina sem osso (acém, peito e coxão duro ou mole):** 3 horas a 3h30min

**Paleta de cordeiro com osso:** 2h30min a 3 horas

## Guia de compras de proteínas

Normalmente 500 g de cada uma dessas carnes alimentará:

**Filé de peixe:** 3 pessoas

**Frutos do mar com casca (com exceção de camarões):** 1 pessoa

**Camarões na casca:** 3 pessoas

**Assado com osso:** 1,5 pessoa

**Filé bovino:** 3 pessoas

**Animais inteiros e carne com osso:** 1 pessoa

**Carne moída para hambúrguer ou linguiça:** 3 pessoas

**Carne moída para ragu:** 4 pessoas

# BASES AROMÁTICAS do MUNDO

## FRANÇA: MIREPOIX

- CEBOLA EM CUBINHOS
- CENOURA EM CUBINHOS
- AIPO EM CUBINHOS

COZINHE em MANTEIGA ou AZEITE ATÉ FICAR MACIO, MAS SEM DOURAR

## ITÁLIA: SOFFRITO

- CEBOLA PICADINHA
- CENOURA PICADINHA
- AIPO PICADINHO

REFOGUE em BASTANTE AZEITE ATÉ FICAR DOURADO e MACIO

## CATALUNHA: SOFREGIT

- CEBOLA PICADA
- TOMATE PICADO

(OPCIONAL: ALHO e/ou PIMENTÕES VERMELHOS)
REFOGUE em BASTANTE AZEITE ATÉ FICAR DOURADO e MACIO

## ÍNDIA: ADU LASAN

AMASSE COM PILÃO ou BATA NO PROCESSADOR DE ALIMENTOS ATÉ FORMAR UMA PASTA. ESFREGUE NA CARNE ou EM AVES ANTES DE COZINHAR, OU REFOGUE em ÓLEO com AS CEBOLAS JÁ AMOLECIDAS.

## GUANGDONG, CHINA (CULINÁRIA CANTONESA): AROMÁTICOS

PARA UM SABOR MAIS SUAVE, JUNTE EM PEDAÇOS GRANDES NO COMEÇO DO COZIMENTO; PARA UM SABOR MAIS FORTE, MOA E JUNTE NO FIM.

## PORTO RICO: Recaíto

REFOGUE em ÓLEO NEUTRO ATÉ FICAR MACIO e COMEÇAR a DOURAR

## SUL DOS ESTADOS UNIDOS: A Santíssima Trindade

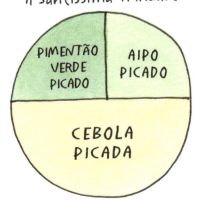

REFOGUE EM ÓLEO NEUTRO ATÉ FICAR MACIO

## ÁFRICA ORIENTAL: Ata Lilo

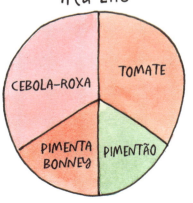

AMASSE TUDO numa PASTA AROMÁTICA

# Filé

O segredo de um filé perfeito é selar de todos os lados por igual, deixando a carne no ponto de que gosta. Mas nem todas as carnes são iguais: cortes diferentes cozinham em tempos diferentes, dependendo da gordura e da estrutura das fibras.

Para fazer um filé, há algumas poucas regras fixas, não importa que carne esteja fazendo. Primeiro, tire a pele prateada, os tendões e o excesso de gordura. Salgue antes, para que haja tempo de amaciar e dar sabor à carne. Leve qualquer carne à temperatura ambiente de 30 a 60 minutos antes de cozinhar, independentemente do método que for usar.

No churrasco, crie várias zonas de calor: carvão incandescente para calor direto e um lugar mais fresco, talvez sem carvão algum, para calor indireto. Se usar uma churrasqueira a gás, imite o mesmo efeito com os queimadores. Não deixe de prestar atenção na carne. A gordura cairá ao derreter e aumentará as chamas. Quando o fogo toca a superfície da carne, deixa um sabor horrível de gás. Jamais cozinhe diretamente sobre a chama.

Se você não tem churrasqueira ou o tempo não estiver bom, simule grelhar em fogo alto fazendo o bife numa frigideira de ferro fundido intensamente quente. Preaqueça-a em forno a 260°C por 20 minutos. Depois, com cuidado, coloque sobre um queimador em fogo alto. Frite como ensinado a seguir, certificando-se de que vai deixar espaço entre cada bife para que o vapor escape. Você também pode querer manter aberta uma janela e desligar o alarme de incêndio antes de começar. E pode simular cozimento por calor indireto simplesmente preaquecendo sua frigideira de ferro fundido no fogão e cozinhando sobre a chama moderada.

Meus filés favoritos são o de costela, o ancho, fraldinha e *ojo de bife*. Tanto fraldinha como bife ancho são muito saborosos e são fáceis de fazer. Uso fraldinha para jantares durante a semana. O bife ancho é mais marmorizado e pode sair caro, então faço em ocasiões especiais.

Grelhe a **fraldinha** sobre carvões quentes ou no **mais alto calor**, de 2 a 3 minutos de cada lado para que esteja malpassado para ao ponto.

Grelhe o **bife ancho sem osso** em **fogo alto** por cerca de 4 minutos de cada lado para malpassado e cerca de 5 minutos de cada lado para ficar ao ponto.

Grelhe um **bife ancho com osso** por 12 a 15 minutos de cada lado para ao ponto em **calor indireto** para que fique marrom-dourado por toda a superfície.

Aperte qualquer bife para ver o ponto de cozimento. Estará macio quando malpassado, menos quando ao ponto e firme quando bem passado. Outro jeito é dar uma cortadinha e olhar, ou usar um termômetro digital: a temperatura para malpassado é de 45°C, para ao ponto é de 55°C, e para passado é de 60°C. Tire a carne nessas temperaturas e deixe descansar de 5 a 10 minutos. Ela vai descer alguns graus e chegar ao cozimento perfeito.

Sempre que preparar um filé, com qualquer método, deixe descansar de 5 a 10 minutos, não importa com quanta fome estiver. O descanso dará às proteínas uma ocasião para relaxar e permitir que os sucos se distribuam homogeneamente pela carne. Corte-a contra a fibra, o que garantirá a maciez.

# Kafta

*Rende 24 bolinhos (serve de 4 a 6)*

Kafta é uma almôndega em formato de torpedo. Todo país no Oriente Médio, assim como o subcontinente indiano, tem sua própria variedade dele. Faço esse prato quando meus amigos querem uma comida persa, mas eu não aguento nem pensar na trabalheira de cortar verduras para o **Kuku sabzi** (p. 306) ou qualquer outro dos nossos complicadíssimos pratos.

Uma pitada de açafrão

1 cebola grosseiramente ralada

1,3 kg de cordeiro moído (de preferência paleta)

3 dentes de alho ralados fino ou amassados com uma pitada de sal

1 e ½ colher (de chá) de cúrcuma em pó

6 colheres (de sopa) de salsinha, hortelã e coentro em qualquer proporção

Pimenta do-reino moída na hora

Sal

Faça um **chá de açafrão** como ensinado na p. 287. Passe a cebola pela peneira, retire quanto líquido conseguir e descarte-o.

Coloque o chá de açafrão, a cebola, o cordeiro, o alho, a cúrcuma, as ervas e uma pitada de pimenta-do-reino numa tigela grande. Junte três generosas pitadas de sal e misture com as mãos. Elas são instrumentos valiosos aqui: o calor do seu corpo derrete um pouco a gordura, o que ajuda a mistura a se segurar e rende kaftas menos esfarelentos.

Cozinhe um pouco da mistura numa frigideira e prove para corrigir o sal e os outros temperos. Cozinhe mais um pouquinho e experimente outra vez.

Quando a mistura estiver a seu gosto, umedeça a mão e comece a formar

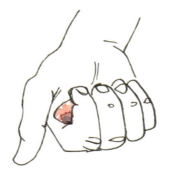
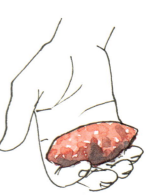

bolinhos, curvando os dedos com delicadeza, de cerca de 2 colheres (de sopa) da mistura. Coloque-os numa assadeira rasa forrada com papel-manteiga.

Grelhe sobre carvões quentes até que estejam deliciosamente queimados por fora e malpassados por dentro, cerca de 6 a 8 minutos. Gire-os várias vezes quando começarem a dourar para ficar com a crosta homogênea. Quando estiverem prontos, devem estar firmes ao toque, mas cedendo um pouco no centro quando apertados. Se não tiver certeza, corte um e observe. Se houver um círculo de rosa no centro envolvida por um anel marrom, estão prontos!

Para fazer dentro de casa, ponha uma frigideira de ferro fundido em fogo alto, junte azeite o bastante para forrar o fundo e frite por 6 a 8 minutos, virando só uma vez de cada lado.

Sirva imediatamente ou em temperatura ambiente, com **Arroz mais ou menos persa** (p. 285) e **Molho persa de iogurte com erva e pepino** (p. 371) ou **Salada de cenoura com gengibre e limão** (p. 227) e **Charmoula** (p. 367)

## Para variar

- Para fazer **Kafta marroquino**, omita o açafrão e substitua as ervas por ¼ de xícara de coentro bem picado. Reduza a cúrcuma para ½ colher (de chá). Junte 1 colher (de chá) de cominho, ¾ de colher (de chá) de pimenta-calabresa em flocos, ½ colher (de chá) de gengibre ralado fino e uma pitada pequena de canela em pó. Misture como indicado acima.

- Para **Kafta turco**, use carne bovina. Omita a cúrcuma, o açafrão e as ervas e tempere com 1 colher (de sopa) de pimenta turca ou 1 colher (de chá) de pimenta-calabresa em flocos, ¼ de xícara de salsinha bem picada e 8 folhas de coentro bem picadas. Prossiga conforme indicado.

# MOLHOS

Um bom molho pode melhorar um prato delicioso e salvar um com menos sabor. Aprenda a pensar em molhos como fontes confiáveis de sal, gordura e ácido, que sempre fornecem um toque vibrante. Para provar e entender o gosto de qualquer molho, experimente-o com um pedaço daquilo com que vai servi-lo para ver como os sabores funcionam juntos. Antes de servir, corrija o sal, o ácido e outros sabores.

## MATEMÁTICA DO MOLHO

ERVAS PICADAS

+ SAL

+ AZEITE PARA COBRIR
(USE MAIS para MOLHOS FINOS e MENOS PARA GROSSOS)

+ CHALOTAS (ou CEBOLAS PEQUENAS) MACERADAS em ÁCIDO

___

MOLHO DE ERVAS

# Molho de ervas

Domine o molho de ervas — é só fazer uma vez, de tão fácil —, e logo centenas de molhos brotarão na sua cabeça. Crie o hábito de comprar um maço de salsinha ou coentro sempre que for à feira. Transforme as ervas num molho para despejar sobre leguminosas, ovos, arroz, carnes, peixes ou vegetais — qualquer coisa cujo sabor queira acentuar. É algo simples que vai melhorar qualquer prato, desde o **Creme de milho** (p. 276) ao **Confit de atum** (p. 314) e ao **Frango de esteira rolante** (p. 325).

Quando for usar salsinha, tire as folhas das hastes, que às vezes são duras. Guarde as hastes no freezer para a próxima vez que fizer **Caldo de frango** (p. 271). Já as hastes de coentro são a parte mais saborosa da erva. Também são muito menos fibrosas, então pode usá-las sem susto.

Sou uma purista das ervas e recomendo que tudo seja picado à mão. Se não quiser, todas as receitas funcionam muito bem batidas num processador — só ficarão um pouco mais espessas. Como cada ingrediente tem sua estrutura e vai ficar pronto em momentos diferentes, bata-os individualmente e depois misture à mão, numa vasilha separada.

# Molho verde básico

*Rende ¾ de xícara*

3 colheres (de sopa) de chalota (ou cebola pequena) bem picada

3 colheres (de sopa) de vinagre de vinho tinto

¼ de xícara de salsinha picada fino

¼ de xícara de azeite extravirgem

Sal

Em uma vasilha pequena, misture a chalota e o vinagre e deixe macerar por 15 minutos (ver p. 118).

Em outra vasilha pequena, misture a salsinha, o azeite e uma generosa pitada de sal.

Na hora de servir, use uma colher perfurada para transferir a chalota (mas não o vinagre) ao azeite com salsinha. Mexa, prove e junte o vinagre conforme necessário. Prove e corrija o sal. Sirva imediatamente.

Tampe as sobras e deixe na geladeira por até 3 dias.

Sugestões para servir: como guarnição para sopa; com peixe e carne grelhados, escalfados, assados ou braseados; com vegetais grelhados, assados ou branqueados. Experimente com **Sopa de ervilha**, **Salmão assado em baixa temperatura**, **Confit de atum**, **Frango atropelado crocante**, **Frango de lamber os dedos**, **Confit de frango**, **Frango de esteira rolante**, **Peito de peru na salmoura com especiarias** e **Kafta**.

## Para variar

- Para fazer **Molho de farinha de rosca**, misture 3 colheres (de sopa) de **Farinha de rosca grosseira** (p. 237), na hora de servir.

- Para dar mais textura ao molho, junte 3 colheres (de sopa) de amêndoas, nozes ou avelãs tostadas ao azeite com salsinha.

- Para um toque picante, junte 1 colher (de chá) de pimenta-calabresa em focos ou 1 colher (de chá) de pimenta jalapeño em pó ao azeite com salsinha.

- Para mais de frescor, junte 1 colher (de sopa) de salsão picadinho ao azeite com salsinha.

- Para um toque cítrico, junte ¼ de colher (de chá) de raspas de limão ao azeite com salsinha.

- Para um ardor a mais, junte 1 dente de alho ralado ou amassado.

- Para fazer **Molho verde italiano**, junte 6 filés de anchova e 1 colher (de sopa) de alcaparras, lavados e grosseiramente picados ao azeite com salsinha.

- Para fazer **Molho de hortelã**, substitua metade da salsinha por 2 colheres (de sopa) de hortelã picadinha.

## Molho de sálvia frita
*Rende 1 xícara*

**Molho verde básico**
24 folhas de sálvia
Cerca de 2 xícaras de óleo neutro para fritar

Siga as instruções da p. 233 para fritar a sálvia.
    Na hora de servir, quebre-a no molho. Prove e corrija o sal e o ácido.
    Tampe as sobras e guarde na geladeira por até 3 dias.
    Sugestões para servir: como guarnição para a sopa; com carne ou peixe grelhados, assados, escalfados, braseados; com vegetais grelhados, escalfados ou branqueados; com **grãos cozidos**, **Frango atropelado crocante**, **Frango de esteira rolante**, **Peito de peru na salmoura com especiarias**, **fraldinha** ou **bife ancho grelhados**.

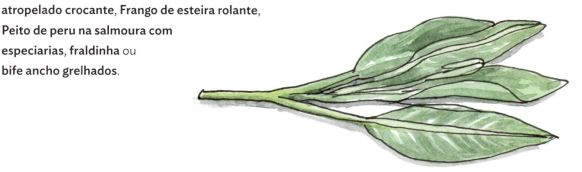

RECEITAS • 361

## Molho de ervas francês

*Rende ¾ de xícara*

3 colheres (de sopa) de chalota (ou cebola pequena) picadinha
3 colheres (de sopa) de vinagre de vinho branco
2 colheres (de sopa) de folhas de salsinha picada
1 colher (de sopa) de cerefólio picadinho
1 colher (de sopa) de cebolinha bem picada
1 colher (de sopa) de manjericão bem picado
1 colher (de chá) de estragão bem picado
5 colheres (de sopa) de azeite extravirgem
Sal

Misture a chalota e o vinagre numa tigelinha e deixe macerar por 15 minutos (veja p. 118).

Em uma vasilha pequena, misture a salsinha, o cerefólio, a cebolinha, o manjericão, o estragão, o azeite e uma pitada generosa de sal.

Na hora de servir, use uma colher perfurada para pegar a chalota sem o vinagre e adicione ao azeite de ervas. Mexa, prove e junte o que for necessário do vinagre. Prove e corrija o sal.

Se sobrar, tampe e leve à geladeira por até 3 dias.

Sugestões para servir: como guarnição para a sopa; com peixe ou carnes grelhados, escalfados, assados ou braseados; com vegetais branqueados, grelhados ou assados; com **grãos cozidos**, **Salmão de cozimento lento**, **Confit de atum**, **Frango de lamber os dedos** e **Confit de frango**.

### Para variar

- Para algo bem azedo, junte 1 colher (de sopa) de picles picadinho.

- Para deixar o molho mais leve, substitua o vinagre por sumo de limão-siciliano e junte ½ colher (de chá) de raspas.

## Molho de ervas mais ou menos mexicano   *Rende cerca de 1 xícara*

   3 colheres (de sopa) de chalota (ou cebola pequena) picadinha
   3 colheres (de sopa) de sumo de limão
   ¼ de xícara de coentro bem picado com hastes
   1 colher (de sopa) de pimenta jalapeño moída
   2 colheres (de sopa) de cebolinha, partes verdes e brancas
   ¼ de xícara de óleo neutro
   Sal

Misture numa vasilha pequena a chalota e o sumo de limão e deixe macerar por 15 minutos (ver p. 118).

Em outra vasilha pequena, misture o coentro, o jalapeño, a cebolinha, o óleo e uma generosa pitada de sal.

Antes de servir, use uma colher perfurada para pegar a chalota (mas ainda não use o sumo de limão) e misture ao óleo de ervas. Mexa, prove e junte o sumo de limão necessário. Prove e corrija o sal.

Tampe e leve o restante à geladeira por até 3 dias.

Sugestões para servir: como guarnição de sopa; com carne ou peixe grelhados, escalfados, assados; com vegetais branqueados; com **Creme de milho**, **grãos cozidos**, **Salmão assado em baixa temperatura**, tacos de peixe feitos com **Peixe empanado na cerveja**, **Confit de atum**, **Frango atropelado crocante**, **Frango de esteira rolante**, **Porco apimentado**.

### Para variar

- Para um toque crocante, junte 3 colheres (de sopa) de sementes de romã, pepino, repolho ou jícama picadinhos.

- Para adoçar um pouco, junte 3 colheres (de sopa) de manga ou laranja-da-china picada.

- Para maior cremosidade, junte 3 colheres (de sopa) de abacate maduro picado.

- Para fazer **Molho de sementes de abóbora**, junte 3 colheres (de sopa) de sementes de abóbora tostadas e picadas.

# Molho de ervas mais ou menos do Sudeste Asiático

*Rende cerca de 1 e ¼ de xícara*

1 colher (de sopa) de chalota (ou cebola pequena) bem picada

3 colheres (de sopa) de sumo de limão

¼ de xícara de folhas de coentro bem picadas com suas hastes macias

1 colher (de sopa) de pimenta jalapeño bem picada

2 colheres (de chá) de cebolinha, partes verdes e brancas picadas

2 colheres (de chá) de gengibre bem picado

5 colheres (de sopa) de óleo neutro

Sal

Misture a chalota e o caldo de limão numa vasilha pequena e deixe por 15 minutos para macerar (ver p. 118).

Em outra vasilha pequena, misture o coentro, o jalapeño, a cebolinha, o gengibre, o óleo e uma generosa pitada de sal.

Antes de servir, use uma colher perfurada para adicionar a chalota, ainda sem o sumo de limão, ao óleo de ervas. Mexa, prove e junte quanto sumo de limão for necessário. Prove e corrija o sal.

Tampe e leve o restante à geladeira por até 3 dias.

Sugestões para servir: como guarnição para sopa ou marinada para carnes; com peixe ou carne grelhados, escalfados, assados ou braseados; com vegetais branqueados; com **Salmão assado em baixa temperatura**, **Confit de atum**, **Frango atropelado crocante**, **Frango de esteira rolante**, **Frango assado com especiarias**, **Lombo de porco na salmoura com especiarias**, **fraldinha** ou **bife ancho**.

# Molho de ervas mais ou menos japonês

*Rende cerca de 1 xícara*

2 colheres (de sopa) de folhas de salsinha bem picadas

2 colheres (de sopa) de folhas de coentro bem picadas com suas hastes macias

2 colheres (de sopa) de cebolinha com as partes verdes e brancas picadas fino

1 colher (de chá) de gengibre em pó

¼ de xícara de óleo neutro

1 colher (de sopa) de shoyu

3 colheres (de sopa) de vinagre de arroz

Sal

Misture a salsinha, o coentro, a cebolinha, o gengibre, o óleo e o shoyu. Na hora de servir, junte o vinagre. Mexa, prove, corrija o sal e o ácido.

Tampe e leve o restante à geladeira por até 3 dias.

Sugestões para servir: guarnição para sopa, carne ou peixe grelhados, escalfados, assados ou braseados; com legumes grelhados, assados ou branqueados; com **Salmão assado em baixa temperatura**, **Confit de atum**, **Frango atropelado crocante**, **Frango de esteira rolante**, **Frango assado com especiarias**, **Lombo de Porco na salmoura com especiarias**, **fraldinha** ou **bife ancho**.

# Molho de limão meyer

*Rende cerca de 1 e ¼ de xícara*

1 limão meyer pequeno

3 colheres (de sopa) de chalota (ou cebola pequena) bem picada

3 colheres (de sopa) de vinagre de vinho branco

¼ de xícara de folhas de salsinha bem picadas

¼ de xícara de azeite extravirgem

Sal

Corte o limão em quartos, no sentido do comprimento, remova a membrana central e as sementes. Pique o limão aparado, inclusive a parte branca e a casca. Misture os pedacinhos de limão e o sumo que conseguir preservar numa tigelinha, junto com a chalota e o vinagre. Deixe macerar por 15 minutos (ver p. 118).

Em outra vasilha pequena, misture a salsinha, o azeite e uma generosa pitada de sal.

Na hora de servir, use uma colher perfurada para juntar a mistura de limão e a chalota ao azeite de ervas (mas ainda não use o vinagre). Prove e corrija o sal e o ácido, se necessário.

Leve à geladeira, com tampa, por até 3 dias.

Sugestões para servir: como guarnição para sopa; com carne ou peixe grelhados, escalfados, assados ou braseados; com vegetais grelhados, assados ou branqueados; com **grãos cozidos**, **Salmão assado em baixa temperatura** ou **Frango de esteira rolante**.

## Para variar

- Para fazer um **Relish de limão meyer e azeitonas**, reduza o sal e junte 3 colheres (de sopa) de azeitonas sem caroço picadas.

- Para fazer um **Relish de limão-siciliano e queijo feta**, diminua o sal e junte 3 colheres (de sopa) de queijo feta quebrado.

# Charmoula

*Rende 1 xícara*

½ colher (de chá) de semente de cominho

½ xícara de azeite extravirgem

1 xícara de folhas de coentro grosseiramente picadas com suas hastes tenras

1 dente de alho

1 pedaço de gengibre de 2,5 cm, descascado e fatiado

1 pimenta jalapeño pequena aparada

4 colheres (de chá) de sumo de limão

Sal

Coloque as sementes de cominho numa frigideira seca pequena em fogo médio. Gire repetidas vezes para tostar por igual. Deixe até que as primeiras sementes comecem a estourar e cheirar, cerca de 3 minutos. Retire do fogo. Despeje as sementes imediatamente no pilão para socar muito bem com um pouquinho de sal.

Acrescente o azeite, o cominho tostado, o coentro, o alho, o gengibre, o jalapeño, o sumo de limão e duas generosas pitadas de sal no liquidificador ou processador. Bata até que não restem pedacinhos ou folhas. Prove e corrija o sal e o ácido. Junte água o bastante para afinar até chegar à consistência desejada.

Tampe e deixe na geladeira até servir, por no máximo 3 dias.

Sugestões para servir: misture com **Maionese básica** (p. 375) para a pasta perfeita para sanduíches de peru; reduza o óleo para ¼ de xícara e use como marinada para peixe ou frango; sirva com arroz, grão-de-bico ou cuscuz, cordeiro braseado ou frango, carnes grelhadas ou peixe; regue sobre **Salada de abacate** ou **Sopa de cenoura**; sirva com **Arroz mais ou menos persa**, **Salmão assado em baixa temperatura**, **Confit de atum**, **Frango atropelado crocante**, **Frango de esteira rolante** e **Kafta**.

# Chutney indiano de coco e coentro

*Rende 1 xícara*

1 colher (de chá) de sementes de cominho

2 colheres (de sopa) de sumo de limão

½ xícara de coco ralado fresco ou congelado

1 a 2 dentes de alho

1 xícara de folhas de coentro e suas hastes tenras (cerca de 1 maço)

12 folhas frescas de hortelã

½ pimenta jalapeño aparada

¾ de colher (de chá) de açúcar

Sal

Coloque as sementes de cominho numa frigideira seca pequena em fogo médio. Gire a frigideira constantemente para assegurar que as sementes fiquem tostadas por igual. Torre até que comecem a pipocar e soltar cheiro, cerca de 3 minutos. Retire do fogo e imediatamente ponha em um pilão ou moedor de sementes. Moa bem fino com uma pitada de sal.

Pulse o caldo de limão siciliano, o coco e o alho juntos num liquidificador ou processador por uns 2 minutos, até que desapareçam quaisquer pedacinhos. Junte o cominho tostado, o coentro, as folhas de hortelã, o jalapeño, o açúcar e uma pitada generosa de sal e continue misturando por mais 2 ou 3 minutos, até que não sobrem pedaços ou folhas. Prove e corrija o sal e o ácido. Junte água, se for necessário, para afinar bem.

Tampe e leve à geladeira até a hora de servir, por no máximo 3 dias.

Sugestões para servir: com lentilhas cozidas; como marinada para peixe ou frango; com **Salmão com tempero indiano**, **Confit de atum**, **Frango atropelado crocante**, **Frango frito com tempero indiano**, **Frango de esteira rolante**, **Peito de peru na salmoura com especiarias** e **Kafta**.

## Para variar

🞊 Se não achar coco fresco ou congelado, despeje 1 xícara de água fervente sobre ½ xícara de coco seco e deixe uns 15 minutos para reidratar. Escorra e continue como descrito acima.

## *Salmoriglio*
## Molho siciliano de orégano

*Rende ½ xícara*

¼ de xícara de salsinha bem picada

2 colheres (de sopa) de orégano ou manjerona frescos e bem picados ou 1 colher (de sopa) de orégano seco

1 dente de alho bem ralado ou amassado com uma pitada de sal

¼ de xícara de azeite extravirgem

2 colheres (de sopa) de sumo de limão-siciliano

Sal

Misture a salsinha, o orégano, o alho e o azeite numa vasilha pequena com uma generosa pitada de sal. Na hora de servir, junte o sumo de limão-siciliano. Mexa, prove e corrija o sal e o ácido. Sirva imediatamente.

Leve à geladeira, tampado, por até 3 dias.

Sugestões para servir: com carne ou peixe assados e grelhados; com legumes branqueados, grelhados ou assados; com **Salmão assado em baixa temperatura**, **Confit de Atum** e **Frango atropelado crocante**.

### Para variar

- Para fazer molho **Chimichurri** e espalhar sobre carnes grelhadas, junte 1 colher (de chá) de pimenta-calabresa em flocos e 1 ou 2 colheres (de sopa) de vinagre de vinho tinto a gosto.

# Molho de iogurte

Cresci pondo colheradas de iogurte em tudo — incluindo macarrão! —, não tanto pelo sabor, mas porque era um jeito fácil de esfriar a comida superquente que eu não aguentava esperar para comer. Então comecei a gostar de iogurte por sua cremosidade e acidez, bem como pelo modo como complementava pratos ricos e secos.

Sirva estes molhos de iogurte acompanhando **Salmão com tempero indiano**, *Adas pollo*, **Alcachofra grelhada**, **Frango assado persa** ou **Arroz mais ou menos persa**. Ou leve à mesa para mergulhar vegetais crus e crocantes ou pães chatos e quentes. Prefiro começar com iogurte denso escorrido, como o grego, mas qualquer iogurte sem sabor serve.

## Molho de iogurte com ervas
*Rende 1 e ¾ de xícara*

1 e ½ xícara de iogurte comum

1 dente de alho ralado fino ou amassado com uma pitada de sal

2 colheres (de sopa) de salsinha bem picada

2 colheres (de sopa) de folhas de coentro bem picadas e suas hastes macias

8 folhas de hortelã picadinhas

2 colheres (de sopa) de azeite extravirgem

Sal

Misture o iogurte, o alho, a salsinha, o coentro, as folhas de hortelã e o azeite com uma generosa pitada de sal numa vasilha média. Mexa, prove e corrija o tempero com sal, se necessário. Tampe e leve à geladeira até a hora de servir.

Guarde o restante tampado na geladeira por até 3 dias.

### Para variar

🔸 Para fazer **Raita de cenoura**, esqueça o azeite. Junte ao iogurte ¼ de xícara de cenoura ralada grosseiramente e 2 colheres (de chá) de gengibre fresco ralado fino. Derreta 2 colheres (de sopa) de ghee ou óleo neutro numa panela pequena em fogo médio-alto. Doure 1 colher (de chá) de sementes de cominho, 1 colher (de chá) de sementes pretas de mostarda e 1 colher (de chá) de sementes de coentro por cerca de 30 segundos, ou até que as primeiras comecem a pipocar. Despeje imediatamente na mistura de iogurte e mexa bem. Prove e corrija o sal. Tampe e leve para gelar até a hora de servir.

# Molho persa de iogurte com ervas e pepino

*Rende 2 xícaras*

¼ de xícara uvas-passas

1 e ½ xícara de iogurte natural

1 pepino descascado e picado fino

¼ de xícara de folhas frescas de hortelã, endro, salsinha e coentro em qualquer proporção

1 dente de alho bem ralado ou amassado com um pouquinho de sal

¼ de xícara de nozes torradas grosseiramente picadas

2 colheres (de sopa) de azeite extravirgem

Uma pitada generosa de sal

**Opcional:** Pétalas de rosas secas para enfeitar

Mergulhe as passas numa tigela pequena com água fervente. Deixe-as por cerca de 15 minutos para hidratar e inchar. Escorra e coloque em uma vasilha média. Junte o iogurte, o pepino, as ervas, o alho, as nozes, o azeite e o sal. Misture bem, prove e corrija o sal. Deixe gelando até a hora de servir. Se quiser, decore com pétalas de rosas antes de servir.

Tampe e mantenha na geladeira o que sobrar por até 3 dias.

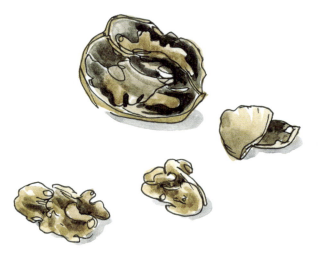

### *Borani esfenaj*
### Molho persa de iogurte com espinafre

*Rende 2 e ¼ xícaras*

4 colheres (de sopa) de azeite extravirgem

2 maços de espinafre aparados e lavados

¼ de xícara de folhas de coentro picadas com suas hastes tenras

1 a 2 dentes de alho bem ralados ou amassados com uma pitada de sal

1 e ½ xícara de iogurte natural

Sal

½ colher (de chá) de sumo de limão-siciliano

Aqueça uma frigideira grande em fogo alto, junte 2 colheres (de sopa) de azeite e, quando tremer e brilhar, adicione o espinafre e salteie até murchar, por uns 2 minutos. Dependendo do tamanho da panela, você pode fazer isso em uma ou duas levas. Retire imediatamente o espinafre cozido e coloque numa camada só numa assadeira forrada com papel-manteiga, o que impede que a verdura cozinhe demais e perca a cor.

Quando o espinafre estiver frio o bastante para manipular, esprema toda a água com as mãos e pique fino.

Numa tigela média, misture o espinafre, o coentro, o alho, o iogurte e as 2 colheres (de sopa) restantes de azeite. Tempere com sal e sumo de limão-siciliano. Mexa, prove e corrija o sal e o ácido, se necessário. Deixe gelando até a hora de servir.

Tampe o restante e deixe na geladeira por até 3 dias.

# *Mast-o-laboo*
## Molho persa de iogurte com beterraba

*Rende 2 xícaras*

3 a 4 beterrabas médias aparadas

1 e ½ xícara de iogurte natural

2 colheres (de sopa) de hortelã fresca bem picada

**Opcional:** 1 colher (de chá) de estragão bem picado

2 colheres (de sopa) de azeite extravirgem

Sal

1 a 2 colheres (de chá) de vinagre de vinho tinto

Asse e descasque as beterrabas como indicado na p. 218. Deixe esfriar.

Rale-as grosseiramente e junte ao iogurte. Adicione a hortelã, o estragão (se usar), o azeite, o sal e 1 colher (de chá) de vinagre de vinho tinto. Mexa e prove. Corrija o sal e o ácido, se necessário. Deixe gelando até a hora de servir.

Tampe e refrigere o restante por até 3 dias.

# Maionese

Talvez a maionese seja o molho mais controverso que exista, mas sou uma de suas devotas. E, como professora, não acho que haja um modo de ilustrar melhor o poder da ciência culinária do que fazendo, desandando e consertando maionese com meus alunos. Todas as vezes, é como um pequeno milagre. Vá até os passos na p. 86 para se lembrar de todas as nuances de se fazer e consertar uma maionese.

Quando fizer maionese como base de molho, tal como **Tártaro** ou **Caesar**, deixe-a sem sal e o mais dura possível para dar conta de todos os outros ingredientes que ainda vão ser adicionados e que vão temperá-la e afiná-la. Para temperar uma maionese simples e utilizar como usaria manteiga, dissolva o sal em algumas poucas colheres de água ou em qualquer ácido que planeja adicionar, seja sumo de limão, seja vinagre. Se juntar sal sem primeiro dissolvê-lo, vai ter que esperar um pouco para que a maionese o absorva completamente e possa ter uma boa ideia do gosto dela. Se escolher esse caminho, junte o sal devagar, gradualmente, parando para provar e consertar durante o processo.

Para emprestar um sabor mediterrâneo a **Aïoli**, **Maionese de ervas** ou *Rouille* que planeje servir com comida italiana, francesa ou espanhola, use azeite. Para fazer uma base de estilo americano para usar no **sanduíche** ou um **Molho tártaro**, use um óleo de sabor neutro, como de canola.

# Maionese básica

*Rende cerca de ¾ de xícara*

1 gema em temperatura ambiente

¾ de xícara de óleo (ver a p. 374 para decidir qual vai usar)

Coloque a gema numa vasilha funda de metal ou cerâmica. Umedeça um pano de prato e enrole-o sobre a superfície de trabalho. Ponha a vasilha sobre ele para que fique no lugar enquanto você bate. (Se bater à mão está fora de questão, sinta-se à vontade para usar um liquidificador, processador ou batedor de arame.)

Use uma concha ou jarra com bico para ir pingando o óleo gota a gota e incorporando à gema. Vá devagar e não pare de bater. Depois de ter juntado metade do óleo, pode juntar o restante em quantidades maiores. Se a maionese engrossar demais e ficar quase impossível de bater, junte 1 colher (de chá) ou mais de água — ou o ácido que você planeja usar mais tarde, como sumo de limão ou vinagre — para ajudar a afinar.

Se a maionese desandar, vá à p. 86 para dicas de como consertá-la.

Tampe e gele o restante por até 3 dias.

# Maionese para sanduíche

*Rende cerca de ¾ de xícara*

1 e ½ colher (de chá) de vinagre de maçã

1 colher (de chá) de sumo de limão-siciliano

¾ de colher (de chá) de mostarda em pó

½ colher (de chá) de açúcar

Sal

¾ de xícara de **Maionese básica** firme

Em uma vasilha pequena, misture o vinagre e o sumo de limão e mexa para dissolver a mostarda, o açúcar e uma generosa pitada de sal. Inclua a mistura à maionese básica. Prove e corrija o sal e o ácido conforme necessário. Tampe e leve à geladeira até a hora de servir.

Cubra e refrigere as sobras por até 3 dias.

Sugestões para servir: em sanduíches, incluindo o de **Peito de peru na salmoura com especiarias**, ou no **Cole slaw clássico**.

# Aïoli
## Maionese de alho

*Rende cerca de ¾ de xícara*

Sal

4 colheres (de chá) de sumo de limão-siciliano

¾ de xícara de **Maionese básica** firme

1 dente de alho bem ralado ou amassado com uma pitada de sal

Dissolva uma generosa pitada de sal no sumo de limão. Junte a maionese e o alho. Prove e corrija o sal e o ácido, se necessário. Tampe e leve à geladeira até a hora de servir.

Cubra e refrigere o restante por 3 até dias.

Sugestões para servir: com vegetais cozidos em água, grelhados ou assados, especialmente batatinhas, aspargos ou alcachofras; com peixe grelhado ou carnes; com **Alcachofra grelhada**, **Salmão assado em baixa temperatura**, **Peixe empanado na cerveja**, *Fritto misto*, **Confit de atum**, **Frango frito de lamber os dedos**, sanduíches com **Peito de peru na salmoura com especiarias**, na **fraldinha** e no **bife ancho grelhados**.

## Maionese de ervas

*Rende cerca de 1 xícara*

Sal

¾ de xícara de **Maionese básica** firme

1 colher (de sopa) de sumo de limão-siciliano

4 colheres (de sopa) de salsinha, cebolinha, cerefólio, manjericão e estragão em qualquer proporção

1 dente de alho bem ralado ou amassado com uma pitada de sal

Dissolva uma generosa pitada de sal no sumo de limão-siciliano. Acrescente a maionese, as ervas e o alho. Tampe e leve à geladeira até a hora de servir.

Cubra e guarde o restante na geladeira por até 3 dias.

Sugestões para servir: com vegetais cozidos ou assados, especialmente batatinhas, aspargos ou alcachofras; com peixes e carnes grelhadas; com **Alcachofra grelhada**, **Salmão assado em baixa temperatura**, **Peixe empanado na cerveja**, **Confit de atum**, **Frango de lamber os dedos**, sanduíches de **Peito de peru na salmoura com especiarias**, **fraldinha** ou **bife ancho grelhados**.

## *Rouille*
## Maionese de pimenta

*Rende cerca de 1 xícara*

Sal

3 a 4 colheres (de chá) de vinagre de vinho tinto

¾ de xícara de **Maionese básica** firme

⅓ de xícara de **Pasta de pimenta básica** (p. 379)

1 dente de alho bem ralado ou amassado com uma pitada de sal

Dissolva uma generosa pitada de sal no vinagre. Junte a maionese com a pasta de pimenta e o alho. Pode parecer que vai afinar a maionese no começo, mas ela firmará com poucas horas de geladeira. Tampe e gele até a hora de servir.

### Para variar

- Para fazer **Maionese de chipotle**, substitua a pasta de pimenta por ⅓ de xícara de pimenta chipotle.

Cubra e refrigere o restante por até 3 dias.

Sirva com vegetais assados, grelhados ou fervidos, principalmente batatinhas, aspargos ou alcachofras; com peixe grelhado ou carnes; com **Alcachofra grelhada**, tacos de **Peixe empanado na cerveja**, **Confit de atum**, sanduíches de **Peito de peru na salmoura com especiarias**, **fraldinha** ou **bife ancho grelhados**.

# Molho tártaro

*Rende cerca de 1 e ¼ de xícara*

2 colheres (de chá) de chalotas (ou cebolas pequenas) bem picadas

1 colher (de sopa) de sumo de limão-siciliano

1/2 xícara de **Maionese básica** firme (p. 375)

3 colheres (de sopa) de picles picadinho

1 colher (de sopa) de alcaparras enxaguadas e picadas

2 colheres (de chá) de salsinha bem picada

2 colheres (de chá) de cerefólio bem picado

1 colher (de chá) de cebolinha bem picada

1 colher (de chá) de estragão bem picado

1 **ovo de 10 minutos** (p. 304) picado grosseiramente ou ralado

½ colher (de chá) de vinagre de vinho branco

Sal

Em uma vasilha pequena, deixe a chalota macerar no molho de limão-siciliano por 15 minutos pelo menos.

Em uma tigela média, misture a maionese, o picles, as alcaparras, a salsa, o cerefólio, a cebolinha, o estragão, o ovo e o vinagre. Mexa bem. Prove. Vá juntando o sumo do limão-siciliano, se necessário, então prove e corrija o sal e o ácido. Tampe e leve para gelar até a hora de servir.

Cubra e guarde o restante na geladeira por até 3 dias.

Sirva com **Peixe ou camarão empanados** ou *Fritto misto*.

# Molho de pimenta

Os molhos de pimenta são ótimos como condimento e pastas. Muitas cozinhas do mundo, embora não todas, têm condimentos que começam com uma base de pasta de pimenta, que nem sempre é insuportavelmente picante. Junte um pouquinho de pasta de pimenta ao feijão, ao arroz, à sopa ou ao ensopado para levantar o sabor. Esfregue na carne antes de assar ou grelhar e coloque um pouco num braseado. Adicione à maionese e vai ter o *Rouille* francês, perfeito para um sanduíche feito com **Confit de atum** (p. 314) Sirva **Harissa**, molho de pimenta norte-africano, com **Kafta** (p. 356), peixe grelhado, carnes ou vegetais e escalfados. Um denso *Romesco*, molho catalão de pimenta e amêndoas, fica ótimo com vegetais ou torradinhas. Afine com um pouco de água para usar com vegetais assados ou grelhados, peixes e carnes. Sirva **Muhammara**, uma pasta libanesa de romãs, nozes e pimentas com pães chatos e vegetais crus.

## Pasta de pimenta básica
*Rende cerca de 1 xícara*

10 a 15 pimentas secas, como ancho

4 xícaras de água fervente

¾ de xícara de azeite extravirgem

Sal

Se tiver pele muito sensível, use luvas de borracha para proteger os dedos. Tire o cabinho e abra as pimentas para retirar e descartar as sementes. Lave-as, cubra-as com água fervente numa vasilha à prova de calor e coloque uma travessa por cima para cobri-las. Deixe de 30 a 60 minutos para hidratar, então escorra, reservando ¼ de xícara de água.

Coloque as pimentas, o óleo e o sal num liquidificador ou processador e bata por pelo menos 3 minutos, ou até ficar completamente liso. Se estiver muito seco para ser processado, junte um pouco da água separada. Prove e corrija o tempero, se necessário. Se a pasta não estiver completamente lisa depois de bater por 5 minutos, passe por uma peneira fina, apertando com uma espátula de silicone para remover o restante da pele das pimentas.

Cubra com óleo, tampe e mantenha hermeticamente fechado por até 10 dias. Congele por até 3 meses.

# Harissa
## Molho de pimenta do Norte da África

*Rende cerca de 1 xícara*

1 colher (de chá) de sementes de cominho

½ colher (de chá) de sementes de coentro

½ colher (de chá) de sementes de alcarávia

1 xícara de **Pasta de pimenta básica** (p. 379)

¼ de xícara de tomates secos grosseiramente picados

1 dente de alho

Sal

Ponha o cominho, o coentro e as sementes de alcarávia numa frigideira pequena e seca em fogo médio. Gire-a constantemente para garantir que as sementes torrem homogeneamente até as primeiras começarem a pipocar e cheirar, cerca de 3 minutos. Retire do fogo e coloque imediatamente num pilão ou moedor de especiarias. Moa com uma pitada de sal.

Misture a pasta de pimenta, o tomate e o alho num processador ou liquidificador até formar uma pasta lisa. Junte as sementes tostadas. Tempere com sal. Prove e corrija, se necessário.

Tampe e leve à geladeira por até 5 dias.

## Para variar

○ Para fazer o molho catalão chamado **Romesco**, omita o cominho, o coentro e a alcarávia. Moa fino ½ xícara de amêndoas e ½ xícara de avelãs torradas, num processador ou pilão. Separe a pasta de oleaginosas numa vasilha média. Faça um purê com a pasta de pimenta, o tomate e o alho, como ensinado. Junte as oleaginosas, 2 colheres (de sopa) de vinagre de vinho tinto, 1 xícara de **Farinha de rosca grosseira** (p. 237) e sal. Mexa, prove e corrija o sal e o ácido, se necessário. O molho vai estar grosso: afine-o com água até a consistência que desejar.

## *Muhammara*
## Pasta libanesa de pimenta e nozes

*Rende cerca de 2 e ½ xícaras*

1 colher (de chá) de cominho

1 e ½ xícara de nozes

1 xícara de **Pasta de pimenta básica** (p. 379)

1 dente de alho

1 xícara de **Farinha de rosca grosseira** (p. 237)

2 colheres (de sopa) mais 1 colher (de chá) de xarope de romã

2 colheres (de sopa) mais 1 colher (de chá) de sumo de limão-siciliano

Sal

Preaqueça o forno a 180°C.

Coloque as sementes de cominho numa frigideira pequena e seca em fogo médio. Gire-a constantemente para tostar por igual, até que comecem a pipocar e soltar cheiro, cerca de 3 minutos. Retire do fogo e ponha as sementes imediatamente num pilão ou moedor de especiarias. Moa fino com uma pitada de sal.

Espalhe as nozes numa assadeira em camada única. Verifique-as em 4 minutos, misturando-as para garantir um tostado homogêneo. Continue torrando por mais 2 a 4 minutos, até que fiquem levemente douradas na parte de fora e pareçam torradas quando mordidas. Retire do forno e da assadeira e deixe esfriar.

Coloque a pasta de pimenta, as nozes frias e o alho no processador de alimentos e bata até que fique bem liso.

Junte o xarope de romã, o sumo de limão-siciliano e o cominho e pulse até que fique bem misturado. Prove e corrija o sal e o ácido.

Tampe e mantenha as sobras na geladeira por até 5 dias.

# Pesto

Já trabalhei para um chef que tinha um pilão de mármore do tamanho (e com o peso) de um bebê. Apesar de ser horrivelmente inconveniente para trabalhar e fazer muita sujeira, ele insistia em bater tudo à mão quando fazia pesto, porque era seu "jeito de se conectar com nossos ancestrais cozinheiros" ("pesto" quer dizer "amassado" em italiano). Deixo para vocês imaginarem o revirar de olhos que esse comentário suscitava. Eu tinha como missão distraí-lo para que os outros pudessem fazer o trabalho no processador.

Mas, infelizmente, devo admitir que pestos amassados sempre eram mais saborosos do que os processados. Hoje, levando em conta o tempo e a sanidade mental, uso um método híbrido e amasso as nozes e o alho separadamente no pilão até conseguir uma bela pasta, depois passo o manjericão no processador e misturo tudo à mão numa vasilha grande.

Para o pesto mais saboroso, não economize nas nozes nem no queijo. Para usar como molho de macarrão, ponha colheradas numa vasilha grande e junte à massa cozida e escorrida. Afine com a água de cozimento do macarrão, se for necessário, e guarneça com (adivinhou) mais parmesão. O pesto é um molho raro por não ser aquecido, para que fique verde.

O pesto é originário da Ligúria e muitas vezes é agregado à massa no último minuto, ou a batatinhas cozidas, vagens, tomates-cereja ou cunhas de tomate maduro e doce. Equilibre o pesto mais amargo feito com couve adicionando ricota fresca depois de ter colocado o molho no macarrão.

É um molho versátil, e foi por isso que o inclui aqui, sem prendê-lo na categoria do macarrão. Algumas ideias para pensar: passe pesto debaixo da pele do **Frango atropelado crocante** antes de assar ou afine com um pouco de água e regue sobre peixe assado ou grelhado, ou ainda sobre vegetais. Você também pode batê-lo com a ricota nas **Torradas com ricota e tomate**.

# Pesto de manjericão

*Rende cerca de 1 e ½ xícara*

¾ de xícara de azeite extravirgem

2 xícaras bem prensadas (cerca de 2 maços grandes) de folhas de manjericão fresco

1 a 2 dentes de alho bem ralados ou amassados com um pouquinho de sal

½ xícara de pinoli levemente tostado e amassado

1 xícara de parmesão bem ralado e mais para servir

Sal

A dica para passar o manjericão no processador é tentar não bater demais, pois o motor gera calor e pode oxidar as folhas por excesso de movimento, deixando-as marrons. Para que isso não aconteça, bata o manjericão antes com uma faca. Ponha metade do azeite no fundo do liquidificador ou processador para forçar o manjericão a se transformar em líquido o mais depressa possível. Depois pulse, parando algumas vezes por minuto para empurrar as folhas para baixo com uma espátula de silicone, até que o manjericão se torne um rodamoinho verde e fragrante.

Para não bater demais, finalize o pesto manualmente. Despeje o azeite com manjericão numa vasilha média e junte um pouco de alho, pinoli e parmesão. Misture e prove. Precisa de mais alho? Mais sal? Mais queijo? Está grosso demais? Se estiver, junte mais um pouco de azeite ou da água do macarrão. Mexa, sem esquecer que se o pesto descansar um pouquinho, os sabores se juntam, o alho se pronuncia e o sal se dissolve.

Deixe descansar por uns poucos minutos, prove e corrija outra vez. Junte azeite o bastante para cobrir o molho, impedindo a oxidação.

Deixe na geladeira, tampado, por até 3 meses.

## Para variar

- O pesto se presta muito bem a substituições. Mantenha as proporções da receita acima, mas troque os verdes, o pinoli e o queijo, dependendo do que quer comer e do que tem em mãos.

### Troque os verdes

**Verdes cozidos:** brócolis, couve, acelga
**Verdes crus e tenros:** rúcula, broto de ervilha, espinafre
**Pesto de ervas:** salsinha, sálvia, manjerona, hortelã
**Pesto de *allium*:** broto ou folhas de alho
**Pesto com floretes:** brócolis-ninja, couve-flor, romanesco

### Troque as oleaginosas

Use oleaginosas das mais às menos tradicionais, cruas ou levemente tostadas:

Pinoli
Noz
Avelã
Amêndoa
Pistache
Pecã
Macadâmia

### Troque o queijo

Ele é uma grande fonte de sal, gordura e ácido. Nos pestos mais tradicionais, é a única fonte de ácido! Qualquer queijo duro vai servir. Os queijos tradicionais são parmesão e pecorino, mas asiago, o grana padano e até um manchego mais seco funcionam bem.

# BISCOITOS E TORTAS

Quando se faz biscoitos ou tortas no forno, a precisão é importante. Tudo nesse tipo de receita está lá por um motivo, da temperatura às medidas cuidadosamente calculadas frente às reações químicas ativadas por ingredientes especiais. Em vez de mudar as particularidades cruciais de uma receita dessas, mostre sua criatividade usando especiarias, ervas e sabores diferentes.

Agora é hora de seguir as instruções o melhor possível. Não sou maníaca por utensílios, mas acho importante investir numa balança de cozinha digital. Comece a trabalhar mais com *pesos* do que com *volumes* e logo perceberá uma mudança imediata na qualidade e na consistência do que faz. Se prefere medir ingredientes secos por volume, use colheres ou xícaras de medidas. Encha o que for pedido com uma colher ou concha, ou seja, não enfie a xícara no açúcar, mas encha com uma colher. Sem aplicar muita pressão, passe a superfície plana da faca para nivelar o que quer que seja.

As medidas importam muito na confeitaria, assim como as temperaturas. Se está se perguntando por que é tão importante manter tudo gelado quando estiver fazendo massas de manteiga e farinha, trabalhei com uma chef com essa mania. Ela fazia as mais etéreas massas que já provei. (Volte à p. 88 para refrescar a memória.) Sabia que para texturas flocadas é necessário desencorajar a formação excessiva de glúten, e que, caso se deixe a manteiga derreter, a água que ela contém vai se combinar com a farinha para formá-lo, fazendo com que a massa fique dura e elástica como goma de mascar. Mas, com certeza, a prova dos nove é a torta musse.

# Massa de torta só de manteiga

*Rende 2 bolas de massa de 280 g, o suficiente para 2 tortas sem fundo de 22 cm, 1 comum de 22 cm ou 1 **Torta sem fundo de frango***

Use essa massa para fazer a torta de seus sonhos, seja a **Torta americana de maçã**, a **Torta sem fundo de frango**, a **Torta musse de chocolate** ou qualquer outra. Esse preparo requer certo planejamento e atenção — gele tudo bem e trabalhe depressa, tomando o cuidado de não adicionar manteiga demais e não trabalhar muito a massa. Pode ser difícil trabalhar com manteiga, mas o resultado é uma massa com um gosto sem igual.

Uma nota: se você não tem batedeira, pode fazer a massa num processador ou à mão. Só preste atenção e veja se está tudo gelado, não importa quais utensílios use.

2 e ½ xícaras (340 g) de farinha

1 colher (de sopa) generosa de açúcar

Uma boa pitada de sal

16 colheres (de sopa) (220 g) de manteiga sem sal gelada cortada em cubos de 1,25 cm

Cerca de ½ xícara de água gelada

1 colher (de chá) de vinagre branco

Coloque a farinha, o açúcar e o sal na tigela da batedeira e congele tudo, inclusive o batedor de raquete, por 20 minutos (se não couber, congele só os ingredientes). Congele a manteiga e a água também.

Volte a vasilha à batedeira e ponha na velocidade mais baixa. Junte a manteiga em cubos, poucos pedaços de cada vez, e misture até chegar a pedacinhos menores. Eles formam belos flocos na massa, então evite bater demais.

Junte o vinagre em um fio fino. Acrescente só um pouco de água e não mexa quase nada, só para a massa se juntar. Você vai usar quase toda a ½ xícara que separou. Alguns pedacinhos vão permanecer, mas tudo bem. Se não tem muita certeza se precisa de mais água, pare a batedeira e pegue um pouco de massa na mão. Aperte com força, depois tente cuidadosamente separá-la em pedaços. Caso a massa se desfaça com muita facilidade e pareça muito seca, junte mais água. Se isso não acontecer ou ela se quebrar em alguns poucos pedaços grandes, está pronta.

Na superfície de trabalho, desenrole o filme, mas não corte. Num movimento rápido, sem medo, vire a tigela sobre ele. Afaste a tigela e evite tocar na massa. Corte o filme plástico. Levantando ambas as extremidades, tente transformar a massa numa bola. Não se incomode com alguns pedacinhos secos — a farinha absorverá a umidade com o tempo. Torça o plástico, apertando-o para tentar formar uma bola com a massa. Use uma faca afiada para cortá-la ao meio através do plástico e enrole outra vez cada metade com o plástico bem apertado, achatando cada uma das bolas para fazer um disco. Deixe gelar pelo menos 2 horas ou durante a noite.

Para congelar, prepare a massa até 2 meses antes, embrulhe-a em filme plástico duas vezes e depois em papel-alumínio para impedir queimaduras de freezer. Deixe a massa descongelar na geladeira durante a noite antes de usar.

# Torta americana de maçã

*Rende 1 torta de 22 cm*

1 receita (2 discos) gelada de **Massa de torta só de manteiga** (p. 386)

1,2 kg de maçã fuji (cerca de 5 grandes)

½ colher (de chá) de canela em pó

¼ de colher (de chá) de pimenta-da-jamaica

½ colher (de chá) de sal kasher ou ¼ de colher (de chá) de sal marinho fino

½ xícara mais 1 colher (de sopa) de açúcar mascavo

3 colheres (de sopa) de farinha e mais um pouco para abrir

1 colher (de sopa) de vinagre de maçã

2 colheres (de sopa) de creme de leite fresco

Açúcar granulado ou demerara para polvilhar

Preaqueça o forno a 220°C e coloque uma grade no centro.

Abra um disco da massa gelada numa superfície bem enfarinhada até que esteja com 0,3 cm de espessura e 30 cm de diâmetro. Enrole-a no rolo levemente enfarinhado para transferir. Coloque a massa sobre uma fôrma de torta de 22 cm e desenrole, apertando-a delicadamente nos cantos da fôrma. Apare qualquer excesso com uma tesoura, deixando um babado de cerca de 2,5 cm nas bordas, e congele por 10 minutos. Gele as aparas também. Abra o segundo disco de massa nas mesmas dimensões, faça um furo para deixar escapar o vapor no centro e ponha na geladeira.

Enquanto isso, descasque, descarte o miolo e corte as maçãs em fatias de 2 cm. Coloque-as numa vasilha grande com a canela, a pimenta-da-jamaica, o sal, o açúcar, a farinha e o vinagre e misture bem. Adicione o recheio à fôrma já preparada. Use um rolo para transferir o segundo disco, como fez com o primeiro, e desenrole-a com delicadeza sobre o recheio da torta. Use uma tesoura para aparar ambas as crostas ao mesmo tempo, deixando um babado de 1,25 cm.

Dobre 0,6 cm da borda sobre si mesma, de modo a ter um cilindro que fique sobre a borda da fôrma. Trabalhe com uma mão sobre a borda da crosta e a outra do lado de fora. Use o dedo indicador da mão que está por dentro para empurrar a torta entre o polegar e o dedo médio da mão de fora, formando um V. Continue fazendo assim em toda a volta da tampa, espaçando os Vs em 2,5 cm. À medida que aperta, empurre a massa para fora. Ela se enrugará conforme assa. Remende eventuais furos com as aparas da massa.

Congele a torta inteira por 20 minutos. Depois de tirá-la do freezer, coloque-a numa assadeira forrada com papel-manteiga. Pincele a parte de cima da torta generosamente com creme de leite fresco e polvilhe açúcar. Asse na grade central a 220°C por 15 minutos, então reduza o fogo para 200°C e asse por mais 15 a 20 minutos, até ficar levemente dourada. Reduza o fogo para 170°C e mantenha até ficar pronta, cerca de 45 minutos. Deixe a torta esfriar numa grade por 2 horas antes de fatiar. Sirva com **Chantili de caramelo**, **especiarias** ou **baunilha** (pp. 423 a 425).

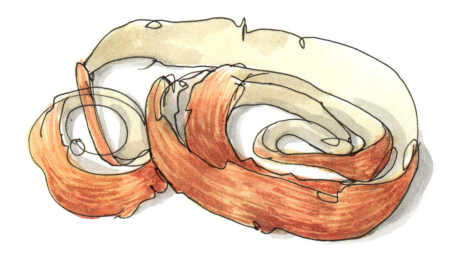

# Torta americana de abóbora

*Rende 1 torta de 22 cm*

½ receita (1 disco) gelado de **Massa de torta só de manteiga** (p. 386)

Farinha para abrir

2 ovos grandes

1 e ½ xícara de creme de leite fresco

425 g de purê de abóbora

¾ de xícara (150 g) de açúcar

1 colher (de chá) de sal kasher ou ½ colher (de chá) de sal marinho fino

1 e ½ colher (de chá) de canela em pó

1 colher (de chá) de gengibre em pó

½ colher (de chá) de cravo em pó

Preaqueça o forno a 220°C e deixe a grelha na posição central.

Abra a massa gelada numa superfície bem enfarinhada até ficar com a espessura de 0,3 cm e 30 cm de diâmetro. Enrole a massa no rolo bem enfarinhado e transfira-a para uma fôrma de 22 cm, pressionando delicadamente. Retire as aparas com uma tesoura, deixando um babado de cerca de 2 cm. Reserve as aparas.

Dobre a massa sobre si mesma de modo que fique como um cilindro que se assenta sobre as beiradas da fôrma. Trabalhe com uma mão dentro da beirada e outra do lado de fora. Use o indicador da mão interna para empurrar a massa entre o polegar e o dedo médio da mão externa, formando um V. Faça isso em toda a volta da tampa, espaçando em 2,5 cm os Vs. Empurre a massa um pouco para fora da fôrma — ela voltará à posição inicial ao assar. Feche eventuais buracos com as aparas. Espete toda a massa com um garfo, depois deixe no freezer por 15 minutos.

Quebre os ovos numa vasilha média e bata-os com um batedor de arame. Junte o creme de leite fresco, o purê de abóbora, o açúcar, o sal e as especiarias à vasilha e misture bem. Ponha tudo na fôrma de torta congelada.

Asse a 220°C por 15 minutos, reduza o fogo para 160°C e asse até que o centro esteja quase firme, por cerca de 40 minutos mais. Deixe esfriar numa grade por 1 hora antes de cortar. Sirva com **Chantili de caramelo**, **especiarias** ou **baunilha** (pp. 423 a 425).

## Para variar

● Para fazer uma **Torta musse de chocolate**, abra a massa, molde na forma e congele como ensinado. Asse sem recheio: forre a massa com papel-manteiga e encha de feijões secos para fazer peso. Asse a 220°C por 15 minutos, então reduza para 200°C e deixe até dourar levemente, por mais 10 a 15 minutos.

Tire a massa do forno, retire os feijões e o papel-manteiga e reduza o fogo para 190°C. Volte ao forno e continue assando até que a parte exterior esteja começando a escurecer, por cerca de 5 a 10 minutos. Preste atenção nessa última fase, pois os tempos variam muito conforme o forno.

Deixe a fôrma esfriar. Derreta 55 g de chocolate meio amargo e pincele-o em toda a crosta. Deixe endurecer.

Faça 1 receita de **Musse de chocolate meio amargo** (p. 416), aumentando a maisena para ⅓ de xícara (42 g). Passe o filme no topo da musse para impedir que se forme uma película e deixe chegar à temperatura ambiente. Despeje a musse na massa assada, cubra com filme plástico e gele durante a noite. Para servir, cubra com ondas de **Chantili de baunilha**, **chocolate**, **café** ou **caramelo** (pp. 423 a 425).

# Biscoitos de *buttermilk*

*Rende 16 biscoitos (meia receita funciona também)*

Aprendi este método nada convencional com Tom Purttill, um jovem confeiteiro de uma das minhas lanchonetes preferidas em Oakland. A primeira vez que prove, implorei que saísse da cozinha para me ensinar a receita. E fico muito feliz por ter feito isso, pois cada palavra dele era exatamente o contrário de tudo o que eu aprendera sobre biscoitos leves e folhados. Sempre pensei que o truque era trabalhar a massa o menos possível, mas Tom me contou como incorporava completamente metade da manteiga à massa para amaciá-la e depois abria e dobrava a massa acabada algumas vezes para criar camadas folhadas. Era tão contraintuitivo que eu não acreditaria nele se não tivesse na minha frente os biscoitos mais molhadinhos e folhados que eu já havia visto.

Mas eu acreditei e voei para casa a fim de experimentar. Obedeci a cada palavra dele como citações bíblicas, e funcionou! O truque, exatamente como Tom explicara, era conservar tudo muito frio para que a manteiga não derretesse e se misturasse à farinha formando o glúten que endureceria os biscoitos. Se você não tem batedeira, pode usar um processador. Ou misture tudo à mão e use um cortador de massa — só vai demorar mais um pouco.

> 16 colheres (de sopa) de manteiga sem sal gelada, cortada em pedaços de 1,25 cm
>
> 1 xícara de *buttermilk* gelado
>
> 3 e ½ xícaras de farinha
>
> 4 colheres (de chá) de fermento em pó
>
> 1 colher (de chá) de sal kasher ou ½ colher (de chá) de sal marinho fino
>
> 1 xícara de creme de leite fresco gelado e mais ¼ de xícara para pincelar

Preaqueça o forno a 230°C. Forre duas assadeiras com papel-manteiga.

Congele a manteiga em cubos e o *buttermilk* por 15 minutos.

Coloque a farinha, o fermento e o sal na vasilha da batedeira com a raquete acoplada e bata em velocidade baixa até estar bem misturado, por 30 segundos.

Junte metade da manteiga, alguns poucos pedaços de cada vez, e continue a bater em velocidade baixa por cerca de 8 minutos, até que a mistura pareça arenosa e não se vejam pedaços de manteiga.

Adicione o restante da manteiga e continue a bater até que seus pedaços estejam do tamanho de ervilhas grandes, cerca de 4 minutos.

Transfira a mistura para uma vasilha grande e larga e rapidamente amasse os maiores pedaços de manteiga com os dedos enfarinhados, esfregando o dedão da ponta do mindinho à ponta do indicador.

Crie um buraco no meio da massa e despeje nele o *buttermilk* e 1 xícara de creme de leite fresco. Misture com uma espátula de silicone, com movimentos circulares e grandes, até que a massa se junte grosseiramente. Vai parecer meio irregular, mas é assim mesmo.

Enfarinhe levemente a bancada e tire a massa da vasilha. Dando batidinhas na massa, forme um retângulo de 2 cm de espessura, com cerca de 22 x 33 cm. Dobre a massa ao meio, dobre de novo e uma terceira vez. Pegue o rolo e abra a massa para que volte ao retângulo de 22 x 33 cm e 2 cm de espessura. Se a superfície da massa ainda não estiver lisa, repita delicadamente esse abrir e fechar uma ou duas vezes.

Enfarinhe sem exagero a bancada e abra a massa numa espessura de 3 cm. Corte com um cortador de biscoito de 6,25 cm, limpando-o e enfarinhando-o toda vez que usá-lo. Isso permitirá que os biscoitos cresçam retos e não murchem. Junte as aparas e reaproveite-as.

Coloque os biscoitos com cerca de 1,25 cm de distância um do outro nas assadeiras preparadas e pincele creme de leite generosamente por cima. Asse a 230°C por 8 minutos, então gire as assadeiras, mudando a posição no forno. Continue a assar por mais 8 a 10 minutos, até que os biscoitos fiquem dourados e pareçam leves.

Transfira para uma grade e deixe esfriar por 5 minutos. Sirva quente.

Para congelar os biscoitos por até 6 semanas, disponha-os no freezer numa só camada na assadeira até que fiquem duros, depois transfira-os para um saco plástico e leve ao freezer de novo. Para assar, não degele. Pincele creme de leite nos biscoitos congelados e leve-os ao forno a 230°C por 10 minutos e a 190°C por 10 a 12 minutos.

## Para variar

- Para **Shortcakes**, junte ½ xícara de açúcar aos ingredientes secos. Após cortar os biscoitos, pincele com creme de leite fresco e polvilhe com açúcar. Depois de assar, deixe esfriar por 5 minutos e coloque cada um num prato. Corte ao meio e recheie com **Chantili de baunilha** (p. 423) e **Compota de morango** (p. 407).

- Para um **Cobbler de frutas**, preaqueça o forno a 200°C. Prepare meia receita de shortcake e congele depois de cortar. Misture 7 xícaras de cereja sem caroço, pêssego ou nectarina fatiados, ou 10 xícaras de amoras ou framboesas com ¾ de xícara de açúcar, 2 colheres (de sopa) de maisena, 1 colher (de chá) de raspas finas de limão,

3 colheres (de sopa) de sumo de limão e uma pitada grande de sal numa vasilha grande. Com frutas congeladas, aumente a maisena para 3 colheres (de sopa).

Despeje a mistura de frutas numa fôrma de 22 x 22 cm. Ponha o shortcake frio por cima. Coloque a fôrma sobre uma assadeira para que segure qualquer sumo que transborde. Pincele com creme de leite, polvilhe generosamente açúcar e leve ao forno por 40 a 45 minutos, até que esteja assado e dourado. Deixe que esfrie um pouco antes de servir com sorvete de creme, se quiser.

# Massa de torta do Aaron

*Rende 450 g de massa de torta,*
*o bastante para uma torta de 30 cm*

Eu tinha um medo pavoroso de fazer tortas até que meu amigo Aaron, que é tão obcecado quanto eu por sabor, me apareceu com essa receita depois de anos de experiências. É uma massa versátil e generosa, e serve para qualquer torta de fruta ou salgada. Depois que fizer uma torta deliciosa, tente preparar uma bonita. Disponha as frutas ou o que for com um objetivo estético. Alterne ameixas de cores diferentes, maçãs, tomates ou pimentões, ou simplesmente ajeite colheradas de ricota temperada numa torta de aspargos para dar contraste. Quanto mais sua comida apelar aos sentidos, mais prazer trará a você.

Uma nota: se você não tem batedeira, pode fazer a massa num processador ou à mão. Só se certifique de que todos os seus instrumentos estejam gelados, não importa quais for usar.

1 e ⅔ de xícara de farinha

2 colheres (de sopa) de açúcar

¼ de colher (de chá) de fermento

1 colher (de chá) de sal kasher ou ½ colher (de chá) de sal marinho fino

8 colheres (de sopa) de manteiga sem sal gelada cortada em cubos de 1,25 cm

6 colheres (de sopa) de *Crème fraîche* (p. 113) ou creme de leite fresco gelado

2 a 4 colheres (de sopa) de água gelada

Misture a farinha, o açúcar, o fermento e o sal na vasilha da batedeira. Congele, junto com a manteiga e o batedor, por 20 minutos. Deixe o *crème fraîche* e o creme de leite fresco na geladeira.

Ponha a vasilha de ingredientes secos na batedeira e encaixe o batedor. Bata em velocidade baixa e vá juntando os cubos de manteiga devagar. Depois você pode aumentar a velocidade para média-baixa.

Trabalhe a manteiga até que pareça uma farofa grossa (não mexa demais: pedacinhos de manteiga são uma delícia). Vai levar de 1 a 2 minutos na batedeira e um pouco mais à mão.

Adicione o *crème fraîche*. Em alguns casos, mexer um pouco será o bastante para ligar a massa. Em outros, vai ser preciso juntar 1 colher (de sopa) ou 2 de água.

Resista ao ímpeto de acrescentar muita água ou mexer por muito tempo para que a massa se ligue completamente. Não importa que fique meio feia. Se não estiver certo se a massa precisa ou não de mais água, pare a batedeira e pegue um pouco da massa na palma da mão. Aperte com força e tente quebrá-la delicadamente. Se desmanchar com muita facilidade e estiver seca demais, junte mais água. Caso se segure ou quebre em poucos pedaços, está pronta.

Desenrole um pedaço comprido de filme, mas não o corte. Num movimento rápido e sem medo, vire a vasilha sobre ele. Afaste a vasilha e evite tocar na massa. Corte o plástico do rolo e levante pelas extremidades, tentando formar uma bola de massa. Não se preocupe com pedacinhos secos — a farinha absorverá a umidade com o tempo. Torça o plástico com força em volta da massa, tentando formar uma bola, depois achate em disco e gele por 2 horas, pelo menos, ou durante a noite.

Para congelar a massa por até por 2 meses, embrulhe em filme duas vezes e depois em papel-alumínio para impedir que queime. Deixe a massa descongelar na geladeira durante a noite antes de usar.

PADRÃO ESPINHA DE PEIXE
(para ACABAR COM A CONCORRÊNCIA)

# Torta de maçã e creme de amêndoas

*Rende 1 torta de 35 cm*

## Para o creme de amêndoas

¾ de xícara de amêndoa torrada

3 colheres (de sopa) de açúcar

2 colheres (de sopa) de pasta de amêndoa

4 colheres (de sopa) de manteiga sem sal em temperatura ambiente

1 ovo grande

1 colher (de chá) de sal kasher ou ½ colher (de chá) de sal marinho

½ colher (de chá) de essência de baunilha

½ colher (de chá) de essência de amêndoa

## Para a torta

1 receita da **Massa de torta do Aaron** (p. 395) gelada

Farinha para abrir

6 maçãs azedas

Creme de leite fresco

Açúcar para polvilhar

Para fazer o creme de amêndoas conhecido como *frangipane*, coloque as amêndoas e o açúcar num processador de alimentos e moa até ficar bem fino. Junte a pasta de amêndoa, a manteiga, o ovo, o sal, a baunilha e a essência de amêndoa e misture até obter uma pasta lisa.

Vire uma assadeira de cabeça para baixo e coloque um pedaço de papel-manteiga por cima (vai ser mais fácil moldar e dobrar a torta sem as bordas da fôrma atrapalhando). Separe.

Antes de desembrulhar a massa da torta, abra o disco na beirada da bancada para que se torne um círculo uniforme. Desembrulhe-a e polvilhe a bancada, o rolo e a massa com farinha para impedir que grude. Trabalhando depressa, abra a massa num círculo de 35 cm, com uma espessura de cerca de 0,3 cm.

Para fazer isso com mais facilidade, dê um quarto de giro a cada vez que abrir o disco. Se a massa começar a grudar, solte-a com cuidado da bancada e use mais farinha, se for preciso.

Enrole a massa no rolo para transferi-la cuidadosamente da bancada para a assadeira forrada. Leve para gelar por 20 minutos.

Enquanto isso, descasque, apare e corte as maçãs em fatias de 0,6 cm. Experimente. Se estiverem realmente azedas, coloque-as numa vasilha grande e polvilhe com 1 a 2 colheres (de sopa) de açúcar, misturando bem.

Com uma espátula de silicone, passe uma camada de 0,3 cm de espessura do creme de amêndoas em toda a superfície da massa gelada, deixando os 5 cm das bordas descobertos.

Ponha as maçãs sobrepostas em camadas por cima. Ao assar, as frutas encolherão, e você não quer uma torta esburacada. Para fazer o padrão de espinha de peixe, coloque duas fileiras de fatias de maçã num ângulo de 45° (certifique-se de que todas estão apontando para o mesmo lado), depois reverta o ângulo das duas fileiras seguintes para 135°. Continue com o mesmo padrão até cobrir a massa com as maçãs. Use frutas de duas cores diferentes para uma torta ainda mais bonita. Maçãs vermelhas e verdes, ameixas claras e escuras, marmelos e pera no vinho tinto ou branco oferecem cores lindas para se trabalhar. (Se usar mais do que uma cor, o modelo para fazer listras se torna 45 graus para a cor A, 45 graus para a cor B, 135 graus para a cor B, 135 graus para a cor A.)

Para uma crosta pregueada, dobre a massa sobre si mesma a intervalos de 3,75 cm e vá girando a torta. A cada prega, frise a massa firmemente e empurre contra a fruta. Para um aspecto mais rústico, simplesmente dobre a massa sobre as frutas a intervalos regulares. Deixe a torta sobre o papel-manteiga, ponha de volta na assadeira, agora do lado certo, e leve à geladeira por 20 minutos.

Preaqueça o forno a 220°C com a grade no meio. Na hora de assar, pincele a crosta generosamente com creme de leite fresco e polvilhe com bastante açúcar. Salpique um pouco de açúcar na fruta também. (Pincele tortas salgadas com um pouquinho de ovo batido.) Quando trabalhar com frutas muito suculentas, asse a torta por 15 minutos antes de polvilhar o açúcar, que apressará a osmose e fará a fruta perder água. Asse a 220°C por 20 minutos. Reduza o fogo para 200°C e deixe por mais 15 ou 20 minutos. Depois reduza para 175°C a 190°C com base no tom dourado da massa. Asse por mais uns 20 minutos, girando a torta para dourar por igual. Se dourar muito rapidamente, coloque um pedaço de papel-manteiga bem solto sobre ela e continue a assar.

A torta estará pronta quando a fruta estiver macia, a massa ficar escura e levantar com facilidade da fôrma ao se enfiar uma faquinha sob ela. A parte de baixo também deve estar dourada, embora menos que a de cima.

Retire do forno e deixe esfriar numa grade por 45 minutos antes de fatiar. Sirva quente ou fria, com **Chantili com sabor** (p. 422) ou *Crème fraîche* (p. 113)

Tampe e leve à geladeira sobras de creme de amêndoas por até 1 semana. Guarde sobras da torta embrulhadas em temperatura ambiente por até 1 dia.

## Para variar

- Quando trabalhar com frutas verdadeiramente suculentas, como frutas vermelhas, pêssego ou ameixa, bata 2 colheres (de sopa) de amêndoas torradas, açúcar e farinha até formar um pó fino. Polvilhe de 4 a 6 colheres (de sopa) em cada torta sumarenta para ajudar a absorver os sumos e impedir que a massa amoleça.

- Para tortas salgadas, polvilhe cerca de 2 colheres (de sopa) de farinha na massa aberta e então ponha por cima **Cebolas caramelizadas** (p. 254), parmesão ou ambos para criar uma camada de proteção.

- Para tortas feitas com ingredientes pré-cozidos, como batata, radicchio ou abóbora, ajuste o tempo de cozimento para 20 minutos a 220°C, mais 15 minutos a 200°C. Verifique se a torta está pronta e continue a assar a 170°C, se necessário, até que a crosta esteja dourada e você consiga levantar facilmente a torta com uma faquinha.

CEBOLA CARAMELIZADA, ANCHOVA e AZEITONA PRETA

AMEIXA e CREME de AMÊNDOAS

ENDÍVIA ASSADA (REGUE COM VINAGRE BALSÂMICO ANTES DE SERVIR)

RUIBARBO e CREME de AMÊNDOAS

TOMATE e CHEDDAR

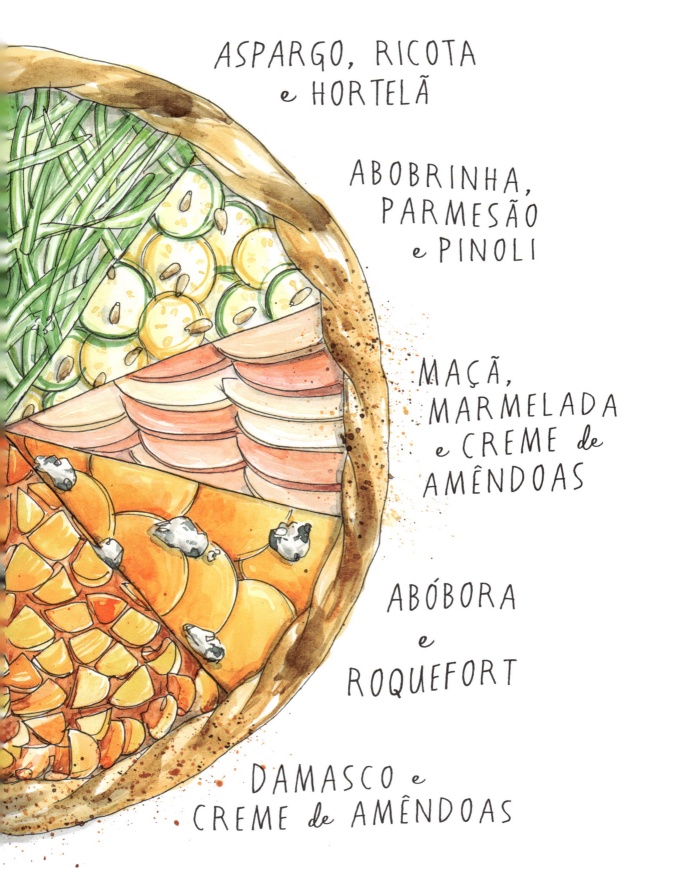

# DOCES

## Granola com azeite e sal marinho da Nekisia

*Rende cerca de 8 xícaras*

Até outro dia eu não era de comer granola por espontânea vontade. Muito melada, doce, sem graça ou pouco tostada — algum defeito sempre me aborrecia. Um dia, uma amiga me mandou um pacote de granola Early Bird, da Nekisia Davis, avisando que ia mudar minha vida. Assim que abri o pacote e provei o cereal escuro, com gosto de nozes e salgado à perfeição, minha opinião mudou totalmente.

Eu tinha que saber como era feita, então fui atrás da Nekisia e implorei que compartilhasse sua receita comigo. A resposta: sal, gordura, ácido e calor, óbvio. Primeiro, o sal. Ela nem precisava me explicar o que uma generosa dose de sal em flocos pode fazer com um cereal. Depois, com a substituição do óleo neutro usado na maioria das granolas por azeite extravirgem, Nekisia introduz um sabor poderoso nela. Ela dá à doçura da granola um equilíbrio ácido usando xarope de bordo, escuro e robusto, do tipo que é feito no fim da estação. O gosto tostado ameno que vem do cuidado ao cozinhar em fogo baixo oferece outro contraponto ácido, assim como os sabores complexos da caramelização e da reação de Maillard.

Junte um pouco de frutas secas depois de assar ou polvilhe um punhado da granola sobre iogurte para mais um toque de ácido. Seu café da manhã nunca mais será o mesmo.

3 xícaras de aveia em flocos

1 xícara de sementes de abóbora sem casca

1 xícara de sementes de girassol sem casca

1 xícara de flocos de coco sem açúcar

1 e ½ xícara de nozes-pecã cortadas ao meio

⅔ de xícara de xarope de bordo, de preferência escuro e robusto

½ xícara de azeite extravirgem

¼ de xícara de açúcar mascavo

Sal cinza ou sal marinho Maldon

**Opcional:** 1 xícara de cerejas amargas ou damascos secos em quartos

Preaqueça o forno a 140°C. Forre uma assadeira com papel-manteiga. Separe.

Coloque a aveia, as sementes de abóbora e de girassol, o coco, as pecãs, o xarope de bordo, o azeite, o açúcar mascavo e 1 colher (de chá) de sal numa vasilha grande e misture bem. Espalhe a mistura numa só camada na assadeira.

Leve ao forno e asse, mexendo com uma espátula de metal a cada 10 ou 15 minutos, até que a granola esteja muito crocante, cerca de 40 a 50 minutos.

Retire do forno e tempere com mais sal a gosto.

Deixe esfriar completamente. Acrescente as cerejas ou os damascos secos, se quiser.

Guarde num recipiente hermeticamente fechado por até 1 mês.

# Quatro ideias para usar frutas

Na maioria das vezes, a melhor coisa a fazer com frutas é comê-las quando maduras. Todas as minhas blusas são manchadas de sumo de fruta, provando que faço isso durante todo o verão, com frutas vermelhas, nectarinas, pêssegos, ameixas, melões e tudo em que consigo colocar as mãos. Com o diz o cientista da cozinha Harold McGee: "Toda comida sonha em ser uma fruta". Como não acho que se pode melhorar muito uma fruta, sugiro fazer o menos possível. Além de tortas, esses são meus quatro métodos de exibir a glória de uma fruta madura.

Exatamente por serem receitas tão simples, é preciso começar com a fruta mais saborosa que conseguir. Use fruta madura no auge da estação (ou, para a raspadinha, fruta congelada, que é congelada na sua mais perfeita maturidade). Você não vai se arrepender.

## Faça suco e transforme em raspadinha

Raspadinha é uma das minhas sobremesas favoritas, principalmente por ser fácil de fazer, além de refrescante. Como é mexida só de vez em quando, os cristais de gelo que se formam são muito maiores do que no sorvete. Eles estalam, derretem e desmancham na língua.

Esprema você mesmo os cítricos ou faça um suco de qualquer fruta madura ou congelada (minhas favoritas são cereja, morango, framboesa e melão), misturando com um pouco de água num processador ou liquidificador e depois coando. Faça todo o sumo atravessar a peneira, apertando com uma espátula de silicone ou a parte de trás de uma concha. Leite de amêndoa, leite de coco, café e vinho tinto também dão deliciosas raspadinhas quando não tiver frutas à mão.

Equilibre o ácido do suco com limão, lembrando sempre que tudo fica menos doce quando gelado; então, se for preciso, junte um pouquinho de açúcar.

Para começar, aqui vão duas receitas básicas. Ambas rendem raspadinhas para 4 pessoas.

### Raspadinha de laranja

2 xícaras de sumo de laranja

¼ de xícara de açúcar

6 colheres (de sopa) de sumo de limão

Uma pitada de sal

### Raspadinha de café

2 xícaras de café coado bem forte

½ xícara de açúcar

Uma pitada de sal

Ponha qualquer uma das misturas acima — ou outra de que goste — numa vasilha não reagente (aço inoxidável, vidro ou cerâmica). Deve alcançar pelo menos uns 3 cm de altura. Coloque no freezer. Depois de meia hora, comece a mexer de vez em quando com um garfo. Não se esqueça das beiradas já geladas e da superfície, misturando-as ao centro mais mole. Quanto mais mexer, mais fina e lisa ficará a textura (e com menos aspecto de gelo). Congele por 8 horas. Mexa pelo menos três vezes durante o processo, e dê uma mexida final na hora de servir, para que fique com a textura de gelo raspado.
Sirva com sorvete ou **Chantili com sabor** (p. 422), se desejar. Guarde tampada no freezer por até 1 semana.

## Cozinhe no vinho

Descasque, tire as sementes ou o caroço e cozinhe pêssego, nectarina, ameixa, maçã, pera ou marmelo no vinho até ficarem macios (resista e não misture frutas diferentes numa panela só, pois elas cozinham em tempos distintos). Use vinho tinto ou branco, doce ou seco, guiado por seu cardápio e seu gosto. Para cada 900 g de fruta, misture numa panela pesada e não reativa 4 xícaras de vinho, 1 e ⅓ de xícara de açúcar, 1 tirinha de casca de limão, sementes raspadas de meia

fava de baunilha e uma generosa pitada de sal. Leve para ferver e baixe o fogo. Tampe com um pedaço de papel-manteiga redondo com um furo de 5 cm no meio. Deixe fervendo brandamente até que a fruta esteja macia quando espetada com uma faquinha afiada, o que deve levar mais ou menos 3 minutos para o damasco e 2h30min para o marmelo. Remova a fruta e deixe esfriar num prato. Se o líquido de cozimento estiver muito aguado, e não como uma calda rala, reduza-o em fogo forte até ficar com a consistência de xarope. Deixe voltar à temperatura ambiente e devolva as frutas à panela. Sirva as frutas mornas ou em temperatura ambiente, regadas com um pouco da calda, com mascarpone, *Crème fraîche* (p. 113), ricota levemente adocicada, iogurte grego, sorvete de creme ou **Chantili com sabor** (p. 422) acompanhando.

Para uma sobremesa visualmente linda, cozinhe metade da pera ou do marmelo em vinho tinto e metade em vinho branco, depois alterne as fatias na travessa. No inverno, junte ½ canela em pau, 2 cravos e pitadas de noz-moscada ao vinho para um toque de especiarias quentes.

Para mais sugestões de sobremesas cozidas no vinho, volte à p. 405.

## Asse sobre folhas de figo

Forre um refratário de cerâmica ou vidro com folhas de figo, que emprestarão um sabor divino de noz à fruta (ou use algumas folhas de louro ou ramos de tomilho). Encha o prato com uma única camada de cachos de uva, ou damascos, nectarinas, pêssegos ou ameixas cortados ao meio, com a parte cortada para cima. Polvilhe generosamente com açúcar. Asse no forno a 220°C, até ficarem macios por dentro e dourados por fora, o que leva entre 15 minutos para frutas menores e 30 para as maiores. Sirva quente ou em temperatura ambiente com **Chantili com sabor** (p. 422) ou sorvete de creme, ou acompanhando **Panacota de *buttermilk*** (p. 418).

## Faça compota

Use frutas frescas e maduras para fazer compota, que é simplesmente fruta misturada com um pouco de açúcar e deixada para descansar ou macerar. Se necessário, equilibre o excesso de doçura com umas poucas gotas de limão-siciliano, vinho ou vinagre. Se estiver com medo de exagerar no açúcar, comece com uma generosa polvilhada, deixe que seja absorvida, prove e junte mais, se preciso.

Para uma sobremesa simples, sirva compota com biscoitos e **Chantili com sabor** (p. 422), sorvete de creme, mascarpone, ricota adoçada, iogurte grego ou *Crème fraîche* (p. 113). Elas também podem acompanhar sobremesas, como **Panacota de** *buttermilk* (p. 418), **Bolo meia-noite da Lori** (p. 410), **Bolo de gengibre e melaço** (p. 412), **Bolo de amêndoa e cardamomo** (p. 414) ou **Merengue** (p. 421).

Use qualquer uma das frutas abaixo, sozinhas ou combinadas. Junte açúcar ou sumo de limão-siciliano a gosto e deixe macerar por 30 minutos:

Morango fatiado

Nectarina, pêssego, ameixa fatiados

Blueberry, groselha, amora fatiados

Manga fatiada

Abacaxi fatiado

Cerejas sem caroço partidas ao meio

Gomos de laranja, mexerica ou grapefruit

Laranja-da-china sem sementes fatiada fino

Sementes de romã

### Para variar

- Para **Compota de pêssego com fava de baunilha**, junte as sementes raspadas de ½ fava de baunilha com açúcar e 6 pêssegos. Equilibre com sumo de limão.

- Para **Compota de damasco e amêndoa**, coloque ½ colher (de chá) de essência de amêndoa e ¼ de xícara de amêndoas torradas com açúcar e 450 g de damascos. Equilibre com sumo de limão.

- Para **frutas vermelhas com cheiro de rosas**, adicione 2 colheres (de chá) de água de rosas para cada cestinha de ½ litro de frutas vermelhas com açúcar. Equilibre com sumo de limão.

RECEITAS · **407**

# Fruta: COMO e QUANDO

| | TORTA ABERTA | TORTA FECHADA | COBBLER | RASPADINHA | ASSADA | POCHÊ | COMPOTA |
|---|---|---|---|---|---|---|---|
| AMEIXA | ■ | ■ | ■ | ■ | ■ | ■ | ■ |
| AMORA | ■ | ■ | ■ | ■ | | | ■ |
| BLUEBERRY | | ■ | ■ | ■ | | | ■ |
| BOYSENBERRY | ■ | ■ | ■ | ■ | | | ■ |
| CAQUI | ■ | | | ■ | | | |
| CEREJA | ■ | ■ | ■ | ■ | ■ | ■ | ■ |
| DAMASCO | ■ | | ■ | | ■ | ■ | ■ |
| FIGO | ■ | ■ | | | ■ | ■ | |
| FRAMBOESA | ■ | ■ | ■ | ■ | | | ■ |
| GRAPEFRUIT | | | | ■ | | | ■ |
| KIWI | | | | ■ | | | ■ |
| LARANJA | | | | ■ | | | ■ |
| LARANJA-DA-CHINA | | | | | | | ■ |

|  | TORTA ABERTA | TORTA FECHADA | COBBLER | RASPADINHA | ASSADA | POCHÊ | COMPOTA |
|---|---|---|---|---|---|---|---|
| LIMÃO |  |  |  | ● |  |  |  |
| LIMÃO-SICILIANO |  |  |  | ● |  |  |  |
| MAÇÃ | ● | ● |  | ● | ● | ● | ● |
| MARMELO | ● | ● |  |  |  |  |  |
| MELÃO |  |  |  | ● |  |  |  |
| MEXERICA |  |  |  | ● |  |  | ● |
| MORANGO | ● | ● | ● | ● | ● | ● | ● |
| NECTARINA | ● | ● | ● | ● | ● | ● | ● |
| PERA | ● | ● |  | ● | ● | ● | ● |
| PÊSSEGO | ● | ● | ● | ● | ● | ● | ● |
| ROMÃ |  |  |  | ● | ● | ● | ● |
| RUIBARBO | ● | ● | ● |  | ● | ● |  |
| UVA |  |  |  | ● | ● |  |  |

 PRIMAVERA  VERÃO  OUTONO  INVERNO  ANO INTEIRO

# Dois bolos de óleo

## Bolo meia-noite da Lori
*Rende 2 bolos de 20 cm*

Aqui está a receita do bolo que mencionei em Gordura, aquele que mudou tudo para mim. Aos vinte anos, eu já havia desistido da ideia de encontrar a receita de bolo de chocolate que tivesse o gosto delicioso com que eu sonhava. Afinal de contas, tinha atingido a maioridade na idade de ouro do bolo de chocolate sem farinha. Tudo que eu queria na vida era uma receita que rivalizasse com a umidade de um bolo de caixinha, mas que oferecesse um sabor sofisticado. Alguns meses depois que comecei a limpar mesas no Chez Panisse, minha amiga Lori Podraza levou um bolo coberto com **Chantili de baunilha** para celebrar o aniversário de outra cozinheira. Apesar de já ter desistido de encontrar o bolo ideal, peguei um pedaço. Quem sou eu para recusar bolo de chocolate? Uma mordida e estava fisgada para sempre. Não entendi por que era muito melhor do que qualquer bolo que eu jamais comera, mas nem queria saber. Só meses depois percebi que era tão úmido por ser feito com óleo, e não com manteiga — exatamente como os bolos de caixinha que eu tanto adorava!

½ xícara de cacau alcalino em pó

1 e ½ xícara de açúcar

2 colheres (de chá) de sal kasher ou 1 colher (de chá) de sal marinho fino

1 e ¾ de xícara de farinha

1 colher (de chá) de fermento

2 colheres (de chá) de essência de baunilha

½ xícara de óleo neutro

1 e ½ xícara de água fervente ou café forte passado na hora

2 ovos grandes em temperatura ambiente, levemente batidos

2 xícaras de **Chantili de baunilha** (p. 423)

Preaqueça o forno a 175°C. Ponha a grade no terceiro andar.

Unte 2 fôrmas de bolo de 20 cm e forre com papel-manteiga. Unte e polvilhe generosamente com farinha, dê umas batidinhas para retirar o excesso e separe.

Em uma vasilha média, misture o cacau em pó, o açúcar, o sal, a farinha e o fermento, então passe por uma peneira sobre uma vasilha grande.

Em uma vasilha média, misture a baunilha e o óleo. Leve a água para ferver ou faça o café. Junte à mistura de óleo e baunilha.

Faça um buraco no centro dos ingredientes secos e vá colocando e batendo a mistura de água e óleo, até que tenha sido incorporada. Junte os ovos gradualmente, batendo até a massa ficar lisa e fina.

Divida a massa igualmente entre as fôrmas preparadas. Levante-as 7,5 cm da superfície de trabalho e deixe-a cair um par de vezes para soltar bolhas de ar que porventura tenham se formado.

Asse na grade superior do forno de 25 a 30 minutos, até que os bolos voltem ao lugar quando pressionados e comecem a se soltar das laterais. Um palito espetado na massa deve sair limpo.

Deixe que os bolos esfriem completamente numa grade antes de desenformar e tirar o papel-manteiga. Para servir, coloque um sobre um prato de bolo. Espalhe 1 xícara de **Chantili de baunilha** por cima e, delicadamente, ponha o segundo bolo sobre ele. Espalhe o restante do chantili nesse bolo e leve para gelar por 2 horas antes de servir.

Cubra com um glacê de cream cheese e sirva com sorvete ou simplesmente polvilhe cacau em pó ou açúcar. Também dá para fazer cupcakes fantásticos com essa massa.

Bem embrulhado, esse bolo dura até 4 dias em temperatura ambiente ou 2 meses no freezer.

# Bolo de gengibre e melaço

*Rende 2 bolos de 22 cm*

Como *garde-manger* no Chez Panisse, eu tinha que entrar às seis da manhã. Nunca fui de acordar cedo. Era um esforço tão grande conseguir chegar na hora que eu sempre pulava o café. Quando os confeiteiros chegavam, às oito, serviam os bolos e biscoitos que haviam sobrado do dia anterior para que comêssemos. Às 8h15, qualquer força de vontade que eu tivesse para ignorá-los já havia evaporado. Eu pegava um pedaço de bolo de gengibre, fazia um copão de chá com leite, enfiava meu gorro de lã e entrava na câmara fria. Entre mordidas do bolo úmido de especiarias e goles quentes de chá, reorganizava a carne e outros produtos e preparava as entregas do dia. Aqueles momentos calmos em meio ao serviço do restaurante estão entre minhas lembranças favoritas no Chez Panisse. Adaptei a receita original para ficar mais fácil de fazer em casa. Não resisti e fiz um pouco mais salgado e condimentado. Apreciem como eu o apreciei, com uma xícara fumegante de chá, a qualquer hora do dia.

1 xícara de gengibre fresco descascado (cerca de 140 g com casca)

1 xícara de açúcar

1 xícara de óleo neutro

1 xícara de melaço

2 e ⅓ de xícara de farinha

1 colher (de chá) de canela em pó

1 colher (de chá) de gengibre em pó

½ colher (de chá) de cravo em pó

¼ de colher (de chá) de pimenta-do-reino moída na hora

2 colheres (de chá) de sal kasher ou 1 colher (de chá) de sal marinho fino

2 colheres (de chá) de fermento

1 xícara de água fervente

2 ovos grandes em temperatura ambiente

2 xícaras de **Chantili de baunilha** (p. 423)

Preaqueça o forno a 175°C. Coloque a grelha na grade mais alta dele. Unte duas fôrmas de 22 cm e forre com papel-manteiga. Unte e polvilhe generosamente com farinha, dê algumas batidas para se livrar do excesso e separe.

Faça um purê com o gengibre fresco e o açúcar num processador ou liquidificador, batendo até que esteja completamente liso, cerca de 4 minutos. Despeje a mistura numa vasilha média e junte o óleo e o melaço. Misture e separe.

Numa vasilha média, misture a farinha, a canela, o gengibre em pó, os cravos, a pimenta, o sal e o fermento, então passe por uma peneira sobre uma vasilha grande. Reserve.

Bata a água fervente na mistura de açúcar e óleo até que esteja bem misturado.

Faça um buraquinho no centro dos ingredientes secos e vá juntando e batendo a mistura de água e óleo até que esteja bem incorporada. Acrescente os ovos devagar e bata até a massa ficar lisa e fina.

Divida-a em partes iguais nas fôrmas preparadas. Deixe-as cair de uma altura de 7,5 cm sobre a superfície de trabalho algumas vezes para soltar bolhas de ar que possam ter se formado.

Asse de 38 a 40 minutos, até que os bolos voltem ao lugar depois de levemente apertados e comecem a se soltar das laterais da fôrma. Um palito introduzido na massa sairá limpo.

Deixe que resfriem completamente em uma grade antes de desenformá-los e retirar o papel-manteiga.

Para servir, ponha um bolo num prato. Espalhe 1 xícara de **Chantili de baunilha** por cima e, com delicadeza, coloque o outro bolo por cima. Espalhe o chantili restante sobre eles e leve para gelar por 2 horas antes de servir.

Cubra com glacê de cream cheese e sirva com sorvete ou simplesmente polvilhe os bolos com açúcar. A massa também rende cupcakes fantásticos!

Bem embrulhado, esse bolo fica bom por 4 dias em temperatura ambiente ou 2 meses no freezer.

# Bolo de amêndoa e cardamomo

*Rende 1 bolo de 22 cm*

Contrastando com os bolos úmidos e macios de óleo, os bolos de manteiga devem ter uma textura aveludada. A pasta de amêndoa desta receita garante isso. Com uma crosta caramelizada que mistura doce e salgado e uma massa densa e saborosa, é o bolo ideal para acompanhar um chá bem quente à tarde.

## Para a cobertura de amêndoas

4 colheres (de sopa) de manteiga

3 colheres (de sopa) de açúcar

1 xícara rasa de amêndoas laminadas

Uma pitada de sal em flocos

## Para o bolo

1 xícara de farinha para bolo

1 colher (de chá) de fermento

1 colher (de chá) de sal kasher ou ½ colher (de chá) de sal marinho

1 colher (de chá) de essência de baunilha

2 e ½ colheres (de chá) de cardamomo em pó

4 ovos grandes em temperatura ambiente

1 xícara de pasta de amêndoa em temperatura ambiente

1 xícara de açúcar

16 colheres (de sopa) de manteiga em cubos em temperatura ambiente

Preaqueça o forno a 175°C. Coloque a grelha na grade superior do forno. Unte e enfarinhe uma fôrma redonda de 5 x 22 cm e forre com papel-manteiga.

Faça a cobertura de amêndoas. Numa panelinha em fogo médio-alto, aqueça a manteiga e o açúcar por cerca de 3 minutos, até que o açúcar dissolva completamente e a manteiga solte bolhas e espume. Retire do fogo e junte as amêndoas laminadas e o sal. Despeje a mistura na fôrma e use uma espátula para distribui-la por igual.

Para o bolo, misture e passe por uma peneira, a farinha, o fermento e o sal a fim de remover qualquer grumo. Separe.

Numa vasilha pequena, bata muito bem a baunilha, o cardamomo e os ovos. Reserve.

Coloque a pasta de amêndoa no processador de alimentos e pulse umas poucas vezes. Junte 1 xícara de açúcar e processe por 90 segundos, ou até que a mistura esteja fina como areia. Se não tiver processador, faça isso na batedeira — só levará uns 5 minutos mais.

Adicione a manteiga e continue processando por pelo menos 2 minutos, até que a mistura esteja muito leve e fofa. Pare e raspe a lateral da vasilha para que tudo fique bem misturado.

Com o processador ligado, junte a mistura de ovos devagar, colher por colher, como se estivesse fazendo uma maionese (afinal, temos aqui uma emulsão!). Deixe que cada ovo seja absorvido e que a emulsão volte a ter aspecto liso e aveludado antes de juntar outro. Quando todos os ovos já estiverem misturados, pare e raspe a lateral da vasilha com uma espátula de silicone, então mexa até que tudo esteja incorporado. Passe toda a massa para uma vasilha maior, raspando a lateral a fim de não desperdiçar nada.

Polvilhe a farinha misturada sobre a massa em três levas. Faça gestos largos e delicados, só para incorporar. Evite misturar demais, ou o bolo ficará duro.

Despeje a massa na fôrma preparada e asse de 55 a 60 minutos, ou até que ao enfiar um palito ele saia limpo. O bolo desgrudará da lateral da fôrma ao ficar pronto. Deixe esfriar numa grade. Passe uma faca na lateral da fôrma, depois aqueça o fundo da fôrma diretamente no fogão por alguns segundos para ajudar o bolo a desgrudar. Retire o papel e ponha num prato até a hora de servir.

Sirva esse bolo sozinho, com **Compota de frutas** (p. 407) ou com **Chantili de baunilha** ou **especiarias** (p. 423).

Bem embrulhado, esse bolo dura 4 dias em temperatura ambiente ou 2 meses no freezer.

# Musse de chocolate meio amargo

*Serve 6*

Já há alguns anos tenho feito uma série de jantares com os confeiteiros da Tartine Bakery, em San Francisco. Apelidamos essas reuniões de Coquetel Tartine. Depois que eles fecham, juntamos as mesas, fazemos nossas comidas preferidas e servimos em travessas bonitas, num estilo bem familiar. Não é nada sofisticado, mas damos tudo o que temos. Às vezes, à meia-noite, quando estamos lavando a louça, percebo que não como direito desde o café da manhã. Olho em volta e me vejo rodeada de doces. Depois de um dia de trabalho, estou sempre suando, e a única coisa que me atrai é a musse de chocolate, que me chama lá de dentro da geladeira. Pego uma colher, a musse e provo. Cremosa, fica sempre melhor fria. Os amigos me descobrem e aparecem um a um ao meu lado com colheres. Juntos, acabamos em silêncio com a musse e voltamos ao trabalho. Só comemos aquilo, e de algum modo é uma das melhores partes da noite. Aqui está minha versão adaptada da receita — um pouco menos doce e um pouco mais salgada.

110 g de chocolate meio amargo grosseiramente picado

3 ovos grandes

2 e ¼ de xícaras de creme de leite

¾ de xícara de leite integral

3 colheres (de sopa) de maisena

½ xícara + 2 colheres (de sopa) de açúcar

3 colheres (de sopa) de cacau em pó

1 e ¼ de colher (de sopa) de sal kasher ou ½ colher (de chá) de sal marinho fino

Coloque o chocolate num refratário grande e ponha sobre ele uma peneira fina. Separe.

Quebre os ovos numa vasilha média e bata levemente. Reserve.

Ponha o leite e o creme de leite numa panela média em fogo baixo. Retire logo que começar a soltar vapor e pegar fervura. Não deixe ferver. Quando um laticínio ferve, sua emulsão se desfaz e as proteínas coagulam. Uma musse feita com laticínio fervido nunca ficará completamente lisa.

Numa vasilha, misture a maisena, o açúcar, o cacau e o sal. Junte o leite. Volte a mistura à panela em fogo médio-baixo.

Cozinhe por 6 minutos, mexendo sempre com uma espátula de silicone até que engrosse visivelmente. Retire do fogo. Para testar se a mistura está grossa o suficiente, use o dedo para limpar uma linha nas costas de uma colher suja. Se ficar, é sinal de que está grosso o bastante.

Devagar, junte 2 xícaras da mistura quente aos ovos, batendo sempre. Volte tudo à panela em fogo baixo. Continue a mexer sem parar, cozinhando 1 minuto ou pouco mais, até que a mistura engrosse de novo ou chegue a 98°C. Retire do fogo e passe pela peneira. Use uma concha ou espátula de silicone pequena para apertar a mistura contra a peneira.

Deixe que o calor residual derreta o chocolate. Use um liquidificador ou mixer para bater muito bem, até que o creme esteja acetinado e liso. Prove e corrija o sal, se necessário.

Despeje de imediato em 6 tigelinhas individuais. Delicadamente, bata o fundo de cada uma na bancada para eliminar bolhas de ar. Deixe esfriar. Sirva em temperatura ambiente com **Chantili com sabor** (p. 422).

Mantenha tampado na geladeira por até 4 dias.

## Para variar

- Para fazer **Musse de chocolate mexicana**, junte ¾ de colher (de chá) de canela moída ao leite e continue como descrito.

- Para fazer **Musse de chocolate com cardamomo**, junte ½ colher (de chá) de cardamomo moído ao leite e continue como descrito.

- Para fazer **Torta musse de chocolate** (p. 391), aumente a maisena para ⅓ de xícara e faça como indicado para a musse. Vá à p. 390 para instruções completas de como montar a torta.

# Panacota de *buttermilk*

*Serve 6*

Esse creme leve tem sido parte importante do repertório do Chez Panisse há décadas. Sempre imaginei que fosse uma receita do restaurante. Anos depois que já havia saído de lá, um amigo me emprestou seu precioso exemplar de um livro lendário esgotado, *The Last Course*, de Claudia Fleming, chef confeiteira renomada. E na p. 14, surpresa! Panacota de *buttermilk*! A sobremesa com certeza migrara do cardápio de Claudia em Nova York. Anos depois, li uma entrevista encantadora dela em que dizia que tudo que é bom jamais é original, revelando que tinha tirado a receita da edição australiana da revista *Vogue Living*! É um clássico tão espetacular que deu a volta ao mundo (mais de uma vez, acho).

Óleo neutro

1 e ¼ de xícara de creme de leite fresco

7 colheres (de sopa) de açúcar

½ colher (de chá) de sal kasher ou ¼ de colher (de chá) de sal marinho fino

1 e ½ colher (de chá) de gelatina em pó sem sabor

½ fava de baunilha aberta ao meio no sentido do comprimento

1 e ¾ de xícara de *buttermilk*

Com um pincel de confeitaria ou com os dedos, unte o interior de 6 ramequinhos, tigelinhas ou xícaras com óleo.

Coloque o creme de leite, o açúcar e o sal numa panela pequena. Raspe as sementes da fava de baunilha na panela e junte a fava também.

Coloque 1 colher (de sopa) de água fria numa tigelinha, polvilhe delicadamente a gelatina por cima e deixe dissolvendo por 5 minutos.

Aqueça o creme de leite em fogo médio, mexendo até que o açúcar dissolva e comece a sair vapor, uns 4 minutos. Não deixe ferver ou desativará a gelatina. Reduza a chama para muito baixa, junte a gelatina e misture até que se dissolva, cerca de 1 minuto. Retire do fogo e junte o *buttermilk*. Coe em peneira fina em uma jarra de medida com bico.

Despeje a mistura nos ramequinhos preparados, cubra com filme e gele até endurecer, por pelo menos 4 horas ou durante a noite.

Para desenformar, ponha os ramequinhos num prato de água quente, depois vire em pratos de sobremesa. Guarneça com frutas cítricas, vermelhas ou **Compota de frutas** (p. 407).

Pode ser preparado 2 dias antes.

### Para variar

- Para **Panacota de cardamomo**, junte ¾ de colher (de chá) de cardamomo moído ao creme antes de aquecer. Continue como explicado na página anterior.

- Para **Panacota cítrica**, junte ½ colher (de chá) de casca de limão finamente ralada antes de aquecer. Prossiga conforme descrito.

# Suspiros

*Rende cerca de 30 suspiros pequenos*

Minha amiga Siew-Chin sabe tudo de ovos. Aprendi com ela a importância de bater claras para suspiros muito devagar, para incorporar bolhas de tamanho igual, de modo a ganharem mais volume e ficarem mais estáveis ao assar. O mais importante é manter as claras limpas e livres de contaminação. Qualquer gordura, seja das gemas, das mãos ou de resíduos na vasilha, impedirá as bolhas de inflarem tanto quanto possível. Amo esta receita porque rende suspiros macios e elásticos, tão gostosos pequeninos quanto bem grandes para **Merengue** (ver variações na página seguinte).

4 e ½ colheres (de chá) de maisena

1 e ½ xícara de açúcar

¾ de xícara de claras (de cerca de 6 ovos grandes) em temperatura ambiente

½ colher (de chá) de cremor tártaro

Uma pitada de sal

1 e ½ colher (de chá) de essência de baunilha

Preaqueça o forno a 120°C. Forre duas assadeiras com papel-manteiga.

Numa vasilha pequena, misture a maisena e o açúcar.

Na vasilha da batedeira (se não tiver, pode usar um mixer), bata as claras, o cremor tártaro e o sal. Comece devagar e passe para velocidade média, até que as claras comecem a deixar traço e as bolhas dos ovos estejam muito pequenas e uniformes, aproximadamente 2 a 3 minutos.

Aumente a velocidade para média-alta, e devagar vá polvilhando a mistura de açúcar e maisena. Alguns minutos depois, junte o açúcar e a baunilha, também devagar. Aumente a velocidade um pouquinho e bata até que esteja brilhante e forme picos duros ao levantar a pá da batedeira, de 3 a 4 minutos.

420 · SAL GORDURA ÁCIDO CALOR

Ponha sobre o papel-manteiga colheradas do tamanho de bolas de golfe, usando uma segunda colher para ajudar a limpar. Torça o punho a cada colherada para fazer picos no topo do suspiro.

Leve as assadeiras ao forno e reduza a temperatura para 100°C.

Depois de 25 minutos, gire as assadeiras 180° e mude a posição na grelha. Se os suspiros começarem a ganhar cor ou quebrar, reduza a temperatura para 90°C.

Continue a assar por 20 a 25 minutos, até que os suspiros desgrudem do papel com facilidade, a superfície esteja seca e crocante e o centro pareça marshmallow. Experimente um!

Tire da assadeira com delicadeza e deixe esfriar numa grade de arame.

Guarde num recipiente hermeticamente fechado em temperatura ambiente.

## Para variar

- Molde suspiros maiores para **Merengue**. Ponha colheradas de 5 x 7,5 cm sobre o papel-manteiga e use o dorso de uma colher para delicadamente criar um pico. Asse por cerca de 65 minutos, como descrito, deixe esfriar completamente e sirva com **Chantili com sabor** (p. 422) ou sorvete e com **Compota de frutas** (p. 407) vermelhas ou cítricas por cima.

- Para **Merengue persa**, junte ½ colher (de chá) de cardamomo em pó e 1 colher (de chá) de açafrão frio (ver p. 287) às claras. Continue como indicado. Sirva com **frutas vermelhas com cheiro de rosas** (p. 407), **Chantili de especiarias** (p. 423), pistaches torrados e pétalas de rosas rasgadas.

- Para **Merengue de chocolate e caramelo**, misture 55 g de chocolate meio amargo frio grosseiramente ao suspiro um pouco antes de assar. Continue como descrito. Arrume em taças camadas de suspiros esmigalhados, sorvete de chocolate, **Calda de caramelo salgado** (p. 426) e **Chantili de caramelo** (p. 424).

# Chantili com sabor

*Rende cerca de 2 xícaras*

Leve e rico, creme de leite fresco batido é a mais deliciosa contradição em termos. Ele tem uma habilidade única de prender o ar e mudar da forma líquida para sólida (ver mais na p. 423).

Quando estiver fazendo compras, procure um creme de leite fresco simples, não adulterado — muitas marcas têm aditivos estabilizadores, como carragenina, e sofrem o processo de pasteurização em temperaturas extremas que o modifica quando é batido. Para o mais delicioso chantili, compre sempre que for possível creme de leite fresco puro.

Acrescente sabores como quiser. Acompanhe a torta de maçã com chantili simples, despeje colheradas de chantili de folhas de louro sobre pêssego assado ou misture chantili de coco queimado à **Musse de chocolate meio amargo** (p. 416). Quando estiver com pressa e precisar cobrir um bolo já frio, bata até se formarem picos duros e espalhe por cima. Você vai ver: não existe nada que um bom chantili não melhore.

1 xícara de creme de leite fresco gelado

1 e ½ colher (de chá) de açúcar

Qualquer uma das opções de sabores na lista da página seguinte

## BATA BEM

Fig. 1 — LISO e AVELUDADO

Fig. 2 — A 3 SEGUNDOS de VIRAR MANTEIGA

Fig. 3

Leve uma vasilha grande e funda de metal (ou a vasilha da batedeira) e o batedor comum ao freezer por pelo menos 20 minutos antes de usar. Retire e faça o chantili com seu sabor favorito, como ensinado a seguir, depois junte o açúcar.

Prefiro bater o creme à mão porque assim tenho mais controle e não corro o risco de bater demais e transformar em manteiga. Se quiser usar batedeira, bata em velocidade baixa até que os primeiros picos apareçam. Se for usar mixer, bata até que todo o creme líquido tenha sido incorporado e a textura esteja igualmente macia e encorpada. Prove e corrija a doçura e o sabor. Conserve gelado até a hora de servir.

Tampe e leve à geladeira o que sobrar por até 2 dias. Use um batedor de arame para reavivar o chantili se estiver derretendo.

## Opções de sabor

*Junte ao creme de leite fresco na hora de bater:*

- Para **Chantili de especiarias**, ¼ de c olher (de chá) de cardamomo moído, canela ou noz-moscada.

- Para **Chantili de baunilha**, sementes raspadas de ¼ de fava de baunilha ou 1 colher (de chá) de essência de baunilha.

- Para **Chantili de limão-siciliano**, ½ colher (de chá) de raspas finas de limão-siciliano e 1 colher (de sopa) de limoncello, se quiser.

- Para **Chantili de laranja**, ½ colher (de chá) de raspas finas de laranja e 1 colher (de sopa) de licor de laranja, se quiser.

- Para **Chantili de rosas**, 1 colher (de chá) de água de rosas.

- Para **Chantili de flor de laranjeira**, ½ colher (de chá) de água de flor de laranjeira.

- Para **Chantili bêbado**, 1 colher (de sopa) de licor de café, amaretto, bourbon, licor de café, conhaque ou rum.

- Para **Chantili de amêndoa**, ½ colher (de chá) de essência de amêndoa.

- Para **Chantili de café**, 1 colher (de sopa) de pó de café instantâneo e 1 colher (de sopa) de licor de café, se quiser.

*Leve metade do creme para ferver em fogo baixo (nunca alto) com qualquer um dos sabores abaixo. Deixe em imersão pelo tempo indicado. Coe, gele, junte o restante do creme e bata como ensinado.*

- Para **Chantili de folhas de pêssego** (elas têm um sabor delicioso de amêndoa!), deixe em imersão 12 folhas gentilmente rasgadas por 15 minutos.

- Para **Chantili de Earl Grey**, deixe em imersão 2 colheres (de sopa) de folhas de chá Earl Grey por 10 minutos.

- Para **Chantili de folhas de louro**, deixe em imersão 6 folhas rasgadas por 15 minutos.

*Deixe em imersão 2 horas ou da noite para o dia no creme gelado, depois coe antes de bater como indicado:*

- Para **Chantili de caroço de pêssego**, deixe em imersão 12 caroços de pêssego partidos e levemente tostados.

- Para **Chantili de amêndoa ou avelã tostada**, deixe em imersão ¼ de xícara de amêndoas ou avelãs tostadas grosseiramente picadas.

- Para **Chantili de coco queimado**, deixe em imersão ⅓ de xícara de coco ralado seco tostado e sem açúcar. O coco absorverá um pouco de creme, de modo que ao coar esprema o máximo possível.

- Para fazer **Chantili de chocolate**, escalde ½ xícara de creme de leite fresco com 1 colher (de sopa) de açúcar numa pequena molheira em fogo médio-baixo até começar a soltar vapor. Despeje numa vasilha sobre 55 g de chocolate meio amargo bem picado. Mexa para derreter o chocolate e misturar bem. Deixe na geladeira e misture com ½ xícara de creme de leite fresco, então bata até formar picos moles. Sirva com **Bolo meia-noite da Lori** (p. 410), **Suspiros** (p. 420), **Raspadinha de café** (p. 405) ou sorvete de creme.

- Para **Chantili de caramelo**, cozinhe ¼ de xícara de açúcar e 3 colheres (de sopa) de água, até chegar a uma cor âmbar, e interrompa com ½ xícara de creme de leite (siga o método descrito na p. 423). Junte uma pitada de sal. Deixe na geladeira e bata com ½ xícara de creme de leite gelado, como descrito. Sirva com **Torta de maçã e creme de**

**amêndoas** (p. 397), **Torta americana de maçã** (p. 388), **Raspadinha de café** (p. 405), **Bolo meia-noite da Lori** (p. 410) ou sorvete.

- Para fazer **Chantili azedo**, misture ½ xícara de creme de leite gelado com 3 colheres (de sopa) de açúcar e ¼ de xícara de sour cream, iogurte grego ou *Crème fraîche* (p. 113) antes de bater como ensinado. Sirva com **Torta de maçã e creme de amêndoas** (p. 397), **Bolo de gengibre e melaço** (p. 412) ou **Torta americana de abóbora** (p. 390).

- Para fazer **Chantili de coco**, gele e bata o leite de coco integral gelado como indicado. Use o leite de coco light para fazer **Arroz jasmim** (p. 282). Sirva o creme com o **Bolo meia-noite da Lori** (p. 410), **Musse de chocolate meio amargo** (p. 416), **Torta musse de chocolate** (p. 391) ou sorvete.

# Calda de caramelo salgado

*Rende cerca de 1 e ½ xícara*

Nada mais adequado do que acabar este livro por onde começou: com o sal fazendo toda a diferença. Na calda de caramelo, ele diminui o amargor e cria um contraste com a doçura. Um pouquinho de sal transforma uma calda gostosa em algo inexplicavelmente delicioso, de dar água na boca. O único jeito de descobrir quanto sal se deve incluir é experimentando aos poucos, deixando dissolver e provando mais. Se chegar ao ponto em que não sabe se a calda precisa de mais sal ou não, pegue uma colherada, polvilhe um pouco de sal e veja se ficou muito salgado. Se ficou, o limite foi alcançado. Se o gosto ficou *ainda melhor*, confie e junte mais um pouquinho de sal a toda a calda. Não é preciso arriscar estragar tudo se está inseguro.

6 colheres (de sopa) de manteiga sem sal

¾ de xícara de açúcar

½ xícara de creme de leite fresco

½ colher (de chá) de essência de baunilha

Sal

Derreta a manteiga numa panela grossa e funda em fogo médio. Junte o açúcar e aumente o fogo para alto. Não se preocupe se a mistura se separar e parecer talhada. Tenha fé: ela vai se recuperar. Vá mexendo até que volte a ferver, então pare. À medida que o caramelo ganha cor, movimente a panela com cuidado para escurecer o açúcar por igual. Continue até que esteja dourado (o estágio descrito na p. 115) e comece a soltar fumaça, 10 a 12 minutos depois.

Retire do fogo e junte o creme imediatamente. Tome cuidado, pois a mistura começará a soltar bolhas e pode espirrar em você. Se sobrarem algumas pelotas de caramelo, mexa o molho delicadamente até que desapareçam.

Deixe o caramelo amornar, tempere com a baunilha e uma boa pitada de sal. Mexa, prove e corrija o sal, se necessário. O caramelo vai engrossar à medida que esfria. Gosto de servi-lo em temperatura ambiente, e não recém-saído do fogo, porque gruda no sorvete e em qualquer outra coisa. Mas não posso mentir: também é bem gostoso quando tirado da geladeira.

Tampe o que sobrou e leve à geladeira por até 2 semanas. Reaqueça delicadamente no micro-ondas ou numa panela em fogo muito baixo, mexendo sempre.

Sirva com **Torta americana de maçã, Torta de maçã e creme de amêndoas, Bolo meia-noite da Lori, Bolo de gengibre e melaço, Merengue de chocolate e caramelo** ou sorvete de creme.

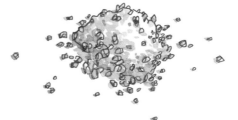

# AULAS DE CULINÁRIA

Agora é hora de colocar em prática as aulas teóricas de Sal, Gordura, Ácido e Calor. Se você não sabe por onde começar, escolha uma receita que o deixou intrigado, referente a uma aula específica da parte I.

## Aulas sobre sal

### Salgando de dentro para fora

Feijão cozido (p. 280)

Qualquer receita de macarrão (pp. 288-302)

Frango defumado com sálvia e mel (p. 330)

Frango marinado em *buttermilk* (p. 340)

Peito de peru na salmoura com especiarias (p. 346)

### Sobrepondo sal

Salada grega (p. 230)

Molho Caesar (p. 247)

Macarrão à *puttanesca* (p. 294)

Macarrão à *amatriciana* (p. 294)

Frango com especiarias (p. 338)

# Aulas sobre gordura
## Emulsões

Molho tahine (p. 251)

Macarrão Cacio e Pepe (p. 290)

Macarrão Alfredo (p. 291)

Frango ao vinagre (p. 336)

Maionese e todas as suas incríveis variedades (pp. 374-8)

Bolo de amêndoa e cardamomo (p. 414)

## Sobrepondo gordura

Molho de queijo azul (p. 249)

Peixe empanado na cerveja com molho tártaro (pp. 312 e 378)

Musse de chocolate meio amargo com Chantili com sabor (pp. 391 e 422)

# Aulas sobre ácido
## Sobrepondo ácido

Salada de repolho (p. 224)

Vinagrete balsâmico (p. 241)

Vinagrete de qualquer outro cítrico (p. 244)

Molho Caesar (p. 247)

Molho de queijo azul (p. 249)

Macarrão ao vôngole (p. 300)

Frango ao vinagre (p. 336)

Panacota de *buttermilk* com Frutas cozidas no vinho (pp. 418 e 405)

# Aulas sobre calor

## Sobrepondo calor

Alcachofra grelhada (p. 266)

Arroz persa (p. 285)

Frango com arroz e lentilha (p. 334)

Abóbora e couve-de-bruxelas agridoce (p. 262)

## Dourando

Na grelha: Frango atropelado crocante, filés (pp. 316 e 354)

No fogão: Frango de lamber os dedos, Frango com arroz e lentilha, Porco apimentado (pp. 328, 334 e 348)

No forno: Abóbora e couve-de-bruxelas agridoce, Frango com especiarias (pp. 262 e 338)

## Preservando a maciez

Ovos mexidos (p. 147)

Salmão assado em baixa temperatura (p. 310)

Confit de atum (p. 314)

Frango de lamber os dedos (p. 328)

## De duro a macio

Brócolis cozido (p. 264)

Feijão cozido (p. 280)

Confit de frango (p. 326)

Porco apimentado (p. 338)

# Algumas outras aulas

## Tempo exato

Ovo cozido duro (p. 304)

Ovo mexido (p. 147)

Confit de atum (p. 314)

Fraldinha e bife ancho (p. 354)

Suspiros (p. 420)

Calda de caramelo salgado (p. 426)

## Tempo impreciso

Cebola caramelizada (p. 254)

Caldo de frango (p. 271)

Feijão cozido (p. 280)

Macarrão ao ragu (p. 297)

Porco apimentado (p. 348)

## Técnicas de faca

Fatiar: Cebola caramelizada (p. 254)

Fatiar e cortar em cubos: Sopa de couve e feijão-branco (p. 274)

Cortar em cubos: Salada de frango siciliana (p. 342)

Picar ervas e verduras: *Kuku sabzi* (p. 306)

Abrir frango: Frango atropelado crocante (p. 316)

Abrir frango: Frango de esteira rolante (p. 325)

Picar ervas finamente e em cubos: Molho de ervas (p. 359)

## Improvisando com sobras

Matriz da salada de abacate (p. 217)

Verdes branqueados com molho *Goma-Ae* (pp. 251 a 258)

Macarrão com brócolis e farinha de rosca (p. 295)

*Kuku sabzi* (p. 306)

Qualquer torta com que sonhar! (p. 407)

# SUGESTÕES DE CARDÁPIO

## Um almoço persa leve

Pão pita quente com feta quebrado e pepino fatiado

Funcho e rabanete ralados (p. 228)

*Kuku sabzi* (p. 306) com molho persa de iogurte com beterraba (p. 373)

## Almoço num dia quente de verão

Salada de tomate e ervas (p. 229)

Confit de atum (p. 314) com feijão-branco (p. 280)

## Sanduíche e salada

Alface romana com molho de ervas cremoso (p. 248)

Sanduíche com Peito de peru na salmoura com especiarias (p. 346) e Aïoli (p. 376)

## Invocando Hanói

Salada de pepino vietnamita (p. 226)

*Pho gà* (sopa de frango) (p. 333)

## Piquenique

Salada de couve com Vinagrete de parmesão (p. 241)

Sanduíche de Salada de frango siciliana (p. 342)

Bolo de amêndoa e cardamomo (p. 414)

## Ainda melhor que teriyake

Salada de repolho mais ou menos asiática (p. 225)

Frango com especiarias (p. 338)

Arroz jasmim no vapor (p. 282)

### Animando a semana

Alface romana com Vinagrete de mostarda e mel (p. 240)

Torta sem fundo de frango (p. 322)

Vagem ao alho (p. 261)

### Jantar festivo de inverno

Panzanella de inverno (p. 234)

Lombo de porco marinado e assado (p. 347)

Pastinaca e cenouras assadas (use o método de assar da p. 263)

Molho de limão meyer (p. 366)

Panacota de *buttermilk* (p. 418)

Marmelo cozido no vinho (p. 405)

### Meio indiano

Salmão com tempero indiano (p. 311)

Arroz com açafrão (p. 284)

Raita de cenoura (p. 370)

Vagem ao alho (p. 261)

### Ceia de verão

Rúcula com Vinagrete de limão (p. 242)

Frango de esteira rolante (p. 325) — experimente grelhar!

Confit de tomate-cereja (p. 256)

Milho na espiga (use os métodos de grelhar das pp. 266 e 267 — não é necessário cozinhar!)

Shortcakes de morangos (p. 393)

### Francesinho

Alfaces com Vinagrete de vinho tinto (p. 240)

Frango frito de lamber os dedos (p. 328)

Aspargos salteados (use método de saltear da p. 260)

Molho de ervas francês (p. 362)

Torta de ruibarbo e creme de amêndoas com Chantili de baunilha (pp. 400 e 423)

### Festim marroquino

Salada de cenouras com gengibre e limão (p. 227)

Grão-de-bico com tempero marroquino (p. 280 e consulte O mundo dos sabores na p. 194)

Kafta marroquinos (p. 357)

Harissa, Charmoula e Molho de iogurte com ervas (pp. 380, 367 e 370)

### Bar japonês

Espinafre branqueado (p. 259) com Molho de *Goma-Ae* (p. 251)

Frango atropelado crocante (p. 316)

Molho de ervas mais ou menos japonês (p. 365)

### Frango em casa

Salada de repolho (p. 224)

Frango frito apimentado (p. 320)

Biscoitos de *buttermilk* (p. 392)

Ervilhas escalfadas (p. 280)

Couve com bacon (usar método de cozimento em temperatura baixa da p. 264)

Musse de chocolate meio amargo (p. 416)

### Dia de Ação de Graças perfeitamente equilibrado

Peru atropelado (p. 347)

Vagem ao alho (p. 261)

Endívia com Vinagrete balsâmico (p. 251)

Abóbora com couve-de-bruxelas agridoce (p. 262)

Molho de sálvia frita (p. 361)

Torta de maçã e creme de amêndoas (p. 397) com Calda de caramelo salgado (p. 426)

Torta americana de abóbora (p. 390) com Chantili de especiarias (p. 425)

### Monte seu taco

Salada cítrica de abacate com cebola macerada e coentro (p. 217)

Porco apimentado (p. 348) e tortilha

Molho de ervas mais ou menos mexicano (p. 363)

Feijão cozido (p. 280)

# E sugestões de sobremesas

- Torta de maçã e creme de amêndoas (p. 397) com *Crème fraîche* batido (p. 113)

- Torta americana de abóbora (p. 390) com Chantili de especiarias (p. 425)

- Torta americana de maçã (p. 388) com Chantili de caramelo (p. 425)

- Raspadinha de leite de amêndoa (p. 404) com Chantili de amêndoa tostada (p. 424)

- Raspadinha de café (p. 405) com Chantili de chocolate (p. 424)

- Raspadinha de laranja sanguínea (p. 404) com Chantili de Earl Grey (p. 424)

- Damascos assados (p. 406) com Chantili de caroço de pêssego (p. 424)

- Pera cozida no vinho (p. 405) com Calda de caramelo salgado (p. 426)

- Compota de pera (p. 407) com Chantili de folhas de pêssego (p. 424)

- Bolo meia-noite da Lori (p. 410) com Chantili de café (p. 423)

- Bolo de gengibre e melaço (p. 412) com Chantili de especiarias (p. 425)

- Bolo de amêndoa e cardamomo (p. 414) com Compota de nectarina (p. 407)

- Musse de chocolate mexicana (p. 417) com Chantili de especiarias (p. 423)

- Panacota de *buttermilk* (p. 418) com Compota de pêssego com fava de baunilha (p. 407)

- Panacota de cardamomo (p. 419) com Frutas vermelhas com cheiro de rosas (p. 407)

- Panacota cítrica (p. 419) com Compota de laranja-da-china (p. 407)

# DICAS DE LEITURA

Depois que você se familiariza com um escritor ou chef e sabe que suas receitas funcionam, é melhor incorporá-las à sua base de dados. Estes são os chefs e escritores a quem recorro atrás de receitas novas na internet ou em livros.

**Para pratos do mundo:** Cecilia Chiang e Fuschia Dunlop (China), Julia Child e Richard Olney (França), Madhur Jaffrey e Niloufer Ichaporia King (subcontinente indiano), Najmieh Batmanglij (Irã), Ada Boni e Marcella Hazan (Itália), Nancy Singleton Hachisu e Shizuo Tsuji (Japão), Yotam Ottolenghi, Claudia Roden e Paula Wolfert (Mediterrâneo), Diana Kennedy e Maricel Presilla (México), Andy Ricker e David Thompson (Tailândia), Andrea Nguyen e Charles Phan (Vietnã).

**Para comida em geral:** James Beard, April Bloomfield, Marion Cunningham, Suzanne Goin, Edna Lewis, Deborah Madison, Cal Peternell, David Tanis, Alice Waters, The Canal House e *The Joy of Cooking.*

**Para escritos inspiradores sobre comida e culinária:** Tamar Adler, Elizabeth David, MFK Fisher, Patience Gray, Jane Grigson e Nigel Slater.

**Para confeitaria:** Josey Baker, Flo Braker, Dorie Greenspan, David Lebovitz, Alice Medrich, Elisabeth Prueitt, Claire Ptak, Chad Robertson e Lindsey Shere.

**Para mais sobre ciência por trás da comida:** Shirley Corriher, Harold McGee, J. Kenji Lopes-Alt, Hervé This e toda a equipe da *Cook´s Illustrated.*

# AGRADECIMENTOS

Este livro é o resultado de quinze anos cozinhando e pensando sobre cozinha, mais seis anos de escrita. Muita gente contribuiu pelo caminho. Gostaria de expressar minha profunda gratidão a:

Alice Waters, por ter criado uma comunidade incrivelmente inspiradora e educativa e por ter me dado as boas-vindas à sua equipe quando eu não era mais que uma menina. Por compartilhar comigo os valores estéticos e sensíveis que me guiam em tudo o que faço. Por me mostrar como uma mulher determinada e de visão pode conseguir o que quer.

Michael Pollan e Judith Belzer, pela amizade, liderança e pelas inúmeras formas de apoio ao longo dos anos. Vocês foram os primeiros a me encorajar a desenvolver minhas ideias malucas sobre cozinha, ajudando-me a transformá-las numa filosofia formal e depois num livro.

Christopher Lee, por ser a maior referência enciclopédica, me ensinar a respeitar meus ancestrais culinários, me mostrar como levar minha cozinha ao seu máximo e a provar a comida.

Lori Podranza e Mark Gordon, por terem permitido testar cada teoria com vocês.

Thomas W. Dorman, por me ensinar a diferença entre Qualidade e qualidade.

Todos os meus professores: Stephen Booth, Sylvan Brackett, Mary Canales, Dario Cecchini, Siew-Chin Chinn, Rayneil de Guzman, Amy Dencler, Samantha Greenwood, Charlie Hallowell, Robert Hass, Kelsie Kerr, Niloufer Ichaporia King, Charlene Nicholson, Cal Peternell, Dominica Rice, Cristina Roschi, Lindsey Shere, Alan Tangren, David Tanis e Benedetta Vitali.

Sam Moghannam, Rosie Branson Gill e Michelle McKenzie do 18 Reasons e Alexis e Eric Koefoed da Soul Food Farm, pelas primeiras oportunidades de ensinar e refinar a noção de *Sal, gordura, ácido e calor*. E Sasha Lopez, minha primeira e melhor aluna.

Minha incrível comunidade de escritores, incluindo Chris Collin, Jack Hitt, Doug McGray, Caroline Paul, Kevin West. E todo mundo do Notto, passado e presente: Roxy

Bahar, Julie Caine, Novella Carpenter, Bridget Huber, Casey Miner, Sarah C. Rich, Mary Roach, Alec Scott, Gordy Slack e Malia Wollan.

Sarah Adelman, Laurel Braitman e Jenny Wapner, pelo aprendizado inicial e pela amizade inabalável.

Twilight Greenaway, pela quinoa e por ser minha irmã. Justin Limoges e Marlow Colt Greenaway-Limoges, por serem meus trigêmeos.

Aaron Hyman, por perseguir comigo cada fio de curiosidade e por jamais permitir que eu não fizesse meu melhor.

Kristen Rasmussen, por ser minha heroína da ciência e nutrição. Harold McGee, pelo apoio na ciência da comida. Guy Crosby, Michelle Harris e Laura Katz, pela ajuda na confirmação dos dados.

Annette Flores, Michelle Fuerst, Amy Hatwig, Carrie Lewis, Amalia Mariño, Lori Oyamada, Laurie Ellen Pellicano, Tom Purtill, Jill Santopietro, Gillian Shaw e Jessica Washburn, por escreverem e testar receitas, me apoiar e aconselhar.

As centenas de cozinheiros caseiros que com paciência, fé e diligência experimentaram receitas.

Thomas e Tiffany Cambell, Greta Caruso, Barbara Denton, Lex Denton, Philip Dwelle e Alex Holey, por seu apetite, sua amizade e por me mostrar como pensam os cozinheiros caseiros.

Tamar Adler e Julia Turshen, por me acompanharem no caminho das palavras e comidas.

David Riland, por sua firmeza e compaixão.

Sarah Ryhanen e Eric Farmisan, pelo meu quarto para escrever na fazenda.

Peter, Kristin, Bodhi e Bea Becker, por me incluírem na sua trama toda vez que os visito.

Verlyn Klikenborg, por *Several Short Sentences about Writing*.

The MacDowell Colony, The Headlands Center for the Arts e Mesa Refuge, pelo espaço tempo e inestimável apoio criativo.

Alvaro Villanueva, por sua paciência infinita, seu bom humor e sua criatividade no desafio de desenhar um livro que quebra todas as regras.

Emily Graff, com seus olhos afiados para o detalhe, sua organização e seu apoio incansável melhorou incrivelmente este livro. Ann Cherry, Maureen Cole, Kyley Hoffman, Sarah Reidy, Marysue Rucci, Stacey Sakal e Dana Trocker, cujo trabalho na Simon and Schuster deu forma a este livro e permitirá que tenha vida própria no mundo.

Jenny Lord, por dizer a coisa certa na hora certa, e ainda por cima do outro lado do mundo.

Mike Szczerban, pela sabedoria e pelo entusiasmo que ajudaram a colocar este livro no caminho certo e, mais importante, por uma amizade mágica construída sobre um amor mútuo pelos livros.

Wendy MacNaughton, por seu senso de humor brilhante e amor pela aventura, sua vontade de experimentar tudo, seu ânimo, sua luz e, é claro, todo o trabalho pesado. Nem sei como tive a sorte de ter minha artista preferida ilustrando meu livro e virando uma amiga querida no percurso. Você foi, sem dúvida, a melhor colaboradora com a qual eu poderia ter sonhado.

Kari Stuart, minha querida amiga e infatigável líder em tudo, sem a qual este livro nunca teria visto a luz do dia. Amanda Urban, por me dar Kari. Patrick Morley, por ser, sem dúvida, o melhor.

E finalmente minha família, que me ensinou a comer: Shahla, Pasha e Bahador Nosrat; meus tios Leyla, Shahab, Shariar e Ziba Khazai; minhas avós, Parvin Khazai e Parivash Nosrat. *Nooshe joonetan.*

— Samin

Obrigada aos meus maravilhosos e encorajadores pais, Robin e Candy MacNaughton (mãe, você é a primeira chef da minha vida).

Obrigada a todos os amigos e familiares que se divertiram com os restos de uma das festas de cozinha e desenho, que nos animaram no caminho, que nos presentearam com seus pensamentos, sua sabedoria, seu apoio e seu amor. Seus elogios serviram de energia e combustível.

Uma ovação de pé a Trish Richman, gerente do meu estúdio e controladora de voo pessoal. Você foi parte crucial deste projeto. Tanto a parte artística quanto eu teríamos fracassado sem você.

Alvaro Villanueva! Seu design brilhante, suas ideias criativas e sua paciência foram fundamentais. Você fez com que centenas de ideias artísticas novas parecessem fáceis. Muito obrigada.

Obrigada a Kari Stuart, por tomar conta de mim e de Samin tão bem. Você é maravilhosa.

Charlotte Sheedy, minha agente, meu modelo de vida. Uma centena de caixas do melhor bourbon não seriam o bastante para agradecer tudo o que fez, tanto no trabalho quanto no mundo.

Obrigada a Caroline Paul, que é tudo para mim. Você estava lá para cada jantar, cada limpeza, cada dúvida, cada discussão. Não existe nada sem você. Obrigada por abrir nossa casa e nossa vida para essa experiência. Estou muito feliz por poder cozinhar para você agora.

E Samin. Quando você me procurou para trabalharmos juntas, eu mal sabia fritar um ovo. Só você, com seu humor, sua paciência, sua bondade e seu entusiasmo genuíno, poderia ter me impressionado assim e me ensinado que cozinhar era divertido e fascinante. Você mudou minha vida. Obrigada. É uma honra e uma alegria sem fim trabalhar com você, fazer arte com você, ser sua amiga. Saúde! Tim-tim!

# REFERÊNCIAS BIBLIOGRÁFICAS

BATALI, Mario. "Crispy Black Bass with Endive Marmellata and Saffron Vinaigrette". In: *The Babbo Cookbook*. Nova York: Clarkson Potter, 2002.

BEARD, James. *James Beard's Simple Foods*. Nova York: Macmillan, 1993.

_____ . *Theory and Practice of Good Cooking*. Nova York: Knopf, 1977.

BRAKER, Flo. *The Simple Art of Perfect Baking*. San Francisco: Chronicle, 2003.

BRESLIN, Paul A. S. "An Evolutionary Perspective on Food and Human Taste", *Current Biology*, Elsevier, 6 maio 2013.

CORRIHER, Shirley. *BakeWise: The Hows and Whys of Successful Baking with Over 200 Magnificent Recipes*. Nova York: Scribner, 2008.

CROSBY, Guy. *The Science of Good Cooking: Master 50 Simple Concepts to Enjoy a Lifetime of Success in the Kitchen*. Brookline, MA: America's Test Kitchen, 2012.

DAVID, Elizabeth. *Spices, Salt and Aromatics in the English Kitchen*. Harmondsworth: Penguin, 1970.

EAMES, Charles; EAMES, Ray; BERNSTEIN, Elmer; MORRISON, Philip. *Powers of Ten: A Film Dealing with the Relative Size of Things in the Universe and the Effect of Adding Another Zero*. Pyramid Films, 1978.

FRANKEL, E. N.; MAILER, R. J.; SHOEMAKER, C. F.; WANG, S. C.; FLYNN, J. D. "Tests Indicate That Imported 'extra-Virgin' Olive Oil Often Fails International and USDA Standards", UC Davis Olive Center, Universidade da Califórnia, jun. 2010.

FRANKEL, E. N.; MAILER, R. J.; SHOEMAKER, C. F.; WANG, S. C.; FLYNN, J. D.; GUINARD, J. X.; STURZENBERGER, N. D. "Evaluation of Extra-Virgin Olive Oil Sold in California", UC Davis Olive Center, Universidade da Califórnia, abr. 2011.

HEANEY, Seamus. *Death of a Naturalist*. Londres: Faber and Faber, 1969.

HOLLAND, Mina. *The Edible Atlas: Around the World in Thirty-Nine Cuisines*. Londres: Canongate, 2014.

HYDE, Robert J.; WITHERLY, Steven A. "Dynamic Contrast: A Sensory Contribution to Palatability", *Appetite*, v. 21, n. 1, 1993, pp. 1-16.

KING, Niloufer Ichaporia. *My Bombay Kitchen: Traditional and Modern Parsi Home Cooking*. Berkeley: Universidade da Califórnia, 2007.

KURLANSKY, Mark. *Salt: A World History*. Nova York: Walker, 2002.

LEWIS, Edna. *The Taste of Country Cooking*. Nova York: A. A. Knopf, 2006.

MCGEE, Harold. "Harold McGee on When to Put Oil in a Pan", Diners Journal, *The New York Times*, 6 ago. 2008.

_____ . *Keys to Good Cooking: A Guide to Making the Best of Foods and Recipes*. Nova York: Penguin, 2010.

_____ . *On Food and Cooking: The Science and Lore of Cooking*. Nova York: Scribner, 1984.

MCGUIRE, S. "Institute of Medicine. 2010. Strategies to Reduce Sodium Intake in the United States", *The National Academies Press. Advances in Nutrition: An International Review Journal*, v. 1, n. 1, Washington, DC, 2010, pp. 49-50.

MCLAGHAN, Jennifer. *Fat: An Appreciation of a Misunderstood Ingredient, with Recipes.* Berkeley: Ten Speed, 2008.

MCPHEE, John. *Oranges.* Nova York: Farrar, Straus and Giroux, 1967.

MONTMAYEUR, Jean-Pierre; LE COUTRE, Johannes. *Fat Detection: Taste, Texture, and Post Ingestive Effects.* Boca Raton: CRC/Taylor & Francis, 2010.

PAGE, Karen; DORNENBURG, Andrew. *The Flavor Bible: The Essential Guide to Culinary Creativity, Based on the Wisdom of America's Most Imaginative Chefs.* Nova York: Little, Brown, 2008.

POLLAN, Michael. *Cooked: A Natural History of Transformation.* Nova York: Penguin, 2014.

RODGERS, Judy. *The Zuni Cafe Cookbook.* Nova York: W. W. Norton, 2002.

ROZIN, Elisabeth. *Ethnic Cuisine: The Flavor-Principle Cookbook.* Lexington, MA: S. Greene, 1985.

RUHLMAN, Michael. *The Elements of Cooking: Translating the Chef's Craft for Every Kitchen.* Nova York: Scribner, 2007.

SEGNIT, Niki. *The Flavor Thesaurus: A Compendium of Pairings, Recipes, and Ideas for the Creative Cook.* Nova York: Bloomsbury, 2010.

STEVENS, Wallace. *Harmonium.* Nova York: A. A. Knopf, 1947.

STRAND, Mark. *Selected Poems.* Nova York: Knopf, 1990.

STUCKEY, Barb. *Taste What You're Missing: The Passionate Eater's Guide to Why Good Food Tastes Good*. Nova York: Free, 2012.

TALAVERA, Karel; YASUMATSU, Keiko; VOETS, Thomas; DROOGMANS, Guy; SHIGEMURA, Noriatsu; NINOMIYA, Yuzo; MARGOLSKEE, Robert F.; NILIUS, Bernd. "Heat Activation of TRPM5 Underlies Thermal Sensitivity of Sweet Taste", *Nature*, 2005.

*THE WASHINGTON POST*. "Smoke: Why We Love It, for Cooking and Eating", 5 maio 2015.

THIS, Hervé. *Kitchen Mysteries: Revealing the Science of Cooking*. Nova York: Columbia UP, 2007.

_____ . *Molecular Gastronomy: Exploring the Science of Flavor*. Nova York: Columbia UP, 2006.

_____ . *The Science of the Oven*. Nova York: Columbia UP, 2009.

WATERS, Alice; TANGREN, Alan; STREIFF, Fritz. *Chez Panisse Fruit*. Nova York: HarperCollins, 2002.

WATERS, Alice; CURTAN, Patricia; KERR, Kelsie; STREIFF, Fritz. *The Art of Simple Food: Notes, Lessons, and Recipes from a Delicious Revolution*. Nova York: Clarkson Potter, 2007.

WITHERLY, Steven A. "Why Humans Like Junk Food", Bloomington: iUniverse Inc., 2007.

WRANGHAM, Richard W. *Catching Fire: How Cooking Made Us Human*. Nova York: Basic, 2009.

# ÍNDICE REMISSIVO

abacate: matriz da salada de abacate, 217, 222, 431; Salada de abacate com tomate e pepino, 217-21; Salada de abacate, beterraba e cítricos, 118, 223, 242, 311

abóbora: Abóbora e couve-de-bruxelas agridoce, 262, 430; Molho de sementes de abóbora, 363; óleo de semente de, 68; Salada de abóbora, sálvia e avelã, 232; Torta americana de abóbora, 390, 425, 434, 435

açafrão, 101, 194, 259; Arroz com açafrão, 6, 17, 287, 433; chá de, 287, 341, 356, 421

Ação de Graças, 101, 102; cardápio para, 434

acelga: Fritada persa de vegetais e ervas (*Kuku Sabzi*), 101, 258, 286, 304, 306, 356, 431, 432

ácido, 55, 99, 100-29, 200; ácidos de cozimento, 117; açúcar e, 106; cor e, 111; definido, 105; equilibrando, 126-7; fontes de, 104; guarnições e, 118-9; improvisando com, 128-9, 190; massas e, 113; Mundo do Ácido, 108-10; ovos e, 113; produção de, 115; sabor e, 106-8; sobreposição de, 117-23, 429; texturas e, 112

açúcar, 26, 143; calor e, 143; sal e, 47; *ver também* doces

*Adas polo o morgh* (frango com arroz e lentilha), 38, 254, 281, 334, 430

*Adu lasan* (base aromática indiana), 353

água: calor e, 137; cozinhar com, 157-71; proporção para grãos, 283; salgada, 22, 36

Aïoli (maionese com alho), 82, 98, 128, 170, 267, 303, 313-4, 342, 374, 376, 432

alcachofra: Alcachofra grelhada, 244, 370, 376-7, 430; Confit de alcachofra, 172, 257, 309; coração de, 267; grelhada, 266

alcalinidade, 112

alho: Aïoli (maionese com alho), 82, 98, 128, 170, 267, 303, 313-4, 342, 374, 376, 432; pasta de, 210; Sopa de frango com alho, 332; Vagem ao alho, 73, 259, 261, 433-4

amargor, 26, 124, 152

amêndoa, 424; Bolo de amêndoa e cardamomo, 407, 414, 429, 432, 435; Chantili de amêndoa, 423; Chantili de amêndoa ou avelã tostada, 424; Compota de damasco e amêndoa, 407; Creme de amêndoa, 414-5; Torta de maçã e creme de amêndoa, 397, 424-5, 427, 434-5

amendoim: manteiga de, 108; Molho de limão e amendoim, 253; torrado, 109

amido, 141, 142, 159

Amstrong, Louis, 55

anatomia das plantas, 141, 144

anchova, 8, 48, 50, 131, 195, 198, 222; Vinagrete de anchova e limão-siciliano, 242 ancoragem, 191

ar, cozinhando com, 177-86

aroma, 26; bases aromáticas do mundo, 352, 353

arroz: arborio, 160, 283, 284; Arroz com açafrão, 6, 17, 287, 433; Arroz com ervas, 101, 287; Arroz com fava e endro, 287; Arroz jasmim ao vapor, 338, 425, 432; Arroz mais ou menos persa, 168, 285, 325, 357, 367, 370; basmati, 168, 282-5, 334; cozimento de, 282, 283; de sushi, 283; Frango com arroz e lentilha (*Adas polo o morgh*), 38, 254, 281, 334, 430; jasmim, 157, 282-3, 338; risoto, 59, 118-9, 157, 160, 172, 282; Vinagrete de vinagre de arroz, 225, 246

aspargo: Macarrão com aspargos e hortelã, 291; Salada aspargos e queijo feta com hortelã, 235

assadeira, uso da, 205

assado, 149; ao redor do mundo, 350; melhores cortes, 350; tempo básico, 351

*Ata Lilo* (base aromática africana), 353

atum: Confit de atum, 82, 140, 172, 221, 314, 359-69, 376-7, 379, 430-2

audição, medir o calor pela, 189

aveia: em flocos, 283-4; farinha de, 283-4

avelã: Chantili de amêndoa ou avelã tostada, 424; óleo de, 68; Salada de abóbora, sálvia e avelã, 232

aves, 31, 155, 177-8, 182, 188, 340, 350, 353; *ver também* frango; peru

azedo, sabor, 26, 101, 105, 107, 124

azeite, 57-9, 65-7, 73, 78; aromatizado, 66; de finalização, 66; Granola com azeite e sal marinho da Nekisia, 402; para todo dia, 66

azeitona: Relish de limão meyer e azeitona, 366

bacon, 69; gordura do, 71, 73, 77, 140

banha de porco, 69

banho-maria, 156, 161-2

bases aromáticas do mundo, 352-3

Batali, Mario, 75

batata, 141, 143; frita, 68

baunilha: Chantili de baunilha, 391, 393, 410-1, 413, 415, 423, 433; Compota de pêssego com fava de baunilha, 407, 435

Beard, James, 21, 131

béchamel, 158

Beethoven, Ludwig van, 272

beterraba, 218, 222; Molho persa de iogurte com beterraba (*Mast-o-laboo*), 373, 432; Salada de abacate, beterraba e cítricos, 118, 223, 242, 311

bicarbonato de sódio, 95, 109, 112, 280

biscoitos, 385-99; americanos, 90; Biscoitos de *buttermilk*, 322, 392, 434

Blumenthal, Heston, 312

bolos, 187; amanteigados, 95-6; Bolo de amêndoa e cardamomo, 407, 414, 429, 432, 435; Bolo de gengibre e melaço, 94, 407, 412, 425, 427, 435; bolo inglês, 95; Bolo meia-noite, 94, 98; Bolo meia--noite da Lori, 407, 410, 424-5, 427, 435; clássicos, 95

*Borani esfenaj* (molho persa de iogurte com espinafre), 372

brandos, métodos de cozimento, 156, 161

branquear, 37, 156, 168-9, 258, 264, 268-9, 296

braseados, 37, 118, 162-3, 165, 254, 270, 360-2, 364-6

brasear, 166, 350

brócolis: Brócolis com ricota, 264; Macarrão com brócolis, 295, 431; Macarrão com feijão e brócolis, 296; Macarrão com linguiça e brócolis, 296

bulbos, 68, 70, 144

*buttermilk*: Biscoitos de *buttermilk*, 322, 392, 434; Frango marinado em *buttermilk*, 38, 321, 340, 428; Panacota de *buttermilk*, 17, 406-7, 418, 429, 433, 435

café, 126; Chantili de café, 423; Raspadinha de café, 405, 424-5, 435

caldos, 270-2; Caldo de carne, 271-2; Caldo de frango, 26, 137, 157, 159, 207, 271-2, 320, 323, 332, 334, 336, 338, 359, 431; receitas, 270-2

calor, 37, 55, 130-90, 200; açúcar e, 143; água e, 137; brando x intenso, 156; carboidratos e, 141-3, 146; ciência do, 136; definição, 134; dourar, 64, 115, 142, 149-50, 154, 156, 164, 166, 173, 175-6, 179, 182, 184, 430; forno e, 154-6; gordura e, 76, 140; improvisando com, 190; medição de, 187-9; poder do vapor, 138; proteínas e, 147; radiante, 182; sabor e, 151; sobrepondo, 186, 430

camarão: Peixe ou camarão empanados, 329, 378

canola: óleo de, 68, 78, 82, 374

caramelo: Calda de caramelo salgado, 126, 150, 421, 426, 431, 434-5; caramelização, 115-6, 138, 143, 149, 154, 262, 402; Chantili de caramelo, 389-90, 421, 424, 435; doce de caramelo, 143; Merengue de chocolate e caramelo, 421, 427; Torta de cebola caramelizada, 127, 254

cardamomo: Bolo de amêndoa e cardamomo, 407, 414, 429, 432, 435; Musse de chocolate com cardamomo, 417; Panacota de cardamomo, 419, 435

cardápio, sugestões de, 432-5

carnes: Caldo de carne, 271-2; calor e, 148-9, 151, 344, 354-5; cozida, 158; cozimento brando, 159; descanso, 179, 355; ensopados e carnes de panela do mundo inteiro, 350; filé, 354; filé de costela, 354; gordura da carne, 69; gosto de, 64, 69; Macarrão ao ragu, 297, 431; melhor cortes para a brasa, 350; métodos de cozimento, 156, 158, 163-4, 166-7, 172, 176-8, 181, 183, 185, 354; moída, 205, 345, 351; músculo da, 3, 32, 71, 77, 158, 344; receitas, 344-57; sal e, 30-2; tempo básico de cozimento, 351

"Carne assada" (poema de Strand), 163

caseína, 113

caules de verduras, 258

cebola, 112, 118, 122; caramelizada, 254-5; cozinhando, 255; cozinhar, 254; dourada, 254-5, 259, 295; fatiar e picar, 208-9; macerar, 221, 263; murcha, 254-5; Torta de cebola caramelizada, 127, 254

Cecchini, Dario, 10, 344

celulose, 112, 141

cenoura: Molho indiano de iogurte e cenoura (*Raita*), 370, 433; Salada de cenoura com gengibre e limão, 227, 357

Cervantes, Miguel de, 124

cerveja: Peixe empanado com cerveja, 140, 224, 312

chantili: Chantili azedo, 425; Chantili bêbado, 423; Chantili com sabor, 399, 405-7, 417, 421-2; Chantili de amêndoa ou avelã tostada, 424; Chantili de baunilha, 391, 393, 410-1, 413, 415, 423, 433; Chantili de café, 423; Chantili de caramelo, 389-90, 421, 424, 435; Chantili de caroço de pêssego, 424, 435; Chantili de chocolate, 424, 435; Chantili de coco, 422, 425; Chantili de coco queimado, 424; Chantili de Earl Grey, 424, 435; Chantili de especiarias, 423, 434-5; Chantili de flor de laranjeira, 423; Chantili de folha de louro, 424; Chantili de folha de pêssego, 424, 435; Chantili de laranja, 423; Chantili de limão-siciliano, 423; Chantili de rosas, 423

Chantili: de amêndoa, 423

*chapli-kebabs* (hambúrguer paquistanês), 132

*Charmoula* (molho), 110, 281, 357, 367, 434

cheiro, medir o calor pelo, 188

Chez Panisse (Berkeley), 6-10, 17, 30, 34, 52, 57-8, 88, 94, 102, 131-2, 163, 165, 177, 184, 192, 199, 215, 226, 292, 328, 330, 336, 338, 410, 412, 418

Child, Julia, 83

Chimichurri, 110, 369

chipotle, 348; Maionese de chipotle, 377

chocolate, 105; Bolo meia-noite, 94, 98; Bolo meia-noite da Lori, 407, 410, 424-5, 427, 435; Chantili de chocolate, 424, 435; Merengue de chocolate e caramelo, 421, 427; Musse de chocolate com cardamomo, 417; Musse de chocolate meio amargo, 391, 416, 422, 425, 434; Musse de chocolate mexicano, 417, 435; Torta musse de chocolate, 195, 386, 391, 417, 425

chutney: Chutney indiano de coco e coentro, 277, 368; de manga, 99, 321

cinco gostos (salgado, azedo, amargo, doce e umami), 26, 124

cítricos, 222; Panacota cítrica, 419, 435; Salada de abacate, beterraba e cítricos, 118, 223, 242, 311; Salmão cítrico, 311; Vinagrete cítrico, 118, 219, 244

cloreto de magnésio, 25

cloreto de sódio, 20; *ver também* sal

coagulação, 113, 149, 158, 162

Cobbler de fruta, 393, 408, 409

coco: Chantili de coco, 422, 425; Chantili de coco queimado, 424; Chutney indiano de coco e coentro, 277, 368; óleo de coco, 68, 72

cogumelos, 33

colágeno, 114, 148, 159

Cole slaw clássico, 224-5, 375

colheres, tipos de, 205

cominho, 46

Compota de damasco e amêndoa, 407

compotas, 102, 112, 146, 407, 415, 419, 421; Compota de morango, 393; Compota de pêssego com fava de baunilha, 407, 435

condimentos, 124

condução de calor, 182, 183

confit: Confit de alcachofra, 172, 257, 309; Confit de atum, 82, 140, 172, 221, 314, 359-69, 376-7, 379, 430-2; Confit de frango, 77, 140, 271, 326, 360, 362, 430; Confit de pato, 172, 327; Confit de peru, 327; Confit de porco, 327; Confit de tomate, 140, 172, 256, 433; método de confitar, 156, 257, 315

conserva, 146

convecção, 182-3

cor, ácido e, 111

cordeiro: gordura de, 70; Kafta, 286, 287,

356, 379; melhores cortes para assar, 350; tempo básico de cozimento, 351

costela, filé de, 354

couve: Sopa de couve e feijão-branco, 228, 232, 274; Sopa de couve e feijão-branco com pão italiano (*Ribollita*), 236, 258, 275, 281

couve-de-bruxelas: Abóbora e couve-de--bruxelas agridoce, 262, 430

cozinha: itens fundamentais na, 207; o básico da, 204-13; utensílios para, 205

creme de confeiteiro, 158

creme de leite fresco, 113, 248

Crème fraîche, 248, 395, 399, 406-7, 425, 435

cremor tártaro, 113, 420

cremosa, textura, 62, 80-7

crocante, textura, 21, 25, 47, 75, 79, 149, 221, 254

croûton: saladas e, 231-2, 234-7

Croûtons clássicos de queijo, 237

curry, 110; Salada de frango ao curry, 343

David, Elizabeth, 41

Davis, Nekisia, 402

defumar, 78, 156, 178, 185, 330; gosto de fumaça, 153

"descascar em tiras", 220, 227

desidratação, 137, 156, 180

desnaturação, 113-4

despensa, itens fundamentais na, 207

dextrose, 22

difusão do sal, 29, 36, 39

dobrar (técnica para massas), 96

doces, 402-27; Bolo meia-noite, 94, 98; bolos amanteigados, 95; Granola com azeite e sal marinho da Nekisia, 402;

Merengue, 303, 407, 420-1; Merengue de chocolate e caramelo, 421, 427; Merengue persa, 421; Musse de chocolate com cardamomo, 417; Musse de chocolate meio amargo, 391, 416, 422, 425, 434; Musse de chocolate mexicano, 417, 435; Panacota cítrica, 419, 435; Panacota de *buttermilk*, 17, 406-7, 418, 429, 433, 435; Panacota de cardamomo, 419, 435; Raspadinha, 219, 404; receitas, 402-27; sal em doces, 47; Suspiros, 179, 420; Torta americana de abóbora, 390, 425, 434-5; Torta americana de maçã, 386, 388, 425, 427, 435; Torta de maçã e creme de amêndoa, 397, 424-5, 427, 434-5; Torta musse de chocolate, 195, 386, 391, 417, 425; *ver também* açúcar; bolos; frutas

doçura, 26, 106, 124, 152, 168; equilibrando acidez com, 126

dourar, 64, 115, 142, 149-50, 154, 156, 164, 166, 173, 175-6, 179, 182, 184, 430

emulsões, 80-3, 429; desandando e consertando, 84

ensopados: método de ensopar, 148, 156, 162-4

ensopados e carnes de panela do mundo inteiro, 350

equilíbrio, 52, 53, 98, 126, 127, 195-7

equipamentos para cozinha, 205

Ervilha-torta com pimenta e hortelã, 260

escala de pH, 105-6, 109

escalfar, 37, 140, 156, 160-1; frutas, 405; ovo, 161

especiarias: Chantili de especiarias, 423, 434-5; cominho, 46; Frango com especiarias, 73, 117, 178, 259, 334, 338, 428, 430, 432; Maionese de ervas, 374, 376; Peito de peru na salmoura com especiarias, 31, 193, 346, 360-1, 368, 375-7, 428, 432

espinafre: Molho persa de iogurte com espinafre (*Borani esfenaj*), 372

facas: cortes de, 212; tipos de, 205

farinha de aveia, 283-4

farinha de rosca: Farinha de rosca grosseira, 281, 295-6, 302, 328, 360, 380-1; Molho de farinha de rosca, 360

Fatuche (salada), 232, 240

fava: Arroz com fava e endro, 287

feijão: cozido, 178, 280, 348; Macarrão com feijão e brócolis, 296; Macarrão com feijão-branco (*Pasta e fagioli*), 275, 281; Sopa de couve e feijão-branco, 228, 232, 274; Sopa de couve e feijão-branco com pão italiano (*Ribollita*), 236, 258, 275, 281

fermentação, 115

fermento, 95, 96; biológico, 95; em pó, 95, 112, 312-3, 392; fermentos químicos, 112

ferro, panela de, 205

fervura, 137, 156-7, 160, 168, 284, 303

feta: Salada aspargos e queijo feta com hortelã, 235

filé, 354

finalização, azeite de, 66

Fitzgerald, Ella, 55

Fleming, Claudia, 418

flocada, textura, 47, 53, 89, 140, 180, 329, 385

flor de sal, 23, 25

flores, 145

fogo brando, cozinhar em, 156, 161

fogo direto, 178

folhadas, massas, 90, 180, 322, 324

folhas (verduras), 55, 58, 80, 144, 213

forno: calor e, 154-6; de convecção, 182

frango, 316-43; Caldo de frango, 26, 137, 157, 159, 207, 271-2, 320, 323, 332, 334, 336, 338, 359, 431; Confit de frango, 77, 140, 271, 326, 360, 362, 430; destrinchar, 318, 319; Frango ao vinagre, 38, 113, 117, 336, 429; Frango assado persa, 286, 287, 341, 370; Frango atropelado crocante, 38, 186, 316, 360-1, 363-9, 382, 430, 434; Frango com arroz e lentilha (*Adas polo o morgh*), 38, 254, 281, 334, 430; Frango com especiarias, 73, 117, 178, 259, 334, 338, 428, 430, 432; Frango de esteira rolante, 38, 325, 327, 359-61, 363-8, 431, 433; Frango defumado com sálvia e mel, 140, 178, 330, 343, 428; Frango frito apimentado, 224, 259, 320, 434; Frango frito clássico, 321; Frango frito com tempero indiano, 321, 368; Frango frito de lamber os dedos, 99, 174, 190, 328, 376, 433; Frango marinado em *buttermilk*, 38, 321, 340, 428; gordura de, 69, 70; melhores cortes para assar, 350; métodos de cozimento, 148, 151, 155, 174, 176, 188; Ragu de frango, 117, 289, 299, 342; receitas, 316-43; Salada de frango ao curry, 343; Salada de frango siciliana, 342, 431-2; Sopa de frango com alho, 332; Sopa vietnamita de frango (*Pho Gà*), 159, 333, 432; tempero, 38; tempo básico de cozimento, 351; Torta sem fundo de frango, 322, 386, 433; tortinhas de frango individuais, 324

frigideira, usos da, 205

fritar: fritura em imersão, 75, 78, 173-4, 176, 188; fritura rasa, 75-6, 156, 173-4

Fritada persa de vegetais e ervas (*Kuku Sabzi*), 101, 258, 286, 304, 306, 356, 431-2

*Fritto misto*, 313, 329, 376, 378

frutas, 33, 404-9; ao vinho, 405; assadas, 406; Cobbler de fruta, 393, 408-9; compotas de, 102, 112, 146, 407, 415, 419, 421; Frutas vermelhas com cheiro de rosas, 407, 421, 435; raspadinhas de, 404

frutos, 145

frutos do mar *ver* peixes e frutos do mar

fumaça, gosto de, 153

funcho: Salada de funcho e rabanete, 228, 242, 311

*Fundamentos da cozinha* (Hazan), 42

ganso, 172; gordura de, 70

gelatina, 148, 159

geleias, 146

gengibre: Bolo de gengibre e melaço, 94, 407, 412, 425, 427, 435; Salada de cenoura com gengibre e limão, 227, 357

gergelim: *Goma-ae* (molho japonês de gergelim), 239, 251, 259, 431, 434; óleo de, 62, 68, 72-3, 99, 246, 251, 338

ghee, 68, 72-3, 99, 196, 261, 370

gliadina, 88

glutamato, 64, 124

glúten, 34, 88, 385; desenvolvimento do, 88-9, 92, 94; massa sem, 313

glutenina, 88

*Goma-ae* (molho japonês de gergelim), 239, 251, 259, 431, 434

gordura, 95, 198, 200; animal, 69, 71, 77; azeite, 57-9, 65-7, 73, 78; banha, 69, 140; calor e, 76, 140; cozinhando com, 172-6; da carne bovina, 69; de cordeiro, 70; de frango, 69, 70; de ganso, 70; de pato, 70;

de porco, 59, 69; definição, 60; derretendo a, 77, 140, 185; do bacon, 71, 73, 77, 140; emulsões, 80-5, 429; equilibrando, 98; fontes de, 61, 63; improvisando com, 99, 128, 129, 190; manteiga, 67, 78, 83-4, 88, 90, 94-7, 140; massas e, 70; massas e, 88-93; Mundo da Gordura, 72-3, 99; papel da, 61; ponto de defumação, 78; redução do consumo de, 60; sabor e, 64-71; sal e, 32; sobrepondo, 98, 429; superfície das panelas, 74; vegetal, 92

gorduras: como tempero, 62

granola, 68; Granola com azeite e sal marinho da Nekisia, 402

grão-de-bico, 141

grãos, 141; cozimento de, 169, 188, 282-4; moídos, 142; receitas, 280-302; Salada de grãos, 232, 241

grelhar, 156, 177-8

Grigson, Jane, 131

hambúrguer, 61, 69, 124, 132, 178, 254, 345, 351

*Harissa* (molho de pimenta do Norte da África), 182, 194, 280-1, 379-80, 434

Hazan, Marcella, 7, 42, 131

Heaney, Seamus, 83

hortelã: Ervilha-torta com pimenta e hortelã, 260; Macarrão com aspargos e hortelã, 291; Molho de hortelã, 110, 267, 361; Salada aspargos e queijo feta com hortelã, 235

Hyman, Aaron, 93

improvisando: com ácido, 128-9, 190; com calor, 190; com gordura, 99, 128-9, 190; com sal, 55, 99, 128, 190 indianas, receitas: Chutney indiano de coco e coentro, 277, 368; Frango frito com tempero indiano, 321, 368; Salmão com tempero indiano, 259, 311, 368, 370, 433

ingredientes, escolha de, 206

intenso, calor, 156

iodo, 22

iogurte: Molho de iogurte, 262, 281, 370; Molho de iogurte com ervas, 287, 370, 434; Molho indiano de iogurte com cenoura (*Raita*), 370, 433; Molho persa de iogurte com beterraba (*Mast-o-laboo*), 373, 432; Molho persa de iogurte com ervas e pepino, 334, 371; Molho persa de iogurte com espinafre (*Borani esfenaj*), 372; *ver também* laticínios

itens fundamentais na despensa, 207

Kafta, 286-7, 356, 379; marroquino, 357, 434; turco, 357

kasher, sal, 18, 22-5, 206, 285, 288

ketchup, 110, 124

*Kuku Sabzi* (fritada persa de vegetais e ervas), 101, 258, 286, 304, 306, 356, 431-2

laranja, 107; Chantili de flor de laranjeira, 423; Chantili de laranja, 423; Raspadinha de laranja, 405, 435; Vinagrete de laranja-da-china, 244, 311

*Last Course, The* (Flaming), 418

laticínios, 22, 109, 113, 115, 143, 151, 156, 162, 192; *ver também* iogurte

lecitina, 82

Lee, Christopher, 10, 17, 155, 336

legumes, 33, 141, 171

leguminosas, 33-4, 141; Arroz com fava e endro, 287; fases do molho, 142; feijão cozido, 178, 280, 348; grão-de-bico, 141; Macarrão com feijão e brócolis, 296; Macarrão com feijão-branco (*Pasta e fagioli*), 275, 281; receitas, 280-302; Salada de grãos, 232, 241; Sopa de couve e feijão-branco, 228, 232, 274; Sopa de couve e feijão-branco com pão italiano (*Ribollita*), 236, 258, 275, 281; Vagem ao alho, 73, 259, 261, 433-4

lentilha: Frango com arroz e lentilha (*Adas polo o morgh*), 38, 254, 281, 334, 430

leve, textura, 62, 74, 95

Lewis, Edna, 344

limão: Chantili de limão-siciliano, 423; Molho de limão e amendoim, 253; Molho de limão meyer, 311, 366, 433; Relish de limão meyer e azeitona, 366; Relish de limão-siciliano e queijo feta, 366; Salada de cenoura com gengibre e limão, 227, 357; Vinagrete de anchova e limão-siciliano, 242; Vinagrete de limão-siciliano, 227-8, 242

linguiça, 351; Macarrão com linguiça e brócolis, 296; Macarrão com vôngole e linguiça, 301; Ragu de linguiça, 299

Lombo de porco, 347

louro: Chantili de folha de louro, 424

maçã: Torta americana de maçã, 386, 388, 425, 427, 435; Torta de maçã e creme de amêndoa, 397, 424-5, 427, 434-5

macarrão, 288-302; cinco pratos clássicos, 288-302; Macarrão à amatriciana, 99, 294, 428; Macarrão à puttanesca, 294, 428; Macarrão Alfredo, 195, 291, 429; Macarrão ao ragu, 297, 431; Macarrão ao sugo, 292; Macarrão ao vôngole,

452 · SAL GORDURA ÁCIDO CALOR

120, 122, 124, 160, 171, 258, 300, 429; Macarrão cacio e pepe, 46, 55, 84, 290, 429; Macarrão com aspargos e hortelã, 291; Macarrão com brócolis, 295, 431; Macarrão com feijão e brócolis, 296; Macarrão com feijão-branco (Pasta e fagioli), 275, 281; Macarrão com linguiça e brócolis, 296; Macarrão com mexilhões, 301; Macarrão com vôngole e linguiça, 301; métodos de cozimento, 160, 169; receitas, 280-302

macerar, 118, 224, 238; cebola, 221, 263

macia, textura, 62, 74, 88, 93, 112, 154; preservando a maciez, 430

maionese, 82-5, 374; como fazer, 86; Maionese básica, 82, 225, 303, 367, 375; Maionese de chipotle, 377; Maionese de ervas, 374, 376; Maionese para sanduíche, 375; recuperar maionese desandada, 87, 375; Rouille (maionese de pimenta), 374, 377, 379

maionses: Aïoli (maionese com alho), 82, 98, 128, 170, 267, 303, 313-4, 342, 374, 376, 432

Maldon (sal), 23, 25, 47

manjericão, 172, 194-5, 229, 292, 382; Salada de tomate, manjericão e pepino, 231

manteiga, 67, 78, 83-4, 88, 90, 94-7, 140; bolos amanteigados, 95-6; clarificada, 63, 67, 98-9, 328-9; ghee, 68, 72-3, 99, 196, 261, 370; Massa de torta só de manteiga, 83, 322, 386, 388, 390; molho de, 83; noisette, 67; Vinagrete de manteiga noisette, 67, 232, 234, 239, 241

marmorização, 71, 185, 354

mascarpone, 104, 406, 407

massas, 385-99; ácido e, 113; Biscoitos de buttermilk, 322, 392, 434; Cobbler de frutas, 393; dobrar (técnica para massas), 96; folhadas, 90, 180, 322, 324; Fritto misto, 313, 329, 376, 378; gordura e, 70; gordura e, 88-93; massa de torta, 89-93; Massa de torta só de manteiga, 83, 322, 386, 388, 390; Massa de torta do Aaron, 93, 180, 395, 397; receitas, 385-99; sal e, 34; sem glúten, 313; Shortcakes, 393; Torta americana de abóbora, 390, 425, 434-5; Torta americana de maçã, 386, 388, 425, 427, 435; Torta de maçã e creme de amêndoa, 397, 424, 425, 427, 434-5; Torta musse de chocolate, 195, 386, 391, 417, 425

Mast-o-laboo (molho persa de iogurte com beterraba), 373, 432

McGee, Harold, 404

McPhee, John, 107

medir o calor: pela audição, 189; pela visão, 187-8; pelo olfato, 188; pelo tato, 189

mel: Frango defumado com sálvia e mel, 140, 178, 330, 343, 428; Vinagrete de mostarda e mel, 239, 240, 267, 326, 433

melaço: Bolo de gengibre e melaço, 94, 407, 412, 425, 427, 435

merengue: Merengue, 303, 407, 420-1; Merengue de chocolate e caramelo, 421, 427; Merengue persa, 421

métodos de cozimento: assar, 156, 182, 184-5, 262, 406; banho-maria, 156, 161-2; branquear, 37, 156, 168, 169, 258, 264, 268-9, 296; confitar, 156, 257, 315; cozinhar no próprio suco (suar), 138, 156, 173; defumar, 78, 156, 178, 185, 330; em fervura, 137, 156-7, 160, 168, 284, 303; em fogo brando, 156, 161; ensopar, 148,

156, 162-4; escalfar, 37, 140, 156, 160-1; fervura branda, 37, 156-60, 164; fritar (fritura rasa), 75-6, 156, 173, 174; fritar em imersão, 75, 78, 173-4, 176, 188; no vapor, 156, 170-1, 282; reduzir, 156, 169; saltear, 75-6, 156, 173-4, 260-1; selar, 75, 156, 176, 186; tostar, 156, 181

mexicanas, receitas: Molho de ervas mais ou menos mexicano, 277, 348-9, 363, 434; Musse de chocolate mexicano, 417, 435

mexilhões, 171, 300; Macarrão com mexilhões, 301

milho: Creme de milho, 54, 276-7; Sopa de milho, 138, 173, 254, 359, 363

mingaus, 159, 160

*Mirepoix* (base aromática francesa), 172, 352

missô, 50; Molho de missô e mostarda, 252

molhos, 358-84; Calda de caramelo salgado, 126, 150, 421, 426, 431, 434-5; *Charmoula*, 110, 281, 357, 367, 434; Chimichurri, 110, 369; Chutney indiano de coco e coentro, 277, 368; Molho catalão de pimenta (*Romesco*), 8, 108, 110, 379-80; Molho de ervas, 65, 68, 262, 280-1, 325-6; Molho de ervas francês, 362, 433; Molho de ervas mais ou menos do Sudeste Asiático, 364; Molho de ervas mais ou menos japonês, 365, 434; Molho de ervas mais ou menos mexicano, 277, 348-9, 363, 434; Molho de ervas, 359-66; Molho de farinha de rosca, 360; Molho de iogurte, 262, 281, 370; Molho de iogurte com ervas, 287, 370, 434; Molho de limão e amendoim, 253; Molho de limão meyer, 311, 366, 433; Molho de pimenta, 379, 380, 381; Molho de pimenta do norte da África (*Harissa*), 182, 194, 280-

1, 379-80, 434; Molho de sementes de abóbora, 363; Molho de vôngole, 302; Molho indiano de iogurte com cenoura (*Raita*), 370, 433; Molho persa de iogurte com beterraba (*Mast-o-laboo*), 373, 432; Molho persa de iogurte com ervas e pepino, 334, 371; Molho persa de iogurte com espinafre (*Borani esfenaj*), 372; Molho siciliano de orégano (*Salmoriglio*), 369; Molho tártaro, 110, 313, 329, 374, 378, 429; Molho verde básico, 360-1; Pasta libanesa de pimentão e nozes (*Muhammara*), 379, 381; Pesto, 288, 382-4; receitas, 358-84; Relish de limão meyer e azeitona, 366; Relish de limão-siciliano e queijo feta, 366

molhos de salada, 238-53; cremosos, 239, 247-53; *Goma-ae* (molho japonês de gergelim), 239, 251, 259, 431, 434; leves, 240-6; Molho Caesar, 50, 239, 247, 428-9; Molho de ervas cremoso, 239, 248, 432; Molho de missô e mostarda, 252; Molho de queijo azul, 113, 249, 429; Molho tahine, 251; Molho verde cremoso, 250; receitas, 238-53; *ver também* saladas; vinagretes

molho verde: básico, 360; Molho de hortelã, 110, 267, 361; Molho de sálvia frita, 331, 361, 434; Molho verde italiano, 361

morango, 404; Compota de morango, 393; selvagem, 17

mostarda: Molho de missô e mostarda, 252; Vinagrete de mostarda e mel, 239-40, 267, 326, 433

*Muhammara* (pasta libanesa de pimentão e nozes), 379, 381

Mundo do Sabor, 46, 159, 163, 192, 194

musses: Musse de chocolate meio amargo, 391, 416, 422, 425, 434; Torta musse de chocolate, 195, 386, 391, 417, 425

Niman, Bill, 346

nozes: Pasta libanesa de pimentão e nozes (*Muhammara*), 379, 381; sabor de, 64, 143

oleaginosas, 108, 181, 195, 383-4; óleo de, 68

óleos: de avelã, 68; de canola, 68, 78, 82, 374; de coco, 68, 72; de gergelim, 62, 68, 72-3, 99, 246, 251, 338; de semente de abóbora, 68; de semente de uva, 68, 78; de sementes e oleaginosas, 68; *ver também* gordura

olfato, medir o calor pelo, 188

Oliver, Mary, 187

*Oranges* (McPhee), 107

orégano, 292; Molho siciliano de orégano (*Salmoriglio*), 369

osmose, sal e, 29-30, 33, 139, 184, 398

ovos, 303-9; ácido e, 113; cozidos, 303, 305, 314, 378; métodos de cozimento, 161, 303-4; mexidos, 33, 40, 113, 137, 147, 304, 430; Ovo de dez minutos, 314, 378; ovo pochê, 161, 181, 270, 304, 333; Ovos de oito minutos, 221; receitas, 303-9; sal e, 33; Sopa romana (*Stracciatella*), 273, 274, 304

oxidação, 111, 266, 383

paella, 157, 160

paladar, 5, 26, 28, 42-3, 57, 61, 64-5, 75, 97, 101-2, 127, 188, 272; cinco gostos (salgado, azedo, amargo, doce e umami), 26, 124; *ver também* sabor

panacota: Panacota cítrica, 419, 435;

Panacota de *buttermilk*, 17, 406, 407, 418, 429, 433, 435; Panacota de cardamomo, 419, 435

pancetta, 51, 63, 99, 344

panelas: de ferro, 205; superfície de, 74

*panzanella*, 231, 340; *Panzanella* de inverno, 195, 234, 239, 241, 433; *Panzanella* de outono, 67, 232; Panzanella de *primavera*, 235, 240; Panzanella de *verão*, 231, 239, 245

papel-manteiga, 169, 171, 173, 406

papilas gustativas, 26, 64, 126, 143, 152, 196

parmesão, 123, 124; Vinagrete de parmesão, 239, 241, 432

Pasta de pimenta básica, 377, 379, 380

*Pasta e fagioli* (Macarrão com feijão-branco), 275, 281

Paternell, Carl, 18, 124, 226

pato, 77; Confit de pato, 172, 327; gordura de pato, 70; métodos de cozimento, 172

pectina, 33, 35, 112, 141, 146

peixes e frutos do mar, 310-5; Confit de atum, 82, 140, 172, 221, 314, 359-69, 376, 377, 379, 430-2; Macarrão ao vôngole, 120, 122, 124, 160, 171, 258, 300, 429; Macarrão com mexilhões, 301; Macarrão com vôngole e linguiça, 301; métodos de cozimento, 174, 176, 181, 187; Peixe empanado com cerveja, 140, 224, 312; Peixe ou camarão empanados, 329, 378; receitas, 310-5; sal e, 32; Salmão assado em baixa temperatura, 140, 181, 190, 221, 238, 242-4, 286-7, 310, 360, 363-9, 376, 430; Salmão cítrico, 311; Salmão com shoyu, 311; Salmão com tempero indiano, 259, 311, 368, 370, 433

Pépin, Jacques, 340

pepino, 220-2; Molho persa de iogurte com ervas e pepino, 334, 371; Salada de abacate, tomate e pepino, 215-22; Salada de pepino vietnamita, 226, 338, 432; Salada de tomate, manjericão e pepino, 231

persas, receitas: Arroz mais ou menos persa, 168, 285, 325, 357, 367, 370; Frango assado persa, 286-7, 341, 370; Merengue persa, 421; Molho persa de iogurte com ervas e pepino, 334, 371; Salada persa (*Shirazi*), 215, 230

peru: calor e, 148; Confit de peru, 327; Peito de peru na salmoura com especiarias, 31, 193, 346, 360-1, 368, 375-7, 428, 432; Peru atropelado, 347, 434; tempo básico de cozimento, 351

pêssego: Chantili de caroço de pêssego, 424, 435; Chantili de folha de pêssego, 424, 435; Compota de pêssego com fava de baunilha, 407, 435

pesto, 61, 288, 382-4; Pesto de manjericão, 383

pH, escala de, 105, 106, 109

*Pho Gà* (Sopa vietnamita de frango), 159, 333, 432

pimenta: chipotle, 348, 377; Frango frito apimentado, 224, 259, 320, 434; Molho catalão de pimenta (*Romesco*), 8, 108, 110, 379-80; Molho de pimenta, 379-81; Molho de pimenta do norte da África (*Harissa*), 182, 194, 280-1, 379-80, 434; Pasta de pimenta básica, 377, 379-80; pimenta-do-reino, 46; Porco apimentado, 118, 348, 363, 430-1, 434; *Rouille* (maionese de pimenta), 374, 377, 379; sal e, 46

pimentão: Pasta libanesa de pimentão e nozes (*Muhammara*), 379, 381

plantas, anatomia das, 141, 144

Podraza, Lori, 410

polenta, 18, 27, 54, 59, 124, 142, 157, 173, 226, 283-4

Pollan, Michael, 4, 10, 82, 178, 330

porco, 344; Confit de porco, 327; gordura de, 59; Lombo de porco, 347; Macarrão ao ragu, 297, 431; melhor cortes para assar, 351; Porco apimentado, 118, 348, 363, 430-1, 434; Schnitzel de porco, 329

presunto, 32; cru, 344

pulso, movimento do, 45

Purtill, Tom, 392

queijo, 105; Croûtons clássicos de queijo, 237; mascarpone, 104, 406-7; Molho de queijo azul, 249, 429; parmesão, 123, 124; pesto e, 384; queijo-quente, 134-5; Relish de limão-siciliano e queijo feta, 366; Salada de radicchio assado e roquefort, 234; Vinagrete de parmesão, 239, 241, 432

queimaduras em produtos congelados, 137

quinoa, 34, 157, 169, 187-8, 281, 283; cozimento de, 282, 284

rabanete: Salada de funcho e rabanete, 228, 242, 311

ragu, 351; Macarrão ao ragu, 297, 431; Ragu de frango, 117, 289, 299, 342; Ragu de linguiça, 299

*Raita* (Molho indiano de iogurte com cenoura), 370, 433

raízes, 144, 168

raspadinhas, 219, 404; Raspadinha de café,

405, 424-5, 435; Raspadinha de laranja, 405, 435

reação de Maillard, 115-6, 126, 138, 149, 164, 171, 176, 178, 181, 184, 195, 402

reação química, 136

*Recaíto* (base aromática porto-riquenha), 353

receitas: caldos, 270-2; carne, 344-57; doces, 402-27; frango, 316-43; leguminosas e grãos, 280-302; macarrão, 280-302; massas, 385-99; molhos, 358-84; molhos de salada, 238-53; ovos, 303-9; peixes e frutos do mar, 310-5; saladas, 215-37; sopas, 272-9; vegetais, 254-69

redução (método de cozimento), 156, 169

Relish de limão meyer e azeitona, 366

Relish de limão-siciliano e queijo feta, 366

repolho: Salada de repolho, 224

*Ribollita* (Sopa de couve e feijão-branco com pão italiano), 236, 258, 275, 281

ricota: Brócolis com ricota, 264; Torrada com ricota e tomate, 195, 229-30, 245, 382

risoto, 59, 118-9, 157, 160, 172, 282

Robertson, Chad, 115

Rodgers, Judy, 27, 198

*Romesco* (molho catalão de pimenta), 8, 108, 110, 379-80

rosas: Chantili de rosas, 423; Frutas vermelhas com cheiro de rosas, 407, 421, 435

*Rouille* (maionese de pimenta), 374, 377, 379

sabor: ácido e, 106-8; bases aromáticas do mundo, 352-3; calor e, 151; cinco gostos (salgado, azedo, amargo, doce e umami), 26, 124; definição, 26; gordura e, 64-71; gosto de carne, 64, 69; Mundo do Sabor,

46, 159, 163, 192, 194; papilas gustativas e, 26, 64, 126, 143, 152, 196; sal e, 21

sacarose, 143

sal, 16-55, 193, 196, 200; açúcar e, 47; água de cozimento com, 35; calendário do sal, 40; carne e, 30-2; cinza (*sel gris*), 23, 25; de rocha, 20; definição, 20; difusão do, 29, 36, 39; em doces, 47; equilíbrio do, 52; flor de sal, 23, 25; fontes de, 51; gordura e, 32; Granola com azeite e sal marinho da Nekisia, 402; improvisando com, 55, 99, 128, 190; iodado, 22; kasher, 18, 22-5, 206, 285, 288; leguminosas e grãos com, 33; linhas gerais da salinidade, 43, 206; Maldon (tipo de sal), 23, 25, 47; marinho, 20, 22-3, 25, 206; massas e, 34; medição do, 41; meneio de, 45; osmose e, 29-30, 33, 139, 184, 398; ovos e, 33; peixes e frutos do mar e, 32; pimenta e, 46; pitada de, 45; punhados de, 45; receitas, 428; redução do consumo de, 20; sabor e, 21-2, 26-7, 164; sal de mesa, 22-3; salinidade, 36, 42-3, 206; sobrepondo, 48-50; técnicas para salgar, 44; tipos de, 21-5; vegetais, frutas e cogumelos, 33

saladas, 127, 215-37; Cole slaw clássico, 224-5, 375; croûtons e, 231-7; Fatuche, 232, 240; matriz da salada de abacate, 217, 222, 431; molhos de *ver* molhos de salada; receitas, 215-37; Salada aspargos e queijo feta com hortelã, 235; Salada Caesar, 48, 119, 128, 197-8, 236; Salada caprese, 229, 245; Salada de abacate, beterraba e cítricos, 118, 223, 242, 311; Salada de abacate, tomate e pepino, 215-22; Salada de abóbora, sálvia e avelã, 232; Salada de cenoura com gengibre

ÍNDICE REMISSIVO · **457**

e limão, 227, 357; Salada de frango ao curry, 343; Salada de frango siciliana, 342, 431-2; Salada de funcho e rabanete, 228, 242, 311; Salada de grãos, 232, 241; Salada de pepino vietnamita, 226, 338, 432; Salada de radicchio assado e roquefort, 234; Salada de repolho, 224; Salada de repolho asiática, 225; Salada de repolho mexicana, 225; Salada de repolho sem repolho, 225; Salada de tomate e ervas, 229, 245, 432; Salada de tomate, manjericão e pepino, 231; Salada grega, 119, 230, 428; salada ideal, 216; Salada persa (*Shirazi*), 215, 230; *ver também* molhos de salada

saliva, 106, 198

salmão: Salmão assado em baixa temperatura, 140, 181, 190, 221, 238, 242-4, 286-7, 310, 360, 363-7, 369, 376, 430; Salmão cítrico, 311; Salmão com shoyu, 311; Salmão com tempero indiano, 259, 311, 368, 370, 433

*Salmoriglio* (molho siciliano de orégano), 369

salmoura, 31, 190

salsinha, como picar, 211

saltear, 75-6, 156, 173-4, 260-1

sálvia: Frango defumado com sálvia e mel, 140, 178, 330, 343, 428; Molho de sálvia frita, 331, 361, 434; Salada de abóbora, sálvia e avelã, 232

Santíssima Trindade (base aromática norte--americana), 353

Schnitzel de porco, 329

selar (método de cozimento), 75, 156, 176, 186

sementes, 145; Molho de sementes de abóbora, 363; óleo de sementes, 68

*Shirazi* (Salada persa), 215, 230

Shortcakes, 393

shoyu, 110; Salmão com shoyu, 311

Siew-Chin, 420

sobremesas *ver* bolos; doces

sobrepondo, 196; ácido, 117-23; calor, 186; gordura, 98, 429; sal, 48-50

*Soffrito* (base aromática italiana), 59, 298, 352

*Sofregit* (base aromática catalã), 352

sopas: com pedaços, 272, 274; Creme de milho, 54, 276-7; receitas, 272-9; Sopa de couve e feijão-branco, 228, 232, 274; Sopa de couve e feijão-branco com pão italiano (*Ribollita*), 236, 258, 275, 281; Sopa de frango com alho, 332; Sopa de milho, 138, 173, 254, 359, 363; Sopa romana (*Stracciatella*), 273, 274, 304; Sopa vietnamita de frango (*Pho gà*), 159, 333, 432; sugestões de, 278-9; tipos de, 272

sorvete, 26, 59, 61, 66, 80-1, 84, 115, 150, 197, 394, 404-7, 411, 413, 421, 424-7

*Stracciatella* (sopa romana), 273-4, 304

Strand, Mark, 163

sugestões de cardápio, 432-5

sulfato de cálcio, 25

superfície das panelas, 74

sushi, arroz de, 283

Suspiros, 179, 420

*Tahdig* de pão, 287

Tahine (molho), 251

Tanis, David, 338

Tártaro (molho), 110, 313, 329, 374, 378, 429

*Taste of Country Cooking, The* (Lewis), 344

tato, medir o calor pelo, 189

Taylor, June, 146

Tellicherry (pimenta-do-reino), 46

temperar: a gosto, 28; antes, 30-1, 37; de dentro para fora, 27, 164, 428; frango, 38; gorduras como tempero, 62

terra, sabor de, 64

texturas, 196; ácido e, 112; cremosa, 62, 80-7; crocante, 21, 25, 47, 75, 79, 149, 221, 254; flocada, 47, 53, 89, 140, 180, 329, 385; leve, 62, 74, 95; macia, 62, 74, 88, 93, 112, 154, 430

"tiras", descascar em, 220, 227

Toklas, Alice B., 147, 304

tomate, 105, 107, 112, 220, 222; Confit de tomate, 140, 172, 256, 433; ketchup, 110, 124; Macarrão ao sugo, 292; Salada de abacate com tomate e pepino, 217-22; Salada de tomate e ervas, 229, 245, 432; Salada fatuche, 232, 240; Torrada com ricota e tomate, 195, 229-30, 245, 382; Vinagrete de tomate, 229, 231-2, 239, 245, 256

torgas: Torta sem fundo de frango, 322, 386, 433

Torrada com ricota e tomate, 195, 229-30, 245, 382

tortas, 385-99; massa de torta, 89-93; Massa de torta do Aaron, 93, 180, 395, 397; Massa de torta só de manteiga, 83, 322, 386, 388, 390; Torta americana de abóbora, 390, 425, 434-5; Torta americana de maçã, 386, 388, 425, 427, 435; Torta de cebola caramelizada, 127, 254; Torta de maçã e creme de amêndoa, 397, 424-5, 427, 434-5; Torta musse de chocolate, 195, 386, 391, 417, 425; tortinhas de frango individuais, 324

tostar, 156, 181

tubérculos, 141, 144

umami (sabor), 26, 64, 119, 123-6, 152, 195, 196, 215, 265, 295-6; fontes de, 125

uva: óleo de semente de, 68, 78; *zereshk* (uva-espim), 101

vagem, 35, 145; Vagem ao alho, 73, 259, 261, 433-4

vapor: Arroz jasmim ao vapor, 338, 425, 432; cozinhar no, 156, 170-1, 282; poder do, 138

vegetais: Abóbora e couve-de-bruxelas agridoce, 262, 430; Brócolis com ricota, 264; Confit de alcachofra, 172, 257, 309; Confit de tomate, 140, 172, 256, 433; Ervilha-torta com pimenta e hortelã, 260; fervidos, 160; Fritada persa de vegetais e ervas (*Kuku Sabzi*), 101, 258, 286, 304, 306, 356, 431-2; Macarrão com brócolis, 295, 431; métodos de cozimento, 112, 160, 163-4, 168-73, 184, 258-69; receitas, 254-69; sal e, 33; Vagem ao alho, 73, 259, 261, 433-4

verduras, cozinhando, 258

vinagre, 103, 105, 108-9, 118; Frango ao vinagre, 38, 113, 117, 336, 429

vinagretes, 80-2, 222, 240-6; Vinagrete balsâmico, 238, 241, 429, 434; Vinagrete cítrico, 118, 219, 244; Vinagrete de anchova e limão-siciliano, 242; Vinagrete de laranja-da-china, 244, 311; Vinagrete de limão-siciliano, 227-8, 242; Vinagrete de manteiga noisette, 67, 232, 234, 239, 241; Vinagrete de mostarda e mel, 239-40, 267, 326, 433; Vinagrete de parmesão,

ÍNDICE REMISSIVO · 459

239, 241, 432; Vinagrete de qualquer outro cítrico, 244, 429; Vinagrete de tomate, 229, 231-2, 239, 245, 256; Vinagrete de vinagre de arroz, 225, 246; Vinagrete de vinho tinto, 128, 230, 232, 235, 240, 433; *ver também* molhos de salada

vinho: branco, 277, 301, 304, 406; frutas ao, 405; Vinagrete de vinho tinto, 128, 230, 232, 235, 240, 433

visão, medir o calor pela, 187-8

Vitali, Benedetta, 2, 9, 131, 297

volatilidade, 152

vôngole: Macarrão ao vôngole, 120, 122, 124, 160, 171, 258, 300, 429; Macarrão com vôngole e linguiça, 301; Molho de vôngole, 302

Waters, Alice, 7, 127, 150

Wolfert, Paula, 7, 131

*zereshk* (uva-espim), 101

Zuni Café (San Francisco), 27

\* NOTAS \*

# SOBRE A AUTORA E A ILUSTRADORA

## Sobre Samin

Samin Nosrat é escritora, professora e chef de cozinha. Considerada pelo *New York Times* "uma referência de como combinar as melhores técnicas e os melhores ingredientes" e "a nova Julia Child" pelo programa *All Things Considered*, da National Public Radio, ela cozinha profissionalmente desde 2000, quando começou na cozinha do restaurante Chez Panisse. Seus textos apareceram no *New York Times*, na *Bon Appétit* e no *San Francisco Chronicle*, entre outros veículos. Vive, cozinha e planta em Berkeley, Califórnia. Este é seu primeiro livro.

## Sobre Wendy

Wendy MacNaughton é ilustradora e jornalista best-seller do *New York Times*. Seus livros incluem *Meanwhile in San Francisco, Knives & Ink, The Gutsy Girl, Lost Cat* e *The Essential Scratch and Sniff Guide to Becoming a Wine Expert*. É colunista da *California Sunday Magazine*. Mora em San Francisco com a companheira, inúmeros animais de quatro patas e uma cozinha bastante usada, graças a Samin.

1ª EDIÇÃO [2019] 6 reimpressões

ESTA OBRA FOI COMPOSTA EM IDEAL SANS E IMPRESSA PELA
GEOGRÁFICA EM OFSETE SOBRE PAPEL ALTA ALVURA DA SUZANO S.A.
PARA A EDITORA SCHWARCZ EM NOVEMBRO DE 2023

A marca FSC® é a garantia de que a madeira utilizada na fabricação do papel deste livro provém de florestas que foram gerenciadas de maneira ambientalmente correta, socialmente justa e economicamente viável, além de outras fontes de origem controlada.